银 盘 中 的 宝 石

梵澄译丛·主编闻中

银盘中的宝石

［印］帕德玛那潘·克里希纳　著

刘文艳　叶继英　闻中

吴承庭　池秀芝　译

GUANGXI NORMAL UNIVERSITY PRESS
广西师范大学出版社
·桂林·

银盘中的宝石

YINPAN ZHONG DE BAOSHI

著作权合同登记号桂图登字：20-2022-243 号

图书在版编目（CIP）数据

银盘中的宝石 / （印）帕德玛那潘·克里希纳著；
刘文艳等译. -- 桂林：广西师范大学出版社，2023.4
（梵澄译丛 / 闻中主编）
书名原文：A Jewel on a Silver Platter
ISBN 978-7-5598-5791-0

Ⅰ. ①银… Ⅱ. ①帕… ②刘… Ⅲ. ①回忆录—
印度—现代 Ⅳ. ①I351.55

中国国家版本馆 CIP 数据核字（2023）第 021200 号

广西师范大学出版社出版发行

广西桂林市五里店路 9 号　邮政编码：541004
网址：http://www.bbtpress.com
出版人：黄轩庄
全国新华书店经销
湛江南华印务有限公司印刷
广东省湛江市霞山区绿塘路 61 号　邮政编码：524002
开本：710 mm × 960 mm　1/16
印张：33　字数：310 千
2023 年 4 月第 1 版　2023 年 4 月第 1 次印刷
印数：0 001~6 000 册　定价：98.00 元

如发现印装质量问题，影响阅读，请与出版社发行部门联系调换。

1955 年的克里希那穆提。

我第一次见到他时，长相即是如此，毫无变化。

顾 问

献 词

　　此书献给吉杜·克里希那穆提，他是如此优秀、如此非凡的朋友和哲学家，他也是我生命的指引者，让我的生命更具意义。我也将此书献给全心全意支持我的父母、妻子和四位女儿，尽管我在生活中有些决定造成他们极大的不便。

致　谢

感谢来自世界各地的这些朋友，包括通神学会（Theo-sophical Society）和克里希那穆提团队中的几位，他们帮我组织了关于克里希那穆提教诲的演讲和对话，并录制和抄录了其中一些内容，让我能够编辑此书的第二部分。

感谢英国的克里希那穆提基金会（Krishnamurti Foundation of India），同意我在本书第三章复制一段对话；衷心感谢为本书撰写前言的拉维·拉温德拉教授（Prof. Ravi Ravindra），以及同意接受采访的资深同事们，谢谢他们允许我将采访记录收录于此书中。

感谢几位朋友和同事允许我自由使用他们拍摄的照片。

衷心感谢我小女儿的丈夫阿西夫·坎马（Asif Qamar），是他说服我写作本书，并在百忙之中，为我编辑和设计这本书，使之得以问世。

中译本前言

一

20世纪90年代初，上海三联出版了一套"猫头鹰文库"，是小开本的丛书，80年代文化热的余波还在绵延，所以这类思想性的书很受人欢迎，里面除了诸如尼采、加缪、蒙田、卢梭、柏拉图这样一些大名鼎鼎的人物著述之外，还有两册彼时颇容易被人忽略的书籍：一本是丹麦哲学家克尔凯郭尔的著作《一个诱惑者的日记》，此书的知音限于学界，当时还知者寥寥；还有一本则是连学界也几乎无人知晓的，那就是印度的克里希那穆提的《生活的难题》。克氏的这本著作如同他的其他著作一样，是讲演录或访谈录。克氏的身上藏有非凡的精神能量，故语言看似平易道来，意蕴却甚为深沉，确实是"以现代人易懂的语言工具，透过对谈，层层揭露意识中的真相"。当时的署名译者，是杭州大学的何隽夫妇，可惜他们没有对克氏展开详细之介绍，旁人自然是知之未详。

我也是借由此书，开始关注这位克里希那穆提。后又辗转知道了克氏在世界文化圈的地位，他早就被视为一位先知性人物，不但是20世纪这一百年当中印度最重要的几位圣者之一，也是具有世界威望的精神导师，像亨利·米勒所说的那样："克里希那穆提是我知道的唯一能完全摒弃自我的人，和他相识是人生最光荣的事！"甚至，有人愿意把他视为当代的佛陀。"他的演说，是我所听过最令人难忘的！就像佛陀现身说法一样具有说服力。"美国著名的知识分子赫胥黎即是这么认为。

然后，就是 21 世纪开始的那几年，克氏的著作突然风起云涌，在中国大陆迅速流行，其中的原因之一，就是台湾的一位奇女子胡因梦的翻译与郑重推荐，胡因梦还出版了她个人的人生自传，里面设专章谈及克氏，承认克氏就是自己精神修行和寻道历程中的顶峰人物，是自己精神之旅的五十三参之最后一参，究彻心源，终得圆满。于是，克氏的著作就成了最时尚的读物，甚至也被一些都市小资纳入"心灵鸡汤"或"生活励志"一类的书籍当中。但不管怎样，克氏的著作确实在中国大陆很是走俏，这对于我们了解世界文化进程的一股重要精神，显然是大有益处的好事情。如今，克氏的书在中国大陆也已经风行了二十多年。但我们深知，所有像样的研究似是匮乏的，克氏之著作，并非一般意义之时尚读物，当其也变成了大众流行文化的一部分，而缺乏学术的对待，这正是需要我们警惕的。当然，我们更愿意相信一些精神性的革命在静悄悄中进行着，此未必尽为世人所知矣。

二

很多年以后，我在英国遇到了考文垂大学的艾伦·韩德（Alan Hunter）教授。在他的邀请之下，我从伯明翰乘车到考文垂与他相晤，中间亦有过几番深入的交谈。第二天，他与他的夫人一起，从考文垂出发，亲自开车把我送到了伦敦南部位于雷丁的吠檀多中心（Vedanta Centre），沿途是一路绝美的英国乡野风光，中间他们还特意安排了一程，带我参观英国前首相丘吉尔的出生地，即世界最著名的私人宫邸建筑——布莱尼姆宫（Blenheim Palace），此境此情之下的所聊诸话题，亦是毕生难忘。

最初，我只知道韩德教授是印度加尔各答大学的博士，热爱东方文化，西方人的面孔，东方人的心灵，但确实不曾料到的是，其博士论文的研究对象，居然就是克氏的教育思想。而且，更让我惊喜的是，那一次，即在考文垂他的家里所度过的那个美好静谧的夜晚，他告诉我说，自己早在1988年就已经用汉语翻译出了一本克氏的著作，并在港台两地同时发行。书的名字唤作《重新认识你自己》（*Freedom from the Known*），并起身将他书架上仅存的那一译本费了好大的劲找到，签名赠送给了我。

韩德是一个极富善意的英国人，当时，天已经擦黑，他立起身来，在自己的书房里点起了灯火，寻找起那几十年前的一本旧书。开始显然没能找到，我在他家的客厅里面饮着下午茶，时而沉思，时而阅读。然后，当他第二次回来时，右手中果然拿着一本书，一本古色古香的、漂亮的中英文对照本《重新认识你自己》。韩德说，这是自己与几位中国朋友合译的作品，同时，他徐徐说道："你知道吗？台湾有一位女子，叫作胡因梦，她也读过这本书。因为喜欢克里希那穆提的思想，于是她先是在台湾，后来则在大陆宣传克氏……"就像平时一样，他的语调是慢条斯理的，而当时的我呢，心中却有一层特别的触动，惊奇感已然抵达了顶点！

我猜想那本书，应该就是克氏在汉语世界的第一部译著了。在此书的后面也附有一个对克氏的扼要简介。关于克氏，据说有过一个意识的觉醒，大体是在1922年的8月，他后来自己回忆：

我经历了人生第一次最不同寻常的体验。我仿佛看到有一个人在修路，那个人就是我，他握着的那把镐头也是我，他正在击碎的那块石头是我的一部分，旁边柔软的草叶和大树还是我。我几乎可以像修路工人一样感觉和思考，我能够感觉到微风从树间吹过，草叶尖上的小蚂蚁我也能感觉到。小鸟、灰尘和声响都是我身体的一部分。就在这时，一辆汽车从我不远处驶过，我就是司机，我就是引擎，我就是轮胎。随着汽车远去，我与自己的距离也越来越远。我存在于万事万物之中——有生命的和没有生命的，山川、虫豸以及所有能呼吸的东西，万事万物皆在我之中。一整天我都沉浸在这种喜悦状态中。

从1924年到第二次世界大战爆发，克氏每年都会举办世界明星大会，夏天在荷兰的欧门，而春天，则在美国的欧亥山谷（Ojai Valley），这是离美国洛杉矶七十公里左右的地方，几乎每年都会举行露营会。当1911年1月，人们在印度的马德拉斯为他成立了"世界明星社"，并以他为救世的弥勒时，所有的信徒皆认他为自己的精神导师，克氏却在1929年8月3日，在欧门主动解散了该组织，他说：

我坚信，真理是没有道路的境域。人是不能通过任何道路、任何宗教、任何宗教派别接近真理的……我要那些了解我所说的话的人，获得完全的自由，而不是跟随我，把我变成某个宗教派别的囚笼；而且他们应该摆脱来自宗教、拯救、精神生活、爱、死和生命本身的一切畏惧。你们为了迎接世界导师的来临，已经准备了十八年，你们组织起来也已经十八年了，你们指望有一个给你们的心灵带来新的快乐，为你们的生活带来完全改变的人……现在看看发生了什么呢？……你们要新的上帝代替老的，新的宗教代替旧的——这些都是同样无效的，只不过是些障碍、限制、拐杖而已……你们习惯于有人告诉你们：你们的进步怎么样，你们的精神地位怎么样，这些都太幼稚了。……

克氏是勇敢的，他担心人们成了第二手人生经验的承受者，正如在《重新认识你自己》一书中，他说："我们是各种影响的结果，在我们身上没有什么是新的，没有什么是我们自己发现的，没有什么是独创的，原始的，清新的。"

这些话语，都是自空性里面直接流露出来的，是克氏于 20 世纪的宗教世界里面发动的一场灵性的革命，而回应他的，却是佛陀在两千五百年以前的那摧毁一切而不为一切摧毁的金刚精神："凡所有相，皆是虚妄；若见诸相非相，即见如来。"

三

后来，我有机会拜访印度南部的著名城市马德拉斯（现改名为金奈）。它是东印度公司的最初司令部，是诗人泰戈尔去国还乡赢回诺贝尔奖的出海口，也是人们因圣人辨喜而来今日天竺朝觐的净土。其中，与克氏关系甚密切的，就是此地还是国际通神学会的大本营。

大概是在 19 世纪将要结束时，欧洲的玄学圈里面开始流传有关弥赛亚或世界导师即将再来的消息。乌克兰裔的勃拉瓦茨基夫人与英国裔的贝赞特夫人，就是其中最关键的两位女性领袖。1875 年，通神学会的构想成形，勃拉瓦茨基夫人就开始四处旅行。她首先是到了孟买，接着到了锡兰，她接受了佛教徒的皈依仪式，最后，再转到了南海边的马德拉斯。1882 年，通神学会的总部就在这里的阿迪亚尔（Adyar）成立。这些自欧洲来的人一边学习人类最古老的智慧，探索宇宙的奥秘和人类的潜能；一边依照印度教和佛教的传统经典，尤其是密教的典籍和教诲，他们汲取了其中的玄学体系而自成一格，出版诸多著作。同时，他们也在寻找人类的导师。勃拉瓦茨基夫人于1891年去世前，就已经宣布，通神学会成立的真正目的，就是要为再来的世界导师预备道路。而继任者安妮·贝赞特（Annie Besant）则是在 1889 年读到了勃拉瓦茨基的《秘密教义》这一巨书，之后不久，她就与这位通神学会的女创始人结识了。1907 年，因奥尔科特上校去世，安妮·贝赞特晋升为通神学会的国际主席。而且，也是在马德拉斯的阿迪亚尔海滩，她发现了少年克里希那穆提的天赋。

安妮·贝赞特自己就是一位奇女子，这样的女子出现在欧洲，对于整个 19 世纪末叶的人类思潮皆有重大的唤醒意义。但她也一直被人们视为叛逆分子，其实，她的真实身份应该表达为：是自由的思考者，是一位坚持自己理想的生命斗士。她十分雄辩而又富有献身热情，同时，又具有高明的社会组织能力，作为一位真诚的社会改革者，曾长期致力于思想自由、女权运动、工会制度、费边社会主义，以及女子节育运动。后来，勃拉瓦茨基的著作却一举改变了她的思想，安妮·贝赞特就把自己无穷的精力从唯物论和无神论的方面，转向了玄学与神学的使命。她宣布加入通神学会时，她那些熟悉的朋友和仰慕者，包括著名的萧伯纳、韦伯夫妇，以及查尔斯·布雷德洛等人，全都为之愕然。但她很快远离过去的世界与伙伴，她也知道，自己所扮演的新角色可能会引起仰慕者的嘲笑，她写下了如下一段感言：

此刻，就像我的人生其他阶段一样，我仍然无法以谎言换取平安。不管这篇说辞令人满意或不令人满意，会带来赞美或是责难，在那个紧迫的召唤之下我必须说出实情。对真理的忠贞不贰使我必须保持不受玷污，不受友情和人际关系的束缚。真理也许引领我进入一片荒芜，即使如此我也必须追随。她可能剥夺我所有的爱，我还是必须追随她。即使她杀掉我，我仍然信任她。我的坟上不需要任何墓志铭，只需要这句："她一直都在追求真理。"

1893 年，她 46 岁的时候，决定把自己的后半生奉献给印度，后来还成了印度国大党的第一任领袖。她一直试图恢复印度的宗教精神，那时，在印度最初的演说中，她直接指明了这一点：

如果宗教在这块土地上消失了，这个世界就不再有宗教的存在。印度的手中握有照亮那些在迷雾和风雨中失落的唯物主义者的圣火。如果这圣火从她的手中掉落，它的火焰就会被那些渴求世俗财物的人践踏。印度如果丧失了她的精神文明，也就丧失了她的未来。如同希腊与罗马，她必定陷入黑暗。

克里希那穆提就是在那种背景之下，被贝赞特夫人她们发现的。

小克里希那穆提的父亲拿南尼亚原是一名公务员，在1908年退休，一个月一百二十五卢比的退休金根本无法养活他的家人，于是，他在阿迪亚尔的通神学会总部谋得了一个助理秘书的工作。克里希那穆提与小他3岁的弟弟尼亚南达常常在附近的海边游玩，贝赞特夫人最信赖的朋友之一赖德拜特（C.W. Leadbeater）先生是具有灵视能力的异人，他就是在那里，看到了克里希那穆提，并一连观察了好几天，愈来愈发现这个男孩子的灵光不同凡响。

有一天晚上，赖德拜特游泳回来，兴奋地告诉自己的助理伍德，那名具有不凡灵光的男孩就是克里希那穆提。伍德十分惊讶，他早已认识这两名男孩与他的父亲，但克里希那穆提绝非他心目中的天资雄厚之人。赖德拜特却坚信此人终有一日会成为伟大的人类导师、演说家。伍德问他："有多伟大？像贝赞特夫人一样伟大吗？"

赖德拜特回答："伟大多了！"

…………

于是，通过他们的父亲拿南尼亚，贝赞特夫人获得了对两个孩子的监护权与教育权。故事就这样开始了：送他们去英国留学，为他们筹备基金，为克氏成立了"东方明星社"，等等。但1926年之后，克氏的很多信徒已经发觉一些异样，他们开始心神不宁，意识到克氏不愿意实行那个预先安排的神圣角色，他开始讲出了使人担心的话语，他们希望他成为一个精神导师，告诉自己的信徒该怎样好好地为他服务、为人类服务，但是，人们却常常听到克氏说，你们应该开动自己的脑筋，而且不应该听从任何身外的权威云云。他们深感意外。一直发展到了1929年的8月，克里希那穆提在荷兰的欧门面对三千名会员，最后以震惊世人的一次演讲，解散了贝赞特夫人为他打造的"东方明星社"。接着，遣散信徒、退还捐款，他以自身为范例，深知"尘本无体，自心所变；尘复生心，遍计炽然"的空性之理，故向世人宣告——"真理，是无路之国"，力破一切的精神性依附，无论是组织形态，还是观念系统。

就此，胡因梦曾有过总结，对于克氏的思想她是这么说的：

"克氏的教诲看似哲学、禅、中观与佛家的原始观点，但是其涵盖的层面以及微细的程度又似乎超越了以上的范畴；基本上他是一位无法被归类的老师，他的教诲简化地说就是最究竟的真理。因为究竟真理已经超越自我中心的活动，深入于真空无我之境，所以是不能言传的。

"传统宗教组织对于无法言传的真理多半以直观的'悟'来下手，但克氏的解说方式却是从反面切入……既然无法从正面说明，那么就从反面一一破除各种幻觉、象征、名相、意识形态、价值观、教条、理想、时间感、挣扎与二元对立。当所有的无明之网被解开时，不需要任何刻意的修炼或锻炼，也不需要再建立任何观点与概念，人心自自然然便能安住于解脱的空寂状态。当机缘成熟时，开悟的熏风会不请自来，这便是克氏所谓的'无为之道'。"

自那个夏天之后，克氏就彻底抛开了一切宗教的教条与传统典籍，专门以破为主，直指心性，其主张却一以贯之：人，应该获得无条件的解脱——把自己从各种人与人的隔阂、畏惧与限制中解脱出来，从各种外在的权威与宗教传统当中解脱出来，唤醒人们生活的勇气与诚恳，投入自己无妄的真实人生。

　　他对现代科学与灵性探究的思考，皆有很深邃的洞见，可以促发人们的深度反省。但毕竟人是生活在双重世界里面的一种存在。归于自然的毕竟有限，而精神界的英雄是不甘心臣服于自然力的支配的。作为精神存在的人，总是在吁请一种更加自觉的努力，破除各种外在的宰制，活出一个自由的生命，这种内在的探索，是灵性世界的进化。但非常困难。我记得他曾经讲过一个意味深长的笑话：

　　"耶稣基督从未看过足球赛，于是他就问圣彼得能不能一起去看一场。圣彼得说：'可以的，我的主，我来安排这事情。'他带耶稣到爱尔兰看一场比赛，那儿是天主教徒对抗新教徒。耶稣不亦乐乎地看着，天主教徒进了第一球。他高兴地鼓掌，将帽子扔到空中说：'万岁！'然后比赛又开始了。这一次，新教徒进了一球。耶稣又非常兴奋。他愉快地鼓掌，将帽子扔到了空中。一个坐在他后面的男人对他的行为感到很费解，轻敲他的肩膀问：'等等，阁下！您究竟是站在哪一边的？'耶稣说：'我不站在任何一边，我只是享受这场大游戏！'此人怀疑地看着他，嘴里喃喃地说道：'哦，原来是一位无神论者！'"

此后的半个多世纪，他一直在世界各地奔走，教诲他自己领悟到的信息。正如韩德教授所云：

"他成年之后，在任何地方都住不上几个月（除了战争年代之外），他觉得他不属于任何国家、任何民族或者任何文化。"

然而，在旅行的时候，他使用的毕竟是他的印度护照。因为印度是他的母国，而且有最重要的亲人、朋友，还有几个教育中心，尤其是他的弘道圣地，其中最为著名的，就是位于印度著名的圣城瓦拉纳西的那一所，即恒河岸边的拉吉嘉特－贝赞特学校（Rajghat Besant School）。

这所学校最初是贝赞特夫人在印度安居的地方，后来，克氏在此成立了拉吉嘉特教育中心（Rajghat Education Centre）与贝赞特学校（Rajghat Besant School）。当初成立之时，诗人泰戈尔还曾自寂乡专门发来祝贺信。自1985年开始，两个中心就由克氏决定，亲自交托给了他的朋友帕德玛那潘·克里希纳教授，即我们手中这本书的作者。

四

我最初是在加尔各答知道有这样一本书，也听说了帕德玛那潘·克里希纳教授的名字。

当时，我在辨喜大学访学，正好该学校有一次春天的图书展，在展厅那里，我结识了专门销售克氏著作的卡玛尔·塔克先生（Kamal Thacker），他是克氏基金会于加尔各答的负责人之一，那时候，他郑重地向我推荐了帕德玛那潘·克里希纳教授的这部皇皇大著《银盘中的宝石》。他也特别推荐了位于圣城的拉吉嘉特教育中心，他说：

"你一定会喜欢参观那个位于恒河岸边的教育中心的。我相信，你与克里希纳博士的对话，对你来说绝对是珍贵的，因为你对克里希那穆提的教导是如此富有兴趣。"

于是，我就有了第二次的瓦拉纳西之旅。当然，与第一次来拜访佛陀两千五百年前的鹿野苑不同，这一次，我是专门拜访克氏于半个多世纪前建立的中心，我会见了克里希纳教授，我得到了他们的真诚接待。先生年过八十，却思维敏锐，记忆惊人，他是克氏尚活在人世的见证人，亦师亦友。克里希纳教授是1938年生人，早年，在德里大学攻读物理学的硕士，1959年取得硕士学位之后，再到贝拿勒斯（瓦拉纳西旧称）印度大学（Banaras Hindu University）攻读博士课程，后来便在该大学就职。当日，与他一起接待我的，是他的夫人，她是妇产科专业毕业的医生，于贝拿勒斯大学的医学院工作。因自己的先生受克氏临终所托，便一起于1986年正式辞掉了大学里面的工作，夫妻一起，成为这所拉吉嘉特学校的守护人。

我在这里的花园别墅生活了几天，见到了世界各国络绎而来的朝圣者。克里希纳教授亲自带我参观了整座中心，并介绍了它们的历史沿革与课程设置。我除了在中心饮茶聊天之外，也与一些来自世界各地的访客一道，参访了恒河的夜祭与晨祭；中间，我还曾独自一人拜访了印度伟大的诗人卡比尔的道场。

因为这次是二度访入，使得我对瓦拉纳西天空上方的云彩与光明深有记忆。

这里是古时的森林圣者会聚探讨哲学的道场，是恒河沿岸七座圣城之首，是湿婆神的月牙之人间相，亦是佛陀走入人世间首开教义、初转法轮的所在。同时，它也是世界上第一古老的神秘之邦。我们在瓦拉纳西，迎面就是最神圣的那一段恒河，如同发光的月亮。

当日，我便得到了克里希纳教授的信任，他递给我这本《银盘中的宝石》（*A Jewel on a Silver Platter*），并嘱咐我，将来时机成熟，组织中国的译者翻译。

关于书名"银盘中的宝石"，我虽未直接求证其中的深意，但我知道印度是有九种宝石（navaratnas）护佑世界的传说，在此书的第八章便有一段重要的话：

一旦这些宝石被赋予灵性，它们就拥有了神奇的力量，保护握着宝石，或拥有宝石的人，它们还可以守护一个地方。克里希那穆提对此深信不疑。不论是在印度、布洛克伍德学校还是在欧亥，他都曾亲自把一小盒一小盒装在金银箱子里面的宝石赋予灵力，把它们放到熟石膏做的小容器里，再埋到房屋的东北角，并且给出了保存的说明。他希望有人能鼓励这些宝石，跟它们说话，用爱包裹它们，一直保持某种联系。

我思忖之下，窃以为自己大体是能够明白克氏与该书之用意的，"银盘"（Silver Platter）云云，指的应该就是这样一座古老的圣城，古时也叫作贝拿勒斯的恒河月亮湾之地；而这个中心，就是在人类精神的天宇发光的一块"宝石"（Jewel），它需要合适的人来守护。于是，我想起自己曾经在喜马拉雅山时，拜访室利·阿罗频多道院，当时立在一块高处的悬崖上，兀然生起了一番感慨，那段话放在这里，或许还是应景的：

花香御风而至，低下不远处便是于晚风中静静站立着的室利·阿罗频多的静修林，在那一抹夕阳的西照下熠熠生辉。这些圣所是大地上越发罕见的救赎性存在，恰如夜空中的星光。神圣母亲（Mirra Alfassa）曾说："在古代，有许多伟大精神真理的教示，是一秘密传授，限于少数入道之人。"这些圣所的建造者，如同古时的吠陀仙人，以其卓越的生命境界实现了自己，亲证了宇宙的实相，当他们于生年的拂晓中，明白了一切，彻悟了诸有，复与诸神一道，一边歌哭一边歌笑，回过身来为凡愚遍满的人世间尽心尽力服务。唯有他们，才是此等真风告竭时代一眼清澈的活泉与流水，洗去文明的沧桑与疲倦，洗去尘氛厚积的无边的俗气。

人类的知识本身是动态的，更高层次的知识，都是有条件的，它既需要合适的人来传述，也留待合适的人来接收，所以古人才有"夫有真人而后有真知"一说，并且，对其中的师承有最严格的限制，"可传而不可受，可得而不可见"，这是对秘密谱系的一个说明，前一句是从导师这一头讲的——有好的导师，却不一定有好的弟子；第二句是从弟子这一头说的——弟子有了证悟的境界，却不一定有可表达的言语、可感觉的实在。必须彼此心心相印，才是存在界的福祉，诚如书中所云：

你可以重新带一盒宝石，我给它赋予灵力，你再把它放到学会的其他地方，便又有庇护作用了。

1986年1月，克氏从医院回家，他被诊断出患有胰腺癌，2月17日凌晨去世。曾有人要求他用一句话总结他自己全部的教导时，他说："在空性无边的寂静中，无须费力，学会与死亡的共存。"（Attempt without effort to live with death in futureless silence）此外，还有一句话，也一起阐明了克氏的重要观点："有人问克氏的教导主旨，他说：'先生，没有教导这回事，你不须了解它；你要做的就是了解你自己。我整个教导的目的是要让你意识到认识自己的重要性。'"没有教导者和被教导者的区分。在这个层面上，他承载了佛陀的箴言，你必须成为自己的光。这就是这位圣者——这位堪称20世纪的苏格拉底之智慧术，他希望我们每一个人都能够诞生出自己来，那才是空性里面熠熠生辉的真宝石，才真正完成了自己人生的一趟"自性之旅"。

克氏去世之后，他的舍利主要埋在三个地方：第一，就是南印度阿迪亚尔附近的海中，这是相术师赖德拜特发现少年克里希那穆提天秉卓异的地方；第二，就是拉吉嘉特附近的恒河和亚姆纳河

（Yamuna）的汇合处；第三，在克里希纳教授与一些主要门人的努力之下，把他的一部分舍利撒在了喜马拉雅山的高处，也就是恒河的源头甘戈特里（Gangotri）。如今，这三个地点，都是人们可以静静冥思的圣所。

五

　　克里希那穆提作为20世纪一位伟大的心灵导师，其影响力渗入世界与人心皆甚为深广，然汉语界一直缺少重要的概述其基本精神的好书，此书或是心中的理想书籍之一。此书是克里希纳教授极为重要的著作，他根据自己的记忆，除了自己的长期研究与回忆外，还特别访问了克氏尚在人间的许多亲密朋友。所以，作为介绍克氏的思想与生平的权威之作，该书之不同于平常的书写语法，它基本上是以对话形式为主的回忆录，因为是为数不多的亲近克氏的友人所留下来的第一手记录，所以，对于我们认识克氏的真实心灵尤其珍贵，无怪当年甫一问世，立时在世界各地风靡，甚至在俄罗斯、西班牙，以及南美的许多地区，也是迅速译毕，一纸风行，洛阳纸贵。

　　可惜，因各种原因，此书的汉语版本的翻译并不顺利，中间也几度推倒重来，后来，除了池秀芝的翻译外，台湾的吴承庭博士也参与进来，协助翻译与校对；复又在浸淫克氏几十年的杨自力与洪眉老师的荐举之下，刘文艳与叶继英承接了大部分的翻译工作，才宣告此一皇皇巨著的完成。在这里，我要特别对他们表示感谢，也感谢曾关注与帮助过此书的朋友们。在此，我们希望此书的正式出版，不但让中国喜欢克氏思想的读书人大饱眼福，更希望能够重新续上中印文化的两千年友谊史的新篇章。

闻中

壬寅年立春

杭州融创·瑷骊山

前　言

　　很高兴能为我的朋友克里希纳的著作撰写前言，这本书讲述吉杜·克里希那穆提的事迹。对许多人来说，克里希那穆提是佛陀的化身；对一些人而言，他是 20 世纪的苏格拉底；维玛拉·塔卡尔（Vimala Thakar）在接受作者采访时，评述他"更像一种现象，而不像是一个个体"。克里希那穆提是非凡之辈，具有无法用任何理性术语解释的意识品质，而他自己也无法解释他是如何达到摆脱自我限制的那种意识境界的。

　　本书作者克里希纳博士是一位杰出人士，具有敏锐的科学头脑和极高的精神敏感性。近三十年来，他与克里希那穆提关系密切。从书中许多描述可以看出，克里希那穆提对克里希纳有着特别而深情的欣赏与尊重，并说服了他成为拉吉嘉特教育中心与拉吉嘉特-贝赞特学校的校长。在克氏去世五周前，他就对克里希纳说："这世界上我完全信任的人很少，而你就是其中之一。"在此书中，克里希纳对克里希那穆提的性格有许多细节描述，同时又保留了他的某种神秘性，他一直是以敬畏、尊重与谦卑之心去接触克里希那穆提的。他告诉我们很多关于克里希那穆提的事，但从来没有宣称要解释他。

　　克里希纳通过他与克里希那穆提许多次会面的回忆，以及对与他非常亲近之人富有启示性的采访，包括维玛拉·塔卡尔、阿楚约特·帕瓦尔当（Achyut Patwardhan）和拉塔·布尼尔（Radha Burnier）等，为我们提供了大量信息，以了解克氏的非凡本性。克里希纳非常喜欢他们直率且真诚的访谈，借此让不了解克里希那穆提的人了解他。虽然我已与克里希那吉（"吉"，对克里希那穆提的尊称）相识二十余年，并在许多场合相互交流过，但我依然着迷于这些关于他的许多全新且有趣的细节。

我们很难概述克里希那穆提的教诲，但是我很高兴从此书中了解到克氏本人的回应，当有人要求他用一句话总结他全部的教诲时，他说："在空性无边的寂静中，无须费力，学会与死亡的共存。"此书另一句话也阐明了克氏的观点："有人问克氏的教导主旨，他说，'先生，没有教导这回事，你不须了解它；你要做的就是了解你自己。我整个教导的目的是要让你意识到认识自己的重要性。'"

我们不能确定是否曾有人触及克里希那穆提的意识特质，但克里希纳和我所知的其他人一样，尽可能学习克氏的教导，并以它作为自己的生活准则。对我而言，我很难相信对克里希那穆提这个人或对他的教导感兴趣之人，对克里希纳所写的这本书不会产生兴趣。此书揭示克氏的热情与卓越的意识境界。克里希纳多方面地详述克氏的教导，特别是在人类问题的那些层次上面，清晰而富有洞见，在我看来，克里希纳是克氏教导的最佳阐述者，我非常感激克里希纳撰写了此书。

拉维·拉温德拉 [1]

---

[1] 拉维·拉温德拉（Ravi Ravindra），加拿大哈利法克斯（Halifax）达尔豪西大学（Dalhausie University）的名誉教授，在物理学、哲学和比较宗教学方面担任教授多年。拉温德拉有长年的精神探索，他研究克里希那穆提、戈齐福、瑜伽、禅宗的思想，以及印度和基督教的神秘教义颇有成就。他撰写有多部宗教、科学和心灵方面的著作，包括：《基督的瑜伽》（The Yoga of the Christ）（美国版的书名是《从印度神秘主义角度探索约翰福音》（The American edition is titled The Gospel of John in the Light of Indian Mysticism）、《无自我中心的自我中心：纪念克里希那穆提》（Centered Self without Being Self-centered：Remembering Krishnamurti）、《科学与宗教》（Science and the Sacred）、《瑜伽的心灵根源》（The Spiritual Roots of Yoga）、《帕坦加利瑜伽经的智慧》（The Wisdom of Patañjali's Yoga Sutras）、《朝圣者的灵魂：通往神圣与超然的世界宗教之路》（The Pilgrim Soul：Path to the Sacred-Transcending World Religions）。

目　录

导　论

　　这就是生命中的真正喜悦，——是认识到你自己是一位生命的勇者；是在被丢到废物堆之前，你已竭尽你之所能；是肇端于大自然的伟力，而非因委屈、埋怨而焦虑自私的可怜蠢人，以至于总是在埋怨这世界没有让你快乐。

——乔治·萧伯纳

　　克里希那穆提的生平是一个谜，令人费解，但值得人们去深究。他出生于南印度一个小村庄里面的中产阶级家庭，身体纤弱，反应迟缓。没有接受正式的教育或训练，他又是如何成为 20 世纪的苏格拉底的呢？通神学会的赖德拜特和安妮·贝赞特是怎么发现这位当时只有 14 岁的男孩的呢？在他所有的特征都显示出与想象当中的智者截然相反的状态之下，为什么他们还是坚定地预言他会成为世界的导师？尽管这个预言让他们面临诸多的反对和嘲笑，但他们的信念从未动摇过。当时的这个小男孩瘦弱、憔悴，无法上学或通过考试。萧伯纳也曾嘲笑道："安妮，你的弥赛亚来了！"即便如此，安妮还是赌上了她的声誉，在 1920 年，她于伦敦白宫（White Hall）的演讲中宣布世界导师的来到；而之后所发生的一系列事件，证实她的远见是完全正确的！

　　为了解开他的生命之谜，我曾访问过克里希那穆提的几位生平挚友，但他们没能真正明白他的意识状态，或者自1922年开始之后的六十多年以来，他的"转化"究竟意味着什么。虽然，也有很多的相关描述，但都无法从理性角度来解释。要真正了解他的意识经历和状态，唯一的方法，就是要有同他一样的亲身体验，否则就像是天生目盲者，不管再怎么向他描述色彩是怎么一回事，他永远无法明白。而且，从我们的描述所产生的想象也可能都是虚假的。所以，向他揭露真实颜色的唯一办法，就是给他的眼睛做一个手术，让他自己去看！

　　这就是克里希那穆提一生中一直在做的：想要唤醒我们的智慧，以便我们自己能够看见他所觉察到的意识。他说，如果我们根据他的教导，也许可以瞥见，然没人能够做到这一点！但是真的不可能做到吗？那么他是如何拥有这种意识的呢？尽管从人们诞生其中的文化氛围与环境影响来看，他比我们拥有更多的条件获得神智（Theosophical），但他坚持认为，我们每一个人都有可能摆脱自身的习气，不戴有色眼镜观察生活和世界；不带想象地观察实相。对我来说，像他那样的人的存在是可能的，因为他就是最佳的证明；但是，我们每个人心中都有非常深的障碍，妨碍我们打破习气，否则，为什么只有少数像佛陀或耶稣等人才能够完全摆脱他们的过去呢？

　　对我们所有人来说，他的意识是个很大的谜团，尽管我们只知道一点他的意识运转方式，但我仍然决定要在此书中有所透露。此书除了记录我与他的个人互动之外，我还专门采访了他的几位挚友对他的看法。这本书不是一般的传记，坊间已经有几本优秀传记详述了他的真实生活。事实上，因为他活在 20 世纪，他的一生已被详加记载，因此，人们难以相信有他这样一种人的存在。从神话学的角度来看，他的一生读起来就像是一种传奇！对我们每一个人而言，了解他的存在之谜是一个不小的挑战，通过挑战，能让我们发掘自身内在的意识状态。他曾靠这样的意识而生活，他更是尽力唤醒我们的这种内在意识。

本书第一部分主要描述克里希那穆提的为人和他的意识运作，来源是我与他、他与亲密友人之间交往的所闻所见；第二部分则主要是讨论克里希那穆提的教导，并根据他的教导，探讨我们生活上的各种根本问题。因为我们每个人的生活彼此交织，无法分开。为了保持每一章的完整性，读者也许不免会发现部分的内容或有重复之处。

我希望读者理解的一点是，这本书不是小说，无须按章节阅读。你完全可以依照你的个人意愿选择任何一章开始，不须以读完前一章内容为前提。

帕德玛那潘·克里希纳

2015 年 1 月 13 日

克里希那穆提印度基金会，拉吉嘉特，印度北方邦瓦拉纳西

第一部分　关于克里希那穆提

　　这部分探讨克里希那穆提与他同事交往时所展示出来的人格魅力、他的对话艺术、亲密朋友对他的印象，以及他个人所拥有的特殊能力等。

为纪念克里希那穆提，印度政府于 1987 年发行特别邮政信封和邮票。

爱带来理解。当你的心充满爱，你就会聆听老师、乞丐的声音，你也会聆听孩童的笑声、彩虹的语言，还有人类的悲伤。永存的爱覆盖在每块石头、每片叶子之下，但我们却不知如何寻觅到它。我们的心除了理解爱的本质之外，还装着其他的事情。爱和怜悯、善良与慷慨不会产生仇恨。当你去爱，你就非常接近真理，因为爱让人敏感、精微，这种敏感让人能够重新开启生命，真理也就随之出现。如果你的心背负着沉重的无知和仇恨，真理就不会现身。

——孟买的第九次演讲，1949 年 3 月 14 日

第一章

我所认识的克里希那穆提

通常我们用血统、家庭、成就和教育等描述一个人，但是，身为解脱者的克里希那穆提，这些都与他毫不相干。他用另一种维度的意识活着，直到我们在自身那里也发现这种同样的意识，才能确实知道他的意识。人们能够借着理性来推测这位男人，但怎么能够传达出他生命的馨香与存在呢？我在尝试描述他时所面临的问题，不由得让我回想起了《薄伽梵歌》(*Bhagwad Gita*) 当中的对话。

阿周那 (Arjuna) 问黑天 (Krishna)：什么是解脱者的样子，这种人是怎么生活，如何行事、吃饭和睡觉的呢？黑天详细地答复了他，其大意是："从表面上看，他与众人一样，吃饭、睡觉、生活；然而他又与众人完全不同，因为当他做这一切时，他与这些普通人的理由是不同的。"在一切的不同之处，最重要的是他活着时的意识状态，而不是他的社会成就、教育程度、学问或所有的演讲等等。即使没有上述的这些成就，也丝毫无损于他的意识状态。

要如何表达那种意识状态？在他面前，人能感受到这种状态，但无法用语言描述。语言只能表达外在的活动，包括你听到的话语，你把握住的想法，等等。人们无法通过语言表达心灵或意识的状态，得从字里行间去深入感受，然后说："让我试试！"

1986 年 1 月，克里希那穆提与克里希那穆提印度基金会信托人在金奈的春舍（Vasanta Vihar）举行的最后一次理事会。

第一次接触，德里（1958—1959）

我出生于印度中北部的印多尔（Indore）。1955年，我17岁，正在家乡的一所大学学习，就是在这段时间，初次接触到克里希那穆提的教导。暑假期间，有一次我正在翻阅父亲书架上的书时，碰巧看到一本小册子，封面上的书名是《与学生谈话》（*Talks to Students*），作者克里希那穆提。那时我还没听说过他的名字，当然对他也就一无所知。受到书名的吸引，我开始阅读。内容讨论各种各样的问题，而这些问题也恰好是正值青春期的我，头脑中常常萦绕不散的问题，但是我们的老师从不讨论。他会这样问学生："老师走进教室时，你们为什么要起立？""尊重与恐惧一样吗？"他又会问女孩们："你们为什么在自己的额头上点上'蒂卡'（tika，红点）？""你们清楚你们做这些事的目的吗？它们的意义究竟是什么？""你们有没有质疑过自己？""教育的目的是什么？""你们为什么害怕考试？"我们的教育体系从来不讨论书中的问题，所以这本书也就特别让我着迷，并且更想阅读他的其余著作。我询问父亲有关克里希那穆提的事，他告诉我他在通神学会成长的过程、如何被"发现"等等。我父亲也在通神学会住到1920年，他们两人是同时期的人，我的父亲只比他小两岁。

当时我唯一能取得的另一本书是《最初和最终的自由》（*The First and Last Freedom*），内容同样带给我很大的震撼，让我在心中把他想象成同佛教僧侣一样：明智、平静和沉着。所以当我第一次见到他时，不免大吃一惊，感到极为惊讶，因为他与我脑海里的形象截然不同。1957—1958 年的冬天，他在德里，住在希瓦·饶（B. Shiva Rao）的家中，当时我正在德里大学攻读物理学的硕士学位。我参加了他的公开讲座，并渴望见到他。有一天，希瓦·饶先生邀我和他一起吃午餐。餐前，当饶先生把我介绍给克里希那穆提的时候，他问我："你在做什么？"我回答："我在大学修物理学。"他就问："你为什么修物理学呢？"因为大家都读大学，我觉得他的问题有点奇怪，我回答："为了能有工作、可以谋生、有安定的生活。"他呼叫饶先生，对他说："希瓦·饶，我们的教育有严重的错误！看看，这位年仅 19 岁的男孩，他已经在焦虑他的生活、婚姻和谋生了！"我一下子感到尴尬而渺小，我以为他是在故意奚落我。我说："先生，难道我的想法有问题吗？"他说："做你喜欢的事 ——即便是乞讨、借贷或偷窃也好，别担心未来，也别担心将来究竟是怎么谋生的。"我非常震惊！我问他："偷窃？"他回答说："不，不是偷窃，我是指可以做任何一件事情，但是，需要你能够带着热情去做，为了喜欢去做，而不是为了谋生！"他补充道："我们教育体系的问题，是其目的只是为了谋生，只是为了寻找工作。我们已经把教育变得这么卑微，这么可怕！"这就是他，不试图取悦人，或留给人们好印象。他热切、敏锐、自然、绝不虚伪，又充满了热情。

我们午餐吃了很久，中间穿插了一些有趣的谈话。我问他："先生，您的书里面也曾提到了您在通神学会时，大家坐在一间封闭的房间里聚会，以便与死灵交谈，这些都是神秘现象，这些都是瞎编的吗？"他回答说："不，这些都是存在的，它是另一种能量形式，然而无关我们的德行，所以我对它们不感兴趣。"接着，他又停顿了一下，补充道："当然，心灵，也有极大的能力产生出幻觉。"我后来琢磨他的意思，我觉得他试图传达神秘现象、心灵感应、超意识与灵性能力是确实存在的；但若是人们对金钱、权力、职位或地位没有兴趣——那么人们何苦需要培养这种神秘的力量呢？

他说他自己完全不记得童年，也不记得住到38岁的阿迪亚尔，他也不记得他的弟弟尼亚的脸。"我勉强记得的，是母亲（指贝赞特夫人）那一张脸的轮廓。"然后，他说了听起来很难理解的话："当然，如果我想要，我是能够记起他们的。"我问他这是不是他不活在过去，而总是活在当下的原因，而我们却在当下的时候，老是想着那些未完的过去，并不断加深对过去的印象，他回答："不，并非如此。"

我仍听不懂他在说什么，他是否想告诉我，这些事情并不存在于他的记忆中，但是，他能够从别处回忆起它们吗？那天午餐结束后，他又说了一些让我极为震惊的话："我不知道什么是饥饿！"我问他："您是什么意思？您长时间不进食的话，难道会没食欲吗？"他回答道："不，我只是变弱了；我吃东西，就是为了保护这具身体。"我很难相信他没有食欲，并好奇他的无欲无求是否真能到达如此高的境界！

那段时间，正好艾米莉·鲁琴斯夫人（Lady Emily Lutyens）的《日中之烛》（Candles in the Sun）出版了，书中描述克里希那穆提在通神学会的生活及发生在他周遭的政事与阴谋。我告诉克里希那穆提我已经读过了此书，他问我："你有什么看法？"我告诉他："我觉得毫无必要。"他问我："先生，有哪一本书是必读的呢？"

一般在参加他的座谈会后，我会向他提出很多的问题。有一次，在问答环节后去跟他打招呼，他慈爱地握着我的手，说："你有太多的问题，孩子啊，你有太多的问题！"

在他面前时，我所感受到的爱和关怀，很难用语言来描述或传达。从他的声音、表情当中，他的整个举止与存在当中，爱与关心都在倾泻而出。

1960年之前，与克里希那穆提在拉吉嘉特

1959年取得硕士学位之后，我到贝拿勒斯印度大学攻读博士课程。那段时间他来到瓦拉纳西，在位于拉吉嘉特的基金会的学校进行几场讲座。这所学校，即是他后来于1986年任命我为校长的学校。讲座地点离大学很远，大概是八到十英里，只要他一来这儿演讲，我就会骑着自行车去参加。有一次他在演讲中说道："有纪律的头脑是怠惰的头脑！"我不明白这句话，对我来说，纪律严明的人应该是工作积极、守时、生活有规律。后来有一次遇到他，我问他这句话的意思，他立即回答："如果他不懒惰，他为什么要自律呢？如果我必须在早晨六点起床，我就起床；但是，如果需要一整套的纪律来强迫自己起床，那么这个人是怠惰的，不是吗？"

他用这几句话向我解释二元性的对立和冲突的起因：当某人试着培养勇气时，意味着他害怕；当某人试图不用暴力，这意味着他是暴力的。无论我们试图追求什么，事实恰恰相反，这是他的教导核心之一。人应该着重的是停止怠惰，而不是通过自律来强迫自己改掉懒惰习性。懒惰是有其原因的，也许是没吃东西、没睡觉、不

好好运动，或者身体疲惫而没有足够的能量，等等。如果人们试图强迫自己培养纪律，而不是改正上述的原因，这就是永久性的怠惰。怠惰和纪律之间会有争执，进而产生冲突。

又一次，在关于结束冲突为主题的讲座结束之后，我问他："先生，您在讲座前六个月宣布，如果那天您有讲座，却不想讲，这不会造成冲突吗？"他说："不，若我不想演讲，我就不讲，但从没发生过这种情形！"近五十年来，他一直演讲，却从来没产生过不想演讲的想法！这让我明白冲突的终结意味着对计划好的事没有内在抵触、没有喜怒无常、没有喜欢和不喜欢。自由不是缺乏精心的组织，而是我们内在没有抵触！

当克里希那吉[①]与年轻的学生交谈时，他会根据他们的层次进行交谈；与科学家戴维·伯姆（David Bohm）交谈时，他也会根据他的层次进行对话。他不像我们会评估对方的地位和成就，不管他跟谁说话，每次都一样充满着热情，从不关心对方的身份。我观察到，他总是能够对所有的人，即使是最普通卑微的人，都保持专注、敏锐、留心和尊重，看不见一丝的懒散。他对每个人都充满关爱，但这并不意味着他会与事实妥协，或是因为痛苦而逃避。

1960 年左右，在一次讲座之后，我去找他，站在他的身旁时，有一位绅士从听众席走了过来，赞不绝口地说："先生，讲得极好，这是极其绝妙的演讲！"当这位绅士离开之后，克里希那吉转过身，对我说："先生，这是侮辱！"对我来说，他非常努力分享生命的真理，但这位绅士不是过来探讨他的演讲内容，而是觉得这场讲座有

---

① 我们所有人都如此尊敬地称呼他。在印度，人们在某人的名字后加上"吉"（ji），
表示对那人的尊敬和喜爱。

趣！克里希那吉不喜欢赞美，而且把我们视作的恭维与赞美当成是一种侮辱。

1960 年左右，我想通过拍摄来记录他。那一段时间，我整天背着相机，但他就是不允许我拍他。他也不允许任何人在他演说时做笔记，他不希望他的演讲被缩减成某一种知识，他希望他所有的演讲内容与他们的所看见一道，能够成为人们即刻的体验。他反复强调他不是发表演说："我不想传递给你们不知道的信息，我们要像两位朋友一样，一起观察生命。"虽然他是对着所有来宾说的，但他强调讲话的本质是两个朋友面对面地谈话，我们应该把他的话当成面前的镜子，用来观察我们的生命，并证明他所说的话是否真实，不要盲目接受。

他主张"赞成"或"否定"本身是毫无价值的，这对真理的追求意义不大。我可以"同意"或"反对"你的意见，但我们两人仍不知道真相是什么。真相的价值，并非出于同意或反对，或肯定或否定某种观念。有一次，大概是在 1976 年，他在拉吉嘉特的一场讲座中，解释社会混乱产生的原因：我们都自私地生活着。他强调，我们必须走出以自我为中心所划出的范围①。最后，我问他一个非常无礼的问题，但我们的对话却非常富有意义：

P. 克里希纳：先生，佛陀来这世上后涅槃，耶稣来这世上后也离开，克里希那穆提来了，也是会离世的，但是，人类的河流，却一直照旧朝着同一个方向流动；那么，一位圣者生而为人，他踏出了这一条河流，又有什么价值呢？

---

① 意思是走出以自我为中心的那种习惯性反应模式。

克里希那穆提：那么，是谁在问人与河流这个问题？

P.克里希纳：我只能以河流做比喻，因为我就身在其中！

克里希那穆提：对于尚在河中的人来说，这一个问题毫无价值，因为他要用奖励和惩罚来衡量一切，但这不是奖励的结果。

P.克里希纳：先生，我懂，但你仍未回答我的问题。如果已踏出河流的人不能帮助他的同伴，那他的这种踏出，不就是自私的吗？

克里希那穆提：你说的"帮助"是什么意思？

P.克里希纳：哦，帮助他打破他的监狱，若是他不能打破，至少帮他改善监狱的条件。我把这些视作帮助。

克里希那穆提：你的意思是说让监狱更舒适，有更好的风扇和浴室？

P.克里希纳：不，不是如此，如果踏出河流，只是意味着这个人追求他自己的当下喜悦，过着宁静的生活，感受一切的美好，难道他不自私吗？

克里希那穆提：当某一人从河流中出来时，他就会影响整个人类的意识，因为整个人类意识，原本就是一体的（the whole of consciousness of man is one）。

接下来我一直保持着沉默，因为他的回答远远超出了我的理解。自此之后，此一问题就一直伴随着我！

在英国布洛克伍德（1977—1980）

　　1977 年，在英格兰的一所名为布洛克伍德（Brockwood）的基金会学校、戴维·伯姆教授、阿西特·彰德玛尔（Asit Chandmal）和克里希那吉与我在那儿进行了一场对话。我记得对话一开始，我们提出了一个问题，这问题我们几个人在前一夜就已经讨论过。伯姆教授是伦敦的伯贝克学院（Birkbeck College）理论物理学的教授，彰德玛尔则是来自美国的计算机科学家，他们都对这些问题非常感兴趣。我一开场就提出："您说，由于人的自我产生的心灵制约和污染，人无法以不曲解（单纯、天真）的方式清晰地观看；因为我们无法察觉真相，所以自我继续滋长。那么，要怎么结束这样一种恶性的循环呢？"他深入这问题，我们进行谈论。（第三章中会全文转载我们的这一个对话）。每次我们问他问题，他都会重新审视，不会重复之前同一个问题的观念或结论。他有一种特质——他从不执着过去，他认为重要的是要重新觉察真相，而不凭借记忆。于是，他深入地阐述这个问题："我不确定只有当自我完全消失之时，洞察力是不是才会出现；或者洞察力过于巨大，以至于抹去自我。"这不是先摆脱然后有洞察力，或先有洞察力后去掉自我的过程，它必须是同时发生。他的教导否定了时间，或是可以说，否定真相接受的前后相续之过程。这是关于人是否能够觉察真相，人不会逐步接近真相，他说，真相就像某一处的盗贼，突然闯入了心中！

　　当我问他："您是一位以自我为中心的人吗？您脱离了它吗？还是您本来就不在其中？"他说："我也想问这个问题！"他也想知道

由通神学会培养的小克里希那穆提，比起一般正常的儿童标准，他迟钝，无法通过所有的考试，但是他的心却不像其他人那样，受到限制。为什么他能够保持开放，接受新的东西？当你发现一位小男孩，把他培养成一位喇嘛，他就会成为那位喇嘛，所以，对他来说，成为伟大的神智学学者，或通神学会的领导人，这是再正常不过的。然而他是如何产生全新的东西？当所有的孩子都受到局限，难以摆脱自身的习气时，为什么这一个孩子就能够从每一次的经验中间学习？至今仍然没有答案。

我问他有自我意识的人是否会造恶，他立刻回答："不，他不是造恶者，是恶藏在他的里面！"对于我来说，他没有批判，也没有指责之意，只是对事实的一种确认，只要人是自私自利的，他／她的内在就有恶。

他的传记告诉我们，1925 年，他 30 岁，在一艘前往印度的船上，听到弟弟尼亚的死讯时，感到悲痛万分。但是，一个星期之后，他登陆印度时，内心已经完全平复。后来，他给一位朋友写了一句话："只要有自我意识，就会有死亡、有孤独与悲伤。当我经历了尼亚的离世，我明白隐藏在悲伤背后的东西，以及它的起因，我逃脱了死亡。"就像我们大多数人一样，他似乎表达他因弟弟的过世而有个人伤痛，而且可能让他陷入自悲自怜等；但相反的是，他识破了这种个人的悲伤，了解死亡和执着的含义，让自己自由。难道意识或心的质量是通过经验取得，而不是通过收集情结、偏见，或新的习气来观察真相，获得自由的吗？

有人曾经告诉克里希那吉，他很幸运，能够受到通神学会的抚养，有赖德拜特和安妮·贝赞特为老师。他说："对，我很幸运，他们是我的导师。"然后那人说："我们就不怎么幸运,我们上一般的学校,我们怎能发现真理呢?"他回答："先生,我很幸运,因为不管他们告诉我什么,我总是一耳进,一耳出!"他并非贬低通神学会和那儿的老师,他只是指出他们的教导没有限制住他的心。他的教导是:人必须由自己探求真理,不要从老师那儿接受真理,从老师那儿接受的真理只会变成语言,而不是自我认识(self-knowledge)。

婆罗门已从这个国家消失了吗?

1985 年,他最后一次到印度,我们在拉吉嘉特吃午饭,如同往常,他总是问没人问过我的那些问题:"先生,婆罗门已经从这个国家消失了吗?"我说:"这取决于你对婆罗门的定义。这国家有四分之一的人认为自己是婆罗门。"他说:"不,我不是指由出身决定的婆罗门,这很幼稚!你知道婆罗门的品质吗?"我问:"您说的婆罗门是指什么?"他讲述了一个故事,作为回答:

当亚历山大大帝入侵印度时,与国王波若斯(Porus)大战,他战胜了。进入印度之后,他看到了卓越的印度政府的管理系统,整个国家整洁、干净、井然有序,人们生活十分快乐。他就问波若斯:"是谁负责你的国家行政?"波若斯回答:"是一位婆罗门宰相,他负责一切的行政管理。"亚历山大就说:"我想和他谈谈。"波若斯回答:"因为我们输掉了战争,他已辞职,返回乡村去了。"亚历山大说:"不管怎样,你必须召唤他过来。"国王派出了信使,他隔天回来，转述了婆罗门大臣的话："告诉国王，我已辞职，而且婆罗门是不会到任何人那里去的，所以很抱歉，我不会来见他。"亚历山大听了之后，就说："好，那我去他所在的村庄拜访他！"

亚历山大到了村子，看到婆罗门正坐在树下教两个孩子。当有人通知婆罗门，说亚历山大大帝到来的消息时，婆罗门抬头说："我能为你做什么？"亚历山大问："你是宰相吗？"婆罗门回答："是。""你管理得非常杰出！""谢谢你。""你愿意跟我走吗？我带你到希腊，提供你最好的宫殿住，成为我们军队的统帅。跟我走吧！"婆罗门略一沉吟，就抬头看着亚历山大的眼睛，答道："对不起，我想教这些孩子。"

克里希那吉讲完这个故事，对我说："这就是婆罗门——你是不能收买他的！"他不是为了奖赏而工作，他做了婆罗门该做的事：作为宰相，他竭尽所能，管好国家；当战争失败，他承担了失败的责任而辞职，这是正确的做法。当他在村庄里面，做他想做的事，不屈从国王或屈从于奖赏，这就是婆罗门的品质。克里希那吉说完，问我："现在告诉我，婆罗门从这个国家消失了吗？"我说："我不知道。可能还有人在喜马拉雅山，但我从没碰到过。"不对，我曾遇到过，因为——我眼前的他就是婆罗门。

这个国家还有什么独特的？

又有一次，他问我："这个国家还有什么独特的？"我说："应该是家庭的生活方式，每个人用爱尊重彼此，然而，我也不能说，这就是独一无二的，因为其他地方也有，只是程度或有不同。"他点了点头，保持沉默，他经常会给你留下这类问题，让你自己思考。

我隔天见到他时，他说："我想告诉你这个国家的特别之处：我走遍了全世界，观察到这个国家是唯一一个穷人还会笑的国家！"克里希那吉不关心宫殿、成就、桥梁、火车，他观察人们，看他们怎么生活，所以他会注意到印度的穷人仍然会笑。在美国或欧洲的穷人，大都认为自己是不幸的、可怜的，被剥夺被损害，但在印度，他看到那些穷人尽管贫穷，他们仍然会笑，他们的精神并没有被摧毁。他继续说道："在这个国家，虽然我们失去了这种品质，但仍然还保留下了一些。"

如果深入这些问题和他对这些问题的评论，并放在自己心里，它们就会成为强大的学习动力。他从不要求我们全盘接受他的话，他是要我们反思，为自己思考，检视他所说的话是否正确，人要以一己之力发现真相。在他的一生中，他从不允许任何人依赖他：他不收弟子、不求帮助，也丝毫不打算出家为僧。他按照自己的心意生活着，只因爱着世界而对世人讲话。

我们都很幸运，能够有这样的一位智者相伴，不管视他为通神学会的学者，或是他离开了通神学会，这些想法都微不足道。像他这种人并不隶属于任何人、克里希那穆提基金会、通神学会、印度或任何国家，他属于全世界！当然，他出生在某一个家庭，在某一所学校接受培养和教育。那所学校或通神学会会因培育了他而声名大噪，然而，是他们的培育造就他现在的样子吗？阿楚约特·帕尔瓦当（Achyut Patwardhan）曾告诉过我，世界导师是因应世间的泪水而生，因此他属于全人类。贝赞特夫人曾告诉阿楚约特："当你不同意克里希那穆提的观点时，也不要抛弃或忽视它们，把这些观点记在心里。他是至上意识，我们必须反思、探索他的观点，而不是直接否定。"阿楚约特吉对我说："我从没拒绝过克里希那吉说过的那些话，然而，尽管我们看法差异甚大，但我会重视并沉思他的观点。"

通神学会、克里希那穆提基金会，以及我们所有人都很荣幸，有机会与克里希那吉合作，关心他，出版他的书，向全世界传播他的教导，或是和他一起，了解他，聆听他的教导！在这样的一个时代，像他这种人是非常罕见的。有一次，有人问他："你从哪里来？"他回答："我来自瑞希山谷（Valley of the Rishis）。"

是的，他属于瑞希山谷！

把你的智慧置于心内。它在心外毫无价值。

——克里希那穆提于孟买，1984 年

第二章

与克里希那穆提的个人交往

从顺时针方向来看，分别为潘塞卡尔博士（Dr. Phansalkar）、克里希那穆提、我父母、米娜克什（Minakshi）、优帕萨尼（Upasani）、拉塔（Radha）和我。照片摄于1985年瓦拉纳西的通神学会，这天是他打电话邀我和妻子在拉吉嘉特相见的前一天。

1985 年 11 月的第一个星期，我在贝拿勒斯印度大学宿舍接到一通电话，通知我克里希那穆提在拉吉嘉特，约我和我妻子于 7 日与他共进午餐。我昨天才在位于瓦拉纳西卡玛查（Kamachha）的通神学会见过他，所以听到这邀约时一点也不惊讶。克里希那穆提为了减少舟车劳顿，已经很久没来瓦拉纳西，我们因此有五年没见过面。上次见到他是在 1980 年的英国布洛克伍德，当时我正好公休，到英国布里斯托大学（University of Bristol）做研究，也去了布洛克伍德听他的演讲。接到电话后，妻子和我欣然接受邀请。11 月 7 日中午，不仅克里希那穆提、我和妻子，几位印度克里希那穆提基金会的高阶主管也出席了。克里希那吉要求我们坐在他身旁，他特别关心我，观察我吃些什么。他注意到我很喜欢由杏仁制成的杏仁糕（Badam Halwa），他又让人送第二份给我，问我以前是否吃过，我回答："不，这道甜点很贵，我家做不了。"午餐结束后，他说："你们俩能到我的房间吗？我想和你们谈谈。"我们随他去了他的房间，这次的对话改变了我的一生。

　　以下对话是真实详细的逐字记录，我没编辑过，所以某些部分看来琐碎。我刻意保留原来的对话，目的是为了消除许多人对克里希那吉的错误看法，认为他是一位毫无实践经验、不了解组织工作，以及不关心日常生活事务的人。事实上，他说一颗虔诚的心可以胜任所有工作，也可以改变既定的事。这个对话记录揭示了他那颗虔诚的心是如何任命机构负责人，并以谨慎、悲悯和友好、无私的态度处理细节，这是他在一生中与他同事工作的方式。

银盘中的宝石

（1985 年 11 月 7 日，瓦拉纳西拉吉嘉特，克里希那吉房间的对话）

克里希那穆提：我能直接切入正题，告诉你们今天请你们过来的原因吗？

P. 克里希纳：当然可以。

克里希那穆提：我将不久于世，而且恰巧知道什么时候离世，但不想告诉别人。我走之前，想把这间我的房子安置好，我要你负责它，它是神圣之地，是贝赞特太太（Mrs. Besant）托付给我的。我想把它交给你，你愿意吗？

P. 克里希纳：您的提议让我不知所措，我不知道这意味着什么。我对这地方毫无所知，不知他们在这里干什么，我也不知道您到底要我做什么。

克里希那穆提：我会告诉你的。我希望你来住在这里，让这房子成为你一辈子的家。你明白的，我的意思是一辈子都住在这里。你可以如你所愿装潢房屋，做你喜欢的事情。我把它交给你，就像是把银盘中的宝石交给你。我请求你，你能接受它吗？

P. 克里希纳：（困惑地）您不该这么信任我，您一点都不了解我。

克里希那穆提：别这么说，我足够了解你，而且完全信任你。

P. 克里希纳：我不过是个平凡人，不知道是否能达到您的期许。

克里希那穆提：（打断）我也是非常平凡的人，别说这些了。当父亲临死前，想留些财产给儿子，儿子是不会对父亲说这些话的。

他不会说"不"，只会同意。你就接受吧，就像儿子接受父亲的东西一样。

P.克里希纳：（含着泪）我没拒接，我想说的是，为您，我愿意。但我年轻又没经验，不确定是否能做到，也不确定是不是房子的合适主人。

克里希那穆提：房子送给我时，我比你现在年轻！

P.克里希纳：是的，但是安妮·贝赞特把房子交给您是有其神秘原因！

克里希那穆提：（微笑，并打着手势）啊！你知道我不赞同这个说法。

P.克里希纳：您认为我们要不要先咨询拉塔？她了解我和基金会的人，她能告诉您我是不是合适的人选。

克里希那穆提：谁是拉塔？

P.克里希纳：通神学会的会长拉塔·布尼尔，她非常了解我和基金会。

克里希那穆提：不用，我不需要建议！我不用这种方式做事，也从来没用这种方式过活，我凭感觉（指向他的心）做事。

P.克里希纳：我需要时间考虑，让我斟酌所有情况：我需要完成什么，是否能做到。我做不好的话，我宁可不接受，我怕会让您失望。

克里希那穆提：别这样做。当你爱上你的妻子，想和她结婚，你会说"让我考虑考虑，我明天决定，我会审慎考虑"吗？不，你不会！所以我想让你从这里（指向心）说"好"。要是你接受，我们一起解决所有问题。若是你明白我的意思，我希望你在今天走之前能同意，我不会说服你。

P. 克里希纳：我明白，您没说服我，我刚告诉过您我非常愿意做这件事，但我需要一些时间考虑它对我和我家庭的含义。最重要的是，我是否能够成功。我不把这看作是工作，我也不是与您讨价还价，在我一生中，从没用过这种方式做决定。我对事情总是深思熟虑，对生活仔细规划，所以我需要一些时间考虑各个方面，然后再答应您。

克里希那穆提：等等，让我问你妻子吧。（他把她的手放在他手心上，专注看着她）亲爱的，你愿意帮我吗？你愿意来住在这里，把这里当成你的家吗？

米娜克什（流着泪）：是的，我们愿意为您做一切事，我们将搬过来住。

克里希那穆提：（看着我，）你看，她同意了，但你仍在找借口！

P. 克里希纳：不，我不是找借口，只是缺乏自信。我知道您的期望，但是我不认为我能做到，我会让您失望的。

克里希那穆提：我们若是认为事情是正确的，我们就应该去做，不需担心成功与否。

P. 克里希纳：我同意应该按照您指示的方法培养和教育孩子。

克里希那穆提：对，就这样，说完了！你下次再来，我们解决细节等执行方法。

P. 克里希纳：（站起来）好的，我明天过来讨论细节。您现在需要休息。

克里希那穆提：不，我没事。你同意了吗？

P. 克里希纳：是的，先生，我想要，但我是不是合适的人，实在毫无信心。

克里希那穆提：别担心，你来这里之后就会有信心的。（停顿一下）你知道这里面的一切思维（他指着自己的头），在我离世之前，我必须把它放在某处。我要你知道，我对你完全信任。

P. 克里希纳：这实在太难了，但谢谢您，我明天再来，我们一起解决。要是这对你我都有助益的话，我们一起做，我不只顾个人利益。

克里希那穆提：好，我喜欢。我们一起做，（强调）一起做！

"把这儿作为你终身的家"

（第二天，1985 年 11 月 8 日，在他房里）

克里希那穆提：过来吧，我们需要解决所有问题。你要坐在床上呢，还是喜欢坐在地上的地毯上？

P. 克里希纳：先生，坐哪儿对我都一样。我们坐在靠窗的地板上，日光较充足。

克里希那穆提：（握住我的手）好的，请坐下。昨天我们谈过后，我与出席的基金会成员谈过，他们都同意，而且很高兴你的加入。基金会向你支付的薪资，将比你在大学的收入更多。他们安排你每年出国旅游一次；你可以住在这栋楼的楼下，把这里作为你毕生的家；你负责整个地方，它都是你的，你要做些事，并建设它，使它成为真正国际化的地方。你和家人谈过了吗？他们愿意搬过来住吗？

P.克里希纳：我已经和父母与家人谈过，我非常乐意来这里，他们也为我高兴，但是还有很多事情需要决定和解决。

克里希那穆提：好，告诉我，我们一起解决。我昨天对你说过，我们是以朋友身份说话，我不会劝你去做任何事，但是我要你知道，我们所有人都非常高兴你的加入。我们认识彼此多久了？

P.克里希纳：将近三十年了。1955年，我还是大学生的时候，在印多尔的父亲家，第一次读到您专为学生的演讲记录，我对书中您所说的深感兴趣，然后我读了更多您的著作。1958年，第一次见到您是在德里的希瓦·饶先生的家中，那时我还在德里大学读书。希瓦·饶先生是我家的挚友，他邀请我和您吃午饭。自那时候开始，只要我一有空，就会去听您的演讲。我们每三四年见一次面，其中有两次是在布洛克伍德。

克里希那穆提：啊，你去过布洛克伍德！什么时候去的？

P.克里希纳：第一次是1977年，我在那里住了一个星期。那次会面有您、我、阿西特和戴维·伯姆，我们还把讨论录了音，您还记得吗？

克里希那穆提：很抱歉，我不记得了，我对这类事情的记忆很差。你遇到了我们的好朋友伯姆啊！

P.克里希纳：是的，当时的校长是西蒙斯太太，她邀请我住在那里。第二次见面是在1980年，我那时候正好公休，到布里斯托大学进行研究，我和家人从大学到您那儿，与您度过了一天。

克里希那穆提：很好，你一直在校园！天哪，已经三十年了！

从我们第一次见面到现在有这么久了。我能问你有多大了吗？

P. 克里希纳：我今年 47 岁，我 1938 年 1 月出生。

克里希那穆提：真的吗？你有那么大了吗？我不这么认为，你的名字是什么？

P. 克里希纳：克里希纳是我的名，也是唯一的名字，P 是我父亲的名，我们没有姓。

克里希那穆提：（悄悄地说）该死的，连名字都一样！

P. 克里希纳：别叫我克里希纳博士，叫我克里希纳。

克里希那穆提：我们就顺其自然吧，不必勉强。

P. 克里希纳：好。我有四个女儿，最大的今年 24 岁。

克里希那穆提：四个女儿！我见过她们吗？你必须带她们来见我，带上你的全家，他们明天能过来午餐吗？

P. 克里希纳：我确定他们听了会很高兴，但是我父亲今年 88 岁，有心脏病，他来见您时没办法爬楼梯。

克里希那穆提：我会下楼看他的，你明天把他们带来。你妻子呢，她有工作吗？

P. 克里希纳：有，她是巴拿勒斯大学医院的医生，妇产科专业。我们的麻烦之一就是她每天要怎么从这儿去上班，这儿到大学很不方便。

克里希那穆提：我知道，我已经体验过这城市的交通，非常糟糕。

P. 克里希纳：对，虽然只有约九英里，但车程却要四十分钟。大学附近的罗摩镇（Ramnagar）到大学之间的恒河有浮桥，当浮桥开放时，时间大概只要三十分钟，但雨季时，浮桥会被冲坏。

克里希那穆提：她愿意来拉吉嘉特工作吗？我们能安排她来这里。

P.克里希纳：我确定她会来，但她能在这里做什么呢？这里没有医院。

克里希那穆提：我们会建一所医院，这不会是一所小医院，而将会是一流的大医院，会是城里最好的！

P.克里希纳：这会需要很多资金，我不知道它是否符合基金会的宗旨。

克里希那穆提：把这问题留给我吧，当我们要去做一件有价值的事情时，金钱从来不会成为障碍。但是，她愿意经营这家医院吗？

P.克里希纳：我需要问她，身为医生，她知道自己的工作，对于建造和管理医院方面，我不知道她是不是合适的人选。

克里希那穆提：明天带她过来，带你全家过来吃午饭。我会安排你与其他基金会的成员见面，我们把这件事交给他们，讨论是否可行。

P.克里希纳：先生，我们会过来。

克里希那穆提：你女儿呢？她们对你加入这里感到高兴吗？

P.克里希纳：我们一家关系紧密，只要能使我快乐，她们也会高兴，我们为彼此着想。

克里希那穆提：很好，我喜欢，但一定要问一下她们的感觉，她们是否真的想搬来这里。

P.克里希纳：好的，我会的。她们现在正在大学读书，从这儿到学校很麻烦，但我们会想办法解决。我会查查有没有巴士或其他方式，这儿一定也有其他的孩子到大学去。

克里希那穆提：他们会提供给你一辆车，把她们送到大学。

P. 克里希纳：这样不好，他们也许会给我一辆汽车使用，但是我必须付费，否则我妻子或孩子使用车子是不合适的。我们会看看有什么方法能解决问题。

克里希那穆提：我能问大学支付你的工资是多少，你妻子的工资是多少吗？

P. 克里希纳：我每月拿到的薪水不到五千卢比，我妻子的薪水和我差不多。我们每月付大学宿舍的租金是一百八十卢比。如果我向大学请假，他们会允许我住在宿舍几年，我每天能从大学过来上班，这样就不会影响我妻子和孩子的生活，但是我必须先跟副校长商量，看看他们是否能让我用这个理由请假。

克里希那穆提：你们的副校长过几天会来看我，我可以和他谈谈吗？会不会对你有些帮助？

P. 克里希纳：我确信会有帮助，但是让我先和他谈谈。

克里希那穆提：好，那你什么时候可以加入这里呢？

P. 克里希纳：我得问问他们才行。

克里希那穆提：你的意思是你不能自由地离开那个地方，你必须先问其他人吗？

P. 克里希纳：不，不是这样。我可以马上辞职，立刻过来，但这不好，因为我已经在大学工作了二十五年，我必须先把事情交接完，然后再过来这里。

克里希那穆提：非常好，你必须把那边的责任做个了结后再过来。那么，你什么时候过来？

P. 克里希纳：也许在这学期结束后加入。

克里希那穆提：那是什么时候？

P. 克里希纳：明年 5 月 1 号。

克里希那穆提：（看向天空，思索着）不，对我来说太晚了！

P. 克里希纳：您想要我什么时候加入？

克里希那穆提：明天！

P. 克里希纳：我会和副校长商量，请求他尽早让我离职。我过几天会通知您我什么时候可以加入。

克里希那穆提：好，你还有什么想要问我的吗？

P. 克里希纳：有，如果您真的想让我为您工作，为什么让我在拉吉嘉特工作？我担心他们会拿许多琐事烦我，把我弄得心情低落，我会把所有的精力耗尽在文件工作、人们之间的争吵、劳工问题和财务方面等等。如果让我在欧亥或布洛克伍德工作，会不会更好？那儿制度完善，我不会淹没在日复一日的麻烦中。

克里希那穆提：我来负责，你不必处理这些烦琐的事。欧亥的基金会没有什么工作人员，因为美国的工资非常高，没有人愿意拿低于两万五千美元的年薪，他们也支付不起那么多钱，他们现在请不到人，只有两三名老员工。而且现在外国人要拿美国工作签证几乎是不可能的。

P. 克里希纳：我知道，但身为科学家，我能到美国工作，我只是想和您讨论哪里是我最适合工作的地方。

克里希那穆提：我可以写信问他们是否能让你到欧亥工作，但是这个地方真的需要像你这样的人掌管。如果你与家人都过来这里，而且住在这里，我确信你能改变这个地方，让这个地方成为像布洛克伍德的中心一样国际化、充满活力、有生气。我看到你有光辉的未来。你的孩子去过布洛克伍德吗？她们喜欢在那里读书吗？我可以为她们安排奖学金，去那里学习。你问问她们，然后告诉我。

P. 克里希纳：不用，她们都已经过了学习阶段，除了最小的女儿还有一年就要毕业，其他的都已经离开了学校。她们可以去短期研修，不用长期。

克里希那穆提：你明天带她们来的时候，我会问她们。她们读什么？

P. 克里希纳：老大（24 岁）已经从医学院毕业，正在巴拿勒斯大学医院实习；老二（23 岁）正就读英国文学硕士学位最后一年，她去年结了婚，现在和她的公婆住在一起；老三（19 岁）正在攻读物理学的荣誉学士学位；最小的女儿（16 岁）正读高三。

克里希那穆提：你们与结婚的老二切断关系了吗？

P. 克里希纳：哦，没有，我们还是很亲密的，由于她现在和夫家住在一起，我们只是不再参与她的日常生活了。但孩子就是这样，他们有一天会离开。

克里希那穆提：我知道，但现在是他们决定她的一切，你们和她的关系已经结束，这实在太奇怪了。

P. 克里希纳：我知道您的意思，但是只要她在那里过得开心就没关系。若是她不快乐，我们随时会帮助她。我们的关系并没有结束，只是她不再参与我们的日常生活。

克里希那穆提：那么，明天她不会和你们一起来吗？

P. 克里希纳：我会问她，若是她有空，她就会来，要不然我下一次再带她来。

克里希那穆提：好，也带上她。我想见见所有的人。

P. 克里希纳：先生，我可以问您一个问题吗？奥哈雅（Ahalya）在这里做得好吗？

克里希那穆提：她做得不好。

P. 克里希纳：连她这位非常有经验的人在教育方面都失败了，您和前任校长萨塔耶先生（Mr. Sathaye）凭什么认为我能成功？

克里希那穆提：我能给你一打的理由，但这对你真的很重要吗？她与你不一样，你是一位教授，他们会尊重你。

P. 克里希纳：我不要因为我的缘故，而有人得离开这里。我听说萨塔耶是一位好绅士，我能求他留下吗？我听说他要离职了。

克里希那穆提：不必现在处理这件事。如果你觉得这样做是正确的，你加入这里，工作六个月之后，你可以依你想法处理。但是现在希罗拉尔博士（Dr. Hiralal）和萨塔耶先生要离职，他们的决定与你毫无关系，他们的离开与你无关。这件事已经决定了，当你入职时，他们不会在这里。

P. 克里希纳：您不觉得我们应该只要有一个国际基金会，而不该有三个国家的三个独立基金会吗？若是您不在的话，会发生什么事呢？他们会开始彼此争论对您教导的理解比其他两个基金会更好，等等。

克里希那穆提：你说的情形已经发生了！他们正互相争吵。

P. 克里希纳：那您为什么不成立单一的国际机构呢？

克里希那穆提：他们告诉我因为不同国家有不同的法律，所以没办法这样做。

P. 克里希纳：他们说谎，通神学会是国际组织，红十字会也是，他们在各个国家都有分支机构，但都受控于总部。

克里希那穆提：你来做吧！

P. 克里希纳：我做不到！您是这三个基金会的主席，只有您才能做到，他们都会听您的。

克里希那穆提：我会咨询律师这件事。

P. 克里希纳：还有一个要求：您能把拉吉嘉特当成您的家，住在这里吗？您把这里当成您的家，去其他地方拜访参观，让我在这里为您工作。

克里希那穆提：这是不可能的，其他地方也需要我，我不会让这些地方成为我的家。

P. 克里希纳：您离开后，我会不会发生一些事？我和基金会的其他成员之间意见分歧时，他们会不会辞掉我？我目前的工作是有完全保障的，没人能辞退我，但我不太确定这份工作，毕竟，已经有很多有智慧的人失败而离开了，这种情形也可能发生在我身上。我没有其他的副业，有一个家庭需要照顾，所以必须有份工作。我要您知道我是素食者，不抽烟、不喝酒，也不举行宴会。我们的旅行总是乘坐二等火车厢，我的孩子就读公立学校，我的大部分衣服是在出国旅行时打折购买的，然而我妻子和我挣的钱都花掉了，为未来只存了一点点钱，所以我必须有份工作。

克里希那穆提：我可以保证这点，我会写到我的遗嘱里。你知道遗嘱是什么，我把这一点写在遗嘱中，没有人能够开除你。

P. 克里希纳：噢，不需要这样，每个人都有需要负担的责任，我也是，但是我不应该因大家的意见分歧而被迫离开。

克里希那穆提：不会，这是你的家，没有人可以开除你。在我的遗嘱中，我将成立一个六七人的委员会，负责监督所有基金会的工作，你将成为其中一员。

P. 克里希纳：请别给我我不该拥有的责任。我不知道您心中对这个委员会的要求是什么。

克里希那穆提：委员会成员是由我亲选的人，他们要让三个基金会如同一体般地一起合作，我们可以从每个基金会挑选两三个人。

P. 克里希纳：我只是新来的，不能就这件事给您建议，我还不认识三个基金会的大多数人，但我很乐意去做您要我做的事。在我看来，最迫切的事是趁您还在的时候，创建一个国际组织，但我不知道该怎么做，我会问在马德拉斯的拉塔，她会告诉我们通神学会是怎么做的。差别是他们会员可以投票，我们没有。因为我们没有投票制度，所以您必须推举一个人。

克里希那穆提：你来做这件事，我们在马德拉斯见面时再谈这件事，到时候所有基金会的人都会出席。

P. 克里希纳：谢谢，我已经打扰您很久了，您一定很累，明天午餐时再见。我什么时间过来呢？

克里希那穆提：随时都可以，我们是朋友，所以不需征得我的同意，你随时可以过来。

"主席在这里没有权力吗"

（第三天，1985 年 11 月 9 日，瓦拉纳西拉吉嘉特，克里希那穆提的房间）

在联合会议上，因为医院的建设还需很长时间才会完成，大家决定米娜克什（我妻子）应继续在大学工作，继续发挥她的所长。会议还决定提供一辆车，送她去大学工作。

克里希那穆提：我们决定现在聘用你，暂时先不聘用你的妻子。这座房子是你的，你与你的家人住在楼下。请你去看看楼下的房间、浴室等是否够你的大家庭住，或是你也可以选择这个校园里的其他房子，他们会把房子交给你，会提供一辆车和司机给你，司机会开车送你的妻子和孩子去大学。他们也会提供餐点给你和你的妻子，每月支付你三千五百卢比，你认为可以吗？

P.克里希纳：已经够多了，我能预见会发生一些麻烦。如果他们供我两餐，我不能告诉他们我父母和孩子不吃，毕竟我们吃住都会在一起。如果他们吃了，这说明我利用职务之便，把这免费的餐点分给全家，其他同事却没有此特权。我不仅内心需要诚实，外在行为也必须诚实，以便让这里所有的人都尊敬我。要不然，将无法领导同事。我不想每天操烦这些小事，我宁愿付费购买自己所需的食物，不要免费；同样，我能因公和因私免费使用汽车，但是我的妻子和孩子使用车子的话，我必须付钱，否则人们看到了，会认为我滥用职权使用设备，而我不想一开始就遇到这些障碍。

克里希那穆提：你的意思是说人们会想这类的事情？

P.克里希纳：人们大部分时间就只会思考和谈论这种事情！他们用这种事情评判一个人，所以我宁愿有非常明确的安排，这样没有人可以指责我，我不需要每天为了要不要用汽车或点餐等琐碎的问题判断我的做法是否正确。

克里希那穆提：好，我明白了。你能叫优帕萨尼过来吗？我向他解释。

优帕萨尼是拉吉嘉特教育中心的秘书，他进来之后，克里希那吉向他说明我的问题。

克里希那穆提：优帕萨尼，他说一切都不要免费，要向他收费。现在，你能在他的左边口袋放更多的钱，好让他从右边口袋付钱给你吗？（他转向我说）但是如果他们付你更多薪资，你不是要付更多的税吗？

P. 克里希纳：是的，我知道，我薪水的近三分之一将用来付税，但是比起工作开始所遇到的障碍，这还算轻的。

克里希那穆提：我明白，他们应该付多少工资给你？

P. 克里希纳：为了方便解释，我认为他们可以支付我同大学一样的薪资，这是聘人的一般做法，你至少要付给他与之前收入一样的金额。之后所有东西都不用免费，我会支付房子、从厨房订购的餐食、家人使用的汽车的费用。例如我可以每月支付五百卢比，让我家人使用汽车。

克里希那穆提：优帕萨尼，你现在能够解决这些问题吗？你每月付给他五千卢比作为工资，他每月支付你五百卢布作为车费，餐点不用免费，你觉得合适吗？

优帕萨尼：没有问题，我们每个月付他校长的薪资两千五百卢比，剩余的薪水必须由基金会来付。我们名义上每月会收房租和电费一百五十卢比，他付餐费。

克里希那穆提：好，如果你觉得可以，问题就解决了。

P. 克里希纳：对我来说都没问题。

克里希那穆提：优帕萨尼，你请马赫什（Maheshi）明天发信给他。马赫什现在是基金会的秘书。

优帕萨尼：先生，这封信必须由基金会秘书帕马（Pama）写，他目前仍是基金会的秘书，他会在基金会的会议之后写。

克里希那穆提：不行，我是主席，不是吗？我说明天得发信！主席在这里难道没有权力吗？

优帕萨尼：好的，先生。

第二天优帕萨尼发了一封信给我，提供我拉吉嘉特教育中心负责人和拉吉嘉特–贝赞特学校校长的职位，并通知我在马德拉斯的基金会会议之后，帕瓦尔当会给我正式聘书，毕竟马赫什目前还是秘书，他是大家选举出来的。我把这封信交给了大学的副校长罗斯多基教授（Prof. R.P.Rastogi）。根据大学规定，我有权享有三年的特别假，因此我请求他给我三年无薪特别假。副校长告诉我，我太早接受这个职位，若是我在十二年后退休再做这件事就好了。我向他解释我与克里希那吉的关系，他同意从1986年2月1日起让我留职停薪。他说："若是他是你的古鲁（导师），那么你一定要去！"第二天，我再次去见克里希那吉。

克里希那穆提：进来吧，你与你的副校长说过了吗？几天前他来这里吃午饭。你知道吗？我观察了他，他在这里待了一个多小时，但他从来没正眼瞧看他的妻子，也没笑过！

P. 克里希纳：是的，印度人就是这样。他已经同意我从1986年2月1日起留职停薪。

克里希那穆提：好，就这么定了，从2月1日起你负责这个地方。

P. 克里希纳：您是如何定义"校长"（Rector）这称号的？它与

院长（Director）有什么不同？

克里希那穆提：我来告诉你（拿了一本英文字典）。看看这本字典，"校长"不仅主导一个学校，他也保护它！我希望你能保护这个地方，保护每个人，保护这个校园里的每件大大小小的事，现在保护它就是你的责任！

P. 克里希纳：您给我这么重大的责任，您难道不想告诉我您要我怎么主导和保护吗？

克里希那穆提：把它变成修道场所、神圣地方，在这地方从事真正的学习，而不是书本、课程和考试。书本、课程等也许必要，但这不是教育。让这里成为国际化的地方，让世界各地真正想要学习、了解、探索的人来到这儿。你要是做不到，就把学校关掉，不要让它成为二流的地方。

P. 克里希纳：若是孩子们按照您的方式培养，他们长大之后能解脱吗？

克里希那穆提：这没尝试过，我不能回答！

P. 克里希纳：那么这几所克里希那穆提学校的重点是什么呢？

克里希那穆提：啊，因为这是正确的事要做。

P. 克里希纳：您过去的几天彻底改变了我的人生。过去的二十五年，我一直在大学工作，我对身边发生的一切都不满意，但对于个人生活，我感到快乐。就某种程度而言，我感到来这儿工作可能是我生命中最棒的事，我之前就想过。去年7月，我坐在火车上的时候，曾沉思过我的生活，我在日记里草草写下了"考虑在拉吉嘉特工作"，但我从没想到会以这种方式实现！

克里希那穆提：我知道，我知道！你不必告诉我。你妻子在大学上班的时候，司机能做什么？

P. 克里希纳：我想他会等着她。

克里希那穆提：这可不好，你不能这么做。你知道吗？让男人等着、等着、等着，我曾见过普普尔（Pupul）家的司机们只是等着她出来，什么事都没做，这很残忍，你必须找出一个解决办法。

P. 克里希纳：好，我会解决。我可能会找到家住大学附近的人，他可以留在那儿，做自己喜欢的事，他也许可以进修。我会找到解决办法。

克里希那穆提：好，你要做到。在这个国家，你知道许多人对待这些人如粪土，所以你不能这么做，你必须照顾穷人中的穷人。

P. 克里希纳：好，我会的，您放心。

克里希那穆提：再来，你以朋友的身份建议我还需要把什么东西写进我的遗嘱里。

P. 克里希纳：依我看来，在您走后，最大的危机是人们可能会以您的名义建立新的教派或团体，这会是一场灾难，它会毁掉您的一切。

克里希那穆提：对，我意识到了这一点，我已经把它写在里面。还有其他该写的吗？

P. 克里希纳：我看到的危机还包括全世界的人会从克里希那穆提基金会成员的行为来评价您和您的教导，就像人们会通过基督徒和佛教徒的行为评价基督和佛陀一样。既然我们所有人没有一个人能够代表您，您为什么不宣称您去世后，基金会不要再使用您的名字呢？基金会所剩下的功能就只有运行学校、销售您的书籍与视频等，不需要讲解您的教导。您的教导是为了所有人类，但是基金会成员却与一般人一样，对您的教导困惑不清。全世界会期望基金会的成员是您的教导的最佳诠释者，这是非常危险的情况。所以，为什么不把其中一个国际基金会叫作"新教育基金会"，取消克里希那穆提的名字呢？

克里希那穆提：是啊，我曾想到过，我们之前就做过。

P. 克里希纳：从某种意义上来说，我在1985年要求您做您已经在1929年完成的工作，这样全世界就会清楚地知道克里希那穆提没有留下任何形式的灵性组织。

克里希那穆提：你说得对，已经记下来了，是记在这里（指向他的心）！我必须先草草记在纸上，以免忘记。

P. 克里希纳：好，我找纸给您。（环顾房间找纸）

克里希那穆提：没关系，这儿没有纸，我会记住！告诉我，你读过关于安妮·贝赞特的书吗？

P. 克里希纳：只读过一点，没有认真读过。

克里希那穆提：你必须阅读有关她的书，她是非凡的女人。她在来印度之前，是推动欧洲妇女能有自己事业的先驱。

P. 克里希纳：我还有很多书要读呢。由于我从事科学研究，没有时间。我希望接下来能开始阅读这些书。

克里希那穆提：你还想在拉吉嘉特做什么？

P. 克里希纳：除了管理这地方，我还想教孩子们物理。我很喜欢教书，不管什么水平都没有关系。事实上，在学习方面，学校学生比大学生更热情、更积极，我期待教书。

克里希那穆提：除了英语，你还会什么语言？

P. 克里希纳：只有印地语（Hindi），我可以听懂一点泰米尔语

（Tamil）、马拉地语（Marathi）和古加拉地语（Gujarati）等印度语言，但不会读写。

　　克里希那穆提：德语或法语呢？我听说你在德国住过一段时间。

　　P. 克里希纳：对，我有三次在斯图加特（Stuttgart）马克思普朗克研究院（Max-Planck Institute）当客座科学家，每次三个月。所有科学家都说英语，所以我没学德语。

　　克里希那穆提：你每天是怎么过的？你还做什么事？

　　P. 克里希纳：我以前打网球、板球、桌球和国际象棋，但是当我晋升为资深教授之后，学校给我越来越多的行政工作，我必须参加许多会议和委员会等，没时间运动。现在除了大学的教学工作外，我把所有时间都用来陪伴家人、从事研究，以及拜访朋友等。

　　克里希那穆提：如果我不能来瓦拉纳西，你会来欧亥看我吗？

　　P. 克里希纳：当然愿意，但是我还不够有钱，需要一些资助才能去欧亥看你。

　　克里希那穆提：你必须来看我。

　　P. 克里希纳：好，我会的。

　　克里希那穆提：你问过你的女儿，她们想去布洛克伍德吗？

　　P. 克里希纳：问过，她们喜欢，但她们只能夏天去，她们必须在这里学习。

　　克里希那穆提：6 月我会去布洛克伍德，你能带她们去，但是你必须在去之前向她们解释，那儿与这儿的社会截然不同，他们在性方面非常开放，西方非常重视欲望。

　　P. 克里希纳：她们知道，她们在 1980—1981 年跟我一起在英格兰的布里斯托大学待了一年。

克里希那穆提：她们乐意搬来拉吉嘉特吗？

P. 克里希纳：是的，她们非常乐意。

克里希那穆提：你的妻子和父母呢？

P. 克里希纳：他们也是一样。

克里希那穆提：再告诉我一次，你和布尼尔夫人有什么关系？

P. 克里希纳：她的父亲罗摩（Ram）是我父亲的哥哥。

克里希那穆提：啊，对，我对这类事情的记忆不好。

P. 克里希纳：她因为一些通神学会的工作，这几天会来这里一趟。

克里希那穆提：什么是通神学会的工作？（笑）

P. 克里希纳：我不知道，不管他们！

"把它扔进河里，它只是钱！"

克里希那穆提：优帕萨尼有没有告诉过你，有位外国人很喜欢你，想让你在这里工作，他说每年会给你一千美元，但他想匿名给你。

P. 克里希纳：没有，他没告诉我。为什么有人要给我钱？我不想接受任何人的馈赠。如果他愿意，可以把钱捐给拉吉嘉特。

克里希那穆提：不用，这钱是给你的，不用给拉吉嘉特。钱是来自一位真正爱你的人，这不是贿赂，我建议你接受它。

P. 克里希纳：我不缺钱，我生活不奢侈，不需要这笔钱。

克里希那穆提：收下吧，你可以用它，要不然你就扔进河里。这只是钱，没有任何附带条件！

P.克里希纳：好吧，这是因为您，所以我会接受，通常我不接受赠款。

克里希那穆提：明白，我请你收下它，就这样吧！你把银行账户给优帕萨尼，他会把钱存入你的户头，或者你想把钱存在国外账户？

P.克里希纳：最好不要，这不被允许。印度政府的法规不允许我在国外开户，我会给他我这里的银行账户。

克里希那穆提：我明白了，这里不允许，是吗？那他们会把钱汇到你本地的账户中。

P.克里希纳：先生，印度基金会的一切事务都上轨道吗？您满意基金会的工作方式吗？

克里希那穆提：不满意，我要改变！他们都会讨厌，但我还是得做。巴玛（Pama）和苏南达刚刚在春舍住下来，他们什么事都没做，而且苏南达就出版的事，这十三年一直与克里希那穆提基金会抗争。我已经受够了，我要把这件事解决掉。

P.克里希纳：我不相信，他们对您非常忠心和虔诚，或许他们没能达到您的期望。

克里希那穆提：不，他们不忠心、不虔诚！有些人告诉过我，我自14岁起就有超能力，能够知道未拆封信的内容。但是每次我告诉他们该做什么事，他们从不遵守！

P.克里希纳：我们能不能把与拉嘉戈帕尔的纷争解决掉？

克里希那穆提：你知道这事？

P.克里希纳：嗯，玛丽·鲁琴斯（Mary Lutyens）在她的书中提到这件事，我读到了，但不知道细节，这似乎太可惜了。这件事本来早该处理好了的，正如国家独立时，由尼赫鲁（Nehru）和金纳（Jinnah）所做的那样——您能不能把一切全都交给他？

克里希那穆提：也许，但已经太迟了。

P.克里希纳：如果您认为像我这样的新进人员能够以一种新思路来解决问题，请告诉我，我愿意为您做所有事。

克里希那穆提：好的，我回到欧亥之后会考虑。在咨询那里的律师之后，我才会采取行动。

P.克里希纳：我现在必须离开，我将在马德拉斯的基金会会议上见到您。我们要去南印度旅游，并且准时到达那里参加基金会会议。再见，先生。

克里希那穆提：再见。

克里希那穆提在离开瓦拉纳西之前，他坚持见我的父母和我的女儿们。他与他们每位交谈，确认他们对我搬到拉吉嘉特一事都非常高兴。后来，当我到了马德拉斯，拉塔·布尼尔告诉我，克里希那穆提对她说："你知道我喜欢克里希纳博士什么吗？他心口如一，言出必行。"

这是我一生中收到的最大的赞美！

克里希纳去见鲁克米妮·阿偌德（Rukmini Arundale）

（1986年1月6日至10日，马德拉斯，与克里希那吉的对话）

我和全家人一起到印度南部旅游，去了喀拉拉邦（Kerala）和科摩林角（Cape Comerin），即坎亚库马里（Kanyakumari），在1986年1月3日左右返回马德拉斯。我接下来后悔没决定陪克里希那穆提去瑞希山谷，他在那儿给来自世界各地的几位信托人做了场演讲，我那时没意识到他会在几个月内去世。

我参加了他在马德拉斯的最后一次演讲，并参加他与所有基金会信托人的会议。在通神学会，我和鲁克米妮·阿铦德姨婆在一起，她病得很重。因此，有一天，我独自与克里希那吉在一起时，我问他：

P. 克里希纳：鲁克米妮病得很重，也许不久于世，这次可能是最后一次见到她了。您每天到阿迪亚尔海滩时，都会经过她的家，您想探望她吗？

克里希那穆提：她乐意吗？

P. 克里希纳：我想是的。

克里希那穆提：不，不是你想，是你确定吗？我不强迫别人，你确定她欢迎我吗？

P. 克里希纳：我确定，她会乐意见到您。

克里希那穆提：你知道我们俩之间的事吗？

P. 克里希纳：我知道，我在艾米莉·鲁琴斯和玛丽·鲁琴斯的书中读到过，但这些都是六十多年前的事了，鲁克米妮当时还是十几岁的孩子。这些事不都过去了吗?!

克里希那穆提：是啊，对我来说是过去了，过去都已经被抹去！但是我不知道她是不是也是如此？

P. 克里希纳：这又有什么关系呢？您认识她有好多年了，她现在与以前不同。如果她有精力的话，她一定会来看您的，但是她目前病得很严重，您为什么不顺便看看她？我确信她会很高兴。

此时，拉塔·布尼尔夫人进入了房间，克里希那吉问她：

拉塔，克里希纳博士建议我去探望鲁克米妮，你认为她会喜欢吗？

拉塔吉：（琢磨了一会儿）是的，我想她会很高兴。

克里希那穆提：好吧，今晚去海边的路上，我们去看她，你必须跟我一起去，我不知道她住哪里。

P. 克里希纳：她的房子就在去海边的路上，您通过通神学会大门后，经过书店后左边第一栋房子，我会事先通知她。

克里希那穆提：很好，我们一起去。

那天晚上，克里希那吉拜访了阿偌德的家，见了鲁克米妮。他们一起坐在阳台，聊了约十五分钟。他问她的健康状况，她谈到克里希那吉已忘记的过去时光，他询问她房前的树和雕塑。他们两位都很放松，没有丝毫紧张，过去的不愉快丝毫没妨碍这次的见面。艺术院（Kalakshetra）院长香卡·梅农先生（Mr. Shankara Menon）当时也在场。克里希那吉离开后，鲁克米妮含泪转向我，握住我的手说："只有你能做到！"隔天，我在春舍再次见到克里希那吉。

您想要回通神学会吗？

P. 克里希纳：先生，我已经和斯科特（Scott）谈过，要成立一个国际组织，他说他正在处理，已经咨询过律师，并准备好一份草案。他计划在 1986 年 5 月或 6 月您去布洛克伍德时举行会议，我们那时可以定案。

克里希那穆提：好，这是个好主意，有人告诉我这可行。

P.克里希纳：这当然可行。我跟拉塔谈过，她告诉我通神学会是怎么以这种方法运作的。她说国际总部对各国的分支没有法定效力，但是有道德上的威信。到现在为止，总部与分支两者之间从没出现过问题。

克里希那穆提：我知道。

P.克里希纳：您有考虑过解散目前的基金会，建立一个没有您名字的基金会吗？

克里希那穆提：有过，我打算在基金会上提出，让所有人决定。

P.克里希纳：我觉得很遗憾，我们有您的教导，但我们的机构却一团糟。通神学会是一个稳定、完善、遍布于各地的组织，但毫无生气——他们都活在过去。我们为什么不把两个机构合并？

克里希那穆提：你这是什么意思？

P.克里希纳：您曾说过您从没有离开过通神学会，是他们不让您留在那儿。假设通神学会现在决定取消他们的秘授部门（Esoteric Section），放弃所有宗教仪式，接受您的教导作为生活核心理念，您想要回通神学会吗？

克里希那穆提：有人提议吗？

P.克里希纳：目前还没有。假如有人真诚地提议，您会回去吗？

克里希那穆提：有人提议时我们再考虑！

P. 克里希纳： 好的，我就想知道这些。

那天晚上我与拉塔见面，我把这段谈话告诉她，问她是否可以把这个信息转给通神学会，看看他们是否同意。她说："我个人认为事情若这样发展，当然是最好的，但这不可能。这件事要交给通神学会许多委员决定，他们不会同意的。他们会问勃拉瓦茨基夫人、奥尔科特先生、贝赞特夫人等该怎么处理。这件事就让它自然而然地发生，不用勉强。"这件事就到此为止。

1月8日的基金会会议上，信托人讨论并批准我的任命案，我没有参加那次会议。会议之后，克里希那吉见到了我，说："他们已经批准了你的任命，他们会设工作限期，我可以理解这是为了生活。"我说："不，先生，应与大家的规则一样。"聘任信指出我将是拉吉嘉特教育中心的负责人和拉吉嘉特－贝赞特学校的校长，做到65岁退休。我将做这两份工作，做到2003年1月。

"我不体贴，我只是做我自己"

（1986年1月10日，他在马德拉斯的最后一天，春舍的房间）

克里希那吉正要离开这里，前往欧亥，这让春舍的每个人都很悲伤，大家知道这也许是最后一次见面，我感觉气氛就像佛陀涅槃一样。我们每人都向他告别，我去他的房间见他。

P. 克里希纳： 我可以进来吗，只要几分钟就好？

克里希那穆提：进来，坐在这里（他坐在他的床上，我站在旁边）。

P. 克里希纳：我来与您道别，感谢您的体贴。

克里希那穆提：我不体贴，我只是做我自己！

P. 克里希纳：我知道，但是您让我身负重任。

克里希那穆提：（强调语气）是的，先生！

P. 克里希纳：我想请求您两件事。我知道您不可能同意，但是您可以祝福我。

克里希那穆提：什么事？请说！

P. 克里希纳：我想要知道什么是好的远见……

克里希那穆提：……什么是正确的……

P. 克里希纳：……以及拥有力量去做正确的事！

克里希那吉从床上下来，走向我，他热切地看着我的眼睛，把一只手放在我的脸上。我握着他的双臂，能感觉到他血管中血液的流动，他的身体像在发烧。

克里希那穆提：（激情、热烈，几乎尖叫）对，我就是指这个。

P. 克里希纳：（不堪重负）谢谢您，先生！

克里希那穆提：我要让你知道，在这个世界上，我能完全信任的人很少，你是其中一位！

P. 克里希纳：我会继续让您信任。

听到这个，我在心中深深感受到他纯粹的爱与怜悯，我向他道别。那天晚上克里希那吉和几位朋友一起飞到欧亥。他在那儿被诊断患有胰腺癌，他要求每个基金会派一些信托人，在他去世之前到欧亥看他，我是其中之一。

在他临终前的几日

（1986 年 1 月 30 日至 2 月 7 日，欧亥，与克里希那吉的对话）

　　克里希那吉刚从医院回到家，他被诊断出患有胰腺癌，且只有几日可活。克里希那吉要求四个人从印度过来：第一个是印度克里希那穆提基金会的秘书马赫什·萨克塞纳，第二个是瑞希山谷执行长拉迪卡·赫茨伯格（Radhika Herzberger），第三个是拉吉嘉特教育中心负责人 P. 克里希纳，第四个是拉吉嘉特学校秘书优帕萨尼。我 1 月 28 日在瓦拉纳西接到斯科特·福布斯（Scott Forbes）打来的电话，通知我克里希那吉想要这四个人立即从印度到欧亥。我当天晚上搭机到德里，隔天 1 月 29 日获得美国签证，1 月 30 日飞往欧亥。拉迪卡、普普尔和阿西特同行，在 1 月 31 日到达，马赫什 2 月 5 日到达。由于优帕萨尼的护照还没办好，没办法过来。我一到达欧亥就入住雅利安舍（Arya Vihara），然后立刻走到松舍（Pine cottage）去看他。克里希那吉在他房间床上躺着，我们谈话时，他右手都一直握着我的手。

　　P. 克里希纳：我是克里希纳，您认得我吗？

　　克里希那穆提：当然认得！你什么时候到的？

　　P. 克里希纳：我两天前接到斯科特的电话，我竭尽所能地立刻赶来，我昨天到达这里。

　　克里希那穆提：其他人也来了吗？

　　P. 克里希纳：还没有，除了优帕萨尼，他们几天内会到。印度办护照需要很长时间，所以优帕萨尼没能拿到护照。

克里希那穆提：你到拉吉嘉特工作了吗？

P. 克里希纳：还没有，我打算在 2 月 1 日去，但是我先来了这里，我一回去就马上加入。您很痛吗？

克里希那穆提：相当痛，你知道，他们已经诊断出是癌症。

P. 克里希纳：我知道，我已经看过病历报告，并问过帕楚尔医生（Dr. Parchure）。

克里希那穆提：哈，所有的事你都知道了。你妻子和女儿等家人怎么样？

P. 克里希纳：她们都好，她们要我转达对您的爱。告诉我，我能为您做什么。

1986 年 2 月 1 日

今天下午大约两点，克里希那吉从沉睡中醒来，完全清醒后，向我和拉迪卡解释叫我们四人从印度过来的原因。他指示我们，希望我们能与美国和英国的基金会合为一体，不要再是三个各自为政的机构，我们承诺会遵照他的话去做。

他说他若是有时间，他会立一个遗嘱，在遗嘱中，他将组建一个七人团队，这团队将根据他的教导工作。这七人分别是：拉迪卡、马赫什吉、克里希纳、斯科特、玛丽·卡多根（Mary Cadogan）、玛丽·辛巴李斯特（Mary Zimbalist）、厄纳·莉莉费尔特（Erna

Lillifelt）。他说，因为优帕萨尼日渐老去，不确定他是否愿意加入这个团队。这七人团队不具权力，也不监督基金会的工作，他们只是理解他的教导的代表，并且同意依照教导而活，观察成果。这七人不是基金会选出的代表，而是克里希那穆提亲选来延续他的教导。

拉迪卡建议克里希那穆提，把阿西特·章德玛尔纳入这团队。他问她这是她个人欣赏他的原因，还是认为这对教导的任务有益，拉迪卡说如果阿西特能成为团队第八名成员，她个人会很高兴。他说这样会让团队太大。为了不强迫他马上做决定，我请求他以工作利益为优先，考虑一下。

他接下来问大家帕楚尔医生的事该怎么处理。我问他是否愿意把他也放在这个委员会，他说："不用，他为我工作了很多年，一直很勤奋，必须给他好的职位。"拉迪卡提出让他在瑞希山谷当医生，我提出要是他愿意，他可以在拉吉嘉特工作。

然后克里希那吉问苏南达和帕马吉（Pama，即帕瓦尔当）的事。我告诉他他们已经在马德拉斯找到了一间公寓，并将搬进去。马赫什吉将于1986年4月接任基金会秘书。他说他希望春舍不作其他用途，只用于宣扬他的教导，我们承诺会遵守。

接下来，我问他该不该在他疼痛的时候注射吗啡，因为他之前曾有个心愿，他要清醒地死去。他想了一会儿，说："我的确说过，但是实在太痛。"疼痛让他意识不清，所以请我们转达医生，当医生认为有必要时，可以给他注射吗啡。

他说他希望再活十天，可是从他深陷的双眼，可以看到他患有黄疸，医生说可能两到三天后他就会陷入肝昏迷。我告诉他，因他可能随时会陷入昏迷，在这之前，他应该尽快写好他的遗嘱。

在您离开前，我们能与拉嘉戈帕尔把账算清吗？

我问他最后一件事——他想要派人把拉嘉戈帕尔找来见他，解决最后的纷争吗？他说试过了，已经有一群他身边的人去看他。拉嘉戈帕尔约定了时间，但没赴约。我说，若是带着一群人谈判，事情不会成功，如果拉嘉戈帕尔亲自过来，与您面对面交谈，事情可能会成功。他说他没意见，要我先问厄纳，她与拉嘉戈帕尔认识多年，她能够建议我派谁去请拉嘉戈帕尔。我问他是否可以让普普尔去试试，他明确地说："不要。"我告诉他，我会先与厄纳谈一谈。

之后，我们向他道别，说他应该休息。他说："你们不会离开吧？"我们回答："不会，我们来这儿就是为了陪伴您。"他要求我们再来探视他："你们随时可以过来，不用先征询我的同意。"

他一直热情地握着我们的手。我们刚走，他又把我们叫回去，告诉我们，他想保密七人委员会的名单，直到他去世后再公布。他去世后，通过遗嘱，大家对名单不会有争论。

1986 年 2 月 2 日

前一天谈话之后，我和厄纳讨论拉嘉戈帕尔的问题，并询问谁是邀请拉嘉戈帕尔的最佳人选，她说："从各方面考虑，玛丽·鲁琴斯是最理想的人选，她与他们两位从小就是朋友。"我问玛丽·鲁琴斯是否愿意去邀请，她说："愿意，若是克里希那吉要我去，我会愿意，但我需要事先问他，得到他的同意。"我告诉了克里希那吉，问他是否同意。他说："是的，告诉玛丽，我同意她去。"这件事已经决定，但是那晚我收到了玛丽·辛巴李斯特的电话："克里希那吉改变主意了，告诉玛丽不要去找拉嘉戈帕尔。"我通知玛丽。第二天，我问克里希那吉为什么改变想法，他说："我想拉嘉戈帕尔知道我快要死了，他一定正在考虑这件事。让他自己决定，我们不应该勉强他。"这件插曲就此结束。

克里希那吉的状态有些好转，他有更多精力说话。由于阻塞性肝炎，他的眼睛仍然泛黄。医生预测他可能会在两三天内陷入肝昏迷。早上我去看他。

克里希那穆提：过来，你坐这里，握住我的手，你坐得舒服吗？

P. **克里希纳**：非常舒服，您怎么样？

克里希那穆提：我今天好多了，医生说了我只剩几天的时间，我打算明天把大家叫过来，把该嘱咐的都说完。你这件外套很漂亮，你从哪里买的？

P. **克里希纳**：我在德国买的。

克里希那穆提：这是手工制的吗？

P. **克里希纳**：不是，是成衣。

克里希那穆提：怎么那么合身呢？

P. **克里希纳**：他们在店里挂着不同尺寸的衣服，你可以选一件试穿，看看合适不合适。

克里希那穆提：它很贵吗？

P. **克里希纳**：原价很高，但我在打折时买的，不到一半的价格。

克里希那穆提：这是你唯一的大衣吗？

P. 克里希纳：不是，但我只带了这件大衣来。

克里希那穆提：你不能每天都穿这一件啊！

P. 克里希纳：哦，为什么？我也带了几件毛衣来换。

克里希那穆提：不，你去打开衣橱，我送你一件大衣。（我打开他的衣橱）

克里希那穆提：拿出灰色的大衣，不是那件，是隔壁带有灰格图案的那件，你试穿看看。（我试穿，袖子有点短，腰有点紧。）

克里希那穆提：你认为大衣能改吗？

P. 克里希纳：我想裁缝可以把袖子加长，但是这儿（指着我的腰），我宁愿修改我自己的腰围！

克里希那穆提：（大声地笑）很好！那你留着这件大衣。

P. 克里希纳：谢谢您。

克里希那穆提：关于我承诺要支付你的一千美金，我已经通知辛巴李斯特太太，她每年会汇给你。

P. 克里希纳：你告诉过我是一名外国人想匿名给我的。

克里希那穆提：我是告诉过你，但是这笔钱是我给你的。

P. 克里希纳：不用，先生，我不想要您的钱。我不缺东西，您为什么想给我呢？

克里希那穆提：亲爱的，有位道奇小姐（Miss Dodge）每月固定汇五十英镑给我。在当时，这是一笔很大的数目，但是现在价值已经很小了。这笔钱定期地汇入我的户头，但我从没用过，现在已经数目可观。只要那笔钱持续汇入，每年都会给你一千美元。这是我给你的，我要你留着。

P. 克里希纳：好吧，如果你想这样处理的话，我就接受，但这真的不必要。

克里希那穆提：就这样决定，我们谈点别的事。你知道印多尔附近的房产已经捐给我们这件事吗？

P. 克里希纳：我听说过。

克里希那穆提：你生在那个地方，你会看到那儿将会有一所优秀的学校——学校就在河边。

P. 克里希纳：好，我会协助此事。

克里希那穆提：你所谓的协助是什么意思？你去做！

P. 克里希纳：好，我会尽力去做。

当我们回到印度，马赫什、优帕萨尼吉和我去看了印多尔纳尔默达河（Narmada）畔的土地。但是土地正在诉讼中，捐献者还不能给我们。

1986 年 2 月 3 日

国际出版委员会与克里希那吉进行了一次会议（这次会议有录音磁带，内容记录在玛丽·鲁琴斯所著的克里希那穆提传记第三卷《敞开的门》中），他们对出版权有争论，但我当时对此事不清楚。会议结束，每个人都离开之后，我走到他面前，握着他的手，说："先生，我刚加入，还不知道什么是对的，我要你现在把这一切都留给我们，你无须担心。"

克里希那穆提：（非常热情、微笑地看着我）好，亲爱的，我明白；但是不要让任何人控制你，也不要控制别人！

P. 克里希纳：好，我保证做到第二点，第一点更困难，但我会尽力。

所有人离开后，他要求斯科特让他坐在轮椅上，推他到客厅。我那时正好在那里，突然，他站起来，把所有的管子都拔了出来，绕着客厅走来走去，之后又坐回到轮椅上，这景象令人难以置信。他的身体非常虚弱、消瘦，似乎不可能做到这一点。接下来，他要求我们把他推到外面的胡椒树附近。他从轮椅站起来，站在树旁，面对山脉。斯科特和我在他身后，留心他的动作。他想独处，我们看到他用双手做了些动作，像是与山脉道别。

完成之后，他手指着轮椅，斯科特把轮椅挪至他身后，让他坐下，然后把他推回卧室。

1986 年 2 月 4 日

克里希那吉叫我坐在他的床上，说他想私下与我讨论普普尔·贾亚卡尔夫人。

克里希那穆提：我想和你谈谈普普尔，她对你好吗？

P. 克里希纳：我们相处得很好，别担心这点。我发现我若是用正确的方式找她，她就会非常合作，而且乐意帮忙。对我来说，她没有问题，我尊重她如我母亲，我可以告诉您一些事吗？

克里希那穆提：什么事？

P. 克里希纳：不要再做决定了，把一切留给我们吧！不要再挑选委员会或小组，您现在无论做什么，看起来都像是您身边的人精心安排，即使这不是事实，许多人也会这么认为。您记得安妮·贝赞特临死时发生的事吗？

克里希那穆提：记得，她的遗嘱被修改过！我记得她在欧洲时就已经立下她的遗嘱，但是在她去世之前，他们逼她修改遗嘱。

P. 克里希纳：就是这样，您现在所有新的决定，就像是有人逼您修改遗嘱，所以请放手吧！

克里希那穆提：好，我不再做新的决定。

他信守承诺，此后没再做出新的决定，他放弃成立国际委员会的想法。

1986 年 2 月 5 日

早上：克里希那吉召集在欧亥的信托人，有十五或十六人，并向他们讲话（这次讲话做了录音，记录在玛丽·鲁琴斯所著的克里希那穆提传记第三卷《敞开的门》中）。他详细说明他的健康状况，指出他目前的情况有所缓解，肿瘤已经停止增长，医生预测他也许还能活一个月或更长时间。他非常憎恨这种活着的方式，不能走路、不能出门，他要询问医生，若再没办法，他想要拔掉所有的插管，尽快离世。他说他的心智清醒，没有受到任何人影响，世界的导师还在这世上，直至身死。他在前一晚做了非常奇妙的梦（"特别是在夜晚，他做的不是梦，是实际发生的事"），他知道这一点。他要求我们都离开，不需围绕在他身边，等他咽气。他可能会再活一个月，甚至更长。当我们离开时，我听到他说："你们若是知道错过了什么，该有多好！"

晚上：我和马赫什去见他，向他告别。他说早上他忘了在录音中嘱咐信托人一些事，现在他想录下补上。他要我们让斯科特带录音机过来，补上这段话。他说：

"今后三所基金会的主席和秘书必须全心投入到基金会的工作上，并同心协力，大家都依基金会而活，为教导而生。"

1986 年 2 月 6 日

根据他的指示，我们大部分的人在第二天离开欧亥，回到工作岗位。在离开欧亥之前，我与克里希那吉做最后告别。与往常一样，他亲切地要我坐在他的床边，握着我的手。

P. 克里希纳：先生，我来说再见，我今天离开。

克里希那穆提：你给自己、妻子和孩子的钱足够吗？

P. 克里希纳：够的，我有足够的钱过日常生活。

克里希那穆提：不是，我是指钱够你妻子和你孩子的教育吗？

P. 克里希纳：够的，虽然钱不够让我的孩子就读私立学校，但她们在公立学校读得很开心，请别担心我。

克里希那穆提：你这样想，但是我不这么认为。

最令人感动的是他在临终前，在痛苦中，还这么关心同事。然而，当我离开时，他深深悲哀地对我说了最后一句话：

"先生，我被那些完全不知道我想法的人包围着！"

我只能说："先生，我很抱歉！"这是真的，因为我是其中一员。

1986 年 2 月 17 日

我离开欧亥之后，得知克里希那吉在 2 月 17 日的凌晨去世。那天我刚回到瓦拉纳西，以校长的身份加入拉吉嘉特教育中心，这天恰好也是通神学会创始人之一的奥尔科特上校的生日，每年学会以阿迪亚尔日的名义庆祝。发现克里希那吉的赖德拜特先生也于 1934 年 2 月 17 日去世，这全是巧合吗？谁知道呢？他曾说过他知道他离世的日子！

不久，克里希那吉的骨灰抵达德里，我到普普尔那儿，取得一部分骨灰，带回拉吉嘉特之后，撒在恒河和亚姆纳河的汇合处。整个拉吉嘉特的职员、学生和工作人员排起了长队，向克里希那吉致上最后的敬意。我们上船，把骨灰撒在恒河里；那拉扬（Narayan）和我把另一部分的骨灰撒在阿迪亚尔附近的海中，这是赖德拜特于 1909 年发现克里希那吉的地方；拉塔·布尼尔、普普尔、我和其他一些人把一部分骨灰撒在喜马拉雅山恒河的源头甘戈特里，这就是这样一位被许多人视为是 20 世纪苏格拉底的灵魂的最终之旅。

当我们回答一个问题时，总是从记忆出发。这可能是独断的偏见，也可能是某种结论，或某种信仰，等等。所以，如果我们可以暂停这一切，并且看看问题本身，那么就让这个问题进化、发展、扩展，然后，如果你想要一个答案，那答案就在这个问题当中，而不是来自你的过去、你的背景。我想知道是否愿意让我自己的更清晰——如果你进入它，这是相当有趣的。人们很少有这样的一个对话。

　　——克里希那穆提于欧亥，1985 年 5 月 第一次 Q-A 会议

第三章

克里希那穆提与三位科学家的对话

克里希那穆提和戴维·伯姆正在对谈。

本章介绍克里希那穆提的对谈风格，主题是探索生命的基本问题。这次对谈举行的时间地点是 1977 年 8 月 28 日英国汉普郡（Hampshire）布拉姆丹（Bramdean）布洛克伍德公园的克里希那穆提学校，参与这场对谈的人有克里希那穆提与三位科学家——戴维·伯姆、阿西特·彰德玛尔和我。戴维·伯姆教授是伦敦伯贝克学院的理论物理学教授；阿西特·彰德玛尔是美国计算机科学家，他们两人对这次对话内容非常感兴趣，我是印度贝拿勒斯大学的物理学教授。

克里希那穆提：谁先开始？

P. 克里希纳：昨天在您的演讲之后，我们几人私下进行了讨论，认为这个问题是需要非常清晰的觉知，这种觉知可以毫不费力地消除我们的自我；因为我们了解任何意志努力（voluntary effort）只会强化自我；同时，事实上，正是自我干扰着觉知，由于我们对自我的执着和认同，使我们对事物有片面、零碎的观点，这些妨碍着我们深层的觉知。这在我们看来是制造了恶性循环，让人深陷其中，您需要深层的觉知能让自我消灭；实际上，自我是现存的，它阻扰觉知。要从哪儿打破这个循环？问题清楚吗？

克里希那穆提：清楚，我们从这个问题开始吗？

戴维·伯姆：对。

克里希那穆提：让我们深入这个话题。你们问的，不是吗？我所理解的是，自我阻扰觉知，若有自我，就不会有觉知，这是恶性循环，对吗？

P. 克里希纳：或者，要从哪点打破这个循环？我的意思是哪一个先出现？很显然的，没有像自主力这类东西能打破这个循环。

克里希那穆提：不，非常简单就能打破。

P. 克里希纳：非常简单？

克里希那穆提：对。

P. 克里希纳：所以，我们继续深入——

克里希那穆提：好，要深入了解这个问题，就是——阻碍觉知的自我以及没有觉知就无清晰的思维，这是恶性循环，让人陷入其中。所以问题是，你对一切事物有洞察力吗？说你是教授，你就是教授，如果你是真正富有创造力的教授，你会突然瞥见某样东西，你是如何获得这一瞥的？是你突然清楚地看到研究上的某件事吗？这并非取决于你的知识，也不取决于你过去的经验。当你在研究、思考、写作和谈论你的工作时，突然间你会瞥见某种新的东西，这是怎么发生的？

P. 克里希纳：科学研究需要有大量的准备。

克里希那穆提：对。

克里希那穆提：正是，这是如何发生的？

P. 克里希纳：哦，是通过对客观态度的热爱，对科学调查的热爱。

克里希那穆提：不。

P. 克里希纳：为了发现，而不是为了——

克里希那穆提：为了什么？你已具备的知识丝毫无用。

P. 克里希纳：不是在那个刹那，不是。

克里希那穆提：我说的是"刹那"，你的论证，包括逻辑、清晰的思考等都没起作用，这种清晰的灵光一闪而现——对吧？

P.克里希纳：对，我认为所有伟大的发明都是以这种方式产生的。

克里希那穆提：正是，就是以这种方式产生的，这难道不是刹那的洞察力吗？我使用"空性"一词，当只有处于完全空性的时候，这种洞察力才会起作用；也就是说，洞察力的运作说明在那短暂的时刻时有绝对的自由，摆脱过去和自我。

P.克里希纳：在科学方面，因为我们客观地观察事物，所以很容易拥有洞察力。

克里希那穆提：的确是。

P.克里希纳：还有，若是我们尚未支持某个理论，就不会修正我们的观察；但是，观察自己时，我们是非常主观的。

克里希那穆提：我知道。你观察自己时，你能洞察你的整个意识吗？要具有洞察力，首先要了解洞察力的意思。在觉知之前，在达到清晰的思维之前，洞察力是怎么产生的？它是惊鸿一瞥，是觉知的灵光闪现吗？即使是科学家，这种洞察力也是片面、不完全的，或者我们谈论的是全面的洞察力：洞察整体意识活动，这种意识包括自我等。对于科学家等而言，它是片面、间歇的。它发生，他们却不知它是如何发生的。

P.克里希纳：而且科学家只问特定的问题。

克里希那穆提：对，局限的问题。我们此刻正在讨论更深入、更人性的问题。所以，我问你们：什么时候会有洞察力？就我们所知的，它是在某个刹那，在整体意识止息时出现的吗？

阿·彰德玛尔：这是同一个问题，怎样能使充满自我、有扭曲意识的迷惑之人有洞察力？这种洞察力究竟如何产生？这不是科学家研究的领域。

克里希那穆提：它不会产生！

阿·彰德玛尔：这是问题所在。

克里希那穆提：它不会产生。对于非常关注恶劣自我的人来说，他不会想拥有洞察力。

阿·彰德玛尔：这是问题所在，除非自我消失，否则不会有洞察力。

克里希那穆提：我不太清楚自我会不会完全消失，或者是洞察力让自我或自我让洞察力消失，你明白吗？

P. 克里希纳：这是我的疑问。

克里希那穆提：我知道，我正在慢慢切入这个话题。

阿·彰德玛尔：换句话说，当自我存在的时候，洞察力会不会也同时存在？

克里希那穆提：不，不！听我说，阿西特，要有洞察意识，你不需结束自我；你能洞察整个意识活动。

阿·彰德玛尔：我不确定。

P. 克里希纳：自我不会扭曲这种觉知吗？

克里希那穆提：不，等一下！如果洞察力很强大，自我根本无法妨碍它，自我没有空间运作。

P. 克里希纳：洞察力不强大的原因是自我。

克里希那穆提：（大笑）我知道，我知道。

克里希那穆提：我明白！现在，从另一方面来看：如果你洞察你的意识活动，嗯，因为洞察力比自我强大得多，它会不会抹去自我呢？

阿·彰德玛尔：这种陈述对我来说是推测，对您来说可能是事实。

克里希那穆提：正是，对你是推测，这我知道。因此，我们该怎么做？

阿·彰德玛尔：就是——

克里希那穆提：你的问题是——只要有自我，就没有洞察力。

阿·彰德玛尔：至少对我们来说，这个陈述很清楚。

克里希那穆提：无论是对科学家还是对其他人来说，自我是片面的、有限的，它让洞察力受到限制。因此，我们该怎么做？

P.克里希纳：这是我们要问的问题。

克里希那穆提：我懂的。

P.克里希纳：这是存在的问题。

克里希那穆提：这是现存的问题。

P.克里希纳：这不仅是种推测。

克里希那穆提：我们该怎么做？

戴维·伯姆：请问为什么洞察力会这么有限？我们现在仔细探究它。

克里希那穆提：好。为什么教授、科学家、商人，或者艺术家的洞察力如此有限呢？

P.克里希纳：对任何心智受到制约的都是如此。

克里希那穆提：很明显，他的洞察力有限，是因为他接受到的训练。

戴维·伯姆：那么，他怎么会有洞察力？您所指的有限洞察力意思不清，这似乎不符合逻辑。

克里希那穆提：我指的洞察力是科学家的灵光闪现。

戴维·伯姆：对。

克里希那穆提：这种灵感是在没有知识、不渴望新事物的情况下产生的。科学家处于灵感之中，他纠缠于庞大的问题，突然他得到灵感，对吗？因为他受到限制，这种灵感是片面的。那么，这是不变的限制吗？

戴维·伯姆：让我们来看看。一位想要让自我消失的人，他也是受到限制的。

克里希那穆提：当然，当然！所以他的洞察力是片面的。是的，那么我们该怎么办？让我们来探讨吧。

P.克里希纳：换句话说，我对这问题提出不同的看法，可以吗？从整体的角度来看，对于试图改变或隐藏部分的自我，在没有它的干涉事实下，它会带来欲望，并干扰全面的觉知吗？我们的确拥有有限的洞察力，所以问题不在于缺乏洞察力，而在于它并非全面的。

克里希那穆提：是的，它并非全面的，它不是完整的。

P.克里希纳：是的，它不完整。

阿·彰德玛尔：所以它不是洞察力。

P.克里希纳：嗯，这只是词语的问题，它是片面的。

克里希那穆提：人能洞察自身的意识，片面的洞察力。

阿·彰德玛尔：我质疑，有片面洞察力这种东西吗？

克里希那穆提：我也质疑！我看到完整的活动，或我没看到，嗯？假如我只看到一部分，若是我有片面的洞察力，这不是洞察力。

戴维·伯姆：那么，它是什么？

克里希那穆提：什么，你是指片面的洞察力吗？

戴维·伯姆：对。

克里希那穆提：科学家在他的领域中，因为他正从事研究，他拥有片面的洞察力。

戴维·伯姆：你们看，他询问与他领域相关的问题。

克里希那穆提：对，与他的领域相关，就是这样。

戴维·伯姆：在我看来，其中有一点是关于问题的本质。您知道，就像牛顿问月球为什么没有受到地球重力的影响呢，因为月球是另一种物质，它是天体，所有人都认为它自然地不会受地球重力影响。牛顿质疑这点，他曾说过他质疑科学领域中的一切，但他只提出科学方面的问题。

克里希那穆提：关于特定的领域。

戴维·伯姆：是不是问题类型很重要？

克里希那穆提：这正是我要讨论的，我想查明是否——

阿·彰德玛尔：我觉得用科学家做比喻让我们转移话题。基本上，科学家观察事实，这些事实具有某种特定的模式。如果他能找到美丽的等式描述它，这对他来说即是洞察力。这是新的发现，这种发现是非常有限的，是远离情感的。

克里希那穆提：相当正确。

阿·彰德玛尔：这是所有人的问题。要是人像电脑一样无情冷漠地工作，能正确地编程，那么这人极具逻辑性，但这不是洞察力。科学家洞察现象，我认为这种洞察力与您所说的不同。

克里希那穆提：不对，不对。

阿·彰德玛尔：我认为这让我们转移目标——

P. 克里希纳：因为科学是客观性的，自我是主观性的，它干涉得更多。

戴维·伯姆：我想自我也会干扰科学家，您明白——

克里希那穆提：当然，当然！

戴维·伯姆：科学家喜欢某些想法——

P. **克里希纳：**没那么喜欢，也许是因为人比较执着于财产、妻子、家庭、自身、苦乐，较少执着于想法。

戴维·伯姆：对。

P. **克里希纳：**这种执着更能激励人们。在科学领域中，人可以保持客观，说"好吧，我不知道，牛顿也许是对的，但我不确定"，但对财产等的执着是非常明确的！

戴维·伯姆：同意。

P. **克里希纳：**我们能提出更多明确的例子。

克里希那穆提：那么，现在的问题是什么？让我们回到主题。

阿·彰德玛尔：只要有自我，您谈论的洞察力就不可能存在。

克里希那穆提：是的。

阿·彰德玛尔：有自我。

克里希那穆提：是的。

阿·彰德玛尔：因此洞察力不能发生作用。

克里希那穆提：它不能发生作用，片面的洞察力不是洞察力，对吧？当没有自我时，才有洞察力；但是自我的高度支配性，以至于没有洞察力，所以现在的问题是什么？这两者之间是如何运作与转变的？

阿·彰德玛尔：有转变的过程吗？是从自我到洞察力，或从洞察力到自我的转变，或是两者同时发生？

克里希那穆提：有，可能是——

P.克里希纳：必须有个停顿，这是同步的事。因为我看不出其中一个比另一个先产生，两者必须同时。

克里希那穆提：不，继续，我们一起研究。

P.克里希纳：在我看来，这必须是单一过程；事实上，心智把这分割成两个过程，也就是自我的消失和觉知，但这实际上是一种错觉。

戴维·伯姆：同意——

克里希那穆提：因此，我们说，这不是分割的活动；自我和洞察力的产生，洞察力的产生导致自我的消失，这是总体活动。

阿·彰德玛尔：两者同时发生？

克里希那穆提：嗯？

阿·彰德玛尔：或是不会发生。自我结束和洞察力这个直觉必须是同时的？

克里希那穆提：是这样吗？

P.克里希纳：如果是这样，只要你还有自我，就根本不会有更深入的洞察力。

戴维·伯姆：这会阻碍一切，是吗？

P.克里希纳：是的，这是问题所在。

克里希那穆提：但是我们现在正一起讨论，你们开始远离自我，不是吗？

P.克里希纳：我不确定，因为，我发现我讨论时，较易厘清事情，但这有局限性。

克里希那穆提：我明白这种情况，对，就是这样！

P. 克里希纳：所以，自我一直以更微妙的方式行事，它只是愚弄你。你以为它暂时消失，但它一直在，它扭曲图像，它欺骗你——

克里希那穆提：这是欺骗！

P. 克里希纳：这是欺骗，我们每天都看着这种欺骗发生！这种自我的特性让我们感到我们没有自我，但它一直都在。

阿·彰德玛尔：对，自我是非常精微的。

P. 克里希纳：但无法知道它，你知道——

克里希那穆提：当然，当然！

戴维·伯姆：昨天晚上我们讨论了一个相关的要点。我想您昨晚感受到，您完全沉浸于讨论中；或许曾有短暂的时刻，自我消失；但您认为我们在讨论时自我仍在。

P. 克里希纳：是的，当我们讨论时，我感受到觉知并不强烈，这种微弱的觉知或许在更深层次的经验时出现，譬如你丢失某件深爱的东西，这是足以让你震惊的东西，不管是人还是财产；当然，挑战本身的强度需要更大的洞察力，就像在紧急情况下的反应，自我没时间介入，只是察觉和反应，所以每当只有一点点时间时——

克里希那穆提：所以，你们已经谈到了重点。等等，放慢一点：是时间阻止了洞察力吗？

P. 克里希纳：我想说，对，因为欲望需要点时间——

克里希那穆提：不！不！注意"时间"。当我们说在洞察之前，自我的消失是必要的，你在要求时间。

P. 克里希纳：没有必要。

克里希那穆提：是的，不，你是这个意思——

P. 克里希纳：我不是在暗示自我的消失是时间前后的问题。

克里希那穆提：不对，你没有明白我的话。当你说自我必须在洞察力到来之前消失，或是洞察力必须以某种方式出现，然后消除掉自我，这一切都指向时间。

P. 克里希纳：这是事实，但是——

克里希那穆提：等等，等等！停在这点上，让我们慢慢讨论。整个自我的过程就是时间。

P. 克里希纳：是。

克里希那穆提：对吗？

P. 克里希纳：对。

克里希那穆提：所以，时间的终结是全然的觉知。

P. 克里希纳：也是自我的消失。

克里希那穆提：等等，等等！先别讨论自我。你明白我说的吗？自我是通过时间建立的，嗯？

P. 克里希纳：这很明确。

克里希那穆提：你们仍然是从时间的角度来思考！

P. 克里希纳：没有其他角度可思考。

克里希那穆提：不，观察它！你立刻就能明白。我看到些东西：自我是通过时间建立的，对吧？而且，当我们说自我必须在洞察力产生之前终结，你仍然在时间的过程之中，从时间的角度思考。

P. 克里希纳：对。

克里希那穆提：或是，当你说必须先有洞察力，然后自我随之消失，这也涵盖了时间。

戴维·伯姆：当然。

克里希那穆提：当然！当然！

P. 克里希纳：不，我们没有提到"之后"，这发生在同一瞬间。

戴维·伯姆：这还是时间，是吗？

克里希那穆提：还是引入了时间。

P. **克里希纳：**是的，当然有时间。

克里希那穆提：你们仍然是从时间的角度思考，什么是自我。

戴维·伯姆：是的。

克里希那穆提：不，不，别说"是"！

阿·彰德玛尔：这很复杂，先生，我认为这太难了，而且更为复杂。

克里希那穆提：对。

阿·彰德玛尔：您在说时间是自我吗？

克里希那穆提：当然。

P. **克里希纳：**它是你身处的环境，你所被教导的、所习得的、所认同的，你成长的地方，以及你的国家——这一切都是自我。

克里希那穆提：思考！一切都是时间。老朋友们，继续思考这点，思考它。

戴维·伯姆：所有的思想都是时间，对吗？

克里希那穆提：对，当你仍然从时间的层面思考，就没有洞察力。

戴维·伯姆：能不从时间的层面思考吗？

克里希那穆提：不能。

戴维·伯姆：您说思考属于时间的层面。

克里希那穆提：不，不是，抱歉！

阿·彰德玛尔：我懂，但是，您刚才问的问题让我们陷入思考。

戴维·伯姆：什么问题？

阿·彰德玛尔：其中一个问题是——头脑为了有机体的生存，它运作，也必须发挥功能；而且它为了生存，必须在适当的时刻思考，所以，思想出现了。我不确定是不是头脑把人带入时间的心理领域。

克里希那穆提：是。

阿·彰德玛尔：它创造自我，这为什么发生呢？为什么头脑会发生这种现象，它创造了思想，而思想对于头脑和机体是具有破坏性的吗？

克里希那穆提：因为它在这里面找到了安全感，它没有意识到其中的疯狂。

阿·彰德玛尔：为什么？为什么思想最终会产生呢？

克里希那穆提：我们深受限制，我们深陷于我们的传统中；你知道，一切都在时间中。

阿·彰德玛尔：智力或洞察力为什么还没能突破它？

克里希那穆提：啊！我们还没弄清楚！但是，仔细听着，这非常有趣。现在我们已经来到重点，那就是我们在时间的层面思考。

戴维·伯姆：您的意思是，所有思想都属于时间的层面？

克里希那穆提：时间的层面。

阿·彰德玛尔：思想是时间。

克里希那穆提：思想是时间。

阿·彰德玛尔：自我是时间。

克里希那穆提：自我是时间，而且你们深陷其中。

阿·彰德玛尔：等等，先生，物理的头脑制造了思想和时间。

克里希那穆提：这些是什么？在其中有安全感。

P. 克里希纳：虚幻的安全感。

克里希那穆提：头脑认为在这里面有安全感。

阿·彰德玛尔：正确，一个人凭借身体存活，这身体中的头脑在不断制造思想和时间；所以，它要怎么停止？

克里希那穆提：等一下！我马上向你展示，你们太快了，慢一点，慢一点。我们说时间是自我。

戴维·伯姆：但是，所有的时间都是自我吗？我的意思是人有可能去除自我，并使用思想。

克里希那穆提：这不一样。

戴维·伯姆：这仍然是时间，但不是自我，这种时间不是自我。

克里希那穆提：是的。

戴维·伯姆：但我是指时间，某种没有自我的时间。

P. 克里希纳：这只是基于事实的思想，不是那种会扩大自我的思想。

克里希那穆提：对。

戴维·伯姆：是的，但这是功能性的。当您说自我是时间，的确——自我是时间！

克里希那穆提：的确，自我是时间。

戴维·伯姆：是的，但可能时间不是自我，如此而已。

克里希那穆提：我不知道，我们将会谈到。

戴维·伯姆：也许。

P. 克里希纳：这就是为什么我认为洞察力不是通过讨论而来的，因为讨论多是思想层面的活动。但是，当人有深度的经验，此处思想无法介入，洞察力就会在生命中发生。

克里希那穆提： 听着，克里希纳，我们现在正在触碰到它！我们现在正在触碰到它！你跑偏了。

阿·彰德玛尔： 这本身就是深度的经验。

P.克里希纳： 大多数时候不会发生。

戴维·伯姆： 这里或许有一个假设，讨论从不是一种深度的经验。

P.克里希纳： 不，这取决于个人的敏锐度；但讨论时，自我会进行干涉。

克里希那穆提： 仔细听我说，时间是自我。

戴维·伯姆： 对。

克里希那穆提： 你仍然从时间的层面思考吗？思考就是时间，你陷入了这个模式吗？

P.克里希纳： 是的。

克里希那穆提： 等等！要意识到发生了什么！意识到"时间是自我"这句话完整的深度，这五个字，你意识到它全部的重要性、深度和含义了吗？你知道它的品质吗？

P.克里希纳： 看起来很明显，但我不知道——

克里希那穆提： 呵呵，不，不明显！

阿·彰德玛尔： 如果你能意识到这点，你就是活在……

克里希那穆提： 如果你无法意识到这点，你就无权问"何为洞察力？"……它是否出自时间？我说它与时间无关！所以，有一整个领域 —— 等等！听我说！它与时间无关。也就是说，如果你仍被时间占据，也就是思想，你就无法看到另一面。

阿·彰德玛尔： 所以，谈论另一面是推测。

克里希那穆提： 这毫无意义！

P.克里希纳： 但是我们被时间占据。

克里希那穆提： 因此，如果你被时间占据，去找出时间能否停止。

P.克里希纳： 这正是问题所在！

克里希那穆提： 现在我们谨慎点！观察它，看着它，别争论，倾听它！大脑可能会因为完全失去安全感，而不愿意进入这种状态。大脑已经在时间中活着，在时间中运作，它带来了时间，在时间中，有着完全的自我保护。

P.克里希纳： 这就是自我！

戴维·伯姆： 为什么思想没有意识到这是问题所在？

克里希那穆提： 因为我们没有面对过这种事！没有人面对过这种事。

戴维·伯姆： 它认为这样有安全感，并不是真的有！

克里希那穆提： 它认为有。

戴维·伯姆： 正确！

克里希那穆提： 我们正处于危机中！我们四人正在危机中探寻！但思想说："不，我必须调查，我必须质疑，我必须争辩！"

P.克里希纳： 这就是问题，这就是自我的干涉！

克里希那穆提： 不对，不对！是时间干涉。

P.克里希纳： ——这与自我相同！

克里希那穆提： 等等！好吧，看一看这个问题。你能观察而不引入时间和自我吗？我不想再讨论这个话题。你能在观察自己时不说"我受到限制，我必须摆脱它和所有其他一切"吗？观察你自己——组成你的这个人——你知道所有这一切。大脑正在这里面寻找安全感，这东西创造了"我"。大脑在这里有了安全感之后，不愿放开，因为你不知道是否有另一种安全感。当有洞察时，就有完全的安全感。时间不安全，也无法赋予安全感。现在，你已经听到了这点，这对你是否形成挑战和冲击，把你逼入绝路？啊！就是如此，为什么？

P.克里希纳：我认为我们有片面、零碎的觉知。

克里希那穆提：不！不！不！比这更多。当你受到挑战，比如你的儿子或某个亲近的人过世了，这对你是个挑战，巨大的挑战。你明白吗？当你无法离开某个区域，你就是一名囚犯，这是巨大的挑战。你必须做些什么！然而，在这里，你说："哦，我会讨论它。"——

P.克里希纳：对，因为它很模糊。

克里希那穆提：为什么？不，它永不会清晰！

P.克里希纳：先生，这是整个人类的问题，它不太清晰；因为缺乏洞察力，它不是很清晰！反过来，由于自我，又回到了恶性循环。我看到我们都陷入了这种恶性循环中，其他人无法帮你打破这种循环——

戴维·伯姆：对。

克里希那穆提：啊，不是！没有人说要打破这个循环，他说："倾听！观察！如果你观察或倾听，要么它只是一个声波并离去，要么就是一个巨大的挑战，就像有人在我身边垂死一样巨大！"

P.克里希纳：对我们来说，显然不是。

克里希那穆提：为什么？

P. 克里希纳：我想因为我们还在时间领域中！

克里希那穆提：不！不是！这不是答案。

P. 克里希纳：我们仍然紧抓着安全感。

克里希那穆提：不，为什么这不是挑战？你还没有回答我的问题。

戴维·伯姆：为什么头脑抵制这种挑战？

克里希那穆提：正是，这也是同一件事，你为什么抵制？

P. 克里希纳：我们没有觉察到它的危险——

克里希那穆提：不对，你离题了！你用说话来阻碍自己。

戴维·伯姆：这个想法一闪而过，头脑能感知到危险，但它抵制了，这正是它运作的方式！

P. 克里希纳：但你感知危险有没有像你的房子着火一样敏锐？我的回答是"不"。

克里希那穆提：为什么不？在你进一步深入讨论之前，先告诉我为什么。

P. 克里希纳：噢，因为火正在摧毁我拥有的一切，而感知危险并不会改变太多事情。

克里希那穆提：为什么？难道这不是同一件事？

P. 克里希纳：因为我没清楚地看到危险。

克里希那穆提：不！你回答得太快了，你还没探究。为什么这不比着火的房屋更加危险，危险得多？你们看，你不会让自己看到危险，因为天知道会发生什么——你可能会放弃教授职位，（笑）可能会放弃你的家人，可能会放弃一切！天啊，这太冒险了！

P. 克里希纳：所以，这是自我阻碍了感知。

克里希那穆提：不！不！

P. 克里希纳：那是自我！

克里希那穆提：不！时间让你看到这有多危险，所以你说这是自我。当然，时间是自我，我们都同意这一点。我们要问的是，为何是你，你如此智慧、受过教育，一位教授、科学家和电子专家？为什么你看不到这个巨大的危险？这是习惯，还是你对此不感兴趣？

P. 克里希纳：也许是觉得不重要？

克里希那穆提：（笑）你看，如果你看到一个孩子，你的儿子或女儿接近悬崖或面对眼镜蛇，你会尽一切努力救他。

P. 克里希纳：因为那时我的思想反应迅速，然后我的自我受到影响。

克里希那穆提：这正是我所说的。

P. 克里希纳：但在这里，自我没有受到影响。

阿·彰德玛尔：它有，只是你没有注意到。

克里希那穆提：噢，是的，它受到了巨大影响。但是，它说："对不起，我会谈谈它！"用语言掩盖自己！

阿·彰德玛尔：我不是在找借口，但是我想问，这是大脑的物理结构吗？我不是在找借口，我只是想知道，是什么阻止了这种觉知？大脑创造了思想和时间。

克里希那穆提：你是说大脑一直在不断地运作吗？

阿·彰德玛尔：它是。

克里希那穆提：是吗？思考、预见、争论和表达，它是——

阿·彰德玛尔：总是在做计划——

克里希那穆提：像果冻——（笑）

阿·彰德玛尔：对。

克里希那穆提：而且它从来没有领会过安静、静止、不动、不表达！

P.克里希纳：您说从来没有？

克里希那穆提：我不知道，我在问你们。

阿·彰德玛尔：它有！

克里希那穆提：偶尔！

阿·彰德玛尔 & P.克里希纳：对，偶尔！

克里希那穆提：因此它是不完全的。

阿·彰德玛尔：正是。

克里希那穆提：因此它又回去了。

阿·彰德玛尔：所以，就算头脑在某一刻拒绝了运作，甚至在那状态中停留了一会儿，为什么它又回去了？是它的本性让它回去的吗？

克里希那穆提：不是，因为那是不完全的运动。当它是不完全的，它必须回到运作的状态，因为它在整个生命中部分地存在！

阿·彰德玛尔：先生，因此这是关于能量的问题吗？它需要巨大的能量留在那一刻，不处于那种状态反而容易得多。

克里希那穆提：同意，当你遇到危机时，能量就在那里！

P.克里希纳：然而在这里，我们在消耗能量！

克里希那穆提：当然！

P.克里希纳：并且只用一部分的能量应对问题。

阿·彰德玛尔：这种能量是什么？

克里希那穆提：嗯？

阿·彰德玛尔：这种能量是什么？

克里希那穆提：你想讨论这个话题？能量可以通过摩擦产生，如发动机的能量。我们的能量类似于这样，对不对？我们通过摩擦产生能量，巨大的能量！当没有摩擦时，我们猛然倒下！

P.克里希纳：整个文明和文化的结构就是以这个为前提，这就是为什么要竞争、成功。

克里希那穆提：当然！的确是。

P.克里希纳：我们的文化说："这会激活你，否则你会失败，你会睡觉！"

克里希那穆提：这是我们知道的一切！所以，我们在问，是否存在不通过摩擦产生的能量，对吗？假设我说"有"，这只是一种理论。

阿·彰德玛尔：是的，这是理论。

克里希那穆提：但是，如果你有兴趣的话，如果你说"天哪！我会用尽我的生命找出答案"，你就会拥有能量。（笑）

P.克里希纳：有人发生过这种情况吗？是经过洞察力，从自我的状态到达无我的状态吗？

克里希那穆提：不是，不是！

P.克里希纳：那么这个问题是——

克里希那穆提：抱歉！你还是在时间的层面思考，从这里到那里。

P.克里希纳：但我看到有这么多人——

克里希那穆提：不！你没问真正的问题！仔细听，老朋友！我知道通过摩擦所产生的能量：整个世界、整个文明和所有生命都是以摩擦为基础。我想找出是否存在无摩擦的能量。你花了三十年时间成为教授，嗯？但你不愿花五分钟找出这个答案！

P. 克里希纳：不，不是这样（笑）——我们投入时间，但我想我们没有完全投入。

克里希那穆提：你从未投入，更别提"完全"！

阿·彰德玛尔：我现在开始明白了。

P. 克里希纳：你说，如果从孩提时代起，一个孩子的成长方式就截然不同，在一个不同的环境中，这环境不强调自我和训练——

克里希那穆提：这是一种理论！

P. 克里希纳：这个孩子会更容易有洞察力吗？

克里希那穆提：这是假设性问题，没有答案。

P. 克里希纳：对，但我指的是我们管理学校的想法——

克里希那穆提：哈，因为这是我们该做的！如果你因关心你的孩子应该这样而沸腾——你就会创造奇迹！抱歉，我会这样说：没有洞察力的生活是一种负担，最大的意义上的"负担"；所以，一定要有洞察力，你们明白我的意思吗？（笑）否则，生活又有什么意义？这一切的重点是什么？经历人这一生要经历这些恐怖吗？

P. 克里希纳：并非只有恐怖！人们在您的演讲中发现，当您观察我们的生命时，您似乎觉得它如此丑陋和悲伤，但生命中也有很多的乐趣、愉悦、爱和关怀。

克里希那穆提：偶尔会觉得！

P. 克里希纳：您说偶尔，但是我们从中发现相当多的魅力！

克里希那穆提：同意，但一切都是不完全的！

P.克里希纳：我同意它是不完全的；但是，您说一个与其自我一起生活的人，和另一个与其自我一起生活的人，这两者难道没有区别吗？

克里希那穆提：当然有。

P.克里希纳：对，因此，重要的不仅仅是从自我到非自我的转变。

克里希那穆提：不是从此到彼的转变。

戴维·伯姆：又提到了，这是时间。

克里希那穆提：这是时间！——（笑声）

P.克里希纳：那么，你谈论的彻底的革命是什么？

克里希那穆提：是时间的终结。

P.克里希纳：我称这个终结为转变。

克里希那穆提：啊，不是从此到彼的转变。

P.克里希纳：好吧，当它不是从此到彼的转变时，那就是终结。

克里希那穆提：因此，你关心的是这个。

P.克里希纳：是，这是肯定的。我不是指另一种修行，我只是指时间的终结。

克里希那穆提：这是你关心的。

P.克里希纳：是的。

克里希那穆提：目前发生的是理论，是推测！

P.克里希纳：对，这很清楚。

克里希那穆提：所以，终结切实可行！

阿·彰德玛尔：先生，我可以谦卑地请问您，我们三人都认识您很久了，"克"的超然现象和我们的生活有什么关系？我能稍微说明一下吗？

克里希那穆提：可以。

阿·彰德玛尔：正如 P. 克里希纳教授解释的，如果有深度的冲击，在那一刻您就完全行动了。当人们来到您身侧，聆听您时，他们产生了某种感觉；而离开您之后，这种感觉快速消失了。您说您无法帮助任何人，用您的话说，我们必须"寻求自我救赎"或"成为自己的光"，这有什么关联？为何我们持续回来？为何我们无法看见，您提到的生命中的巨大危机？正如我们刚才讨论的，我们无法看到它。我们是因为某种动机来到您身边吗？

克里希那穆提：不，我对此怀疑。你也许是如此，但是你是这样吗？你为什么来？

阿·彰德玛尔：是的，先生，这是个问题。

克里希那穆提：为什么阿西特来？

阿·彰德玛尔：撇开个人因素——

克里希那穆提：我是说"某人"。

阿·彰德玛尔：我认为人们带着某种目的来这里。人们知道会有一种奇妙的经历，也许这与去到优美之地，或阅读一本很好且有启发性的书没有太大差异。很奇怪，我们所有人都持续回到您身边，我们聆听您，您说我们置身险境，但我们视若无睹；显然，我们想从您身上获得什么，我的感觉非常强烈。

克里希那穆提：我不确定。

阿·彰德玛尔：是潜意识里这么做？

P. 克里希纳：不，我不会这样说，我宁肯说我们与问题共生，我们知道的是：来了一个人，说存在一种截然不同的生活方式，一种能解决一切问题、充满爱与慈悲的生活方式；所以，人们专注地聆听他，试图找出他在表达什么。然后，要么你拒绝了他，要么你觉得他如此真诚；他在传达着某种信息，而我想弄清楚他在表达什么；因为你尚未找到，所以你回到他身边。当你哪天找到了，或许你就不再回来。

阿·彰德玛尔：这是关键。我们已经聆听他许多年，我们所有人，为什么我们不断回来？一次应该足够了，先生。

P. 克里希纳：我感觉这是一个恶性循环。

阿·彰德玛尔：聆听您一次就该足够！为什么我们还要回来？我们不断地回来，至今尚未知晓您在说什么，是什么在阻碍我们，先生？

克里希那穆提：或许你们回来，是想获得某样东西——

阿·彰德玛尔：我想是的，先生。

克里希那穆提：或许你想要解决不同的问题；或许你持续到来的原因比这更深层次：因为乡村的每个清晨都不一样。当你在每个清晨、午后和夜晚观看，你发现每个清晨乡村都更加美，树林中发生着一些动静。也许你看到说话者的美丽，你看到那种美，这美丽十分吸引人。并不是因为你想要什么，以及你想改变等。

阿·彰德玛尔：这是普通的现象：美会吸引人，如同美丽之境的日落一样。

克里希那穆提：不！不！

阿·彰德玛尔：还有什么，先生？并非从您的角度，而是从我的角度？

克里希那穆提：什么？

阿·彰德玛尔：为何我再度回来？回来之后，为何我还是不明白您所说的？为什么我还是看不见这危机和挑战？您明白我的意思吗？

克里希那穆提：仔细听！让我告诉你，这是巨大的危机：你知道，有个人他每天都来，有天早上他说："告诉我关于我的一切，我真的很感兴趣。"我开始讲述，此后他再也没有出现，因为我说了太多。他看到了。

阿·彰德玛尔：他无法接受。

克里希那穆提：他说他无法接受，这表示我得放弃我的……他无法接受，但此时此刻，我们接受了，我们一点点融入其中。（笑）

阿·彰德玛尔：因为这只是部分地接受，当他回到生活中，一切无法顺利运作，产生了巨大的冲突，于是他再次回来。

克里希那穆提：当然！

阿·彰德玛尔：所以，我想问：是什么阻碍了对您所谈论事物的觉知？您充满激情的解说，如此清晰，然而我们所有人都还无法看到，为什么？

克里希那穆提：看到什么？

阿·彰德玛尔：看到您所说的，我甚至不认为我们在语言和智力上理解了。

克里希那穆提：噢，你们明白的！

阿·彰德玛尔：我不十分确定。

克里希那穆提：当我们说"时间是自我"，你明白其中每个字眼，你在语言上理解了，你也看到了其中的事实。

阿·彰德玛尔：没有。

克里希那穆提：嗯？

P.克里希纳：哦！要是我们按照你的意思看到它的真相就好了！

克里希那穆提：我就是指这句话所指的真相和事实。

P.克里希纳：是的，这一刻，一切都会结束！

克里希那穆提：不，不！你看不到这句话所指的事实吗？

阿·彰德玛尔：不，先生。

克里希那穆提：你的意思是说，你看不到这句话所指的事实？

阿·彰德玛尔：是的，先生。

P.克里希纳：我们是通过分析来看，我们无法按照您说的方式直接看到它，直接感知到，这种直觉被什么阻碍了。我通过分析来看，同我理解物理学的方式一样，我们解释它，然后理解它。事实上，我受到我的出生地的制约，我看到政党的人时会有不同的反应，我通过分析知道我受到制约，这和直接了解状况不同，我们都经历了这个解释的过程。

阿·彰德玛尔：先生，我并非通过分析来看它，但我看它的方式，没有您那种强度，在您的观看中，自我消除了。

P.克里希纳：这是同样的，我认为这两种表述是一样的。

戴维·伯姆：对，都包含时间。

P.克里希纳：同意，都包含时间。

阿·彰德玛尔：这意味着缺乏能量。

P.克里希纳：首先你看到一个被陈述的事实，然后你的头脑接管了，进行比较和分析。这时，不论你心智结构如何，自我都在运作，并得出结论："对，我同意，我受到了制约——我是印度民族主义者、我是印度教徒。"但是，这与直面事实不同。我认为当我们有洞察力时看到的，会与现在有差异。

克里希那穆提：这不是洞察力。

P. 克里希纳：因此，与您的谈话及讨论都停留在语言沟通，属于头脑的意识，没有深入下去。

克里希那穆提：等一下！这是显而易见的。我们该怎么办？

阿·彰德玛尔：您能不用语言交流吗？

克里希那穆提：是的，我们都在进行语言交流。现在，我们该做什么？我想告诉你一件非常重要的事，至少对我来说是非常重要，你们要听吗？

阿·彰德玛尔：要！

克里希那穆提：嗯。

克里希那穆提：倾听的意思是——不分析、沉默无语、不打断插话，只是倾听。

阿·彰德玛尔：不，先生，这无法发生。

P. 克里希纳：我们似乎做不到。我们是从理论来了解，是我们的执着、认同、自我和时间阻碍了倾听。

克里希那穆提：你看不到吗，是什么阻碍了你？

阿·彰德玛尔：不！我们只知道某样东西在阻碍我们，我们不知道它是什么。

克里希那穆提：对。

阿·彰德玛尔：我要问，先生，是什么在阻碍我们？也许是言语的交流在阻碍。

克里希那穆提：现在，如果你们安静坐着，无言倾听，你们能听到吗？可以吗？

P. 克里希纳：当有爱时，我们会这么做，会。

克里希那穆提：不，不！我想告诉你们一件极其严肃的事，这将会影响你和你朋友们的生活。我想告诉你们，我们彼此已经使用大量语言对话；显然，我想告诉你们的事十分严肃，你们从未听闻。现在，我想以语言以外的方式告诉你们，这意味着什么？倾听！与说"我想告诉你一件严肃的事"的人一样强烈——以同样的强度、同样的水平、在同一时间倾听；否则，我们就没有在交流，对吗？你愿意做吗？

阿·彰德玛尔：愿意！

克里希那穆提：现在？

阿·彰德玛尔：愿意！

克里希那穆提：这意味着什么？对此要清晰，我们都必须明白我们在说什么。你听到我想告诉你一件非常严肃的事，这意味着你非常渴望倾听，你们都处于同一水平，没有高低之分，处于同一深度，对吗？

P. 克里希纳：这意味着再也没有你我之分——

克里希那穆提：——不要解释，我说了"倾听"！——（笑声）

P. 克里希纳：但是这——

克里希那穆提：你们看，我刚才说了我是你们的朋友，我有一件非常非常严肃的事要告诉你们，是关于你们自身，你们回答："天啊，我想听这家伙说话。"嗯？对此你们不能争辩，你看到了吗？停止争论，是我在说话，不是你们，你们愿意以这种方式听我说话吗？

P. 克里希纳：愿意！

克里希那穆提：以同等动力、同等强度，在同等水平、同一时间，没有任何言辞、毫不争论地倾听吗？

P. 克里希纳：我们愿意——

克里希那穆提：等等！你们并未这么做！你也许想这么做，但是做不了。

戴维·伯姆：我认为这是制约的一部分，它抵制倾听。

克里希那穆提：就是这样。

阿·彰德玛尔：但是我想听，您愿意继续说吗？

克里希那穆提：是的，我会继续！这意味着什么？我们正在与彼此完全地交流，对吧？如果不是在同等强度、同等水平、同一时间，也不在片刻之后，嗯？这是指你们沉浸于倾听，没有思想干扰，没有时间介入，对吗？这就是爱所指向的无言状态，对吗？因此不需要沟通，我知道你们要说什么。当我告诉你一些严肃的事情，并说"亲爱的伙伴们，我真的全心全意地爱你"。你们会争辩吗？你们说："等一下，你的意思是说你爱我、想做爱、给我钱或者其他——你为什么说你爱我？"你们经历过这些表现吧？一个人来到你们身边，以最深切的方式表述他的爱意，告诉你们他要说的，对吧？

P. 克里希纳：看起来，我们无法达到同一水平。

克里希那穆提：所以你没有倾听。

P. 克里希纳：但并非有意。

克里希那穆提：你没在听，是因为你不想听！因为你觉得"天哪，我不知道"会发生什么——（笑声）——当你妻子过来告诉你她全心全意地爱你，你会说："等一下，就等一下，你这是什么意思呢？你的意思是你会怀上我的孩子吗？或是你会支持我吗？"那你无须再讨论了！

P. 克里希纳：对，但是——

克里希那穆提：你看，你——没人告诉过你这些话！

P. 克里希纳：理智肯定比情感更浅薄。

克里希那穆提：不，我不是要区分理智与情感，两者一样。人一旦情绪化，就会胡说八道，对吧？当他使用理智，即便只字片语，也是愚蠢的！胡说！

P. 克里希纳：但是，假设你只能用理智或情感中的一样接近人呢？

克里希那穆提：我不能——我会说："你去跳湖吧！"

P. 克里希纳：这是我不明白的一点，也是我想问您的。事实上，您不愿考虑任何时间领域中的事件，但您承认受限之人彼此之间的差异。

克里希那穆提：一个不受到局限的人——

P. 克里希纳：噢，不！我没见过有不受局限的人。

克里希那穆提：你在说什么？

P. 克里希纳：我说的是独裁者和民主支持者之间的差异，虽然他们都没有摆脱自我。

克里希那穆提：抱歉，我不认为他们之间有极大的差异，他们都是同一类！

P. 克里希纳：对，但我看来——

克里希那穆提：他们处于同一空间（阶层），只是身在相对的角落。独裁者显然是残酷的，但另一位用自己的方式表现残酷！他们在同一领域中，因为两者都是局部的。

P. 克里希纳：但是很多局部的事件，对人们来说极具意义。

克里希那穆提：因为这些事是局部的。等等！你还不懂——

P. 克里希纳：例如政治事件。

克里希那穆提：我告诉你！因为人们看、尝、闻的每个东西都是局部的，所以当一个人片面地描述，人们会赋予巨大的意义，而且人们接受它！当希特勒谈到"伟大德国"时，谈到新德国和千年统治权，这非常了不起！这是局部的、爱国的、荒谬的，这就是他们倾听的原因，因为他们是从局部的角度思考，所以人们倾听。一个人走到某人的面前，说："什么垃圾！完全、完全地思考。"人们会说："你在说什么？"

P. 克里希纳：是的，当我们投票选出政府时，我们有两位政治家，他们显然都在时间和自我的领域工作；但其中一人比另一人优越，因为一人是独裁者，另一人是民主人士。

克里希那穆提：当然，当然！

P. 克里希纳：您不能说这不重要——

克里希那穆提：我知道，但他们仍然都在政治领域——

P. 克里希纳：对。

克里希那穆提：我反对这个政治领域！它是局部的，通过这部分，你永远无法为整体带来好处，这显而易见！

P. 克里希纳：你的意思是说，尚未消除自我的人即是邪恶的？

克里希那穆提：不是！

P. 克里希纳：即使他尽了最大的努力？

克里希那穆提：不对，他不是邪恶，是他内在有恶！

P. 克里希纳：对，我们内在有恶，但它无法自我表达。

克里希那穆提：够了，先生！（笑）

P. 克里希纳：有位特蕾莎修女（Mother Teresa）为所有穷人、堕落之人等服务，她倾其一生。

克里希那穆提：谁？

P. 克里希纳：特蕾莎修女。我看到她与希特勒这类杀人、试图消灭整个种族的人之间的区别，我无法把他们相提并论。对你来说，他们处于同一领域，但对我们来说，这有关生命。

克里希那穆提：我没有把他们相提并论。我要说的是，这是一个极大的领域，他们在同一领域活动，但相距甚远，两者在不同的角落，但都在同一领域。

P. 克里希纳：这个领域是我们的人生！

克里希那穆提：这就是我一直在强调的：摆脱它！

P. 克里希纳：那么，这引出下一个问题，即使众生也能离开这个领域——

克里希那穆提：啊！这是假设问题，我不回答！

P. 克里希纳：不！很明显这样一个个体无法帮助同一领域的众生，那么，离开的重要性是什么？您已经为自己做了这些事！

克里希那穆提：不！我们讨论的不是同一件事情。你没听到那人说："你是完整的，是整体的人类。"你，克里希纳，是人类的一分子，您是从心理上，而非观念上接受这种说法吗？然而事实上又是什么呢？

P. 克里希纳：从这角度来看，我们是一样的。

克里希那穆提：是的。

P. 克里希纳：一样。

克里希那穆提：对，一样，若是你能转变自身，不是从此到彼的转变，而是自我的终结，这种转变会影响到世界各处。我们之前说过，转变不是从此到彼的转变，而是——

P. 克里希纳：——自我的终结。

克里希那穆提：对，当自我终结时，你的意识发生了转化。克里希纳作为世界的一部分，会影响到世界的其他部分。

P. 克里希纳：但是，世界的其他部分就和河流一样顺流而下！佛陀来到世间后涅槃，基督降临后升天——

克里希那穆提：这与你无关！

戴维·伯姆：我们昨晚讨论过这点，我们提出的观点是："已转变之人与其他人的关系是什么？"换句话说，他正在做什么？这也许是他问题的意思。

P. 克里希纳：对，我认为这种人无法帮助他人；所以，他至少是解决了自身的问题。

克里希那穆提：等一下！你弄错了我的观点。你说的"帮助"是什么意思？是从领域的一角移动到另一角吗？

P. 克里希纳：或者移出去——

克里希那穆提：不对，不对，我问你，是哪个！

P. 克里希纳：在人们的彼此帮助下，从领域的一角移到另一角是可以完成的。

克里希那穆提：这毫无价值！

P. 克里希纳：我不会说这没有价值，但从离开这个领域的角度来看，它的确毫无价值。

克里希那穆提：这整个领域都毫无价值！

P. 克里希纳：我不同意这点。

克里希那穆提：等等！我还没说完——

P. 克里希纳：我认为现在没有奴隶制，没有民族能统治彼此，或者这种情况在减少，我认为这是对人类而言非常重要的事实，我不愿说这没有意义。

克里希那穆提：对，非常棒的看法；但是，这仍在同一领域！

P. 克里希纳：我同意，但是您说这毫无意义，这具有重要意义。

克里希那穆提：倘若你活在这个领域中，你所有的活动、想法、事物都在这领域里，那当然一个角落会比另一个角落好——

P. 克里希纳：明白了！

克里希那穆提：对吗？但是，仍然是在同样的领域中！

阿·彰德玛尔：踏出这领域的人，他已经影响了领域内的意识吗？

克里希那穆提：是的。

阿·彰德玛尔：是每个人的整体意识？

克里希那穆提：是的，我确定！

戴维·伯姆：是什么让您这么确定？

克里希那穆提：这的确如此！

戴维·伯姆：我的意思是，这可以是——

克里希那穆提：像希特勒这种人影响了整体——

戴维·伯姆：但是，他在领域内——

克里希那穆提：在领域内。

戴维·伯姆：但是，您怎么能清楚踏出领域之外的人，他影响

100

了整个领域呢?

克里希那穆提:嗯?

戴维·伯姆:您怎么能够对领域内的人解释清楚,他们正受到领域之外的人的影响?

克里希那穆提:我明白,毕竟他带来了新光芒、新感知、新事物。

P. 克里希纳:对,但人们把这些理解为领域中的旧传统。

克里希那穆提:等等,等等!我还没有说完,你抢我的话——

P. 克里希纳:对不起!

克里希那穆提:他带来了某些全新的事物,或许领域中有些人能够理解。

戴维·伯姆:对!我想还有另一个重点,您可能要表达的是在这个领域的某些人更有洞察力。

克里希那穆提:正是。

戴维·伯姆:在这个领域中,不是每个人都平等的吧?

克里希那穆提:当然不是!

戴维·伯姆:所以有些人比其他人更能理解——

克里希那穆提:对。

戴维·伯姆:因此,这位领域之外的人或许可能——

克里希那穆提:——为了一些领域内全新——

戴维·伯姆:去理解事物。

阿·彰德玛尔:两件事情,先生,踏出领域的人,他影响整个领域中的人类意识吗?

克里希那穆提:我说他影响!

阿·彰德玛尔：另外，与他建立关系、有一定的接受能力的人，他会影响他们更多吗？

克里希那穆提：当然。

阿·彰德玛尔：这是真的吗？

克里希那穆提：当然，他们可能活在这领域中，他们整个的生命活动就是为了离开——

阿·彰德玛尔：这是他们来到您身边的原因吗？

克里希那穆提：也许是。

P. 克里希纳：先生，我不确定，如果佛陀没有出世，当今世界是否会有不同，这我不确定。

克里希那穆提：我也怀疑！

P. 克里希纳：因此——

克里希那穆提：等等！你正在这个领域中说话。

阿·彰德玛尔：您为什么这么说？

P. 克里希纳：我在这领域中，我只能用此方式说话。

克里希那穆提：因此，你的陈述毫无价值。

阿·彰德玛尔：您为什么这么说？

克里希那穆提：只要你生活在这个领域里，站在这个领域中说话，谈论佛陀没有价值，你是在部分地看待此事。

P. 克里希纳：我不同意！我这样想，我不会认为佛陀毫无价值；尽管佛陀涅槃后，不在物质世界存在，但寺院出现了，对吧？

克里希那穆提：当然。

P. 克里希纳：然后，寺院扭曲了教义。这情形会发生在每一位踏出领域之人的身上。这很可能发生，因为人们会根据自己对世界的认知来理解教义。

克里希那穆提：先生，我们是在领域内讨论，生活于领域里，并试图把其他人带入这个领域吗？你跟上了吗？或者，我们正在讨论的是，看看我们生活在这领域中，也许某一角落比另一角落更好，但是，我们中一些认真的人想要离开这个领域！

阿·彰德玛尔：先生，我可以回到这个问题吗？踏出领域的人影响了整个人类意识，他会更多地影响那些接触他的人，以及更容易接受他的人。

克里希那穆提：当然，自然而然！

阿·彰德玛尔：先生，这意味着这些人对这种现象有一定的接受能力，或持有开放心态吧？

克里希那穆提：这很明显。

阿·彰德玛尔：是什么让一个人更积极地回应您？

克里希那穆提：我知道，可能是业力——别回到这个话题了！

阿·彰德玛尔：我想知道，我没有说"业力"。

克里希那穆提：这可能是纯属偶然！等等，可能是他们有地狱般的生活，他们感受到某种必要——你理解吗？

阿·彰德玛尔：悲伤——

克里希那穆提：他们的悲伤，或是他们看到了从未见过的美丽事物，他们内心注意到这种非凡的美感，他们赞叹："天哪！"就是这些因素。

阿·彰德玛尔：先生，根据您的描述，有不同程度接受能力的人，他们出于不同的原因来见您。就您希望人们所去做的，而且不是一般的期待，您对此如何回应？

克里希那穆提：我明白，继续。

阿·彰德玛尔：您要人们踏出领域，您对此怎么回应呢？我看到您做出的反应是和这些人交谈，描述他们身上发生的事，并以您所谈论的个人生活作为典范。

克里希那穆提：继续，继续。

阿·彰德玛尔：现在我想无礼地说这并没有成功！

克里希那穆提：我理解。

阿·彰德玛尔：这两件事：您与人们交谈，并在生活中引导他们，这两者都应该能改变人们，但却没发生。

克里希那穆提：继续——

阿·彰德玛尔：这可能有隐情吗？

克里希那穆提：等等，等等！用另一种方式观察它，也就是说，与人们见面交谈是发生在意识层面和更深的层次上，对吗？

阿·彰德玛尔：对，人们必须在两个层面上都有接受能力。

克里希那穆提：当然！当然！知识分子说"天哪，这非常合乎逻辑和情理"，我明白他的意思，他浪漫、感性、多愁善感，也以个人独特的方式回应。那么，你的问题是什么？

阿·彰德玛尔：我的问题是：您在领域之外，您是以何种方式影响领域内的人，他们对于您或这种现象有不同程度的接受能力，他们的障碍是什么？这显然不是您造成的。这个领域中，在阻止更深层次的觉知的障碍是什么？

克里希那穆提：看，这很简单。在领域之中的人（抱歉用这个词，这听起来更有优越感和轻蔑，但我不是这个意思）只想要奖励，他们用奖励的角度思考。他们一生都受到惩罚和奖励的训练，这时来了一个人说："不存在奖励和惩罚！"嗯，他们对此不习惯。

阿·彰德玛尔：不对，这个人也说悲伤会结束，这对人们来说是一种奖励。

克里希那穆提：当然！因为他们依据奖励来思考。

阿·彰德玛尔：是，就是这样。人们来您这儿，他们有所求，这是障碍吗？

克里希那穆提：也许是，这是障碍！

阿·彰德玛尔：看到这个问题，我想问是否可能有另外一种交流方式——我不知道这是什么，但它可以切断对方的障碍。

克里希那穆提：有，如果他愿意倾听的话！

阿·彰德玛尔：他愿意倾听。

克里希那穆提：嗯？

阿·彰德玛尔：他愿意倾听，但是他做不到！

克里希那穆提：所以，倾听正是智慧的觉醒，这种智慧可以与他人沟通，你明白我说什么吗？如果你真正从一切奖赏中解脱出来，这即是悲伤的终结……但这并非真的奖励，就是这样！

阿·彰德玛尔：对您而言，您说悲伤的终结并非奖赏，但对我们而言，当您这么说时，您正在给予我们承诺、奖励！

P.克里希纳：因为我们可能是从个人悲伤的终结来思考，这是奖赏，和他所指的悲伤不一样。

克里希那穆提：我知道！不仅有个人的悲伤，也有全球性的悲伤。

P.克里希纳：对，但是当我们在思考时，我们是从结束个人悲伤的角度来思考的，我想，我们大多数人都是如此！

阿·彰德玛尔：或者就实现解脱等来看，存在一个动机，我觉得这个动机就是障碍。现在，你在这人身上看到这种障碍，你看到这人不断回到您身边，所以他一定发生了什么事。

克里希那穆提：什么事？你知道他可能移动非常缓慢，譬如说，你无法立刻戒除某种习惯，你需要几天时间！

阿·彰德玛尔：但是您说可以马上戒除。

克里希那穆提：是可以的！但是他说"不，我已经习惯了。你究竟在说什么？你告诉我能多快戒除"，他仍然从时间和奖励的角度思考。

P.克里希纳：我能问您，您曾经在这领域之中吗？

克里希那穆提：我也想问这个问题！（笑声）

P.克里希纳：您看，我不确定我是否能离开这个领域，您说有可能。若是您没离开这个领域，说明您从没在领域中，如此一来，我不知道我是否能离开这个领域！

克里希那穆提：当然可以！

P.克里希纳：换句话说，我们在一开始所提到的恶性循环，问题是——如果有人陷入这种恶性循环中，他能打破它吗？

克里希那穆提：一个生来不在领域中的人，会比领域中的人更清晰。

P.克里希纳：的确是。

克里希那穆提：所以，他说："离开，这是离开的方法！"

P.克里希纳：但他没离开，他只是在领域外，所以这也许不可能。

克里希那穆提：不，你不懂我的观点。如果你从未在其中，你能一眼就能看到整件事，所以他说："看，这是做的方法。"

P.克里希纳：就像是告诉一只在地板上、被水包围着的蚂蚁，说上面没有屋顶，你可以离开周围的圈子！它不能。

克里希那穆提：哦，不对，不对！

P.克里希纳：蚂蚁只能看到二维，并感到与外界完全隔绝，所以它不可能做到！

克里希那穆提：那么，我们到底在谈论什么？你从一开始就问：只要自我存在就没有洞察力，只有当自我消失时洞察力才会出现？所以，我说，当时间不存在时，洞察力就会发生，时间是自我。我们还讨论了时间，你们说一切都还在时间领域之内，我说："看在老天爷的分儿上，停一下，倾听！"然后，你们说："因为我陷入其中，我无法倾听。"你被困住！这取决于你。

P.克里希纳：但是，您是说被困住的人可以离开吗？

克里希那穆提：我说过，显然！

P.克里希纳：您知道任何已经离开的人吗？

克里希那穆提：这与我无关。

阿·彰德玛尔：您非常关注人们的离开，不然您不会刻意讨论这个点。

克里希那穆提：当然！

阿·彰德玛尔：先生，您非常关心这个点，我再重复一次。正如我所看到的，您用两种方式表达关心：一是与人交谈，二是建立中心。这些地方——

克里希那穆提：更敏锐。

阿·彰德玛尔：对，更敏锐等，我不确定的另一种方式——影响人类意识。

克里希那穆提：别管它！

阿·彰德玛尔：第三种是关于您过的生活，这本身就是件了不起的事。

克里希那穆提：这无关紧要！

阿·彰德玛尔：但是，这有影响吗？您觉得有任何影响吗？

克里希那穆提：我不关心这个。

阿·彰德玛尔：您在意！

克里希那穆提：它就像流动的河水。如果你想喝河里的水，就去喝。

阿·彰德玛尔：但是，先生，您观察人们，您非常仔细地观察他们；您了解他们，您过的生活对此有任何影响吗？

克里希那穆提：我不会回答你的问题。

阿·彰德玛尔：这是一个合理的问题吗？

克里希那穆提：不合理。如果你问：这影响你了吗？这是一个合理的问题，我会就此进行讨论，而且不是一般的讨论——

阿·彰德玛尔：不，不，这是一个直接的问题。

P.克里希纳：显然我们受到影响，我的意思是我们都受益匪浅，但我们是在领域之中受益。

克里希那穆提：不对！

P.克里希纳：等一下，先生，让我说。我认为人类已经受益，但是，仍然在领域内！

克里希那穆提：我明白！

P.克里希纳：我们并没有从走出该领域的意义上受益——

克里希那穆提：这是我所关心的——

P.克里希纳：同时，我们在领域内获益匪浅。

克里希那穆提：等等！我说这根本毫无益处，就像是从这一角落走到另一角落，说："这太棒了！"

P.克里希纳：对，但这也有意义。

克里希那穆提：很有限的意义。

P.克里希纳：从您的角度来看，意义是很有限。

克里希那穆提：从逻辑上讲，这没什么重要的。

阿·彰德玛尔：我可以回到我的直接问题吗？

克里希那穆提：可以。

阿·彰德玛尔：我从小就聆听您，与您一起生活。

克里希那穆提：非常正确！

阿·彰德玛尔：我做过一切我知道不该做的事！从理智上和各方面来看，我都知道不该做。

克里希那穆提：那么，别做！

阿·彰德玛尔：但是，这种欲望一直在我内心增长！

克里希那穆提：那么，不要做！

阿·彰德玛尔：但是，事实这么发生了！

克里希那穆提：那就不要做！

P.克里希纳：当我们说我们不应该这样做时，这不是真的；也许，我们不是这个意思，我们只是口头上说一说。

阿·彰德玛尔：不，我就是这个意思。

P.克里希纳：如果你真的是这个意思，你就不会去做！

克里希那穆提：他说他就是这个意思。

阿·彰德玛尔：对，我就是这个意思。

克里希那穆提：他说："我吸烟，我没法戒烟！"我说："你究竟为什么不能戒烟？"你回答说："因为我没弄清楚。"——（笑声）

阿·彰德玛尔：所以问题是，我在最纯真、最有形成力的四十年里聆听了您的教诲。

克里希那穆提：从 6 岁开始——

阿·彰德玛尔：对，从 6 岁开始，现在我的大脑开始衰退。发生了什么，先生？

克里希那穆提：阿西特，观察它，你有一个好的头脑！你遗传到了非常好的头脑，并善用了它。你为什么不用大脑来观察呢？是什么阻碍了你？

阿·彰德玛尔：我不知道，这就是我的问题！我非常好奇！

克里希那穆提：别，别好奇！——（笑声）你会永远无法发现！如果你有颗好头脑，它为什么会衰退呢？我不是说你的头脑，而是——

阿·彰德玛尔：不，不，它是！我看到头脑，或被赋予这一切条件的人，仍然在朝着错误的方向前进，尽管他看到这是错的方向，为什么？

克里希那穆提：但仍然无法阻止它？

P.克里希纳：这不是自愿发生的事，不是出自个人意愿！

克里希那穆提：你想表达什么？

阿·彰德玛尔：这个头脑、心智或身体内有什么东西在让它朝这个方向前进，尽管它看到这并非正确的方向。

克里希那穆提：为什么它朝南去，而非朝北？

阿·彰德玛尔：从童年时期开始，头脑就知道这是正确的方向，为什么？

P.克里希纳：不，没有正确方向这种事！

克里希那穆提：嗯？

P.克里希纳：我质疑是否有正确方向这种事。

阿·彰德玛尔：但是，存在错误的方向！

克里希那穆提：不，不，看着，你没在听，你正用自己的想法思考！他说，自童年伊始，从6岁起，我就知道这是方向所在——北方，但如今我所做的正把自己带向南方。他不是在谈论方向，这是发生的事，为什么我不朝北走呢？这是他在表达的。那是什么在阻碍他？我可以给你一打理由，但都并非事实！事实是什么？这适用于每一个人！事实是什么？是不是我们天生就这么懒惰？我们已经习惯了这种嗜睡，你知道吗？

阿·彰德玛尔：离开的方式很简单，非常容易！

P.克里希纳：对，当我们在这个领域内，显然，我们确实懒惰！

克里希那穆提：这就意味着，我们寻求安逸！

阿·彰德玛尔：正是！

克里希那穆提：在心理上寻求安逸，并希望在随意的懒惰状态中保持安逸！

阿·彰德玛尔：为什么？

克里希那穆提：嗯？

阿·彰德玛尔：先生，为什么？这意味着这些年来，不管潜意识或无意识层面，都没产生沟通！

克里希那穆提：为什么？你自己回答。

P. 克里希纳：我想，由于不确定性，导致我们模仿。

阿·彰德玛尔：因为从 6 岁、8 岁、10 岁，一年一年到 19 岁、20 岁，我都没有反抗过，我知道！

克里希那穆提：我知道……这大概就是欧洲教育！

阿·彰德玛尔：但那是不是强大多了，比——

克里希那穆提：不，不！观察它！这更强大。西方文明比东方文明强大许多——他们的工业、舒适度、所有的钱——你懂吗？这比其他更具吸引力。我不是说你被困在里面，我们喜欢这种随意的安逸懒惰。

阿·彰德玛尔：这就是全部吗？

克里希那穆提：也许，也许！这可能是核心要素。你有一支蜡烛、火柴，但上帝要站起来去点燃火柴！——（笑声）

P. 克里希纳：但反过来看，这不正是因为缺乏洞察力吗？

克里希那穆提：不是！

P. 克里希纳：如果他把这看作是险境的话，那么他会具备这种能量，然而能量没有到来！如您所说，他没有去点燃蜡烛。他不愿这样做，但下一次他却愿意扭转地球！

克里希那穆提：不是！是因为站起来点燃蜡烛或许非常危险！

P. 克里希纳：或者，在他看来——

克里希那穆提：这有极大的危险，因为他可能会看到非常震惊的事，这事或许会吓到他，或许会摧毁他！

戴维·伯姆：什么样的事？

克里希那穆提：我不知道，对于他——

阿·彰德玛尔：继续——

克里希那穆提：比如说他个人的舒适、执着、抱负——

戴维·伯姆：在我看来，如果真有一种全面的洞察力，那么面对懒惰也有所洞察。

克里希那穆提：他还没获得这种洞察！他拥有的是对该领域的洞察力，知道一切正在腐朽！

戴维·伯姆：但是，除此之外，全面的洞察力需要什么？

克里希那穆提：就只有这样！不可能有全面的洞察力。

戴维·伯姆：即使是您讨论的那种随意的安逸吗？

阿·彰德玛尔：那么，除非心智真正敏锐，否则交流就没有突破的强度吗？

克里希那穆提：先生，我想，如果你们真想追求美丽的事物，就去追求它！没有什么能阻止你！如果你想要用极致的方式、用世界上所有美丽的事物布置房子，你们说，这会有任何阻挠吗？如果你们没钱，你会因此积极工作！

P.克里希纳：对，但是，我们知道这种积极性。

克里希那穆提：哈，你不知道！

P.克里希纳：我们知道这种积极性，在这领域中，我们会受到欲望驱使。

克里希那穆提：不对，不对，你们不知道！我正在谈论这领域之外的房子！当你们有这种美感，你们追求它！然而你们都已经得到，却说："哦！我的上帝，地狱！"——（笑声）

阿·彰德玛尔：为什么这么说？这没道理，真没道理。

克里希那穆提：当然，这毫无道理，但你们乐在其中！像政治家们说："非常对，非常正确，我明白这个；你完全对，但是——再见，再见！"因此，我们该怎么做？一个人对我说："走这条路，路上美极了，你会活得更快乐、开心。"你说："看在老天的分儿上，需要花费这么多的精力才能摆脱这一切；这将意味着走上完全不同的方向，我不知道愿不愿意，即使我这样做，又有什么意义？"若这不会影响大众，这又有什么意义，所以不会这样那样做！

P. 克里希纳：对，但是您知道，追逐财富可能不会带来快乐，但它能使您安心地追寻它！（笑声）

克里希那穆提：但是，如果你知道财富的价值，并正确使用它，这件事就结束了！正确使用财富需要花些力气，但是你不愿意花这种力气！

P. 克里希纳：但是我们不是自我的主人，我们任由它牵着走，我们是自我的奴隶！

克里希那穆提：因此，别再谈论如何摆脱它！

阿·彰德玛尔：因此，整个讨论所讲的就是把每样事物放在对的位置吗？

克里希那穆提：是的。

阿·彰德玛尔：把思想放在对的地方，金钱、食物、性——

克里希那穆提：一切！

阿·彰德玛尔：每样东西只在对的位置才有意义，当它不在其位时，你就被困住了！

克里希那穆提：你就失去力量。

P. 克里希纳：但是你无法定义什么是对的地方！

克里希那穆提：噢，你可以！

P. 克里希纳：您无法定义它！

克里希那穆提：你可以！

P. 克里希纳：因为它并非一成不变。

克里希那穆提：你可以！

P. 克里希纳：所有宗教过去都在尝试定义这个！

克里希那穆提：不，难道你没听到那人说了什么吗？如果我心理空无，那就是完美的秩序！

阿·彰德玛尔：把事物放在对的地方，能清楚地感知到它们。

克里希那穆提：清楚地观察事物！

阿·彰德玛尔：那就把它放在对的地方。

克里希那穆提：这很简单，这不需要洞察力吗？洞察力就源于此！

P. 克里希纳：清楚地感知事情需要洞察力！

克里希那穆提：听着！如果你把袜子、裤子和衬衫都放在一起，你需要花时间找出袜子；假设你把袜子、外套等放在对的地方，你就摆脱了麻烦，你直接找出它们，无须浪费能量。所以，如果你把所有东西排放整齐，你内在就能保存能量。

P. 克里希纳：正是，但我们不知道什么是对的位置。

克里希那穆提：别这样，你这人怎么了？

阿·彰德玛尔：一切事物都有脱离位置的倾向，只有持续清晰的觉知才能让它们保持在对的位置。

克里希那穆提：你无须经常这样做，一旦你把它们放在对的地方就结束了！

阿·彰德玛尔：我可以深入讨论吗？

克里希那穆提：可以，继续说。

阿·彰德玛尔：一旦你把它们放在对的地方，它们就会在那里，我不懂这点。

克里希那穆提：听着！从逻辑来看，如果你把袜子放在对的地方，你每次都会去那里拿袜子，对不对？

阿·彰德玛尔：对，但是这是你穿上它们，脱下后放回原来位置。

克里希那穆提：当然！从这点来看，不仅是你的身体，还包括手帕、领带、书、鞋子、食物等也都是，但是你们能把所有心理方面的事有条理地安排好吗？把它们放在对的位置吗？你们不能！因为它们极度杂乱无章！因此，只要内心不断累积事情，嗯？内心就纷扰不堪，对吧？

阿·彰德玛尔：对。

克里希那穆提：要逻辑思考——电子形式！（笑声）

阿·彰德玛尔：换句话说，一旦有执着，事情才不会在对的地方。

克里希那穆提：就是这样！

阿·彰德玛尔：直到停止执着的那一刻，事情就会永远自动地在对的地方！

克里希那穆提：对！

P. 克里希纳：这让我们回到原点！

克里希那穆提：不，不！

P. 克里希纳：是的，执着是自我，如果没有自我，就会有秩序。

克里希那穆提：不对，混乱是自我，它是时间。亲爱的伙伴，你到哪儿去了？先生，当有执着时，就会有恐惧、怀疑、焦虑——

P.克里希纳：高兴！

克里希那穆提：当然，当然，高兴！

P.克里希纳：您总是强调负面！（笑声）

克里希那穆提：我说过：舒适、高兴、害怕——

P.克里希纳：喜悦！

克里希那穆提：喜悦是不同的！舒适、快乐、一切；但是，只要有执着，就会失去自由。如果你想要陷入舒适、恐惧、偶尔的高兴和偶尔的开放感的网中，那就留在那里吧！

P.克里希纳：我们一首著名的印地语诗说："我知道这岸边有心爱的你、有酒，但我不知道对岸有什么！"这就是问题！（笑声）我们知道这些狭隘的快乐，但您说有更大的喜悦、快乐，而我们对此一无所知——

克里希那穆提：所以在我离开这个之前，把那个给我！（笑声）

阿·彰德玛尔：在我离开之前，这就是问题。

克里希那穆提：这是问题所在！

阿·彰德玛尔：不愿意只离开这个。

P.克里希纳：或者，至少让我们确定！

克里希那穆提：正是如此！正是如此！（笑声）这是为什么我说我们都受过奖惩训练。

阿·彰德玛尔：现在，为了清晰思考，人们是否必须具有基本的自律、素养以及身体能力。

克里希那穆提：但你们都具有这些！不用训练，你们本身就拥有！当你们说你们要把袜子放在对的地方，你们就做到了！

阿·彰德玛尔：您的意思是说人们有这些基本的自律？我是否可以讨论您熟知的观点？所有修行瑜伽的人所经历的，难道都是不必要的吗？

克里希那穆提：当然不必要！

阿·彰德玛尔：是因为绝大多数的普通人都拥有这能力？

克里希那穆提：当然！

阿·彰德玛尔：您是认真的？

克里希那穆提：我是认真的。如果我想早上起床，就像我现在做的那样，我想在五点四十五起床做瑜伽体式，我就会起床；如果我感到累，我会说好吧，今天早上我少做点练习。

阿·彰德玛尔：不，先生，不要拿您做榜样，举其他人为例。

克里希那穆提：其他人说："看在老天的分儿上，让我躺在床上！"

阿·彰德玛尔：对，这正是我要说的！

克里希那穆提：他们很懒。

阿·彰德玛尔：先生，您总是把纪律说成是压制等，但很明显这有纪律！

克里希那穆提：纪律就是规矩。

P.克里希纳：您说过我们受到奖惩训练，您认为这是训练问题，还是某种与生俱来的东西？

克里希那穆提：没有与生俱来之说。

P.克里希纳：从某种意义上说，您已经本能地拥有它。

克里希那穆提：对，是这样，通过传统也能拥有它。

P.克里希纳：这是传统还是本能？若是本能，你与生俱来，它是遗传的。

克里希那穆提：你可能与生俱来，因为这是数万年的传统。因此，它已成为你的一部分！

P. 克里希纳：对，孩子会表现出来。

克里希那穆提：嗯？

P. 克里希纳：孩子能表现。他明白奖励和惩罚。

克里希那穆提：当然，整件事就是这样。

戴维·伯姆：甚至动物也明白这一点——

P. 克里希纳：因此这是本能。

戴维·伯姆：您看，我不会这样说，我会说动物可以自发、本能地享受快乐，但是人类会制造特定的愉快和不愉快，并利用这一点。

克里希那穆提：给伯姆奖励！（笑声）

戴维·伯姆：给这人一只鸽子或者什么动物，他会通过反复的奖惩来调节动物，以特定的方式运作，并强化行为——

克里希那穆提：我看过狼和老虎的照片，当它们需要食物时，它们才会打猎和杀戮；否则不会——

P. 克里希纳：当然，这显而易见。我的想法是，这是不是与训练或环境有关，您认为是否能用截然不同的方式抚养一个孩子长大，让他不会身陷在赏罚中？

克里希那穆提：也许能！

戴维·伯姆：也许不能。

P. 克里希纳：我也怀疑。

戴维·伯姆：若父母不这样想，那孩子也就不会这么想。

P. 克里希纳：不，不，我不是在虚构事情；但是，我认为这不仅是训练问题。我怀疑你们在这一生中已受到奖惩的训练，所以我们陷入其中。

戴维·伯姆：奖励通常是非常微妙的，轻轻一瞥可能是奖励或惩罚。

P. 克里希纳：天哪！事实上，没有人能够做到！

克里希那穆提：听着！我劝你们一件事，好吗？他每隔一天就执行一次，他有强烈的感受，但你会听吗？他只想说："请看在老天的分儿上，一定要倾听。"但是你们说："抱歉，我有妻子、工作、家人，我倾听是因为这观念理论上听起来不错。"你们明白吗？

P. 克里希纳：明白，但他本身有能力在当下倾听吗？

克里希那穆提：当然，当你处于危机时，你会倾听。

P. 克里希纳：是的，但是人由于自身的执着，而无法看到这危机——

克里希那穆提：是的，你说得对。当你的亲近之人去世时，你异常清晰地倾听，你感到如此震惊，而处于能量集中的状态。

P. 克里希纳：是的，因为这影响到了所在的领域。

克里希那穆提：不！它在挑战你去质疑整个领域！它挑战你去说："看在上天的分儿上，这是什么？为什么我要经历这些？为什么每个人都要经历这些？"但你说你需要舒适，舒适一定在某个地方，所以你放弃了，你说："不，先生，我们已经历足够多的挑战，一直在经历。"我现在正在挑战你，但你根本无法听到！

P. 克里希纳：如果这是自发的，我会倾听！（笑声）

克里希那穆提：不，没有这种东西——

P. 克里希纳：正如阿西特所说，他无法做他认为应该做的事，因为他觉得自己的生命是被引导的；同样，我愿意倾听，却无法倾听——

克里希那穆提：那就不要听！

P. 克里希纳：是的，不管怎样，那是我们大多数情况下在做的事，我们只听些字面意思。

克里希那穆提：那就别听！别为此烦忧，继续下去，你生活在一个没有任何好事会绽放的领域之中，带着这种知道继续下去。

P. 克里希纳：先生，这是如此激烈的声明。

戴维·伯姆：那太糟糕了！

P. 克里希纳：先生，我会说我们生命中有许多美好的事物，我们并不像您这样如此黑暗地看待生活。您阅读报纸，他们只报道黑暗的事务，但是有很多——

阿·彰德玛尔：先生，您做了一个非常有趣的声明，"继续，在知道没有好事会发生的情况下"。我想，当您看到这一点时，这种继续会变得非常困难。

克里希那穆提：就是这样！但他不会听这些，他已经在争论，领域之内存在些好事，甘地做过些好事，甘地夫人也做过些好事，希特勒做的都是坏事，等等，他没有听在说的是什么。

戴维·伯姆：无法倾听难道不是因为部分人们立刻开始讨论它或思考它，不论它是何种形式，又或者我这也不能做，那也不能做？

克里希那穆提：先生，我认为极大可能是因为我们从来没被爱过或爱过他人。阿西特，如果我来到你身边，并说："我亲爱的兄弟，我真的爱你！"嗯？你不会听进去，这毫无意义！没有人发自内心地告诉你这一点，包括你的父母、妻子、朋友等！如果他们有，也许你会聆听。

P. 克里希纳：不，我们明白您出于爱而和我们谈话，不是——

克里希那穆提：不，我说过（笑声）我告诉过你——

P. 克里希纳：如果您不在意，那为什么要和我谈话？

克里希那穆提：不，我亲爱的伙伴，我对你说过，没人从内心深处告诉过你他们爱你，没有人。

P. 克里希纳：他们不会说这么多话，但像您这样和我们谈话时，我们感受到了爱。

克里希那穆提：你没有听我在说什么！认真听，克里希纳！看在上帝的分儿上，忘记你的争论吧。没人和你说那些，因此，那可能是真正摧毁人类的因素，你就是人类。他们不会倾听，他们说："是的，那个人爱我，我好奇为什么，他想从中获得什么。"有一天一个男人来找我说："你做得挺好，不是吗？"

P. 克里希纳：嗯，那是——

克里希那穆提：不要漠视他！他看到演讲的帐篷和这一切，说："非常好！"（笑声）

P. 克里希纳：难道父母不爱他们的孩子吗？父母关心他们的孩子！

克里希那穆提：见鬼！别告诉我父母关心孩子！如果父母爱他们，他们会做点别的事。他们不会希望孩子变成庸俗的小人物！

P. 克里希纳：这取决于父母允许或不允许吗？

克里希那穆提：你看，你再次避开！你连五秒钟都无法倾听：

这是为何我觉得在我们的生命中，没人告诉过我们"天哪，我爱你！"。当有人这么说时，你要倾听，不要讨论，不要反复琢磨，你说："天哪，是这样吗？多么美妙！"

戴维·伯姆：我认为每个人变得非常地怀疑，一个人不能——

克里希那穆提：当然，当然，绝对地怀疑！因为他们就是那样被欺骗的。

戴维·伯姆：是的，这发生了很多次，人们——（笑）

克里希那穆提：有位印度农民极度贫穷，他被深深地剥削。任何人过来说"我爱你，我会帮你的"，他都说"感谢神！"（笑）——他知道这是游戏！

阿·彰德玛尔：先生，您必须去散步了。

克里希那穆提：是的，先生，这足够了吗？我想，我们已经抵达某处。现在几点了？

阿·彰德玛尔：接近五点。

P.克里希纳：我们抵达了某处，但仍在领域内！

克里希那穆提：我们这两个小时都在讨论这个？

戴维·伯姆：是的。

克里希那穆提：够了。

P.克里希纳：谢谢您！

无法理解另一人想法的人，同样，也无法理解他的私人信件。

——吉杜·克里希那穆提

第四章

克里希那穆提的生活逸事

　　本章描述克里希那穆提生平几个有趣的情节，这些情节揭示了他的性格或某些特殊力量，或两者兼而有之。这些是在不同时间由可靠的人告诉我的。

　　1980—1981 年间，在暌违了近四十八年后，克里希那吉再次踏入阿迪亚尔通神学会的校园。他与拉塔沿着阿迪亚尔河走向海边。他们路过缅怀花园，许多通神学会领袖的骨灰埋葬于此。

　　在花园入口，克里希那吉停了下来，说："这里有些变化。"

　　拉塔说："没有啊，我常到这里，没有什么改变。"他说："你去查查，肯定做了些变动。"拉塔去见通神学会的主席约翰·科茨先生，传达了克里希那吉的话。科茨先生回答："有位从欧洲来的建筑师告诉我，说他可以改善花园的环境，我同意了。当他移动花园里的某根柱子时，发现柱子里有一个盒子，盒子里有些珠宝。建筑师不清楚为什么会有盒子在那里，于是他把盒子交给了我。从那之后，我就一直保留这个盒子。"隔天，拉塔告诉克里希那吉这件事，克里希那吉说："这就对了！为了保护通神学会，我和母亲（指安妮·贝赞特）磁化了这些珠宝，放在柱子里，他们不应该移动这些珠宝。"拉塔说："我可以把它们还给您，您再重新磁化它们，然后我们放回原处。""不，它们现在已经没用了。你带一套新的珠宝，我把它们磁化，你把它们放在通神学会的其他地方，它们将会保护学会。"拉塔遵照嘱咐，完成了此事。

＊　　＊　　＊

瑞希山谷学校的校长那拉扬告诉过我，有次克里希那吉到他们的校园，四处转悠后，来到他的办公室，说："那拉扬，我没从这座山得到正确的感应。告诉我，瑞希山谷出了什么问题？"那拉扬说："老师们分成两派，相互争斗。"克里希那吉说："就是这样！"

＊　　＊　　＊

从 1940 年起，阿楚约特·帕瓦尔当就是克里希那吉的挚友。他告诉我，1948 年，他与克里希那吉两人住在喜马拉雅山上的小屋。有天，克里希那吉坐得笔直，对他说："阿楚约特，你过去、现在和未来的整个人生就像一本打开的书一样，摊在我的面前！告诉我，你 22 岁时怎么会碰巧杀了人？"阿楚约特吓了一跳，说："对的，先生，确凿无疑。当时我正在开车，突然有个农民出现在车前，我来不及刹车，撞上了他。我们把他送到医院，但回天乏术。但没人知道这件事，您是怎么知道的？"克里希那吉微笑着回答："这一切都记录在某处。"阿楚约特告诉我，经典提到的"宇宙记忆"，觉醒的意识可以进入，或许克里希那吉是从那里取得的。

* * *

拉塔告诉我，在瑞士萨嫩（Saanen）时，有一天，克里希那吉和她坐在一起，他问拉塔："昨天你开车时，跟你一起的女士是谁？"拉塔回答："她是神智学的资深学者，您不认识她。"隔天克里希那吉见到她，说："这位女士住在伦敦的某个广场，她住四楼是吗？"拉塔说："对，您怎么知道？""我从你的脑中看到的。""但是我现在没想着她。""没关系，亲爱的，这一切都在你的小脑袋里！"很显然，他是从她的记忆中获知！

* * *

有天，克里希那吉从外面长途旅行回来，他正与拉塔一起时，有一通电话找他，询问他当晚能否见一些人，他同意了。拉塔问他："您不累吗？改天再去会不会更好？"克里希那吉看着她，说："我的身体对我并无需求，它不会反对我想做的事！"然后他就去见这些人了。

* * *

有一次，克里希那吉搭坐拉塔的车，他突然转身问她："你相信上师吗，拉塔？"她回答："相信。""不，不是这样！你知道这对妈妈（安妮·贝赞特）的意义吗？她会为此付出生命！你现在知道这件事之后，告诉我，你相信上师吗？"拉塔吉强调："相信。"克里希那吉握住她的手，说："很好！"显然，他只反对便利式的信仰，这从他某次的回答可知。在1926年时，有人问他："先生，轮回是真的吗？"克里希那吉回答："对我来说，轮回是事实，因为我记得某些事，但我不希望你相信它！"

*　*　*

优帕萨尼是瓦拉纳西拉吉嘉特农业学校的校长。他从 1950 年认识克里希那吉，直到克里希那吉离世，两人一直都是挚友。我在 1986 年加入拉吉嘉特教育中心时，他是秘书。他告诉我一个故事：

克里希那吉在拉吉嘉特的时候，有天晚上，我和他在农业学校附近的中心散步。当我们经过一片芒果林时，我告诉他，这片树林是我种的，这些嫁接的树木早期是有结果的，但近六七年间都没有，这实在不合常理，非常困扰我。我甚至考虑过砍掉这些树，让土地做其他更好的用途。听我说完，克里希那吉走进林子，摸了摸每棵树，对它们说："听着，亲爱的芒果树，你们最好在本季开始结果，否则他会砍掉你们！"克里希那吉告诉我别砍这些树，它们会结芒果。在 11 月下旬和隔年 2 月，那些芒果树开始开花，而且是盛开。自从那时候起，它们每年都产芒果。

*　*　*

另一次，同样是在这一区散步。克里希那吉停下，指着某个地方，对优帕萨尼说："佛陀曾坐在这里。"优帕萨尼在这处建造了一个小小的雕像，纪念这件事。众所周知，佛陀曾从喀西（Kashi，瓦拉纳西的旧城区）走到鹿野苑初转法轮。然而克里希那吉如何知道佛陀曾坐在这里，这是一个谜。

*　*　*

阿楚约特·帕尔瓦当告诉我，甘地的追随者们曾呼吁政府，开放所有的寺庙让贱民进入参拜。他们认为呼吁上应该要有克里希那吉的签名，作为支持。他们请阿楚约特联系他，希望拿到他的签名。克里希那吉读了呼吁后，把它还给了阿楚约特，说："何必麻烦呢，反正没有上帝！"

＊　　＊　　＊

有天，我与克里希那吉正坐在他位于拉吉嘉特的家中。有位老先生顺道过来拜访他。克里希那吉对我说："你能在这里等一等吗？我得见见这位先生，他来看我了。"十分钟后，这位老先生离开了，克里希那吉气冲冲地从他房间里走了出来，说："为什么这些人来找我？"我问他："发生了什么事？"他回答："你知道那个人告诉了我什么？他说他从未在白天碰他的妻子！"

后来我才知道这位老先生是有名的甘地追随者，名叫卡卡·卡莱尔卡。

＊　　＊　　＊

有天，在拉吉嘉特，克里希那吉对我说："你知道吗，世上所有的悲伤都是因为我们从没有发自内心地爱过！"另一次，他问我："为什么这个国家没有人愿意奉献生命，去找出佛陀究竟想表达什么？有许多伟大的圣人指出了真理，这些真理西方国家从不知道，尽管如此，这里有人真的想追寻吗？"

＊　　＊　　＊

1977年，我去布洛克伍德学校见克里希那吉。他对我说："前几天，有位男士来到这儿，看了看学校和我演讲的帐篷，等等；然后，这位男士走过来对我说：'这儿正在举办有意义的活动，是吗？'"这人对克里希那吉说话的态度，让我有点反感，我对克里希那吉说："哦，总是有这样的人，谁在乎呢？"他握住我的手，说："不要漠视他！在指出这并非事实之前，我用了整整一个星期审视自己。"我告诉自己："如果克里希那吉在否定某个批评是事实之前，都需要花一

129

个星期审视自己，那我必须要一整年才够！"

＊　　＊　　＊

瑞士退休商人弗里德里希·克罗赫（Friedrich Grohe）在他生命的最后几年，成为克里希那吉的好友。他和妻子在加利福尼亚州的欧亥买了栋房子，克里希那吉在美国时都住这里。他告诉克里希那吉："我花了很多钱买下这栋漂亮的房子，但是我和妻子在这房子里无法睡着。"克里希那吉说："你带我去这栋房子，我会处理好它，让你能够睡觉。"

弗里德里希带他去了这栋房子。克里希那吉到每一个房间，对房间做了点事。第二天当他见到弗里德里希，问："你能睡着吗？"

弗里德里希回答："能了，我好奇是不是只是这里面（指向他的头）的问题。"克里希那吉说："我也好奇！"

＊　　＊　　＊

罗希特·梅塔（Rohit Mehta）是一位资深的神智学学者，曾任瓦拉纳西通神学会印度部门的秘书，住在校园里。他告诉我，当克里希那吉到瓦拉纳西时，他们经常进行深度对话。有一年，他病得很重，他的身体完全瘫痪，无法起床，许多医生说他们已无能为力，他必须以这种状况度过余生。当克里希那吉看到他的样子，说："有人说我的手指有些疗愈力量，有时有效，你想试试吗？"罗希特高兴地同意。克里希那吉请他转身，碰触他背上的某一点。十分钟后，罗希特就能够站起来，在房间里到处走动！

＊　　＊　　＊

1971年，英国皮特·詹金斯（Peter Jenkins）有位3岁的女儿得了白血病，许多医生说这种癌症无法治疗。他听说克里希那吉有疗

130

愈的力量，因此，他写信到布洛克伍德，询问是否能带她来见克里希那吉。玛丽·辛巴李斯特回复他，告知克里希那吉不在，但是他会一个月内过来，她会转达他的要求。克里希那吉去到那儿，听说了此事，说他愿意试试。皮特带他的女儿去布洛克伍德见他。克里希那吉给她做了一些"手法"之后，说："现在带她去做检查，通知我结果。"医生们检查完她的血液，惊讶地发现她已经没有白血病，他们说这是奇迹。

＊　　＊　　＊

20世纪60年代，维玛拉·塔卡尔与克里希那吉关系密切。她有一耳膜穿孔，医生用了人造膜封闭缝隙，但她那只耳朵仍听不到。当克里希那吉了解这件事后，提出他想尝试治愈她的耳朵。他每隔一段时间为她做些手法，她的听力逐渐恢复。她在她的书《永恒的航行中》中详细描述了这件事，克里希那吉非常难过，因为他曾告诉她别把这件事告诉人。他习惯对他治愈的每个人说他不想让大家知道他能医治。我会在后面的章节中，附上维玛拉描述她与克里希那吉交往的采访。

＊　　＊　　＊

1985年的某天，克里希那吉问我："你总是戴着眼镜吗？"我说："不是，我从45岁开始视力变得模糊，医生说我需要戴眼镜，我才开始戴它的。"他说："你们这些人非常乐意地接受一切。我做眼球运动，从不需要戴眼镜。我教你，你就可以不用眼镜。"他90岁了，从来不为了看远距离的东西，或是阅读而戴上眼镜！可惜的是，在他离开瓦拉纳西之前，我没能向他学如何做眼球运动，他隔年就离开了人世。

同年的某天，他花了点时间见了我的每个女儿。他对我的老大说："不要太早结婚，晚点再结。"我们都不明白他为什么这么说，后来证明她爱上的男孩六个月后病逝。老二最近结了婚，才刚刚怀孕。那天早上医疗报告才刚出来，确定怀孕，只有我们家人知道这个消息。克里希那吉见了她十分钟之后，当她离开时，对她说："明年与你和你的宝宝相见！"在没人告诉他这个消息的情况下，他知道她的身体内孕育着一个新的生命。

1986年1月，在金奈的基金会会议上，有人他问："当您踏出通神学会的时候……"克里希那吉突然打断他，说："等一下，让我澄清，我从没踏出通神学会，是他们不想我留在那里。"

1986年1月，在另一次的基金会议上，他正在和信托人谈论"创造"时，他闭上眼睛，进入深层的内在，说："这一切都起源于最精微的点。我们所看到周围的一切，皆源于此。"身为科学家，我想起科学家们主张的宇宙起源。宇宙从微点开始，这个微点称为"单点"，在宇宙大爆炸后扩张，才有我们现在的宇宙。对我来说，克里希那吉似乎真能看到宇宙的起源，并描述它。他拥有赖德拜特先生和贝赞特夫人所有的神通，甚至更多，但他并没把这些神通看得很重要。对他来说，摆脱自我的自由，远比培养力量更为重要，因为自我会滥用这些力量，当然包括神通在内。

1985年11月，他最后一次访问拉吉嘉特。在这次停留期间，拉塔·布尼尔邀请他到瓦拉纳西的通神学会演讲，我也参加了这次讲座。演讲完之后，有位男人说："先生，性是穷凶极恶的恶。"他回答："你为什么这么说？这难道不是自然的事吗？若是你想与某人睡，那就去做；若不想，就别做。为什么要对性大肆渲染呢？"

* * *

有一次，拉吉嘉特的一位学生连续几天不肯洗澡，老师们不知道该拿他怎么办。他们认为强迫这位学生做他不愿做的事，违反了学校的教学目标。老师们拿这问题询问克里希那吉，他说："抓住他，给他洗澡，这对他好，是吧？"大家继续讨论是否要反复灌输孩子们正确的生活习惯观念，克里希那吉说："当然，这不用说，我们该注重结果！"这件事教会我，人们不应该根据克里希那吉的教导，制定该做和不该做的道德规范，而是尽可能地实践他的教导。他要求我们用智慧去实践，而不是依据教导的结论和公式。

* * *

在我看来，克里希那吉只重视自由，其他一切丝毫不重要。有天我去找他，问他："当印度从英国独立之后，没有人获得自由。按照您的说法，印度独立难道毫无意义？"他考虑了一会儿，回答："我不会这样说的。"这件事告诉我，我们阅读他的教导之后所得的结论，必须抱持着怀疑。我们得出的结论与他的意思可能有差别，我们需要审视，发现真相，而不是同意我们自己对他教导的理解。

* * *

由于皮革生产过程非常残酷，涉及动物虐待，我发誓终生不再使用皮革制品。当我看到克里希那吉穿着皮制拖鞋，就问他："您的拖鞋是用死去动物的皮做的吗？"他说："我想是的，但我还真不知道，我没检查过。"我想起在另一场合，他向我们解释我们是无法彻底的干净。他说："若是你买一张邮票，因为钱流向政府，你就是支持战争！"他再一次强调要使用智慧，而非制定严格的规矩去遵守。

＊　　＊　　＊

1985年，我感到与他很熟识之后，问他："如果您没有过性行为，您难道不会觉得您错过生命的某种美好吗？"他回答："握住你的手，我也会得到同样的喜悦，就像你的性爱经验一样！"从此之后，我就再也无法相信他，但他确实是这样说的。我的确注意到他非常敏感，若是厨房的盘子掉在地上，他会立刻从椅子上跳起来。他在演讲中处于高度敏锐的状态，所有感知都全力运转。当有人陪他散步，他不喜欢说话，他用一颗寂静的心，敏锐地观察周遭一切事物。

＊　　＊　　＊

拉维·拉温德拉被要求写百科全书，内容是关于克里希那穆提。他写了一段话之后，去找克里希那吉，把写的读给他听，问他是否同意。克里希那吉对他说："你不需要读给我听。若你是发自内心写的，无论你写什么，我都同意！"

＊　　＊　　＊

我在一次谈话结束时，问克里希那吉："难道您不认为这所有的对话都倾向于智力活动？"他回答："即便是智力，这还不是一流的智力！"这件事告诉我他并不反对智力和知识，他反对的是平庸。他要求一切都是最优秀的，包括身体、心、思维、智力、情感或知觉。

＊　　＊　　＊

某天，克里希那吉和我在拉吉嘉特，有一群资深同事过来和他

134

讨论学校发生的事。他带他们去他的房间，让我等着。当他讨论完后回来，我问他怎么回事，他说："有位老师爱上了学生，他们想和我讨论这件事，这些人就只在意这点小事！"我问："这是什么意思？"他回答："这可不是巴黎之恋！"这件事告诉我，他不在乎是否有师生恋，而是这件事背后有很深的恐惧和胆怯。

*   *   *

1981年，在拉吉嘉特，有人问他他的教导为何如此难懂，他回答："这些教导不在书中。你不是要理解教导，而是要了解你自己。教导只是手段，用来解释认识自我的必要。演讲者所说的话是一面镜子，用来观察你自己。当你能够非常仔细地观察自己时，镜子就不再重要，可以扔掉！"

*   *   *

有一次，克里希那吉被要求用一句话总结他的整个教导，他说："毫不费力地尝试，在永恒的寂静中，与死亡共存。"

*   *   *

某天，我问克里希那穆提："我读过您的传记，您年轻时很害羞，您是怎么克服的？"他回答："我还没克服，我还是很害羞！"对我来说，这句话指的是他不与自己搏斗，他只是意识到自己的真实本性，并接受它。当他站在阳台，我们恰好经过这个区域时，他会躲起来，不想让人看见。他开始演讲之前，他的害羞一定会说："别去，有太多陌生人在看你。"但他能主宰这个声音而不屈服。我从这事得出结论：要摆脱局限，并不是要消除局限，而是能不费力地克服内在反应，不关注自我。另一次，有人邀请他观看拉吉嘉特学校的戏剧表演，克里希那吉告诉我："他们邀请我看他们今晚的戏，你知道我非常厌恶这些，但我还是会去！"对我来说，这是指他内心毫无抵制地去做对的事，个人喜恶不重要。

＊　　＊　　＊

有一次，拉塔告诉克里希那吉，政府想要收购一些通神学会的土地，她感到无助。克里希那吉说："我会运用我的大智慧！"你我都知道这句话的意思，问题很快就解决了！

＊　　＊　　＊

在欧亥，玛丽·辛巴李斯特告诉过我一件克里希那吉的逸事。1984年，克里希那吉突然问她："玛丽，你会是我弟弟的化身吗？"玛丽回答："不是，他是1925年去世的，那时我已经出生了。"

他回答："我知道了，你已经出生，这就不可能。"在另一次的谈话中，有人引述克里希那吉的话："转世是事实，但不是真理。"我认为他说的意思是持有转世和虚幻并非事实的观念的人，他们是无知的。那拉扬告诉我克里希那吉曾对他说："尼亚的人生使命尚未完成，他原本应该是我教导的宣传总设计师，他将会再转世。"

＊　　＊　　＊

他在欧亥，临终前对我说："有些事我不被允许说！"我想知道是谁不允许他说，是上师们，还是他年轻时所发的誓愿。他总是有这种神秘性，没有人知道这种克里希那穆提现象究竟是什么。

＊　　＊　　＊

某天在拉吉嘉特，我问他："难道您不认为我们学校只教育富人的孩子吗？"他说："别这样划分。富人受限，他们需要摆脱受到的制约；穷人同样受限，他们也需要摆脱他们受到的制约。"对他来说，比起经济不平等，他更关心要如何从制约中解脱。

136

＊　　＊　　＊

　　有次在瓦拉纳西，贝拿勒斯印度大学的副校长与他共进午餐。在他离开之后，克里希那吉评论："你的副校长从没正眼看过他的妻子，也没微笑！"他注意到这类的事，他不重视人的学术专长或才华。

　　＊　　＊　　＊

　　有天在金奈的春舍，克里希那吉去他楼上的卧室，把一群朋友留在楼下。过了一会儿，他下楼，说："你们都在谈论我，这打扰我的睡眠！"他的房间很远，听不到说话声。这很显然，他被某种感应到的振动打扰。同样的情况，当他在欧亥的松舍的房间里休息时，有些人在那里的胡椒树下打坐，他也同样受到类似的振动的干扰，最后，不得不要求他们离开。他的感知比我所有认识的人还更加敏锐。

　　＊　　＊　　＊

　　当阿阇梨·拉杰尼希（Acharya Rajneesh）在美国遭移民局逮捕后，他在电视上辱骂他的秘书，认为是他的秘书欺骗了他。隔天，我告诉克里希那吉这件事，问他是否认识拉杰尼希，他说："我认识，他以前有时来听我的演讲。"我告诉他电视上的这个悲伤消息，在我把电视报道的内容重复说给他听之前，他阻止我，说："不要说那些话！那些话会吸引恶，只说他是可怜的家伙就够了，事情过了就算。"这是他的清净层次。

　　＊　　＊　　＊

　　有天，克里希那吉和我与拉吉嘉特的一些学者对谈之后，他邀请我们共进午餐。我们前往餐厅，克里希那吉和我最后进去。我说：

"您先走。"他回答:"不,你先走。"礼让了几次,他最后笑着说:"你知道我不能这样做,你为什么不先进去呢!"因此我就先进去了。我听说他搭机的时候,他总是最后一位登机,所以他们常常派人先进入机舱,然后在旁边预留座位。当克里希那吉进入时,那人向他招手,告诉他座位的位置!

*　　*　　*

吉泽尔·巴莱(Gisele Balleys)多次在瑞士萨嫩组织聚会。有次她对我说,她非常渴望在瑞士创办克里希那穆提学校。之后,她与克罗赫先生谈到这件事,要是克里希那吉同意建学校,他愿意资助。他们两位到布洛克伍德询问克里希那吉。吉泽尔询问克里希那吉的意愿后,他指着克罗赫,说:"他就是钱。如果他不在,你会创办学校吗?"吉泽尔犹豫了,她认为若是没有钱,她就无法创办。过了一会儿,克里希那吉说:"如果不能,就不要创建学校!"

*　　*　　*

在另一场合中,有个人问克里希那穆提:"我满腔热忱地想要按照您的理念,创办教育。告诉我把钱捐给克里希那穆提学校的最好方法。"克里希那吉回答:"不用捐款,你最终将会是捐款款项的负责人!"

*　　*　　*

1986年,在印多尔的巴尔加瓦先生(Mr. K. L. Bhargava)去见克里希那吉,说他想要捐赠一块土地给基金会,用来开办学校,那块土地位在中央邦(Madhya Pradesh)的马赫斯赫瓦尔(Maheshwar)附近。克里希那吉那时是基金会的主席,问他:"你认为它们(基金会)该得到这块土地吗?"他从不认为基金会是他个人的!

138

＊　　　＊　　　＊

1958—1959 年间，我 20 岁，还是德里大学的学生，就读物理学硕士。1958 年 1 月，我在希瓦·饶的家第一次见到克里希那吉。有天，他和我交谈了一会儿之后，他大喊："希瓦·饶，老泰米尔人正坐在这里！"虽然我在那里出生，我的父母都是泰米尔人，但是我从来没住过泰米尔纳德邦（Tamil Nadu），我是在印度中北部的印多尔市长大。

＊　　　＊　　　＊

作为科学家，我对神通抱持着怀疑。我问希瓦·饶先生，他是否有赖德拜特先生神通的直接证据，他说有。在 1912 年的某天，他和赖德拜特在一起。赖德拜特突然说："希瓦·饶，我看见正发生着一件可怕的事，一艘大船正在下沉，人们慌张地逃走，但没人能救得了他们。"他闭着眼睛，躺在沙发上，详细地对我描述整件事。隔天早上的报纸报道了"泰坦尼克号"沉没的新闻！很显然，赖德拜特看到的一切，都是发生在千里之外的地方。他在 1909 年挑选了克里希那穆提，这也是他有神通的证明。

＊　　　＊　　　＊

我的同事拉杰什·达拉尔（Rajesh Dalal）告诉克里希那吉："我觉得我需要远离你，才能接近真理。"克里希那吉回答："对，要是你远离了我，但仍然无法接近真理呢？"

＊　　　＊　　　＊

1986 年 10 月，在克里希那吉最后一次离开印度之前，普普尔问他是否将会返回印度，他说："我看见我离开这里后，在一个房间里住了很长时间。要是我能从房门出去，我将会回来！"

139

＊　　＊　　＊

马克·李（Mark Lee）告诉我坦普尔顿先生（Mr. Templeton）为整合科学、宗教和哲学的人士，设立了坦普尔顿奖（Templeton Prize）。20世纪70年代，这个奖的价值接近诺贝尔奖，他想颁奖给克里希那吉，但是遭到拒绝。克里希那吉说宗教人士不接受奖项。厄纳·莉莉费尔特请他重新考虑，玛丽·辛巴李斯特在她的日记中记载了这件事：

"下午，克里希那吉告诉戴维·伯姆和我关于厄纳的建议，厄纳请求克里希那吉重新考虑领取坦普尔顿奖一事。克里希那吉在思考之后，仍然觉得他因为教导而接受奖项是错误的。"我认为他不想接受这个奖项的原因，是他不认为人们应为他所做的事付钱。

1980年，英迪拉·甘地（Indira Gandhi）想提名他诺贝尔和平奖。普普尔问他是否愿意，克里希那吉说："佛陀会为他做的事接受奖项吗？"

＊　　＊　　＊

1968年左右，由拉嘉戈帕尔领导的克里希那穆提作品组织（KWInc, Krishnamurti Writings Incorporated）的一些受托人，到瑞士萨嫩探望克里希那吉，讨论是否有可能结束他与拉嘉戈帕尔之间的不和。在讨论过程中，有人想要责怪拉嘉戈帕尔，克里希那吉阻止他，说：等一下，我不会让人在拉嘉戈帕尔的背后说他的坏话，他有权利做自己。我和他之间的问题不是私事，如果是的话，我会私下处理，不会请你们帮忙。真正的问题是：因为世界导师的贡献，人们大量捐款给他，但拉嘉戈帕尔把捐款用于其他目的。我们现在再次呼吁这些捐助者给予更多的捐款，他们问了："我们之前的捐款

140

呢？"我们必须向他们解释。若是你们认为自己身为受托人而有责任的话，请和拉嘉戈帕尔谈谈，找出解释的方式；不幸的是，我和他的关系已经非常糟糕，他每次都会发脾气，对我吼叫，我跟他说话，都无法超过五分钟。

＊　＊　＊

1923 年，克里希那吉参观了大峡谷，写下以下的一段话［发表在《先驱明星报》(*Herald of the Star*)］。

"你是否曾在一座古老的庙宇里，一座数千年来一直有人敬拜的庙宇？在那儿，仍萦绕着神圣气息，人们屏息交谈；在那儿，即使一个细微的声音，都会无礼地唤醒出神的敬拜者；在那儿，一切皆安详，包括人；在那儿，脑中的想象产生出怪诞的意象；在那儿，深深地凝视，会看到影子、怪人和自己形成的神；在那儿，会遗忘一切事，包括微不足道的焦虑和烦恼；在那儿，你会忘却自己，尽情欢乐；在那儿，你不是自己所创造的世界的中心；在那儿，你是周遭的一部分；在那儿，你内心开始大笑，笑你自己；在那儿，你有一种强烈的渴望，想善意地对待每个人；在那儿，纯净的快乐带来神性；在那儿，你开始闭上眼睛，处于深层的敬拜。若是你到目前为止还没有荣幸、愉悦地到过这个千年庙宇，那就去亚利桑那州的大峡谷。你若是打开双眼，你会看见造物主和创世记。"

＊　＊　＊

在拉吉嘉特举行的一次讲座上，有人问他为什么非常反对拜上师这件事。他说："若你是上师的门徒，一直遵守上师的教导。万一他改变了主意，会发生什么事？你们都会跟着改变吗？还是不允许这位可怜的小伙子改变主意呢？"

　　　　　　　*　　　*　　　*

　　1959 年，我就读德里大学，在完成期末考之后，用孩子般的热情，写了四封信给克里希那吉。让我惊讶的是，他竟然回复了每封信。信中只是表达他对大自然的热爱，毫无启迪作用。事实上，他非常忙碌，接见来自全世界成千上万的人。他会回信给我这样狂妄自大的年轻人，实在神奇。我虽然没保留写给他的信，但是却小心翼翼地保存着回信。以下是他的回信内容，供给感兴趣的人阅读。

　　　　　　　*　　　*　　　*

　　1959 年 5 月 18 日，克什米尔的斯利那加（Srinagar）（当时我考完硕士最后一年的期末考，回到印多尔的父母家）。

亲爱的克里希纳：

　　非常感谢你的来信。我可以想象你考试结束后是多么高兴，能自由地从窗户向外眺望。考试考得好也是一种很大的宽慰。

　　我们来到这里以后，天气一直是多云、下雨、寒冷的。昨天和今天两天都在下雨，过去也有晴朗的天气，但人们觉得异常寒冷。就我们所看到的一些地方，这地方美丽，有宏伟的树和多种鸟类。我们来时，正值春天，遍地开着欧洲的花，此处是花草、树木、群山、绿水之乡。这里周围的山高达一万五千英尺，积雪覆盖，夏天时雪会融化。尽管这里景色丰富多彩，人们却是无法想象的贫穷、肮脏，但是健康，这是疯狂的世界。我希望你有个愉快的假期，好好休息，祝你一切安好。

　　　　　　　　　　　　　　　挚爱的
　　　　　　　　　　　　　　　克里希那穆提

*　　*　　*

1959 年 6 月 12 日，克什米尔的斯利那加（当时我在印多尔的家中）。

亲爱的克里希纳：

非常感谢你写了一封长长的信。我很高兴听到你在会议上的发言，我很惊讶人们喜欢崇拜用手势或头脑创造出来的幻象，并喜欢重复地念诵词语和口号。

我们从斯利那加来到这里，这里比较安静。政府为游客建造的小屋离斯利那加有四十英里，小屋更为干净，更远离尘嚣。山上有树林，有风景秀丽的林荫步道。我早晚散步，其余大部分时间独自阅读一些书籍，无所事事的感觉很好。

我非常喜欢附近的树林和溪流，常在这些地方消磨时光。我希望你有愉快的假期，好好休息。我猜你那儿不久后会下雨。祝你一切安好。

挚爱的

克里希那穆提

*　　*　　*

1959 年 10 月 2 日，斯利那加（当时我是贝拿勒斯印度大学物理学的博士生，刚搬进学生宿舍）。

亲爱的克里希纳：

非常感谢你的来信。你目前一定非常孤单，这孤单直到你找到朋友和友谊才会结束。我很高兴你喜欢瓦拉纳西，它比德里更开放自由，生活也没那么复杂。

我正迅速地康复，很快就会痊愈。这天气非常怡人、凉爽舒适，

143

我们进行几次的短途散步。

祝你安好，希望天气不那么炎热。

挚爱的
克里希那穆提

*　*　*

1959 年 11 月 16 日，瑞希山谷。

亲爱的克里希纳：

谢谢你的来信，我很高兴再次听到你的信息。

我在这里近三个星期了，与老师们有几次讨论，也为孩子们举办几场讲座。因为还没达到痊愈的标准，我花了大部分时间躺在床上休息。

我将在 1 月的第三周到瓦拉纳西的拉吉嘉特，希望能见到你。祝你安好，一切顺利。

挚爱的
克里希那穆提

他几乎每年都会到瓦拉纳西。在以前，我和妻子会从大学骑着自行车，横跨整座城市到拉吉嘉特去聆听他的演讲，参加讨论。有时候他邀请我们一起午餐。

前面记录的大多数对话都是发生在他造访拉吉嘉特的时候。1981 年左右，他为了减少行程，停止来拉吉嘉特。他最后一次来拉吉嘉特的时间是 1985 年，那次他要求我做拉吉嘉特教育中心的负责人。

您可以通过拉吉嘉特中心的网站了解这个中心：

www.j-krishnamurti.org.

144

......我是优秀的演讲者，但你不知道的是，语言表达的是大家尚未体验的事，我曾希望自己没那么多话而难过流泪。若你真有期待，让你双眼亲看某事。你没亲身经历，但语言让你如亲身体验，它可以创造假象。最好从"我不明白"开始。

——阿楚约特·帕瓦尔当

第五章

阿楚约特·帕瓦尔当眼中的克里希那穆提

克里希那穆提与阿楚约特·帕瓦尔当

阿楚约特·帕瓦尔当出生于通神学会会员的家庭。他是通神会员，也是慈善家、学者、社工和政治家。阿楚约特出生于 1905 年 2 月 5 日，在很早时就与克里希那穆提成为好友。根据克里希那穆提的建议，他于 20 世纪 50 年代在瓦拉纳西创建拉吉嘉特乡村中心（Rajghat Rural Centre）。他是印度社会党的创始人，是一位政治活动家。他是 1942 年圣雄甘地针对英国发起的"退出印度运动"最后的几名幸存者之一。他同时是一位狡猾的城市游击队员，在印度西部的马哈拉施特拉邦，他土生土长的萨塔拉地区，通过建立平行政府巧妙地对抗英国的统治，并为自己赢得了"萨塔拉之狮"的称号。他以新皈依者的热忱，加入了国大党自由斗争的最前线；因为参加30 年代和 40 年代的非暴力反抗运动，他经常被拘留。受到像尼赫鲁等人的鼓舞，帕瓦尔当于 1934 年发起了国大社会党，在 31 岁时成为总书记。在十三年后，即 1947 年，印度独立之时，帕瓦尔当意识到国会气氛对社会主义的不友好，于是适时组建了社会党。

帕瓦尔当从童年时就深受通神学会的影响，他的全部家庭成员都是安妮·贝赞特博士和克里希那穆提的热心追随者。在对叔叔的临终诺言中，他进一步坚定了自己的承诺，他永不会背离克里希那穆提，永不会结婚，也不会为谋生而工作。帕瓦尔当信守了这三个承诺，但他对克里希那穆提的忠诚并非毫无疑问与混乱的。他告诉我安妮·贝赞特曾对他说过，"不论你和克里希那穆提有多么不同，千万不要放弃他所说的东西，因为他的意识可以看到很远的地方"。

在广岛和长崎轰炸后不久，帕瓦尔当开始意识到通过人自身的精神转化，而非政治、科学或社会改革，来减轻人类痛苦的重要性。

1947 年，当克里希那穆提返回印度时，帕瓦尔当重返他的导师身边，就生与死的根本问题展开了持续的对话。他花了一段时间才退出政治，这是他在 50 年代获得的成果。然后，他专门致力于为克里希那穆提工作，在瓦拉纳西的拉吉嘉特创立了一个新基金会，名为新教育基金会。

结合通神学、政治和克里希那穆提的教诲，帕瓦尔当晚年提出社会主义不能只关心人的经济需求，而是必须创造一种平等的精神。他写了超过一百本关于社会主义和哲学的书籍及小册子。1992 年 8 月 5 日，他在访问自己的工作地点——瓦拉纳西的拉吉嘉特时去世。

接下来是 1988 年 3 月 23 日，P. 克里希纳教授在瓦拉纳西的拉吉嘉特研究中心对阿楚约特·帕瓦尔当进行的采访，访问发生在克里希那吉房间里，内容是关于他与克里希那穆提的关系。虽然他的名字是阿楚约特，但印度人民出于对他的尊敬，他也被称为阿楚约特吉。

P. 克里希纳： 阿楚约特吉，你已经认识克里希那吉很长时间了，并通过基金会与他的工作及个人生活密切相关。因此我想向你提出一些问题，并希望你尽可能自由坦率地回答这些问题。因为对于那些没有机会亲自认识克里希那吉的后人而言，我觉得像你这样曾和他密切相关的人，能够传达一些人们通过他的书籍、录音带和对话可能无法接收的东西，而我们中有些人有幸亲自与他接触，接收到了这些东西。

我想先问你，关于他你最早的记忆是什么？你什么时候第一次见到他并和他谈话，那次会面对你有什么影响？

阿楚约特吉：这真的非常有趣，当时我还是一个小男孩，和我父亲一起遇到了克里希那吉。我父亲对安妮·贝赞特夫人非常忠诚，每当她从马德拉斯到孟买或从孟买到瓦拉纳西时，他都会捧着鲜花，带着我们家的鲜牛奶和一些水果，在路边的交通枢纽站迎接她。我关于克里希那吉和尼亚最早的记忆，是他们乘火车从马德拉斯到孟买。我甚至不记得日期。我只知道我的父亲在1915年带我去了孟买。我正在售卖一本安妮·贝赞特夫人的书籍，名为《印度——一个国家》(*India: A Nation*)。此外1922年，我在贝拿勒斯遇见克里希那吉并聆听了他的演讲，1923年再次聆听他的演讲。那时我已经阅读了《在指导灵的脚下》(*At the Feet of the Master*)，并成为明星社的成员。我也是自筹组的一员。我们训练自己、装备自己，以与克里希那吉的伟大工程共同工作，这个想法是我父亲放在我心中的主要信念之一，并且我给它赋予了极大的神圣性。此后在1925年，我在通神学会大会见到了克里希那吉。

每个人都注意到那个巨大的变化，当时我就在现场。那些天，克里希那吉在一场婆罗多萨马吉的祷告上，做梵语吠陀吟唱，他有着绝对完美无瑕的梵语口音。他还测试了我们的口音，贝拿勒斯的卡尼克塔先生对此极感兴趣，他是一位非常优异的梵文学者。所以在婆罗多萨马吉祷告仪式中，我和卡尼克塔先生一起学习，克里希那吉看到我吟唱，并听到了我的声音。他给了我们关于纯洁非常细致的指导，清洁我们的指甲、牙齿，这不只是遵循传统礼仪之路的问题。他希望一个人真正意识到这个事实，他必须值得去参加祷告。我了解到这些是因为有时我会协助他。之后，有两年半的时间，我在卡马夏的贝拿勒斯，每天早上都会参加祷告。那是第一阶段。那个时候，许多变化正在发生。我们并不十分理解那些事情的本质与深远的结果。我们从小就相信安妮·贝赞特是智慧上师的代言人，她所说的一切都是真的。当我的朋友问我，你怎么能相信这样的事情，我会说如果她犯了错误，巨大的伤害会降临到她身上。但是我的头脑并不愿意认真对待她可能犯错误的想法。1926 年，克里希那吉发表了具有挑战性的演讲《依仗何种权威？》，1927 年，他带来了划时代的演讲《谁带来了真理？》。那些事情让我非常感动，它们让我思考有些事情真的是错的。

但此后我开始忙于考试，因为我正在准备硕士学位答辩，所以我没有太在意这些事情。为了学术研究我切断了一切联系。之后我知道一个分道扬镳的时刻来了，但我却没有把握它的全部含义。我收到阿伦代尔先生的一封信，邀请我做他的秘书，因为我获得了硕士学位，他认为我应该关心工作。那时克里希那吉告诉我，我在通神学会已经花了足够长的时间了，现在应该呼吸一些新鲜空气。根据他的建议我去了欧洲，但我已经下定决心为他效力，而且我不想去做任何工作。我认为花时间在大学攻读博士学位就是浪费钱，因为无论我要研究什么，我都可以自己研究。我想说的是，1928 年我以极大的热忱去了欧门，他所说的关于权威的一切，并没有在我头脑中留下丝毫的痕迹，但是他震撼了我。1928 年，他写了一本名为《生命中的自由》（*Life in Freedom*）的书。1929 年，当他来到印度时，我走到他面前说："先生，您写了这本《生命中的自由》，您说不存在权威，但我感到有点困惑。"他说："困惑在哪里？"我说："先生，当您说出'自由'这个词时，它拥有辽阔天空般的内涵，但我却无法把握语言背后的东西。"他建议我无所畏惧地去做我想做的事，我就那样离开，并发现自己陷入了政治运动的旋涡。

P.克里希纳：阿楚约特吉，你觉得当通神学会明确宣布，真理高于一切宗教，克里希那吉是真理最伟大的追求者之一时，为什么克里希那吉会离开通神学会？

阿楚约特吉：我认为通神学会在知识层面，做了非常好的准备来理解他的思想；我们说克里希那吉将成为世界导师，但世界导师的想法必然是个人化的。这造成了一种相信和怀疑并存的气氛，我应该相信吗，所有这些。这与理性理解毫无关系，而取决于安妮·贝赞特的启示。如果我们必须为接下来的维度变化做好准备只是一个想法的话，那么，也许"世界明星社"的开始，本身是无害的。那就是这个词所象征的，但当安妮·贝赞特和克里希那吉身边的各种教派成长起来的时候，事情变得复杂起来，关于灵性进步的等级秩序的窃窃私语在人们耳中流传，你对此一无所知。这样一个氛围被创造出来，信仰淹没了理性。当安妮·贝赞特宣布世界导师选择了特定的人，作为他最亲密的门徒时，并且她使用"门徒"一词，让人联想到基督，这已经达到了荒谬的地步。他们被宣称为罗汉。这些都是非常不幸的表述，因为基于客观事实，称作阿罗汉的人，被人们认为非常地不合适，且他们的不足之处已为众人所知。同样，选择极少数人作为门徒的氛围，也无益于克里希那穆提在写作《快乐的王国》（*The Kingdon of Happiness*）时，早已开始谈论的那种自由。

所以克里希那穆提引领的整个趋势，和他在欧门以及印度的讲话是不一致的，而且这个鸿沟正在扩大。当安妮·贝赞特发表这个声明时，她已经把克里希那穆提置于窘境。她并没有从她自己的洞

151

察力出发，而是根据她信任哪些人，但显然那些人不值得信任。还有人低声说，赖德拜特主教没有佐证她所说的一切，他曾经说过某些被认为是罗汉的人甚至连初学者都算不上。但是，克里希那吉已经开始质疑，主导着通神学会运动的整个信仰大厦，他只是吹了一口气，它就像空中楼阁一样倒塌了。这是一件很好的事情，但是在通神学会和克里希那穆提之间，不可避免地制造了决裂。因为他对安妮·贝赞特有着巨大的感情和极大的奉献，他试图软化它，我会说他竭尽全力没有说任何可能会让安妮·贝赞特陷入困境的话。他是一个非常体贴的人，同时不在真理上妥协。他也不想归咎于任何事情来贬低她的尊严；但他必须说出他所看到的真实，如同人们所希望的那样，他无所畏惧、清晰、坦率。所以在我看来，克里希那吉与通神学会的决裂是不可避免的，从中解脱出来是件好事。

P. 克里希纳：但在某种意义上，在所有人中，他可能是唯一真正的通神者，因为没有人能在追求真理的过程中，一心一意地奉献自己，而这是通神学最高意义上的要求。

阿楚约特吉：就我个人而言，我觉得通神学是一些非凡见解的大融合，涉及与人类境况相关的人类思想观念，并且在科学家、世界思想家以及那些对世界形势有明确把握的人当中盛行。同时也包括基于与超物质世界的接触，产生的另外一系列神秘的现象、"文字"和我们不明白的东西。在这个意义上，通神学认为人类的进化不以人为终结，而是远超现存的造物水平，这是非常明智且发人深省的。但若你说所有事物都是有形和物质的，这里是精神层面，那里是心智层面，这显然是对物质生活之外生命的扭曲认知。所以即便认为在物质世界之外，还有其他世界的存在，任何相关的具体化陈述，都会使之陷入错误或扭曲。

随后，这样的扭曲在通神学会蔓延，逐步发展，并变得明显。这是克里希那穆提对通神学会做了外科手术，我认为正是他赋予了通神学会新生，他指出这是糟粕，这在开创通神学会的宏伟教诲中没有一席之地。通神学会花了几年时间，才意识到克里希那穆提所说的内在性、相关性和深度。今天，我相信越来越多的人意识到，克里希那穆提所说的是无可辩驳的，即使是用通神学会自身的准则来衡量。毫无疑问，他所说的一切远远超越了具体的背景，超越了生命物质层面的细节。

P. 克里希纳：回到他决定离开通神学会，或退出通神运动的时间，他这部分的决定对于安妮·贝赞特的影响是什么？她心碎了吗？

阿楚约特吉：安妮·贝赞特一定很沮丧。但我很难说，因为那时我和她还没有密切的联系。她生病了，但她愿意跟随克里希那穆提，到她能做到的任何程度，随后她关闭了密传部门的事实也证明了这点。此后她重新开放密传部门时，显然是为了那些无法全天追随克里希那吉的人，她觉得不能舍弃他们不顾。

P. 克里希纳：先生，你认为赖德拜特的预言，克里希那吉将成为弥勒神圣实体的显现，是真实的吗，还是克里希那吉就像我们中任何一个普通人一样？

阿楚约特吉：我对此毫不怀疑，当赖德拜特先生发现这个小男孩时，那是具备深刻洞察力的非凡时刻，他说，我还从没遇到一个像他这样毫无自私的人。我们无法看到这一点。他一定看到了某些东西。他所说的话不可能在当时受到检验，但之后的事件证明了他的预测的正确性。这是因为他所说的是真的，今天我们不得不说，那一定是一个非凡的洞察力时刻，灵光一现，而且，我毫不怀疑，他只说到把男孩看作一种媒介，为接通宇宙意识做准备。当人们把他命名为弥勒或者所有这些名字，是因为通神学会有自己的神话，而且神话中弥勒的位置非常重要。我们不可能核实任何事情，除了毫无疑问地说，克里希那穆提就是巨大的宇宙能量的通道，这也是洞察力和慈悲心，流淌于他的一生。

P. 克里希纳：是的，但问题是，1922年，当他发生这个转化或神秘经验或启示之前，他是否确实是一个有着自我、私心、依恋、悲伤和冲突的普通人，在这些经验之后就解脱了，还是在某种意义上，他在最开始就解脱了？

阿楚约特吉：我认为克里希那穆提无疑是一个非凡的人，他一定有平凡的时刻和超越性的时刻。但重要的一点是，他的身体能够接收和把握任何普通人无法把握的一种力量。正如他自己所说，他的大脑必须为此做好准备，他不得不经过一段修习时间，在这个阶段，他做好让身体足够强壮的准备，来承担这一切。它需要非凡的纯洁，它需要非凡的善良，在很大的程度上，我认为他兼具这两者的品质。你是否能将宇宙能量与这个身体区分开来是非常重要的，因为身体是一切正常运作的基础。所以这并不意味着这整件事情有任何形而上的东西。这是一个非凡的人类现象，显然，通过它，对人类状况的一种极其罕见的洞察能够继续下去。他以一种更直接的方式说："除此之外，别无他法。"所以他拥有作为一个单独的个体完全消除自身意识的时刻，因此这个教诲是光明与智慧的能量显现。在和他的交往后，我对此毫不怀疑。

P. 克里希纳：我的问题是，在某种意义上，如果他是圣人，那为什么他告诉我们每个人都可以如他所说，在意识中进行转化？如果他不是圣人，而是他通过自己实现了转化，那么过去发生的这个过程是什么，他的身体曾在其中痛苦扭动，他的灵魂——无论你称之为什么——或许在四处漫游，谈论非同寻常的事情呢？

阿楚约特吉：我认为需要大量的思考来理解这个，因为从某种意义上说，克里希那穆提的每个现象是一个秘不可解的悖论。我已经思考过这个问题，我觉得克里希那穆提想要我们明白，他呈现了人类的最大潜力，这无关于特殊个人，而是对人类本质能够做什么的积极示范。不该从个人角度来看待这点，必须理解：人是什么？今天最大的问题是，我们认为人就是身体。这是当今世界各地所有普通人在想的事情，不论他有何种宗教信仰。他试图展示，身体就像一个调谐精美的乐器。只有调和乐器达到完美和谐，它才属于你。这音乐并非来自你，因为自我永远无法触及音乐的无限。我认为他活着只为创造这个乐器，并保持它在最佳状态，他是一个绝对没有其他自身愿望或意志的人，以及不会变化无常。一切与此不一致的东西，都像被外科手术从他的生活中切除掉。在那个意义上，这是一种非凡的生活，他已展示了一个人类可以抵达之处。我认为这非常非常重要，我觉得克里希那穆提一直在说，真理不是时间的延续，自由不在进化的终点。如果我可以建议的话，我相信他说的那个洞察力的瞬间，可以在任何人身上闪现，只要他能够抵达一个自我完全消失的更高状态。

P. 克里希纳：我听说克里希那吉已经通过他的触摸，治愈了几个身体有缺陷和疾病的人。这是真的吗？你怎么看待这种事情的发生？

155

阿楚约特吉：我从他那里对此有些了解，因为我曾有机会和他谈论此事。安妮·贝赞特很早就发现他能治愈人，因为她让他给她按摩一下，她的痛苦就获得了身体上的缓解，甚至当她的视力很暗时，她也得到了帮助。

P. 克里希纳：但就她而言，可以说她对他的神性有巨大的信仰，以至于它可能是一种信仰疗法的情况。

阿楚约特吉：不，我见过他治愈人。但是他对于自己拥有的这种治疗的力量也很谨慎。有一次他向我解释了这种治愈的力量是什么。他讲了一个男人用武力抓住他，把他拉到一个房间里，让他触摸脊椎疼痛地方的故事。这个男人被治愈了，但六个月之内，这个男人因为一些变态行为而入狱了。所以他说治愈是危险的事情，因为人的痛苦和疾病都与他的心智有关，有时候需要治愈的是心智，而不是身体。但克里希那吉对此绝对清晰，毫不妥协，他认为没有其他人可以治愈你的思想，你必须自己治愈它。他可以治愈身体，但对于思想的治愈，必须来自一个人对自己的理解。我理解他说他不能这样做。但是，这有一个着魔的案例，某种恶灵控制了一个人，他能够使这个人摆脱那些。他可以让这个灵魂出来，并且说"离开，不要再碰这个人"。所以我们必须明白，他肯定拥有这种治疗的力量，但我从来没有见过他这么伤心，当时他对我说："看，这个家伙病了，我已经治愈了他。他生活得很愚蠢，我给了他一个机会，但他会抓住这个机会吗，还是会回到以前，愚蠢地生活？"对他来说，这种遗憾是令人心碎的。所以他看到了疗愈过程的局限性。他承认治愈是一种事实，但他告诉我治愈力量不是灵性洞察的标志。所以一个人可能有治愈的力量，却没有任何的灵性觉悟。他警告过我们

156

这件事。他也警告我们不要出于任何目的，为得到某种东西而使用治愈的力量，这是不可取的。他说："我不治愈。"当被问道："您有治愈的力量吗？"他说："我不知道。"然后他告诉我，某一刻，当我和一个悲伤的人面对面时，一些事情发生了，同情从手中流过，那就是治愈。

P.克里希纳：先生，通常我们认为，一个人可以提供安慰或者同情，在精神上治疗另一个人，甚至通过心理方式深入地影响他，但身体的治疗是不可能的。这里似乎是相反的。他说他有治疗身体的能力，但一个人的精神转化，必须通过自己来实现，他对此无法帮助。

阿楚约特吉：那是对的。你所说的百分之百正确。克里希那吉已经展示，一个由于外科手术失误而失去听力的人，能够恢复听力。所以他已经证明了，医学上不可能的事情，能够被做到。然后他说你也得付出。你不能让我做一切事情。你也得帮助我，你也得有所行动。于是，他提出每一种身体的疾病，都有其心理根源，除非你能处理心理上的根源，否则就算他暂时帮助你，也无法持续。

P.克里希纳：来到另一个关于他的谜或神秘事件，人们对此感到惊奇：《生活评论》中揭示，一个如此有洞察力的人物，却无法区分一个邪恶欺诈的人，与一个真诚真实的人，而且在自己的生活中经常受到委屈。

阿楚约特吉：他是这样解释的。如果他愿意，他可以看穿一个人。如果他愿意，他可以看到一个人的过去、现在和将来。但是他说："就像有人在更衣室里穿衣服一样，你会转过身去不看他，所以我喜欢尽最大可能，去尊重人的自我。他们想要隐藏他们的自我，我没有欲望去观看它。"他说，有一次一个女人来找他，说："克里希那吉，您谈到形象。您能看到我的形象吗？"他什么也没说。但她坚持："您一定看到它了，克里希那吉，所以请让我看看我的形象。"他说："不，不。"但那人太无礼了，她说："我一定，先生，我一定，我必须如此。"于是他说了些话，给了她关于自我形象的一些描述。他说："那个人再也没有来见我了。"

P.克里希纳：是的，如果有人能够完全揭露我们，我不认为我们愿意面对这一点。现在谈到另一个方面，你说克里希那吉和拉嘉戈帕尔之间的冲突的真正原因是什么？为什么事实上，大多数与他非常接近的人，都曾经或者在某些时候与他闹翻？

阿楚约特吉：它是一个复杂的现象。它不能被解释。它没有一成不变的解释。每一种情况都有自己的历史。我了解拉嘉戈帕尔——他也曾和我一起住了一个月，当时克里希那吉也在一起。我发现他很固执己见，而且我发现他是克里希那吉的主要执行者。克里希那吉不能管理自己的事务，他或多或少选择退出了那方面。所以他需要一个人，但是那个人应对不了他，任何一个认为能够应对克里希那吉的人，很快就发现自己不合适。

P.克里希纳：在某种意义上，这已经是在反对克里希那穆提。或许你会说，其他的上师在他们周围带来了友谊和团结。但在克里希那吉的情况中，基金会与他共处的人没有那种友谊和团结，人们不断地四分五裂，会改变，会离开他，等等。人们注意到这种差异。我想请你对此评论一下。

阿楚约特吉：你说的似乎有道理。但只是表面上，因为我认为克里希那穆提对他人别无所求。他不想要任何人组成宗教团体，造器皿，然后进一步传播教诲。他说不要为别人做任何事，除非它是你自己独特性的真实表达。现在他谈到合作，他说你们可以为共同的目标合作，但是这种合作对他来说并不适当，且不足够。所以他看到人们彼此不同意，人们为他献身，却无法接受彼此。他希望人们为自身努力，摆脱自身的局限，在教诲中发现一个共同的神圣基础。对于人们而言，只有这才是真正的宗教。所以它不是身体的奉献，而是一个人为自己而做的奉献，并且它是开放的。我觉得这一过程会产生真正的亲密关系，这是唯一不会使教诲受限于自我的方式。不是任何出于我们的选择而做的事情，不是任何出于我们自身的意志而做的事情：我需要这个，他需要这个，克里希那穆提的教诲需要这个，等等。

人类的这个聪明的头脑必须感到谦卑，并且明白它所做的任何事，都无法造就这种宗教团体。只有喜爱才能做到。献身于克里希那吉无法救赎你——除非你感受到一种共同意义上的神圣感，而不只为了自身，除非你能扩大它，除非你能感觉到它无休止的运动。我觉得这是一个净化内心的邀请，这邀请诞生于结束自身无知的渴望。它铸造了一个景象，它与问题无关，与自我无关，他认为我们中有少数人能够做到这一点。我想他除此之外，别无期待，我们观察到所有使人们彼此分离的东西，并在其中看到自身的无知。如果我们能够看到它，分离就会结束，那一刻就是共融的时刻，那一刻就是僧伽。我非常认真且强烈地感受到，任何两个被抛在一起工作的人，都必须能够清除意识中积聚的一切，我们的偏见和习得——这种对自我和"自我过程"的认同，除非能够清除这些，除非我们不希望有任何自我的障碍，才会产生真正的合作。你必须为自己感觉到这一点。但我是一个乐观主义者，至少我可以说，我们这些在一起的人，我们是非常渺小的人，我们是非常愚笨的人，但是我觉得，如果我们能唤醒自身，产生一种无所求的感情，一切顺利的话，这样的合作就可能会产生。我认为它不是不可能的。

P. 克里希纳：可能就是这个原因，就像他不想从任何人那里得到任何东西一样，他也不想通过接受某个人作为门徒，或给予某种鼓励来安慰他们的自我——我们通常就是这么做，接受别人的想法来安慰他们。

阿楚约特吉：不仅仅如此，先生，并不只是如此。甚至对于他自己，也对于其他人，他说永恒的警惕是绝对必要的，因为不知道什么时候，失误会以未知的方式到来，那就是自我的形式。自我就是失误。所以他希望我们保持警惕。他拒绝认为他选择的某个人比另一个人有更好的理解力。我想除非我们觉醒，除非我们有这种深刻的谦卑和深切的感情，除非我们一生都在感受从克里希那穆提那里接收到的，我们将有这种能力超越我们的偏见，超越我们的痛苦，超越我们的野心，除非我们能够立刻做到这一点，否则它不会发生。我们能做到，我们可以在死之前做到这一点。我想分享这种感觉。

P. 克里希纳：明白，你觉得克里希那吉留下以他命名的组织是否明智？他们是否会去做他于 1929 年解散"世界明星社"时试图避免的事情？

阿楚约特吉：我必须说，关于这点我想过很多。我觉得克里希那穆提播下了一颗种子，但他需要研究者们为此献出最大的努力。

P. 克里希纳：是的，他说他来让人类自由。

阿楚约特吉：他的伟大贡献是你不能使自己自由，你必须能够把它理解为一种人类现象，这是人类意识中心的变化，除非它通过你，否则它不能进入那个意识。所以你的部分，是看到你竭尽全力所能做到的。这个最大可能不是由他来说，因为他不相信这个。他说你必须成为这个变化。所以我觉得这些学校是非常非常有价值的。我们也许能力不足，毫无疑问，我们能力不足，但在我看来，这些学校是神圣的。

P. 克里希纳：但我也在说基金会，除了学校。

阿楚约特吉：是的，我也指基金会。

P. 克里希纳：因为人们觉得他解散了一个组织，说真理是必须由个人亲自去发现，所以他向听众中的个人表达了自己。尽管大厅中有五千人，他说他在和其中每一个人交谈，只有一个真实的对话。另一方面，他似乎确实创造了两三个组织，在他身后留下了这些现在正在进行工作的基金会。对许多人来说，在这似乎显得南辕北辙。

阿楚约特吉：不，它有一个非常物质的层面。他希望把这个教诲毫无扭曲地交给后人，他想要一些监护人确保他的话没有被断章取义地歪曲。从这个意义上说，他希望基金会保持监护人的地位。就世俗意义而言，需要这么做，你知道的，篡改录音带非常容易。你记笔记，只要你去掉两个字母，整个句子可以自相违背。所以这些保存正确教诲，并热切希望它不被扭曲的监护人是非常必要的。这是它的第一个层面。第二个层面是使那些没有幸运听到他说话的人可以接触到它，并为他们提供所有的听力资源。这也是纯粹的物质层面。为此，一个组织必须存在，并且这个组织必须真诚、有效、真切地确保他的目的不被否定。这是必要的。

除此之外的另一点，就是他启动了一个超自然心理实验室。超自然心理实验室遵循他的教诲，我认为其中主要人物是基金会的老师和成员。如果他们意识到这点，如果他们为自己赋予这个角色，那么他们必须了解教诲，才能充满情感地把它传递给学生。我认为他一针见血，说母亲的爱创造了把血浆转化成牛奶的奇迹，作为一个理解人类巨大宏伟潜能的人，在他与他试图交流的年轻人之间，他认为必须拥有这种情感，才能创造这种转变，一种并非来自血浆而是人自身的转变。他说在这个过程中你和学生们的脑细胞都会被转变。在我看来，这是一件非常重要的事情，至今还没有得到足够的重视。它没有得到应有的重视，但我希望随着时间的推移它会得到重视。

P.克里希纳：你说克里希那吉想看的话，他可以看到密切接触之人的整个过去、现在和将来，那是怎么发生的？这是否意味着一切都是注定的？

阿楚约特吉：不，不。这压根不是宿命的问题。他已经解释了，不论你此刻如何，都是从过去嵌入你心灵的种子中产生的，这是一个持续的过程。所以生命中的每一刻和每一部分，你都在把"意图"的种子植入土壤。这个意图的种子已经预先决定了未来，而你认为是命中注定和偶然的。事实上，这是你自身行为的产物。所以他在头脑里对此十分清楚，在这一点上有极其清晰的阐释。

P.克里希纳：那为什么没有人做到克里希那吉所说的意识转化？至少不是以他所说的那种革命性的转化？它是否表明他让人类自由的使命失败了？

阿楚约特吉：我不会这么说的。在这里我想说安妮·贝赞特帮助过我，因为她说不应该在生命周期的框架内理解这个过程。这是许多阐明自身的人正在发生的命运，然后你有一个角色要扮演。这不是某种外力强加于人的命运，从这个意义上说，人是自身命运的建筑师，这是人类潜能的伟大之处。我想克里希那吉表明过，不要等待最终的解放和突变等，而是在任何未知的流逝瞬间，如果你能够达到人性的完全高度，否定自我的因素，那么在与实相的完全共融中就是自由的时刻。不要试图抓住它，因为它在时间之外。我认为他对意识必须超越的时空维度的整体阐述是非同寻常的，我想即便科学家也要花很多时间，才能与之保持同步，或使这个探索更进一步。

P. 克里希纳：你大概回答了我刚才问你的问题。某种意义上，克里希那穆提在他的教诲中表达的，佛教和印度教经文中也有所阐述。你会说克氏的教诲有何真正独特或新颖的？

阿楚约特吉：我思考这个问题好几年了。我甚至可以说克里希那穆提的教诲只是佛陀教义的注脚。这种说法不是出于对克里希那穆提教诲的不敬，而是由于佛陀教义的伟大。当时我正在研究佛陀的教导，并感觉到它的潜力。它如此惊人，我认为克里希那穆提打开了一扇通往它的窗户。我知道有几个人通过吠檀多和瑜伽来完成这个练习，还有的通过佛教瑜伽，他们说当你聆听克里希那穆提时，一扇窗户打开了，一种明晰抵达你的意识，以至于你比过去更多地看到自身。除此之外，我认为克里希那吉有一些独到的见解，这在我读过的任何经文中都不曾遇到过——《奥义书》中没有，梵歌中没有，也不在任何佛经里。你在印度教经典中读到一些论述，但你永远不知道它们的顺序。我无法掌握印度教经典的顺序。所以克里希那吉说了一些原始的东西。我给你举一个例子，整个教诲可以用一个词"关注"来概括。我会说，教诲就是你所知的那种关注，我们完全陷入对身体的认同，然后精神生活就是与此斗争。所以你想分离，然后你想……

P. 克里希纳：你所说的身体包括大脑吗？

阿楚约特吉：身体-大脑复合体，它的全部。现在，"我是这具身体"就意味着"我是这个大脑"，典型的说法是身体等同于大脑——我们整个生活都基于这种幻觉。从科学的角度而言，说这是幻觉本身就是一种异端邪说，因为科学宣称只有通过感官传递的一切才是真实的。阿道司·赫胥黎则有另一种观点，认为我们的感官是虚假的目击者，要当心它们。因此，在这两种说法之间，我们继续推进。依我之见，我会说所有存在的基础是这种自我更新的宇宙能量，这完全超出了我们的理解。当它被表达的时候就是问题。所以相对而言，能量不是问题，问题是这种能量具有多种形式。这种能量是不可思议的，它渗透到一切，它就是一切。所有事物都由能量再生。能量再生能量。现在，这种能量穿过大脑，而大脑受三大原则支配——我称之为快乐、连续、安全的生物反射原则。现在这三种生物反射就像黏合剂，与所有快感和感觉以及我们知道的一切大脑运作添加到一起。这些不是大脑固有的机能，而是大脑在超意志的运作下，被遗传下来的东西。现在所有一切都在那里，你可以意识到这一点。当你融入其中时，你可以意识到这一点。所以我们知道两个状况：要么你陷入其中，并且不知道它；或者你以超意志的方式陷入其中，你能够意识到这点。现在克里希那穆提说，这种关注的能力不是来自头脑。尽管它通过大脑运作，但它不属于大脑。这种关注的能力可以看到这些生物反射，它可以看到大脑在经历什么。所以这个关注的确就像是宇宙能量的闪光，它就像一个高压电流被连接到低压电流上。我在尝试阐明它……

P. 克里希纳：我明白。那意味着只有当大脑安静的时候，它才能表达吗？

阿楚约特吉：不，我的意思是，首先你必须明白我们无法触碰那个高电压，因为我们在这个低电压上。

P. 克里希纳：是的，大脑必须结束。

阿楚约特吉：不。首先我们必须看到它，看到这个现象的整体并毫无动作。在这个状况下，你可以离开一切，而没有任何成就导向，一无所求。你在观察天空，你在观察小月亮，你在观察大海，你正在观察河流而不想要任何东西。有时在与大自然的交流中，因为没有"我"，没有大脑的意识，你狡猾的智力没有在工作，这整个过程停止了。在这个过程停止之前，你已经到了相机镜头感知的位置，这是一种整体的绝对准确地感知，没有欲望想改变正在发生的事。大脑只是记录。在这种只有记录的状态中，奇迹发生了——关注的奇迹。如果你能触碰这种状态，这种关注就已经是自由。

P. 克里希纳：因为在那里，一切是新的？

阿楚约特吉：那是全新的。

P. 克里希纳：那是全新的。

阿楚约特吉：这是我在任何其他地方，都没有得到的教诲。这个，我所说的只是一个解释。如果你要求我出示或引用，如果你说我在歪曲克里希那穆提说的话——我并没有。

P. 克里希纳：不，不，我明白。

阿楚约特吉：我无法去引用。

P. 克里希纳：我也不想要那样。

阿楚约特吉：我没有寻求口头的确证，因为我一直谋求非语言的理解。

P. 克里希纳：我明白。关于克里希那吉的工作的不同方向，我想听听你认为他创办这些学校的目的是什么。毕竟人们无法想象一个会产生佛陀的学校！他的工作是让人自由。那么学校如何实现这点呢？

阿楚约特吉：你问的是一个非常有趣的问题。你明白，安妮·贝赞特一开始觉得，必须培养能见证这个伟大过程的人类。如果这些人类能够被充满感情、关怀地照料，并且变得独立，他们去播撒自身的种子，他们去做自己的工作，在收获的时期，会有一些未曾寻求的事情主动发生。一些历史进程，比如印度的复兴可能会进一步推进——而非通过沙文主义式的努力，来增加新的工人等这些；但是你正在推行某种生活方式，或许那些男孩，甚至更多的女孩，他们能够把握住它。他说，农民在土壤里种下种子后，一定不能把它拔出来看是否发芽。所以要小心这种异端邪说。老师永远不应该想看到他所做的成果是什么。所以一个人为人类所做的，是一种信仰的行为，这种信仰的行为，信仰的不是个人，而是人类。现在我觉得，在学校工作的极少数人，已经理解了我们所有努力的根本，在于对人类的巨大信仰，在人类的心灵撒下播种的土壤并培育它，充满感情和勤奋地耕种，播下种子，并奉献给造物主。

P. 克里希纳：还有其他开办学校的运动，像蒙特梭利学校、斯坦纳学校等等，也谈到创造一个没有恐惧、奖励和惩罚的环境，为了培养孩子的创造性和智慧。那么克氏的教育方法有什么特别或者不同呢？

　　阿楚约特吉：你看，我们不能说他们走错了路，因为正如你自己所观察到的，在我们的学校里，通过培养正确的习惯和摈弃错误的心态，还有很多工作要做。最重要的是，首先是让人们意识到不同程度的懒惰，它们共同创造了人类抵抗变革的坚不可摧的磐石。这里克里希那穆提说："这块磐石是什么？它只是压碎了的粉尘。那一粒尘埃又是什么？它是懒惰。"我认为没有人比他更好地展示了这个，触碰阻碍人类转变的磐石的奇迹。这个抗拒变化的巨大磐石，遍布于每个国家和每个人身上。通过这个人神奇的触碰，你可以看到这个磐石变化为它的构成——一点灰尘。然后他说"扔掉它"。所以这是他教育的奇迹。这是一个没有得到许多人证明的教育观点，我们在克里希那穆提学校应该珍惜这个，因为我觉得不同层面的懒惰，没有得到它们应得的那种微观的关注——因为他谈到无知，但无知的十分之九是懒惰，只有十分之一在于拒绝去看。

　　P.克里希纳：完全正确。这就是为什么他谈到意识和被动的意识，以便我们可以真正关注它。好吧，我们即将结束这次采访，我希望你能告诉我们一些事情，在你与克里希那吉的关系中发生的事情，一些你认为有趣的个人的事情，如果你能记起的话。

　　阿楚约特吉：我宁愿没有。

　　P.克里希纳：你为什么不写一本关于克氏的回忆录或书？因为你有许多深刻的个人经验，这些经验对于那些日后希望了解克氏的人可能有巨大的价值。

　　阿楚约特吉：每一次这样的练习，都不可避免会滋养你的自我过程。我已经逐字地写了几百页，并把它们交给了火焰，因为我觉得在与克氏的关系中，有一些东西是世界上所有的语言都无法触及的，我觉得就这样让它待在那儿是件好事。

P. 克里希纳：它太神圣了，以至于无法用语言表达？

阿楚约特吉：不。你只需要感受它，它不能被保留在言语中。你知道，我是优秀的演讲者，但你不知道的是，语言表达的是大家尚未体验的事，我曾希望自己没那么多话而难过流泪。若你真有期待，让你双眼亲看某事。你没亲身经历，但语言让你如亲身体验，它可以创造假象。最好从"我不明白"开始。

P. 克里希纳：你认为读过克氏的书或看过他录像带的人，和那些真正与他生活并聆听过他的人，对他的教诲可以有相同的理解和感知吗？

阿楚约特吉：这是一个非常困难的问题，但我会说一件事。阅读与理解，观看与理解，必须穿插于寂静的空间，以及与大自然交流的空间中。除非你能用摄影镜头般的客观，完整地观察大自然的奇妙景象，否则是不可能的。不单单是话语，这种客观也同样重要，而这种非人力设计的寂静空间，是另一个组成部分。通过这三者，你可能能够理解——我认为它是可能的，因为现在有视频和音频，我们有以前我们没有的资源。

P. 克里希纳：所以你认为，对于那些想要探索的人来说，如今克里希那吉身体的缺席，未必是巨大的损失？

阿楚约特吉：我不会那么说，但我会说，肉体存在也不能给予你什么东西。而我漫长的六十年的生命，已向我证明，如果我六十年之内都无法得到它，那我怎么能说有些错过克里希那吉在世的人，就不会得到它呢？

P. 克里希纳：完全正确。最后，对那些对克氏极感兴趣，并希望继续他的工作的人，你有什么建议？

阿楚约特吉：我可以很简短地回答你。我觉得你必须观察，偏见以及由偏见所产生的词语，是如何在人与人之间制造距离。你不希望如此，但事情就是这样发生的。一个人必须真正看到，在我和他人之间的这堵墙，是由我的语言造成的。尽管我的内心不希望如此，但语言造成了这堵墙，一旦围墙建成，它就在那里。我认为这堵墙可以被眼泪冲刷，不是眼睛的泪水，而是心灵的泪水。除非你被心灵的泪水冲刷，这让你与一起密切工作的人产生一种更为亲近的感情，否则我不认为我们会有任何进展。

P. 克里希纳：谢谢你，先生。

这里有一位我称之为现象的人，因为他毫无权威的探究和完全自我依靠的转化。这是核子时代的需要，是为了科学和灵性的结合。

第六章

维玛拉·塔卡尔所知的克里希那穆提

维玛拉·塔卡尔

维玛拉·塔卡尔，1921 年 4 月 15 日出生于印度的比拉斯布尔，是一位著名的印度社会活动家和精神导师。成长于印度马哈拉施特拉邦阿科拉市的一个中产阶级婆罗门家庭，她从小就对精神领域感兴趣。她在整个青年时期都以冥想和修行的方式追求这种兴趣。她研究生毕业于东西方哲学专业。

后来，她开始活跃于捐地运动，并与其领袖诺巴·巴韦（Acharya Vinoba Bhave）先生有好几年的密切联系。他们劝说地主把土地给贫苦农民，到了 20 世纪 50 年代，几百万英亩的农田被重新分配。她为了这项工作走遍了整个印度。

在 1956 年，维玛拉吉参与了克里希那穆提在拉吉嘉特的演讲，并与他本人会面。这次会面改变了她的命运，她离开了捐地运动，投身于她所谓的“内心问题”——个人的精神解放。她致力于教导冥想和哲学，在印度、美国和欧洲之间旅行。1979 年她重拾对社会运动的热情，在印度四处旅行并创办教育中心，教村民们农业、公共卫生、地方自治和积极的民主公民意识。她的教导开始强调平衡“内在”精神发展与“外部”社会发展，这个演变在她 1984 年出版的《灵性与社会行动：整体的方法》一书中有所反映。1991 年之后，她减少了她在印度之外的旅行。

2009 年 3 月 11 日，她在印度拉贾斯坦邦的修行会所阿布山去世。

以下是 1995 年 6 月 19 日，P. 克里希纳教授在维玛拉·塔卡尔女士达尔豪西的住宅里对她进行的录音采访。她从 1958 年开始与克里希那穆提密切接触，有近十五年时间。

P. 克里希纳： 维玛拉吉，对于所有我们这些克里希那穆提的学生，当然，也是生命的学生而言，克里希那穆提这个人和他的教诲都是一个奥秘。我们并不完全了解他的生活或他的教诲。我甚至不确定他是否了解关于自己的一切，因为人们发现他认真地提问，为什么孩童时期的克里希那穆提，没有像其他人那样受到限制，为什么他在突破限制时，没有经历我们大多数人会有的困难。

因此我们决定为后来者，尽可能准确而忠实地记录他的生命，他的为人和教诲，有一天，或许一些认真的询问者（或探索者）会发现，这对他的追求有帮助。那就是这些录音的目的，我们想和那些亲近过他、认真研究他的人谈话，并记录下他们的印象。为此我想向你提出一些问题，因为你和克里希那吉已经有十多年的密切关系，并且是他的教诲中最重要的学生或询问者之一。我想请你自由而坦率地回答这些问题，因为我们不是坐在这里赞美或批评他。对他或他的生活形成任何意见也不重要，而是要真实记录我们对他的了解。我想首先问，你什么时候第一次遇到克里希那穆提，第一次会面对你有什么影响？

维玛拉吉： 1956 年 12 月，我在卡西的拉吉嘉特遇到了克里希那穆提先生，当时我是阿楚约特·帕尔瓦当和他兄弟拉奥·萨希卜·帕尔瓦当的客人。我去瓦拉纳西与我的捐地运动讲座有关，但阿楚约特吉问我，是否想参加克里希那穆提先生的会谈。我没有听过这个名字，但是阿楚约特吉的请求对我来说已经足够了。我取消了我的讲话，然后去参加了会谈。克里希那吉进入房间，他出现的第一个印象是难以形容的完整和纯洁。他的整个举止都有内在纯洁的高贵。理解他的演讲是没有困难的，或者他称之为对话。它让我确认了许

173

多已经察觉但没有清楚理解的真理。这是谈话的影响。我参加了两次会谈，第三天在拉奥·萨希卜的建议下，我去看克里希那吉。三次演讲很深刻地感动了我。没有什么要问的。每一个词都是清晰的呼吸，他必须说的都明智地表达了。与他的第一次会面持续了一个半小时。这次会面的首要印象是简单的优雅、正直和纯洁的威严。我们的对话持续了一个半小时，非常自由直率，一位来自印度中产阶级家庭的年轻女性并没有想到，世界著名的精神导师会如此亲切又如此简单。至少两次有人进入房间引起克里希那吉的注意，说已经一个小时了，他会说："是的，先生，再等一会儿。"那个伟大的人的一瞥可能会让你着迷。他的目光如此深邃，让我想起了与海洋的交融，使人觉得他的眼睛并不是聚焦在你身上，而是穿透了你。

P. 克里希纳：我们听说克里希那吉治好了你一只失聪的耳朵。你能回想一下这是怎么发生的吗？

维玛拉吉：1959 年 11 月，我访问尼泊尔回来，在靠近拉克索尔的地方发生了一起事故，我的头撞在了树干上。我被扔出吉普车掉到三十英尺深的山谷里。耳朵流血不止，有好几个月我被从一家医院送到另一家医院，于 1960 年 4 月在浦纳进行耳部手术。当我回到我的总部卡西时，克里希那吉正在参观新教育基金会的拉吉嘉特中心，然后我就被喊了过去。在医院待了几个月之后，我看起来像鬼魂一样，一次他在会议上看到我，他问我的监护人达达和阿楚约特吉，"那位女士怎么了？"然后他们告诉他这个故事。"把她送到我这儿。"他说。于是我去见他。"看这儿"，他说，"我妈妈曾经说过这双手有一种治疗的能量。我们要试试吗？它也许起作用，也许不起作用。我们要试试吗？"我被怜悯所淹没，但我说："先生，我有点担心，如果耳朵痊愈了，我一辈子都会感到对您有所亏欠。通过聆听您的谈话而产生的关系是如此纯粹，没有任何个人欲望、动机的污染，而接受医治，或许我们的关系会受到污染。""哦，你这个傻女孩，"他说，"我不会对你做任何事情。它是一种能量，它可能起作用，也可能不起作用。"我眼中有泪，但不知何故，我不愿意接受这个提议。回顾一下，我看到了一种惯性，对婆罗门女孩来说，这一定是非常自然的事，不要为了身体上的疾病而烦扰圣徒和瑜伽修行者。你必须向他们学习真理——身体将经历自身的命运——圣人或瑜伽士的力量不应该被滥用在身体的目的上。我没有告诉他这么多的话，我感到害羞。我回家了。达达曾经劝导过我，阿楚约特和拉奥·萨希卜也不理解我的犹豫。他们说："我们不理解你。"然后我保持安静，也许我觉得这将是一种罪过。这就是为什么我说这是一种惯性影响，是家族深深延续的传统。

但在三周后，当维奴巴到达时，他问我健康如何。我健康状况很差，左耳完全聋了。而当他从达达那了解到克里希那吉的提议，他来拜访我。他说："维玛拉，你为什么拒绝？你没有要求它。如果你去要求，这是错的，但它是一种自发的爱。你怎么敢拒绝它呢？在这种爱里面，克里希那穆提这个人或维玛拉这个人，都不重要。你能回去向那个伟大的人道歉吗？你知道爱的能量是什么吗？他甚至不需要碰到你。难道你没有读过基督的生平吗？克里希那穆提就是那种爱的能量。"

因此，第二天我回去并向克里希那吉道歉。克里希那吉充满祝福地微笑了，说道："明天早上来。"所以治疗开始了，我会在早上去。他让我坐在椅子上，他站在我身后，把一只手放在我头顶，另一只手放在我的耳朵上。我不知道他做了什么，因为当他站在我身后的那一刻，会有能量的感应，我的眼睛会不知不觉闭上，当他转过来站在我面前说"维玛拉吉，张开你的眼睛"时，我的眼睛就睁开。通过他的存在和触摸体验到的能量，是我以前从未体验过的。每周三次治疗——我在瓦拉纳西进行了六次治疗。然后他说："到孟买来，我后面在孟买，我们会在那里有一些治疗。"

在这两三个月之间，我不记得准确的时间，第三或第四次治疗之后，耳朵的出血就停止了。听力还没有恢复，但在人工鼓膜中有一些运动的感觉。他们之前在我的手臂上取下皮肤组织，移植到鼓膜里。我能感觉到一些东西，非常微弱，可以听到一些声音。我听不清词汇，无法理解，但我能感觉到声音。然后我们在孟买见面，大概在 1961 年 2 月，在普普尔吉家他给我进行了三次治疗。当我第四次去的时候，我说："克里希那吉，我能听到了！""你不是在幻想，对吗？""是的，先生，我能听见！"他很高兴。人们可以看到他眼中的喜悦。"哦，是的，放轻松吧，别谈论它，不要向任何人说起这件事。""是的，先生。"他又给了我两次治疗，然后他说："你会去找给你做手术的外科医生，并请他做一个听力测试吗？""是的，先生。""那么在离开孟买之前，给我一份报告。"

我去了浦纳，给我耳朵做过手术的阿普特医生曾告诉我说："维玛拉吉，恐怕你还是听不到。通过整形手术植入人工鼓膜，只是为了保护耳鼓膜，不要期待听觉能够回来。"但我说："医生，让我们进行一个听力测试。"他笑了："为什么？""只是为了我。""好的，如果你想这么做的话，但这没用。"我们当天晚上进行了测试，听觉恢复了百分之六十五，阿普特医生惊呆了："你这阵子都在干什么？"

176

我什么也没说，因为克里希那吉要我不要提起他在这一年里为我做的事。"除了达达，不要告诉任何人，包括你的父母。"我说："好的。"所以我带着那个报告回去了，克里希那吉很开心。就这些！

P.克里希纳：维玛拉吉，今天的科学家会说心理治疗是可能的，但是你所经历的那种物理治疗是不可能的。他们会认为这是一个奇迹。你可以解释一下它是如何发生的吗？

维玛拉吉：我亲爱的先生，我自己称之为奇迹。我觉得它是一个奇迹。耳鼻喉科医生也称之为奇迹。发生了什么？我说："我不知道。"由于医生也无法理解这一现象，我被送到伦敦兄弟医院接受另一次听力测试，我在1961年6月下旬去到医院，贾伊·普拉卡什·纳拉扬先生让我去见他的朋友洛德·戴维·阿斯特。在伦敦兄弟医院，我再次做了测试。有百分之七十五的听力恢复了！出血，耳朵排液，一切都停止了。所以我把它看成是一个奇迹。克里希那吉住在温布尔登，我去看望他。我告诉了他伦敦兄弟医院的报告，问道："先生，这是什么奇迹？""什么奇迹？你说奇迹是指什么？这只是能量之间的相互作用。这需要在两者之间发生，然后它发生了。你为什么不把它当作简单的事呢？不要担心，你不必觉得应该为我做些什么。我什么都没做，它就发生了。"所以我带着解释回来了——能量的相互作用。有一种能量我能够理解——称之为克里希那穆提的非凡现象，另一种能量——我不知道他指的是什么。但我认为再次询问他是鲁莽的，所以我保持安静。对我来说，无论你称之为奇迹与否，它在大脑或理性层面是无法解释的现象。它是非理性的。

克里希那穆提本人更像是一种现象而非奇迹。虽然我与他不是非常亲近——我甚至没在任何地方和他待过二十四小时——但无论

177

我的理解是什么，除了作为一个人，他更像是为了回应人类进化需要而出现的奇迹。

P. 克里希纳：但在阅读他的传记时，人们发现他自己经历了几次疾病，身体上遭受了很大的痛苦，有时需要医生进行手术，或长时间使用抗生素治疗。所以这意味着一个像他那样的人——无论你称他为圣人或自由的人——无法用他治愈别人的方式治愈自己。

维玛拉吉：我真的不知道。但根据瑜伽科学和阿育吠陀疗法，这种治疗的力量不能被个人自身使用，如果他们使用了，力量就会消失。我不知道，我在告诉你我阅读到的东西。

P. 克里希纳：我们读到克里希那穆提生命中另一个神秘事件，就是他在不同时期经历的被称为"过程"的事件。它似乎从 20 世纪 20 年代一直延续到 70 年代。你认为这与文献中所描述的昆达里尼的觉醒是否一致？

维玛拉吉：不，先生，昆达里尼的觉醒确实激活了体内不受限的能量，但持续的时间并不长。昆达里尼肯定在克里希那穆提的生命中发生过，他们确实提到当觉醒发生的五或六个月内，他似乎必须待在欧亥，他们不得不在整个房间的墙壁处铺设床垫，当他无法忍受这个强度或疼痛所带来的痛苦时，他会四处滚动。你想让我谈谈这个过程吗？

P. 克里希纳：是的，如果你愿意。我不想劝说你。如果你不愿意的话，你一定要感到自在，不要……

维玛拉吉：不，先生，不是那样的。就像我告诉过你的，私下我并不太了解克里希那穆提这个人。我了解这位导师，我学习过他的教诲，我仍然在学习中。到目前为止，它们就像一个包含无数我们还没发现或注意到的东西的海洋。但关于克里希那穆提这个人，对我来说很明显——一个没有和他一起生活和工作，或在他的任何组织及机构任职的人——对我来说，他是一种奇迹——用"操纵"不是很恰当，但让我暂时使用它——在无形的力量或能量的帮助下，受到最高智慧的刺激，并由具有特殊精神造诣的人类留在了地球轨道上。所以，他们必须在南印度找到这个完全天真、空灵的男孩。在智力上的迟钝并非毫无意义。那些说他不睿智的人或许对他不太公平。他有罕见的才智，包括他的大脑，但那不谙世故的空灵并非被动，绝不呆板。那是非常罕见的品质。所以他们可以塑造它——意识——他们可以完善它，使之敏感；由于世界需要一个既不属于东方也不属于西方的导师，一个不会是任何教派、教条、神学院或哲学院产物的导师：一个完全独立、空前独立的意识。所以，用他自己的话说，他的身体被非凡力量所使用。所以似乎有两个"实体"——也许这是错误的描述——一个是受其家庭，或印度教，或无意识的印度种姓限制的男孩，而另一个实体则通过"过程"而发展。他没有要求它，他并不想要它。原谅我这么说，那是因为宇宙的需要而强加到他身上的。这是宇宙遇到的非常宝贵的工具。所以他必须经历这个"过程"长时间的折磨。他自身不需要这样进行转化。这不是个人需要，而是为了地球和宇宙的目的，这是为了最高智慧的牺牲。我从没有遇到像克里希那穆提一样的僧侣。

P. 克里希纳：在 1986 年 2 月 7 日，他去世前几天的最后一盘录像带里，他提到至高智慧通过这个身体运作，他也说这个身体是长期发展起来的，可能几百年内人们找不到另一个像这样的身体。你对这个陈述有什么看法？

维玛拉吉：我认为他有权这样说。我不知道几千年的事，但是从 10 岁开始也许直到 80 岁，他们确实在通过他的生命对它起作用。我称之为折磨，因为他具有诗意的本性，是如此温柔，如此敏感，而他的生活所提出的要求，是如此严厉而尖锐。他必须在两者之间同时生活。他没有多少时间留给自己，去过这种诗意温柔，他个性中人性的一面。所以对他来说一定非常困难，出于我对他的崇敬和巨大的爱意，我对他经历的一切感到同情。

P. 克里希纳：所以你觉得在某种意义上，他不得不牺牲自己来完成世界导师的角色？

维玛拉吉：先生，关于这一点我毫不怀疑。因为这是为了后人们。我可否提及目前为止我身边没人知道的一件事？我在英国艾米莉·鲁琴斯孙女家做客。那是 20 世纪 70 年代非常久远的事了。所以请原谅，如果我不记得正确的细节。我当时是客人……

P. 克里希纳：……艾米莉·鲁琴斯的孙女？

维玛拉吉：是的，就是这样。有一天晚上，我拿到了一捆由克里希那吉写给玛丽的信件。一些关于克里希那吉即将出版的书籍，这些信件将被夹在书中。它们就像任何一个年轻人，写给他爱的女孩的情书一样。我不知道其中出了什么问题，但在克里希那吉目前的生活和全球工作的重要阶段发表那些信件，是我的神经所无法忍受的。所以在仔细检查这些信之后，我把它们扔进壁炉里，并且愿意承担任何后果。我想——不是拯救——而是帮助克里希那穆提的教诲，1930 年以来唯一理智和清晰的教诲，那些聆听他并相信这些话的人可能会被误导。所有国家的人类，在很大程度上都是愚蠢的。他们会曲解它，好像他无权爱任何人，或过正常的生活。在其中一

180

封信中，他说："为什么被选中的人是我，否则我可以和你结婚？"我非常生动地记住了读到的这句话。即便是通神学的教义，也会被污染、扭曲、滥用。没有人希望克里希那吉的教诲被曲解，或仅仅因为这摞信而被误解。我这么做，与我此前的经历无关，但我完全不后悔这么做。他的生活是一种牺牲，从赖德拜特注意到他的那天开始到终身牺牲，他被当作第二个基督或弥勒佛——不管你怎么称呼——降世的媒介。所以这是一场生命的牺牲。直到1925年，也许他还没有意识到这点，但在那之后，他所做的和他所承受的是一种牺牲，他心甘情愿地以极大的代价牺牲了自己的情感生活。

P. 克里希纳：从克氏的所有传记，甚至他的一些著作中可以清楚地看出，他以某种方式与神圣的力量有接触。那为什么他否认了上师呢？

维玛拉吉：否认？什么时候，以何种方式？

P. 克里希纳：也许他没有明确否认，但他否定了他们的重要性。他没有公开承认他与上师的联系，也不想承认。

维玛拉吉：看，先生……

P. 克里希纳：我不知道那个接触是否只在生命早期，还是贯穿整个生命过程，我也不知道"上师"的定义是什么，但很显然，他有机会接触到某种至高无上的智慧——或有某种神圣力量通过他运作。而他从来没有公开承认过。

维玛拉吉：是的，先生，他从来没有承认与上师的接触——"无形上师"，他这么说时，嘴唇上会带着讥讽的微笑——那大概是在1929年到1930年之间；但在1925年到1930年这四五年之间，他似乎超越了那些非凡力量，并与他喜欢称之为"至高智慧"的存在有所联系——我称之为生命的神性和有觉知的智慧，渗透到生命的每一个表达。他与至高智慧交流。如果对上师或非凡力量等没有贬义的话，为什么他不承认它们，为什么他讽刺地说话，那就是因为当时围绕着知识分子和学者的整个环境。组织化的宗教使权力庸俗化——不只是通神学会及其中一些人，而是全世界——基督徒、印度教徒……他们把这些神圣力量贬低到被通灵野心及动机所利用的水平。也许他担忧，如果他说了一句话，承认了上师，会被人们认为是他作为世界导师给予的认可。他必须扮演那个角色，一切围绕着这个角色。他无法离开它哪怕一英寸。甚至在独立于通神学会之后，他仍然是世界导师。所以也许他不想用这种神圣的认可。他的神圣是一种科学的灵性。

P. 克里希纳：可能由于他在弟弟尼亚去世时，意识到上师们的信息或者交流有时会被误解，因为人们的想象力或自我可以扭曲这些信息，甚至可能创造一个不存在的信息。因此，人们依赖上师来生活或学习，确实不是太可靠；因此，人们必须首先（也许，正如他所说，"第一步就是最后一步"）摆脱自我的扭曲，而非试图与非凡力量进行交流。

维玛拉吉：是的，你理解得对。但在他上船开始旅程之前，佛陀的灵光进入他的眉心这一重大而神秘的事件已经发生了。与非凡力量的交融已经存在，但还没有发展成意识，对非凡力量的超越是通过他所谓火花的相互作用而产生——我称之为佛陀意识——两者之间的融合给予他真实性。所以船上发生的事，尼亚的死亡带来的悲伤，向我证明这种超越已经发生了。你有理由说，为了自我的目的，这些信息可以被歪曲、扭曲、滥用。那非常正确。但以免有人出于野心或其他动机，以免任何人接触那些力量，尝试触碰或与之沟通，我认为他一定宁愿保持沉默，或者不予理会，以免在闲谈时涉及。

P. 克里希纳：我们也都有过悲伤的经验，像他一样失去至亲的个人悲伤，而佛陀也由于看到周围人类的悲伤而提出这个问题，有无可能摆脱悲伤，结束悲伤。像佛陀一样，克里希那穆提似乎穿透了这种质疑，看到了悲伤的结构和本质，并彻底地摆脱了它。

维玛拉吉：是的，先生。

P. 克里希纳：为什么那不会在我们身上发生呢？我们也有这个问题，我们也经历了悲伤，我们也寻求摆脱悲伤。那是什么阻碍了它，为什么这个阻碍不会发生在佛陀或克里希那穆提身上？

维玛拉吉：也许，因为死亡这种不可逆转的分离造成的个人痛苦对他们来说并不重要。痛苦是一个心理过程。所以当痛苦侵入克里希那吉的时候，他必然会因为爱尼亚而流泪。但这使他的意识进入了人类生命脆弱的事实。以上师或其他任何形式、神或女神的名义给予的所有承诺和保证，如果它们没有实质内容，如果它们是谎言或虚构的信念，或一厢情愿的想法，那么人类就容易受到各种各样的事件、愉悦或不愉悦、痛苦的伤害。所以他被带到脆弱的事实中。他一定想知道这个脆弱的意识如何能变得自我信任，而不陷入痛苦？这是一个情感和思维的混合过程。思考使痛苦的情感刺痛得以延续，但是，当一个人看到了思想有限的效用，不允许思想结构侵入那些未经证实的领域，那么情绪刺痛本身就消退了。克里希那吉曾经说过："心理痛苦的终结即宗教的本质。"所以这痛苦为他而结束了。一次死亡代表数百万人死亡的发生。那些以上师的名义做出保证的人的背叛，是对整个人类的背叛。或许在那三天里，他经历了整个人类的生活，佛陀也许只用了一个小时或三个小时——我们不知道——所以痛苦终结了。我们受困于痛苦。这种孤独是我们日常生活的个人结果。我们错过了某种事物。所以在我看来，痛苦与我们同在，不会结束，因为痛苦带给我们施虐的快感——感受它、谈论它、自我怜悯等等。

P.克里希纳：我在书中读到，在这十五天内，在去印度的船上，他遭受了痛苦，但他从痛苦中学习，并且解脱了。

维玛拉吉：啊，就是这样。

P.克里希纳：然后他给一个朋友写了一封信，他说："我经历了个人的悲伤，我穿透了它。我幸免于难！"

维玛拉吉：是的，先生，我们没有吸取教训，而他在持续学习。对他来说，生活等同于学习。

P.克里希纳：这是人类的悲伤。这不是他个人的悲伤。

维玛拉吉：是的，先生。完全正确。

P.克里希纳：维玛拉吉，你研究过东西方浩瀚的宗教文献，也接触过几位虔诚的宗教名人。关于克里希那穆提的独特之处你会说什么——这个人和他的教诲？

维玛拉吉：我不认为我有权谈论这个人，我与他不是很亲近，我可以这么做，但我的天性有些害羞。所以我保持了一个尊敬的距离，但我可以说，我遇到过的所有宗教导师，所有灵性名人，包括我们这个时代的巨人之一维诺巴吉，我非常了解他，因为我们一起工作过——他们都没有完全依靠自身去探询。我5岁的时候就开始追求真理了，在25岁之前我访遍了所有静修院，仅仅出于对探究的热爱。在追求无条件的自由和彻底解放的过程中，没有一个导师是完全依靠自身的。他们受到《吠陀经》《奥义书》，某些人或名人的权威的束缚。这里有一位我称之为现象的人，因为他毫无权威的探究和完全自我依靠的转化。这是核子时代的需要，是为了科学和灵性的结合。一个完全依靠自身的人，没有任何牢骚，也没有以任何方式试图炫耀，不是一天或一年，而是半个多世纪！他宁可隐瞒它，也不愿炫耀。所以我在长期求索中相遇的那些人，不能与克里希那吉的生命相提并论。在教诲中，我从和他的交流中发现了奥义真理的痕迹。他没有读过《奥义书》，但他是印度文化遗产的一个产物，来自比北印度更少污染的南印度。所以这存在他的血液里。当人们描写关于他的事，说这就像智慧之人，这就像《奥义书》，他们并未领会这种表达的纯粹，那完全是从最为困难的自我探索和追求所产生的。周围的环境完全不支持他的追求。他所扮演的角色原本可能是一种负担，尽管如此，他发现了你在《梨俱吠陀》或《奥义书》中可能遇到的同样的真理。这在他的公开演讲中非常明显，不管我是在孟买聆听他，或在克莱蒙特（美国）、萨嫩（瑞士）、印度，这种心对心的交流。先生，这是无与伦比的，我很抱歉。

P.克里希纳：他反复告诉我们，一个人必须成为自己的光。

维玛拉吉：哈，是的！

P.克里希纳：在这个层面上，他说没有老师也没有教诲。

维玛拉吉：是的。

P.克里希纳：老师、教诲和学生，在这种探询中是一体的。没有教导者和被教导者的区分。在这个层面上，他承载了佛陀的箴言，你必须成为自己的光。

维玛拉吉：是的。Atmadipo Bhava：成为你的自性之光。

P. 克里希纳：你认为克注定成为世界导师吗？即使他没有被赖德拜特选中，这还会发生吗？

维玛拉吉：它肯定会发生，但不会以现有的方式。目前所有他可支配，能够使用的环境、设置、方法都会不在。但是教诲仍然会从这个存在中显露。

P. 克里希纳：所以你认为通神学会给他的关怀和培育是一个促进因素，但不是一个决定因素……

维玛拉吉：是的，先生，你已经说过。

P. 克里希纳：在教诲的流露中？

维玛拉吉：这无疑是最有价值和宝贵的贡献，如果世界导师像圣拉马纳那样住在印度的一个小村庄，西方会做什么，整个世界会做什么？它将如何承载 20 世纪将面临的挑战？所以通神学会的贡献是非常宝贵的，但我不会把它称为决定性因素。

P. 克里希纳：维玛拉吉，在你看来，克里希那穆提对人类意识有何影响？我知道这是一个很困难的问题，也许，它的困难在于一个人的一生太短暂，以至于难以评估这种现象的影响，但你还是会说什么呢？

维玛拉吉：克里希那穆提以自己的生命为一种全球性的人类宗教、一种全球性的精神、一种探究真相和活出真理的全球化方式铺平了道路。因为所有组织化的宗教都将崩溃，他们失去了他们的实用性。有组织的、标准化的、系统化的真理宣言失去了意义。他们现在已经成为一个障碍。但如果克里希那穆提没有活过，也没有教过，那么在人类意识的轨道上就会有一个真空。他为 21 世纪铺平了道路。

P. 克里希纳：为每一个严肃的探索者吗？

维玛拉吉：是那样，先生，对的。那样的人只有极少数——只有最优秀的人。

P. 克里希纳：你认为克里希那穆提是否像任何一个有自我的普通人，后来通过探索实现了自我转化，或者说在某种意义上，他生而自由？我问你的这个问题，他也问了自身：为什么男孩时期的克里希那穆提，没有受到限制和陷入困境？

维玛拉吉：我是一个小人物，无法回答这个问题。但我认为，一个人若不想从这个世界或其他事物、人性或神性中获得任何东西，他就不会受到限制。克里希那穆提一定有过他的自我结构，自我在日常生活的琐事中制造麻烦，但是当来到灵性的领域、真理的领域，自我不起作用。当他说话时，我相信他说的"这个男孩从未受到限制"。财富、声望、名声、名誉都无法触动他；而那个男孩的小小自我，仍然在他的生活里，他也从来没有机会过一个正常的童年，享受青春令人陶醉的丰富表达。这就是为什么他仍然如此人性化。

如果你允许的话，我会告诉你一件1966年在萨嫩发生的非常小的事情。我曾经住在萨嫩，但习惯去格斯塔德购物。有一天下午我去了一家大商店，我看到克里希那吉在男士领带的柜台边。他充满爱意，非常专注地挑选领带。有两位加拿大女士来了。她们走进商店，站在我旁边。看到克里希那穆提在商店里，她们非常惊恐。其中一人说："哦，他就像我们一样，他在为自己挑选领带！"另一个说："哦，那他就像我们一样。听他讲话有什么用？"然后她们离开了。她们当天就乘火车离开了，那天没有演讲。几天后，在演讲后我遇到克里希那吉说："克里希那吉，那天我在店里看到您。"他说："是的，我注意到了你。"我说："先生，您正在为自己挑选领带，它们太昂贵了。"他说："你指什么？"我说："它花费了您两个追随者！"我告诉了他这个对话。他笑起来，像一个小孩一样咧开嘴角，说："啊！没有人给过我这样的赞美！维玛拉吉！"如果没有自我中心或自我意识的刺激，那他身上的人性就不复存在了，就不会存在了。他是一个世界导师，却如此充满人性。

P. 克里希纳：赖德拜特和安妮·贝赞特是如何挑选出克里希那穆提的？毕竟，在两兄弟之间，尼亚更聪明更善于学习，而且这个男孩显得很迟钝、不聪慧。甚至萧伯纳和其他人也取笑过他。然而他们坚持自己的选择，他们说"就是这个男孩"，从不动摇。他们是如何选择他的？

维玛拉吉：据我个人的理解而言，有五个主体——我们看到的身体、物理的整个身体——我们称之为一个层，瑜伽科学称之为"鞘"（koshas），但它们是自主的——整个身体中包含五个主体。那些觉得这个男孩不聪明或者没有什么特别的人，只看到外部物理层，然后是肉体层（annamaya kosha）和智力层。他们只看到了最外层。或许他们无法看透，赖德拜特先生肯定已经洞察了。我们必须相信由他的神秘修行所完善的感知，他的感知被激活了。所以他立刻就把外壳揭开了，他一定认识到这个男孩存在的核心和本质。但这只是我的理解而已，我并不真的了解。

P. 克里希纳：在 1929 年，克里希那穆提说他的目的是帮助人类挣脱所有局限，彻底地解脱。你认为他的使命成功了吗？如果没有，为什么没呢？

维玛拉吉：相比于数千年的人类进化或文明，一个人七十年或七十五年的努力工作是什么？这个时间太短，无法衡量成败。成功和失败都不可知。他已经播下种子，他已在全球层面上耕耘了人类的心智，并嵌入——不只是介绍，而是在人类意识的轨道中嵌入了某些真理。他们需要时间发芽、表达，并在人类社会中发挥作用，但在我看来，它们已经非常深入了。

P. 克里希纳：大多数宗教人士会在他们周围聚集一群人，要么是他们的亲密朋友或弟子，或两者兼而有之，并围绕他们发展社区，克里希那穆提则在某些或其他时间，几乎与所有曾经非常接近的人都闹翻了。你认为这是什么原因？

维玛拉吉：我的看法是什么？

P. 克里希纳：在你看来，这是什么原因呢？我的意思是像安妮·贝赞特这样的个性吸引了有智慧的人，建立了通神学会，等等。同样地，如果你观察任何其他宗教人士，你会发现他们周围有很多杰出的人。如果你以罗摩克里希纳为例，他身边有维韦卡南达，等等。但是在克里希那吉的情况中，似乎大部分曾与他有过密切关系的人都离开了他、抛弃了他，又或者他离开了他们，尽管其中许多人都非常杰出，你欣赏哪一种方式？

维玛拉吉：哦，难道他没有说他不要追随者和门徒吗？他大概不希望留下任何组织或僵化的团体。这是他的一个方面。我认为第二个方面，可能因为他的本性不是一个社会化的人。像一个真正的僧侣，他并不喜欢很多人接近他。我可能差点叫他独行者。所以他表达真相的方式非常尖锐，他的策略是把人们扔回到他们自身，迫使他们在探索中变得自我信任，积极阻止他们依赖他。现在告诉我，这样一个人，身边怎么会有人呢？

P. 克里希纳：但他也详细描述了合作的必要性，真正的合作是出于爱，不是出于想要这个或者想要那个，不是出于相互满足。所以教诲中已经解释说了，你无法完全独自在这个世界上做所有事。你必须与其他人合作，然后他解释了真正合作的基础。但似乎并不容易在他周围发生。的确，我听说他在某个地方说过，他永远不会抛弃任何人，但是人们会全部抛弃他！

维玛拉吉：嗯，孤独的生活是他的命运——富裕孤立了他，世界导师的角色隔离了他。身体上、心理上，他都不可能有我们普通人拥有的那种友谊。所以在很多方面，他都因为安妮·贝赞特博士给他定下的角色而受到阻碍。他对真相的严厉是让人害怕的。人们靠近他，他们喜欢他的爱、关怀、关心，但当谈到他的教诲时，剃刀般锋利的真理，非权威方式的严厉和无条件的自我信任使他们感到害怕。他们害怕自由。我亲爱的朋友，我觉得人类非常害怕自由。他们在智力上被吸引，他们在感情上害怕。这个内在的分裂不允许他们留在他身边。他们明白了他的教诲含义的那一刻，他们就撤退了。同样，一方面是性情上的障碍，另一方面是被生活的角色强加于他的障碍——很抱歉，我正在使用与世界导师有关的术语，但这就是我所看到的。他的个性一定是有缺陷的，因为他不得生活在孤立的环境中。并且人们对自由的恐惧，造就了这个距离。但是，让我再说一遍，我不了解这个人，也不熟悉他的私人生活。所以无论我说什么，作为他教诲的学生，我只能像学生一样远距离观察。

P. 克里希纳：维玛拉吉，有人说克氏这个人跟克氏这个导师很不一样，他可能是另一种意识运作的媒介。你怎么看？

维玛拉吉：先生，我不明白这个问题。

P. 克里希纳：作为世界导师的克氏和个人生活中的克氏是非常不同的。

维玛拉吉：是的。

P. 克里希纳：还有一些人觉得，当他还是世界导师时，有另外一种意识运用他作为媒介，而他自己的个人生活则是由他的个性主导的；这两者并列存在。

维玛拉吉：我倾向于同意有两种意识的溪流，但它们同时运作。那使人们迷惑和混淆。他会不定期自发地从一面滑向另一面，非常轻易，但人们只会接受其中一个或另一个。所以我倾向于认为他的生命在延续这两条平行的溪流。他在很多方面已经说过，他的意识被某种力量所使用。例如他说："我像是一部电话，接受信息，不要崇拜电话。"

P. 克里希纳：但也有其他的评论。在一次私人谈话中，当他被提问时他说，"在讲台上讲话的人和现在坐在你面前的人是一样的"。

维玛拉吉：先生，如果他这么说，那么我们必须相信他。我们的对话是一种观察，他的对话是一种交流，我会尊重这一点。

P. 克里希纳：有些人说克氏所倡导的本质上是不可能实现的，一个陷入自我领域的人不可能解脱。你怎么看？

维玛拉吉：不，先生，这并非不可能，我维玛拉的生平就可以证明这并非不可能。这是一个来自中下阶层的普通人，在人类问题、挑战等的整个过程中的生活，自我的解脱可能会发生。所以这不是不可能的。不可能的是，一旦察觉或掌握真理，就全心全意地奉行真理。即使是在学术、语言或智力上的把握，只要把握了，不让理解和行动间存在时间差，我认为是没有问题的。但时间差的造成是以诸多因素的名义，这是自我解脱没有发生的原因。

　　P. 克里希纳：但是对于陷入自我领域的人来说，他的自我扭曲了他的感知，这是一个恶性循环。因此他没有看到"实相"，而是从中制造一个形象，因为他没有看到实相，所以他无法接近真理，而自我不会消融。为了结束自我的幻觉，他必须看到真相，而自我本身阻止或扭曲了感知，因此在那里形成一个恶性循环，造成了困难。

　　维玛拉吉：这个恶性循环可能存在于克里希那穆提之前的时代。在克里希那穆提这个时代，受过教育的、相当聪明的人已经被逻辑告知，自我没有实质内容，这只是一个概念上的现实。因此，当有人向他指出自我成为障碍时，为什么不从他所看到的真相中获得能量？有人向他指出，他已经同意了，他接受了。为什么没有那种心理能量？因此不知何故，人们会感到有依恋，也许是安全感，也许是一个人摆脱自我的个体感，一种不允许它消失的感觉。克里希那吉曾经说过："先生，理解真理并不困难，但你不允许不真实消失。"那是困难所在。

　　P. 克里希纳：有些人认为，因为克里希那穆提年轻时有过性行为，所以他不能成为圣人。你觉得圣人不能有性关系吗？

　　维玛拉吉：神圣与性有什么关系呢？性本身是一种神圣的能量，但是如果带着负罪的感觉去经历，就像要掩盖起来不被人看到，或不被人注意到，那它就变得错误了。如果性使一个人不圣洁，那是否意味着……

　　P. 克里希纳：……那么我们都是罪恶的结果！

　　维玛拉吉：……有家庭的人不能实现那种维度的转变？不是这样

的。但那与克里希那穆提在生活中的角色无关。这就是为什么有人会说他这方面可能不神圣。但我们不知道，我们不了解他的生活。

P.克里希纳：好吧，圣人也有生活的乐趣。当他观察一棵树时，有一种乐趣；当他看到美丽的东西时，有一种享受；当他吃东西时，有一种愉悦。那么为什么不能有一种宗教意识，一种具有爱和慈悲的真正的宗教意识，不能作为友谊的一部分，并享受两性结合的愉悦呢？

维玛拉吉：它是非二元性的。转化将你带到完全没有性意识的意识中。非二元性使你成为一个无性或无性别的人。所以在解脱后，仍然在男性和女性的二元性中感到愉悦，有性关系的冲动或要求，这似乎是矛盾的。

P.克里希纳：如果有可能在生活中经历其他快乐，而不产生依恋或强迫性的欲望，那为什么不能享受性愉悦，并把这作为个人情感的多样化表达方式之一——就像牵手和拥抱，为什么它不能延伸到性行为上——以同样的心智状态，而非带着欲望？

维玛拉吉：当然不是，当然不是。

P.克里希纳：为什么你觉得与任何其他行为相比，这个特定的行为中不可避免地存在二元性？

维玛拉吉：因为有两个人参与其中。

P.克里希纳：啊，但是当你牵手，那也是两个人牵着手。

维玛拉吉：是的……

P.克里希纳：在我得知克里希那穆提的生活中这件事是事实后，我阅读了他对性的看法。他在某处说爱既是个人的又是非个人的，没有什么区别。爱是一种心灵状态，它在其中发挥作用，它所做的一切都是那种爱的一部分，那种心灵状态。没有任何东西被排除在外，如果性以这种方式进行，那它就是爱的一部分。但通常我们不会这样做，因为我们心中没有爱。

维玛拉吉：如果克里希那穆提承认他觉得需要通过性关系来表达爱，如果他接受了，谈论它，我认为任何人都不该为此大惊小怪。没有人可以说必须做什么和不能做什么。我正在传达我的观察，当性意识完全消失，注视一个人或牵手都会带给你极度的喜悦——不是快感——而是共融的喜悦。如果二者有关，快感就变得不必要，而在共融的微妙喜悦中，只要与另一个人安静地坐在一起，爱就会表达出来，被感受到。但如果克里希那穆提说性关系是必要的，它不仅是个人，也是超脱个人情感的爱的表达——那么这是一件需要思考和探究的事情。

P. 克里希纳：我认为他在说这些时，没有人会和他讨论他的个人生活或情感，但当他被提出关于性和圣人问题时，他说我们把性列为单独的东西，我们对此大惊小怪，它是生活和自然中的众多事情之一，如果你对其他一切都有强烈的感受，它就会找到正确的位置。但他并没有把圣人或宗教人士排除在性之外。

维玛拉吉：是的。或许我的头脑中还潜伏着一些限制。

P. 克里希纳：但你说的也是真实的，因为我曾问过他："如果你从未经历性，你怎么了解性？"当时我不知道他有过恋爱，他说："先生，我只要握住你的手，就能得到你那样做时同样的快乐！"这就是他所说的。我觉得很难相信，但这就是他所说的。

维玛拉吉：这就是为什么我说，我们无法为已解脱的人设立标准。

P. 克里希纳：在你与他的交往中，一定有过个人经历和互动。如果你认为值得讲述，你愿意为后人谈论一些吗？

维玛拉吉：正如我告诉你的，我完全在印度的环境下被抚养长大。我不知道什么是英国化和西方化的生活。所以当克里希那穆提有一天说："明天到格斯塔德来用午餐。"我说："不，先生。"他说："你的意思是？"我说："我不知道任何餐桌礼仪，我不知道如何拿刀叉，我什么都不知道，你不知道我多么无知。"然后他说："来吧。像我一样做就行。"因此我去了。他说："看，我今天煮了菠菜。我们将有米饭、菠菜，菠菜上还有凝乳。"他让斯卡拉韦莉女士也用印度的方式吃饭！那是他身上的仁爱。

有一天他派斯卡拉韦莉女士过来。他说："把维玛拉接来。"他坐在小木屋外一棵树下，招手让我过来坐在他旁边——五分钟，十分钟，二十分钟，半小时——他甚至都不看我。他正在凝望空无。半小时后他说："这难道不是很奇妙吗？现在你可以离开了！"

有一次他在英国。他和我约了下午两点三十分。我去了温布尔登。他穿着围裙打开了门。"天哪！我今天和你约时间了吗？""是的，先生。""你介意在厨房会面吗？""不介意。"我们去了厨房。我说："先生，您允许我帮助您吗？"他正在洗盘子，我只好擦盘子，把它们整理好。所以无论谈话如何继续，我们边忙边聊！最后，他说："你们印度人，喜欢喝茶是出了名的。你想喝杯茶吗？"我说："是的，先生。"他像男孩一样调皮。所以我让他在厨房里沏一杯茶，他坐在凳子上。我喝了一杯茶。"这么久的一杯茶！"然后我走了。

他是克什米尔的卡兰·辛格博士的客人，辛格博士在斯利那加的达尔湖边有一座宫殿。当时他是那里的一位客人。达达和我，我

195

们都在斯利那加，于是我们去看他。他的身体不太好。因此达达说："克里希那吉，我在斯利那加，出于礼节，我想来拜访你。"他说："礼貌性的拜访？先生，我不是那种社会动物！请坐，请坐下。"一旦我们坐下，他说："我很抱歉在宫殿里会见你们！"他有一种非常微妙的幽默感。这种和他待在一起十分钟或者十五分钟的偶然会面，不值得人们去了解，但这种人与人的接触真是太棒啦！

我不知道是什么让你想到来采访我。但是你帮助我重温了与那个伟大人物相处的时光。我一直是他教诲的学生。每当有人问我，我就说："先生，我认识那位导师，而不了解那个人。"但是谢谢你，谢谢。

P. 克里希纳：谢谢你，维玛拉吉，与我们分享所有这些神圣的事情。

安妮·贝赞特所说的是，弥勒佛的意识会和克里希那吉的意识相融合，他的启示和影响将通过他遍及世界。所以从最早期开始，对于这个正在做准备的媒介，人们抱有很大的尊重，或许他们并不觉得应该告诉他该怎么想；另一方面，他们必须给这个男孩机会去准备。

——拉塔·布尼尔

第七章

拉塔·布尼尔心中的克里希那穆提

克里希那穆提与拉塔·布尼尔

拉塔·布尼尔女士在 1980 年至 2013 年间担任通神学会主席。1923 年 11 月 15 日，她出生在阿迪亚尔校园，在通神学会的学校接受教育，并在古典印度舞蹈学校鲁克米尼提毗·阿偌德的剧团学习婆罗多舞蹈。后来，她去了贝拿勒斯印度大学，在那里她以优秀成绩获得了学士学位并取得梵文硕士学位。她在让·雷诺的电影《河畔迷影》中扮演了一个举足轻重的角色。

从 1960 年开始，她在全世界范围内进行广泛演讲，并在几个通神学会的会议、大会及夏季学校担任演讲嘉宾。她是《通神论者》（*The Theosophist*）中许多篇文章的作者，还有其他的几本重要著作。她还曾把古代的梵文经典翻译成英文。

她是克里希那穆提的亲密伙伴，并从童年时期就认识他。克里希那穆提名她为克里希那穆提印度基金会的理事，应她的邀请，在离开通神学会近四十六年后，克里希那穆提于 1980 年 11 月 4 日访问了通神学会的阿迪亚尔校园。1933 年在安妮·贝赞特去世之后，他就离开了阿迪亚尔。克里希那穆提和她，还有一些居民一起散步，从学校大门出发，经过大榕树走向海岸，1909 年时他在这里被赖德拜特发现。1982 年 12 月，在通神学会阿迪亚尔百年庆典期间，克里希那穆提在阿迪亚尔种了一棵菩提树。布尼尔女士于 2013 年 10 月 31 日在通神学会的家中去世，享年 90 岁。

2001 年 7 月 22 日，P. 克里希纳教授在瓦拉纳西的拉吉嘉特的克里希那穆提研究中心，在克里希那吉的房间里对拉塔·布尼尔女士进行了如下采访。

P. 克里希纳：拉塔吉，你认识克里希那吉已经很久了。许多素未谋面的人，根本不知道他是什么样的人，没有体会过他在场时的氛围。他们只是根据读过或听过的话，做一些推测。因此，我采访那些与他关系密切的人，收集人们对他作为人类的印象，以及对他的看法，以便为后人保留下关于克里希那穆提这个人的记录。所以我想问一些问题，我希望你能尽你所知自由而坦率地回答，以便我们能够准确记录克里希那吉作为一个人和导师是怎样的。这并不意味着创造一个关于他的形象或赞美他。相反，它旨在打破那些从未认识他的人头脑中存在的各种虚假形象。本次采访正是基于这种观点进行的。

我想先问问你对他最早的记忆是什么？你什么时候第一次见到他，和他谈话，那次会面对你有什么影响？

拉塔吉：我很难说我第一次见到他是什么时候，或我最早的记忆是什么样，因为当时我还是一个小孩子，他住在阿迪亚尔通神学会美丽的二楼公寓里，安妮·贝赞特为他建造了这栋房子，俯瞰着阿迪亚尔河、孟加拉湾和绵延的大片绿地。克里希那吉似乎总是对孩子有一种特殊的感情，我哥哥和我——我们之间只有1岁的差距——在阿迪亚尔享受着大庭院的美丽，住在离克里希那吉公寓很近的地方。我们经常在那里漫步。我有关于克里希那吉模糊不清的记忆，他在那里散步、打网球，我哥哥和我去他的公寓，和他一起玩游戏，他有时也来我们家吃饭。那时我真的太小了，无法按时间顺序记忆所有发生的事情，或详细描绘它。但记忆中，我在那个年龄与他有非常愉快的接触，特别是当我们去他公寓时候。他经常过去玩游戏，我们喜欢去网球场看他打球，并为他们捡球。

P. 克里希纳：那会儿是 20 世纪 20 年代还是 30 年代？

拉塔吉：是在 20 年代。

P. 克里希纳：他会和谁一起玩？

拉塔吉：当时有各种各样的人在打网球。曾经有一位维尔马先生，他后来住在坎普尔。我没法真正分辨每个人。拉嘉戈帕尔在那里，也许还有加顿丹·普拉萨德。但我可能会弄错这些。

P. 克里希纳：克里希那吉是一名好的运动员吗？

拉塔吉：我没有任何想法，但我母亲以前常常去那里玩，我记得他告诉我们："母亲打网球，天哪！"所以我们也学会了说"天哪！"这是他最喜欢的感叹之一。所以那是我早期与他的接触。但令人好奇的并不是相关的记忆，而是这种交往创造的异常喜悦的感觉，在他身边遇见一些有独特气息的人。那种感觉一直留在我身上，而不是具体发生的细节。

P. 克里希纳：你什么时候第一次遇到他，和他谈话，是在哪里？

拉塔吉：我时不时听他讲话，例如，我想 1948 年他是在贝拿勒斯卡马查的瓦萨学院大厅讲话。我不太理解他在说什么。我只是试图去理解。很久以后，当他在拉吉嘉特协会讲话时，我才定期去听他讲话；但我从来没有试图私下见他。我一直有一个感觉，如果一个人真的听懂了他的话，就没有必要再问他。人们必须做的是思考他所说的，试验它，并为自己了解它。这是我没有尝试联系他的原因之一。大约在 1960 到 1961 年，我不记得确切的年份，那是他在萨嫩演讲的早期，我和几个英国朋友去了那里，住在格施塔德的小木屋。我常常沿着小溪散步，听他在萨嫩地区讲话。谈话结束之后，人们议论纷纷，但我对此并不在意。我也不认识很多人。所以我过去常常沿着小溪慢慢地走回来。有一次，我刚离开帐篷走在路上，斯卡拉韦莉女士开着车，克里希那吉坐在车里从我身边经过，开了一段距离后停了下来。他们回过头来叫我。我走过去，克里希那吉说："你怎么在这里？"他说话的方式，听起来好像知道我是谁，我也觉得他不是一个陌生人。他说："我们会见面，我会给你打电话。"等我回来时接到一个电话，邀请我和他共进午餐。我与他的联系就是这样开始和延续的。遗憾的是，我从没有记录我和克里希那吉的会面，他所说的话和所有这些。我继续研究这些教诲，以期获得一些见解，从不特别注意对话的细节或过去的事情。

P. 克里希纳：那个时候他给你打电话，你一定是去见他了。你能描述下发生了什么吗？

拉塔吉：是的，我去了斯卡拉韦莉女士的小屋，一位为他们烹饪的意大利女士在里面。克里希那吉问我在做什么，我告诉他我是贝拿勒斯通神学会印度部门的秘书长。我和他待了一个半小时，吃了午饭。第一次见面后，每当我去萨嫩时，他都会邀请我共进午餐，我们的联系还在继续。只要有可能，他在其他地方的演讲，我也开始去听。但因为总秘书的职责，我没有太多时间更频繁地这样做。我也一直觉得，只是一遍遍听他说话没有多大好处，重要的是理解他所说的。所以在印度，我经常去瑞希山谷或孟买及附近地方听他的演讲，并在适合的时候见他。每当我在欧洲，我也会去萨嫩附近的某个地方听他演讲。

顺便说一句，鉴于你的初步评论，我想说，从某种意义上，没有人真正了解他。因为人们可以知道回忆之类的事情，然后和他一起度过许多时日，有些人就是这么做的，但是他意识的深度是人们无法真正了解的。我想每个人都从不同的角度对他有所了解。

P. 克里希纳：另外，他身上似乎存在一种无人了解的巨大神秘。这是为何收集人们对他细枝末节的了解是如此重要。神秘当然会继续存留。我想问你，在你聆听他讲话和与他互动时，在那种联系中，你是否感觉他像一个伟大学者或导师，或者有什么东西极其与众不同，如果是的话，你能评论那是什么吗？

拉塔吉：我一点不认为他是一个学者。坦率地说，他从来没读过书，严格地来说这不是很准确，因为他显然读过一些书。有一次他告诉我，他读《圣经》是因为安妮·贝赞特建议他，以便了解圣经所用语言的美妙之处，而不是因为内容。他无疑知道《圣经》中一些美丽的短语。例如，巴拉桑达拉姆博士在阿迪亚尔发表了一个演讲，偶然提到一次克里希那吉说"让死者埋葬死者"。他知道《圣经》中类似的短语，所以很明显，他读得足够多，以至于这些短语给他留下深刻印象。

P. 克里希纳：除此之外，我觉得因为他在通神学会被抚养长大，并且早年他非常仰慕赖德拜特先生、安妮·贝赞特夫人和其他导师，他一定研究过安妮·贝赞特写的关于各种宗教和梵歌的文本与书籍等。在那种气氛中长大的年轻人不读这些书是不可想象的。所以我感觉他曾对我说过，在一次深刻的神秘体验之后，他关于那些日子的记忆被消除了。从这个意义上来说，他后来说他不记得那些书是真的，但这并不是字面意思说他从没有读过任何书。你同意这个说法吗？

拉塔吉：不，我不同意这种说法。他显然读过一些像《圣经》这样的书。克里希那吉说安妮·贝赞特博士要求他阅读，以感受最佳的英语语言。有一些非常值得信赖的人，对那些日子有着清晰记忆，且十分了解安妮·贝赞特。他们告诉我赖德拜特特别注意不向他灌输任何东西，因为他们深深相信一个伟大的声音将通过他发声，他们不想对他的大脑强加任何的想法。他们自己对这些事情非常小心。如果你读到斯里普拉卡萨先生对安妮·贝赞特的回忆，他说她非常小心照顾自己的身体。现在克里希那吉对自己的身体也有同样的感觉，作为一种工具，必须要被仔细照顾。它必须保持非常干净等。所以当时他吸收了各种各样的东西，那些一直留在他的生命里。根据他自己所说，物质的大脑记录着一切，即便在他的情况中，也必须记录各种各样的事情。或许在所谓的"过程"中，记录在物质大脑中的某些记忆已经被冲淡了。

P. 克里希纳：所以你认为他从环境和自身的观察中得到的东西会留在他身上，但阅读的影响微乎其微？难道因为有导师教他，他就不阅读哲学家、思想家的作品了？他们一定跟他谈过从欲望中解脱的问题，并且让他阅读佛陀的开示，因为其中也谈过启示等。除非为了保持他的心智清空而特意禁止阅读，否则这似乎是很自然要做的事。

拉塔吉：我不会使用"禁止"这样的词。但我觉得，一般来说，他们认为只需要让他做好准备，让一个更伟大的存在来使用他。有人说安妮·贝赞特说他是弥勒佛等等，但这不正确，因为他们一直认为这个更伟大的存在，有一天会使用他的大脑和身体。安妮·贝赞特所说的是，弥勒佛的意识将与克里希那吉的意识相融合，他的信息和影响力将通过他渗透和走向世界。所以从很早的时候起，他们对这个正在准备中的"容器"有很大的尊重，也许他们觉得不应该告诉他该怎么想。另外，他们必须给这个男孩机会准备好。那些人后来把他当作权威人士，我认为他们关于他的言论是不正确的。例如，有传言说某些通神会员试图西化他，说他失去了与自己文化的联系。据我所知，那个时期和他有过接触的人，包括希瓦·拉奥先生、我的父亲（斯里·拉姆）和桑吉·瓦拉奥，我时常听到他们说这个说法很不好。他们都非常清楚，他是为向全世界说话而准备的，而不仅是对印度人或任何一个人。

P. 克里希纳：是的，他命中注定成为一位世界导师，而不只是一位印度导师。

拉塔吉：是的，表面上世界的状况将会改变，或许它就是一种预知，一种从勃拉瓦茨基夫人时代开始的预见性。勃拉瓦茨基夫人甚至在她的著作中提到过这种事情。因此，导师必须准备好，以采取适合这个不断变化的世界的方式发言。

P. 克里希纳：是的，他们这种表现会为理性和科学时代的宗教提供新的解释。

拉塔吉：是的，不仅如此，当安妮·贝赞特就不断变化的世界发表演讲，她大概没有详细说明所有变化，但显然，她感觉到世界正在发生重大变化，所以必须有一个不是印度教或吠檀多或任何东西的教诲，但是这些只会来自一个可以理解整个世界的头脑。所以我觉得这是他们抚育他背后的原因，他们想让他准备好向全世界发出信息。

P. 克里希纳：这一切都有记录吗？他们是否记录了他经历过什么，吃了什么食物，以及过着怎样的生活等？因为他们正在为如此伟大的事情工作，作为欧洲人，他们一定会保持完美的记录。通神学会档案中是否存在这样的记录?

拉塔吉:我认为不会有这样的记录。只有来自不同个体的分散描述。我认为赖德拜特(克里希那吉自己称他为"兄弟")对克里希那吉强加的某些健康的观念是正确的,尽管克里希那吉并不真正地……

P. 克里希纳:同意?

拉塔吉:我认为当时没有出现共识问题,因为即使是对赖德拜特,他也有很大的尊重。我认为,说他们之间有分歧,并在赖德拜特打了他的下巴之后关系破裂,是不正确的。因为人们可以从很久之后,克里希那吉写给他的信中证明,他们之间有着深厚感情。但是他们也许是根据那个时代,对健康和良好教养的有限观念来抚养他的——特别是赖德拜特,因为安妮忙于自己多种多样的工作,而不能够给予他这样的日常关注。她所给予的是像母亲一样充足的爱和忠告。

P. 克里希纳:现在,克里希那吉主张我们应该在关系之镜中观察每一个反应,质疑它以了解我们自己,并获得自我认知,这反过来又带来智慧,这种转化来自内在。但如果他没有经历这整个过程,那么他如何获得他所拥有的显著智慧呢?

拉塔吉:我认为智慧以萌芽形式存在于每一个意识中。否则,即使是像克里希那吉这样的人,与听众交谈也没有意义。他自己也承认门是打开的,每个人都可以获得自由。他并非不同寻常。内心的自由是开启智慧的泉源,所以我认为在他的情况下,这没有障碍。他外在的思想十分纯粹,几乎没有任何自私的痕迹,这是赖德拜特先生第一次看到他的光环时注意到的,没有任何障碍,内在智慧只在时机成熟时出现。我记得有一次在外面这个阳台，与克里希那吉、苏南达、普普尔吉和其他一些人坐在早餐桌上，当时有人谈论，他在童年时除了汽车和衣服，对什么都不感兴趣。他说："是的，从他（我）身上得到任何东西的时机还不成熟。"这些话可能并不准确。那么有人问："时机成熟取决于谁？"他说："那个力量。"我非常清楚地记得这些话。他说这个大脑、这个身体，也许这个意识都是受到保护的，许多东西没有放进去。它一直保持清空，所以它随着汽车四处游荡，直到时机成熟，然后教诲流淌。他再次被问道："这力量是什么？"这是其中的一个场合，当他不想回答那些问题时，就摇摇他的手。对我而言，他显然是指他有时称为造物主的力量。那是非常微妙层面的能量，在我们很少或根本没有概念的维度中，它们可能正在注视着世界。

P. 克里希纳：你的意思是有些事物是无法被解释的，比如超越思想和知识领域的宇宙智慧？

拉塔吉：是的，你不能解释它。你无法解释这些事物的来源。在他生命的最后几年他一直在问："生命的来源是什么？"存在一个维度，某些事物从其中流传下来。

P. 克里希纳：所以，当神智学者谈论上师时，他们是否应该成为这个更大智慧的化身？就像你说在印度教中，梵天、毗湿奴和湿婆是在这个世界上运作的智慧的三个不同方面的化身。上师们应该是这样的吗？

拉塔吉：我想，首先，我必须反对这种受到克里希那穆提基金会成员如此青睐的描述。"神智学者说了什么"，这种措辞没有任何意义。任何接受人类普遍兄弟情谊的人，通神学会几乎都承认。所以社会上有各种各样的人，对智慧问题有完全不同的意见和看法。你不能说任何一种声音，是神智学者的声音。对于上师们，已经有很多不同的说法了。你必须注意这个事实。

P. 克里希纳：我明白那个。但是，一些伟大的神智学者，其中的智者对它说的，就是人们提问神智学者时的一般意思。

拉塔吉：是的，勃拉瓦茨基夫人说，她所做的所有工作都是在某些智慧上师和当时著名的神智学者之一的启发或命令下完成的。A.P. 辛尼特先生曾担任当时非常有影响力的报纸《阿拉哈巴德先驱报》（*Pioneer in Allahabad*）的编辑，他收到了许多来自上师的信件，他们自己也谈到何为上师。一种说法是他们是完全无私的。一封信中写道，"成为上师的资格，是在日常中征服自我"。换句话说，完全放弃一个分离的自我的想法。在另一封信中，他们说你只有不断发展灵性才能靠近我们。现在，在杰出的神智学者当中，我认为这个观点是最强烈的，即人类意识的展开并不会止于人类的现阶段。意识可以唤醒的还有更多。其中一位上师在我刚提到的信中说，每一个个体的存在，都有潜在的意义和隐藏的目的，而不仅仅是作为人类的存在。我不太清楚确切的话语。整个宇宙都是快乐的，当心灵清除了所有的自私和任何对自己的渴望时，你就会意识到这点。这种自我净化意即克里希那吉后来称之为"关注"的实践，而在他写的第一本小书《在指导灵的脚前》中，关注被称为分辨。与此相反，这似乎相当具有误导性，这意味着你在不断地关注什么是真实的，什么不是真实的，什么是重要的，什么是不重要的，什么是生活中必不可少的，什么是非必要的。这是一个重要的条件：不要依附，不要有欲望。不占有是另一个条件。所以如果这种品质在意识中发展，并且能够以慈悲和爱拥抱一切，那么就是上师的状态。勃拉瓦茨基夫人问，那些说想见上师们的人是什么意思呢？因为上师不是肉体，而是一种意识状态，这种意识无处不在。

P. 克里希纳：克里希那吉也谈到"他者"。曾任印度基金会秘书的马赫什·萨克塞纳先生告诉我，他在 20 世纪 80 年代（可能是 1983 或 1984 年）找到克里希那吉，问了他一个直截了当的问题：他是否否认上师的存在？克里希那吉说："不，先生，我从来没有否认过上师，但是一些神智学者把庄严变成了荒谬，我否认的是荒谬。"所以在我看来，有些事情超越了已知的范围，超出了运行中的理性思维的把握，你们可以称之为"他者"，称之为超越思想的崇高智慧。现在，当你给它一个形式，称之为上师，就像印度教徒给出一个形式，并谈论梵天、毗湿奴和湿婆。这与那是类似的吗？

拉塔吉：我认为我们不应该引进梵天、毗湿奴和湿婆，因为那会带入整个传统。梵天、毗湿奴和湿婆实际上是指创造性的能量，这种能量能协助所有的宇宙能量，这种能量导致了宇宙的解体（通常称之为破坏性能量），这些都存在。尽管我不太了解科学，但我已经阅读了英国皇家天文学家马丁·里斯爵士的最新著作。他谈到了宇宙中的非凡均衡，以及什么维持了这种平衡。

P. 克里希纳：当然，巨大的宇宙秩序。

拉塔吉：是的，也许毗湿奴代表那种将事物维持在正确状态，以进行某些精神发展过程的能量。我认为我们不应该把梵天、毗湿奴和湿婆作为一种个体存在。

P. 克里希纳：不，我只是把它作为类比。

拉塔吉：但上师也许意味着通过个人表现出来的，那种你称之为"他者"的广阔的意识。

P. 克里希纳: 从这个意义上讲,你会说克里希那吉是一个与上师有联系的人,还是会说他就是一个上师?

拉塔吉: 两者都是。1975 年(不知道确切的一年),当时克里希那吉想要基金会的理事在欧亥见面,进行一次谈话。我不是基金会的理事。由于他们自己的原因,印度基金会并不热衷于派任何人作为代表。我在萨嫩遇见了他,他谈到了印度人中的这种抵制,他说:"你会来吗?"我不是理事,但是我说:"先生,如果你告诉我,我当然会来。"然后基金会决定派阿尔亚吉去。所以我们一起飞行,在那期间,有几个晚上我们被邀请到玛丽·辛巴李斯特在马里布的家,克里希那吉不在欧亥的时候就住在那里。在餐桌上,克里希那吉自己问了这个问题:"上师是什么?"我现在不记得为什么出现这次谈话。我认为阿尔亚吉觉得有点尴尬,她也许想回避这个问题。我说:"您自己说到人类内在自由的可能性。从神智学的角度来看,'上师'是一个已经实现内心自由状态的人,但出于同情他仍然与无知的人类接触,帮助他们,教导他们,像菩萨一样。据说并非所有的解放、觉醒的人都从事这项工作。他们可能在做一些宇宙工作,我们不知道。但其中一些人仍然与地球保持着联系,并被称为'上师';其他人被称为解脱者、完美者,或其他的什么说法。所以'上师'是一些已经达到这种自由状态并教导人们的人。"而且我补充说:"先生,我认为您是上师。"然后就结束了整个谈话。沉默了一段时间后,他转向谈论别的东西。但我确实认为他与其他人存在联系,或许他们是他的导师,或许就像埃德温·阿诺德在《亚洲之光》(*The Light of Asia*)中所说的那样,一层又一层的面纱揭开。即使有觉醒，也可能有深度，未知的深度，对此我们毫不了解。我们只知道不同的传统说了什么……所以克里希那吉本人有可能受到某些人的指导，如果你阅读普普尔吉对"过程"的描述，她曾记录过他谈到"他们"，就会问"他们"是谁？

P. 克里希纳：是的，那是一个谜。我们并不真的了解，一些能量、一些在运行的存在。

拉塔吉：在克里希那吉去世前，马克·李说曾见过他。克里希那吉说："我准备好离开了，他们正在等我，但是身体有自身的程序。"在等待他的"他们"是谁？所以我认为他与处在那种意识水平的人有着联系。

P. 克里希纳：或许他不想提及这一切，因为这会使普通人从真正了解自身的工作中分心，并开始猜测这一切。

拉塔吉：使之浪漫化，变成某些不同的东西。

P. 克里希纳：崇拜等。

拉塔吉：除了马赫什吉所说的话之外，有一次他谈到这点时，他也对我说，神智学者所做的错误，就是把"上师"变成某种个人的、具象的东西。他们不是那样的。

P. 克里希纳：在他的整个教诲中，他始终否认一切形式，他向来只提到精神的价值。有宗教思想的精神，有不同的宗教形式，他否定了这些形式。他并不否认上帝，但他否认一切关于上帝的概念。在他的整个教诲中，你发现这是一个反复出现的主题，在这里也许同样适用。

拉塔吉：就像之前我向你提到的一样，勃拉瓦茨基夫人也说过，上师是一种意识状态，而非身体。他的外貌如何，是褐色头发还是蓝眼睛都不重要。当然，当你问神智学者们的表述有何不同，通神学会中很多人根据个人的喜好，把关于上师的真相转换成许多不同的东西。

P. 克里希纳：正如你所说的，神智学不是神智学者个人的观点。它并非一个特定的观点。这把我们带到下一个问题。既然神智学是对智慧的追求，而克里希那吉一直主张我们必须自己发现真相，那他为什么还要离开通神学会，他所传达的与神智学真正的不同在哪里？

拉塔吉：我认为他离开通神学会，是因为当时通神学会有许多愚蠢的东西。有很多人想象，甚至有一些人假装与上师取得联系，带来了上师的信息，他们声称自己有神秘的立场及类似的各种事件；细节描述这些事情没有意义。而克里希那吉对此强烈反对。而且，他们不认为神智学是智慧的本质，而是把神智学呈现为一套具体的信念或想法。

P. 克里希纳：同样的事情在所有的宗教中都发生过。

拉塔吉：所以他全部都否定了。但是我想知道"存在的力量"是否也无意让他与任何组织有关联或认同……我认为这项工作对世界来说规模如此庞大，以至于成为组织的一部分可能会阻碍它。

P. 克里希纳：你不能把世界导师绑在一小群人身上。从某种意义上说，他有必要走向世界。

拉塔吉：获得完全的自由。正是安妮·贝赞特为此做好了准备。当他脱离通神学会时，世界各地都有朋友为他组织讲座。事实上，她鼓励人们为他工作。如果她没有这样做，他就会陷入困境。我记得有一次，桑吉瓦·拉奥先生来拜访我的父亲，他说他非常忠于安妮·贝赞特夫人，永远不会离开她，但她自己说："现在克里希那吉独自一个人，他需要有人帮助他，所以你去帮助他吧。"这就是桑吉瓦·拉奥离开通神学会，并开始为克里希那吉工作的经过。

P. 克里希纳：在我看来，安妮·贝赞特有更辽阔的视野，她和克里希那吉的关系并不是基于同意或分歧。她希望他做他认为正确的事情，所以她对他应该如何去工作没有要求。这就像对另一个人类真爱的感觉。它给予对方完全的自由，成为他或她自己的样子。没有任何相悖的欲望。这也是你的印象呢，还是我的浪漫化？

拉塔吉：不，我不这么认为。我觉得有一种深深的爱将他们联系在一起。基于克里希那吉告诉我父亲和其他人的一些评论，我被告知她在生命最后几年里，当她的身体由于工作繁多而损耗时，她的精神力量已经不在同一水平了。她变得更容易受到一些与她关系密切的人的影响，也许在那个年纪，她的真实自我无法通过她发挥作用。所以当克里希那吉离开时，她感到十分震惊，而这一切都是由关系破裂带来的震动。如果你研究她以前的生活，会发现她对摆脱旧物、开辟新路从不犹豫。有一次，我问了克里希那吉一个许多人问过的问题："您已经演讲了这么多年，似乎没有人彻底经历过这个革新。您是否觉得有人接近它或类似的。"他说："我想如果母亲再年轻些，这些就会在她身上发生。"他把安妮·贝赞特称为母亲。

P. 克里希纳：是的，这需要对真理的献身，无论真理带你到何方，都需要无畏地追随它，很显然这贯穿她的一生。每当她发现一些事物内在的真实，她就放弃此刻的一切，而不论后果如何。这在她的生活中反复发生。我还记得克里希那吉上次来这里时，他唯一要求我读的是关于安妮·贝赞特的书。他让我读她的言论，她是一个非凡的人。通常，克里希那吉从不要求任何人阅读有关他人的书。

拉塔吉：她的勇气是惊人的。他告诉我尽管受到攻击，有时是辱骂，有时是嘲弄，她坚持她所说，那些信息将通过他传给世界。他告诉我，有一次在举办大型午餐，或晚餐的场合，兰斯伯里勋爵和萧伯纳等重要人物都出席了。她带着年轻的克里希那穆提在那。萧伯纳忍不住调侃，当着众人的面说道："安妮，这是你们的小救世主吗？"她一点没有退避，她对这件事的真相深信不疑。

P.克里希纳：不仅如此，她还在伦敦白厅的所有演讲中，宣布了世界导师的到来。也许，她是唯一真正相信这个预言的人，又或者她自身感觉到的就是终极真相，而不仅是猜想。

拉塔吉：她并没有因人们取笑或反对她而退缩。例如，在贝拿勒斯，万达斯博士和一群与她密切合作的学者，都竭力反对她对克里希那吉的赞助。

P.克里希纳：但是她从没有动摇过，在她的一生中，她从没有动摇对这个愿景的信仰。

拉塔吉：我认为她看得非常清楚……

P.克里希纳：对的，那就是我要说的问题。对她自己来说，那必须是真实的，如果只是依靠赖德拜特的预测，那不论赖德拜特是否出错，她自己就会在某个地方产生疑问。

拉塔吉：关于这点，我必须讲讲这个故事：毗湿陀南吉曾告诉她，弥勒佛即将来临或类似的东西。你知道，普普尔吉曾写过这件事，并在最近的书中延续，他们说毗湿陀南吉和戈皮纳特·卡维拉吉是安妮·贝赞特的导师。然而，戈皮纳特·卡维拉吉比她年轻得多，他不可能成为她的古鲁，关于这一点已经引发了各种流言。我认为她可以感觉到某种东西，而且她对此深信不疑，所以她捍卫它。

P. 克里希纳：因此，并不像许多人普遍认为的那样，克里希那吉没有特别反对神智学，但他反对所有具体形式的信仰和思辨理论，无论在通神学会还是外界，它们都被过分强调。

拉塔吉：并创建了权威。如果你在一个组织中创建了权威，它就会变得腐败，所以他反对这一切，当时通神学会就有朝那个方向发展的危险。

P. 克里希纳：但不知何故，我认为许多人仍然有这种感觉，即他在某种程度上反对神智学本身，因为他离开了通神学会。基于我与他在他生命的最后一年的接触，我个人觉得他对通神学会有很深的感情。

拉塔吉：哦，就像"上师"这个词一样，神智学是一个可以用各种方式重新诠释的词，而人们的确用了很多方式来阐释它。但我认为他对通神学会有很深的感情。在某处的档案里有记录，克里希那穆提告诉我，有人曾经在对话中贬低安妮·贝赞特博士、赖德拜特和其中一些人，克里希那吉纠正他们说："你们知道，他们是非常认真的人。"所以我认为他的观点不是什么容易理解的东西。

P. 克里希纳：人不能把这些东西个人化。

拉塔吉：他自相矛盾。当他看到某些错误的东西时，他会发表某种言论，而在其他时候，他会发表另外的言论。有一次他刚到印度不久，我去瑞希山谷看他，他问我："通神学会最近发生了什么？""议会的主题是什么？谁将接替你父亲担任主席？"这些问题每年都会重复，但那一年我鼓起勇气说："先生，您为什么问这些事情，我以为你已经摒弃通神学会了？"然后他回答说："你知道，我对它有很深的感情。"

P.克里希纳：人们经常问我，你如何协调作为通神学会主席和克里希那穆提印度基金会受托人的角色。我给出了自己的答案，但是我想听听您对此有何回应？

拉塔吉：我不觉得有什么需要协调的。提出这个问题的人，自己心中有矛盾，他们觉得协调是必要的。我觉得没有这样的矛盾。例如通神学会的基本工作，它是一个公开的目标，就是要建立一个不分宗教、种族、肤色的人类博爱的核心。现在，除非心灵摆脱了所有偏见和障碍，否则那种没有任何肤色、种族等分歧的普世博爱怎么会出现呢？如果心灵是如此自由的，那与克里希那吉所说的不受限制的心灵是否有很大的不同呢？

P.克里希纳：我认为克里希那吉是在说，你必须意识到另一个人是你的兄弟，或就是你自身这一真相，而并非仅仅相信他是你的兄弟。

拉塔吉：完全正确。就算我们认为他看起来不一样，他的成长方式不一样，他的教育方式也不一样，但本质上我们是同样的人类。

P.克里希纳：我们有共同的意识，相同的身体……

拉塔吉：然后你感受到一种亲密的联系。事实上，我们不仅在人与人之间感受到这种联系，而是与万事万物，因为我们共享生命的过程，但头脑必须为此而变得没有限制。他用了"没有限制"这个词，这当然暗示着许多事情，并加深了对博爱的理解，但我看不出有什么矛盾。数年前，通神学会正式表达过，这个学会里没有权威，连勃拉瓦茨基夫人都不是。每个人都必须通过自己的沉思、生命的纯度、探询发现各自内在的真相。

P. 克里希纳：那是对真理和智慧的追求，就像科学一样。在科学方面也有关于自然运转真相的追求。

拉塔吉：有很多通神学会成员，他们可能没有遵循那些。

P. 克里希纳：也有许多极端的科学家。但他们的观点没有成为科学或科学的一部分。

拉塔吉：所以这是通神学会的方式。如果正确理解的话，我觉得没有什么矛盾。

P. 克里希纳：你认为克氏只是一个拥有自知之明的智者，还是像化身（Avatar）一样的神圣存在？

拉塔吉：有一本非常好的书，安妮·贝赞特的系列演讲，以标题"Avatars"出版。"化身"一词可以指通过不同方式降临我们世界的神圣能量。他们谈到部分显现和完整或整体显现。化身可能意味着那些力量的实际体现，并且通过身体和在身体中运作的意识起作用，那么这就是整体显现。但是它也可以通过具有所有优良品质和心灵感应的人来显现自身：敏感性、开放性等。人们一次又一次谈到克里希那吉所说的这种空白的头脑。

P. 克里希纳：他本人也谈到他的面孔，他的身体已经准备了多年，他们用了多年的时间来创造这个身体。他本人已发表上述声明。

拉塔吉：没有人能确定这些事情。但我倾向于相信这里有一个人已经做好了准备。赖德拜特说他与许多上师的化身都联系过。无论如何，他完全是无私的。他本人毫无所求。那些遇到他的人，我们都知道，他没有自我意识，只是一个纯粹的个体在那里。他是一个非常超前的灵魂，如果我可以使用"灵魂"这个词，但似乎有更多的东西存在，当他进行公开谈话时，那些东西大量地涌入了他，有时甚至在私下讨论中，当他解释一些深刻的东西时，也有某种能量流经他。所以我倾向于相信有某种更强大的力量，通过这个美好的人把世界提升到更高的层次。

P. 克里希纳：就像贝赞特夫人所说的那样，有一种更高的意识会与这个身体的意识融合，使两者一起运行。你怎么看待这个从1922年开始，贯穿他一生，被称作"过程"的事情呢？而这一切在他的"笔记本"中都有详细描述。这些听起来十分神秘。

拉塔吉：再次，我只能说我倾向于认为的，承认我对此完全一无所知。并重述他所说的大脑在不断记录。我相信即使是最高的生命表演者、自由的灵魂，当他们通过身体工作时，也必须忍受身体施加在意识上的限制。当他对马克·李说"我准备离开了，他们正在等我，但是身体有自身的程序"时，显然他受身体程序的影响。所以也许是身体中一些记忆的痕迹和记录，必须被不断地擦拭，这不是一个容易的过程，因为它违背正常的生理状态。他所遭受的痛苦可能是这个原因造成的，但显然有些更高级的力量在帮助他保持大脑和身体的空间，以最真实的形式传达信息。这是我对它的解释。克里希那吉似乎对古代人谈论的各种事情有深刻的了解，如生命能量。他自己说这不是昆达里尼（瑜伽中位于脊柱底部的生命力）。当克里希那吉和弟弟尼亚南达写信告诉赖德拜特和安妮·贝赞特，关于这个过程刚开始时的痛苦和所有这一切时，他们说他们感到困惑，他们不知道那是什么。赖德拜特说，它和我们所知的一切都不相像，包括昆达里尼的觉醒，也不符合古书。有人写到克里希那吉说那是昆达里尼，我根本不相信。我认为这与一个非常特别的场合有关，那就是一种慈悲的意识，以任何方式通过他显现自身，它不像其他人体验过的昆达里尼。

P.克里希纳：但至少有一件事是肯定的，他们知道这必定有精神性来源，否则他们会咨询医生、心理学家等，因为其中伴随着巨大的疼痛和痛苦。这也可以被看作是一个人的疯狂了。所以他们也可以咨询心理学家或医生来治愈这种疾病，但事实上并没有这么做，这就是他们至少确信这属于精神觉醒一部分的证据，尽管他们可能不知道到底发生了什么。

拉塔吉：我认为克里希那吉同样知道，因为在那封信里，他或尼亚提到上帝就在这里，他们可以看到群星闪耀。如今普普尔吉在她的书中说，那是星星，你知道的，东方之星。这是对那个效果的小小补充说明。不仅如此。星星象征着启蒙。启蒙之光意味着意识在经历巨大的转变，以进入更高层面的新生活，而那被认为是启蒙之星。所以我认为它有其他重要意义。克里希那吉、尼亚，甚至罗莎琳德和沃灵顿或许也看到有其他力量在运作。所以这不仅仅是痛苦。他们对于克里希那吉的使命有巨大的信心，以至于绝不会把他交给医生。你知道的，克里希那吉连一片阿司匹林都不会服用。

P.克里希纳：我听说有人建议他去看医生时，他说："不，别管它，对此你一无所知。"所以他很清楚，这与身体疾病或类似的事情无关。

拉塔吉：很多事情他都不能谈论。他经常说："我不能谈论这个！"

P.克里希纳：相当正确，我们知道他有治愈的力量，我知道至少有十个人是通过这种力量被疗愈的，尽管他告诉每个人不要谈论这个，他不想让人们知道这些。你有这种治疗的一手经验吗，这种治疗是如何发生的？

拉塔吉：我有些第一手的经验。有一年他在大会结束后，立即在马德拉斯举行演讲。我发高烧，对于无法参加讲座感到失望。然后阿楚约特吉告诉我说："帕马和苏南达在瓦桑维哈的西边有个房间，正好在他讲座的边上。"他说："我会跟他们讲，到时候你躺在里面，就可以从扬声器里听到演讲。"我按他说的做了。因为安排了停在大门外的车晚点过来，所以我等待人群散去，这样我能够避免一路走过去。所以我等了一会儿，然后下楼。当我走下去时，克里希那吉出现了。当然，他总是被想见他的人耽搁，他们常常围着他，所以他来得有点晚。首先他说："你为什么在这里？"然后他握住我的手说："哦，原来你发烧了，跟我来。"他把我带到他的房间。我想他从不触碰任何人，但他还是洗了手，把双手放在我的背后，没有接触到我，几分钟后我的温度就正常了。我能感觉到退烧。但是与我的另一次个人经历相比，这是一件小事，个人的意思是我亲眼看见了它。我的哥哥瓦桑特的眼睛有很多问题，视网膜脱落。他在孟买一家著名的医院治疗。结果只是变得更糟，他遭受了巨大痛苦，他来到马德拉斯去见香卡·内特拉亚。有一次我偶然地对克里希那吉说："我不该做这样的事情，但我的哥哥在这里，他有一些问题。"克里希那吉立刻说："带他到我这来。"然而让他去瓦桑维哈这件事有点小题大做。人们觉得他不应该去那里，克里希那吉不应该被类似的事情打扰。但克里希那吉每天晚上都会来阿迪亚尔海滩散步，路过我家。所以我就问道："先生，您是否会介意他在我家见您？"他说："把他带到那儿。"所以他每晚都会把手放在我哥哥的眼睛旁。我哥哥曾经是，且至今仍是一个强烈的怀疑论者，但他不得不承认另一只有失明危险的眼睛，也开始稳定下来。他说他看到了光线，尽管他无法捕捉细节。他承认即使已经失明的眼睛也看到了光线，奇怪的是，视力更好的眼睛附近原本完全灰白的头发也开始稍微变黑了！此后他的眼睛再无危险。

P. 克里希纳：所以问题是，科学家们会说心理治疗是可能的，但身体治疗是一个奇迹，它不可能像这样发生；而克里希那吉则相反。他说："我有时可以治愈你身体上的小病痛，但是我不能转变你的意识，你必须自己转变。"所以他说的与科学家或心理学家所说的正好相反。

拉塔吉：绝对的，这是常识，因为在物理或物质层面，一切都是机械运作的，是因果过程在运作，但在意识的层面，它不是那样运作的。所以别人不能为你做这件事……

P. 克里希纳：我认为这是超越已知领域、超越思想和理性领域的东西。你无法对它做出解释。有一些更大的力量运作。

拉塔吉：我认为这与生命能量有关，也就是说，如果我可以这样说的话，有一定范畴的宇宙能量，赋予了事物生机……

P. 克里希纳：带来秩序，维持秩序……

拉塔吉：不仅维持秩序，而且使康复成为可能。

P. 克里希纳：甚至我们自己的身体，整个身体的秩序，它是如何维持的也是一个奇迹。

拉塔吉：如果生命能量处于良好的流动之中，这个人就会是健康的，有助于治疗。克里希那吉并不是唯一可以做这种治疗的人。我有过非常平凡的人做这种治疗的亲身经历。这些人是能够引导能量的人，但是克里希那吉说这与个人意志、意图的需要无关。

P. 克里希纳：或与觉醒有关？

拉塔吉：不，当它可以时就能起作用。

P.克里希纳：换句话说，你认为任何人都可以学会这个，还是需要一个非凡的人？

拉塔吉：我认为没有人可以学习它，其中存在某种被动性，使得某些人允许它通过，或者他们自身有足够的能量，所以他们身体中没有类似阻碍的东西。这很难解释。有一次我在萨嫩用完午饭，克里希那吉和我就昆达里尼和生命能量等进行了长时间交谈。我非常抱歉没有记录那次谈话。

P.克里希纳：现在，全世界都读到拉达·斯洛斯所撰的克氏的传记，得知克和她的母亲发生了性关系，并感到震惊。知道这点是否让你震惊？

拉塔吉：它确实让我惊讶。但我不会说使我震惊，只是有些惊讶。因为克里希那吉在这么多人的面前说过多次，谈到正常的世俗生活，"你们这些人，你们要经历这一切，但这个人从没有经历过这一切"。所以这些话产生的印象与这个事实完全矛盾。事实上，我不想相信书中的内容，所以我打电话给玛丽·鲁琴丝，她确认这是事实。但后来越想越觉得他的话是绝对正确的，因为有天晚上我和他在阿迪亚尔海滩一起散步，尽管我通常都保持沉默，不跟他说话，但那天我问他："您一次又一次地说，您从来没有遭受痛苦，但这不是事实。当您弟弟去世的消息传来时，希瓦·拉奥和您一起在船舱中，他写到克里希那吉哭泣了三天。您经历了离别的悲伤，但事实是三天后你们上岸时，每个人都说，您是完全平静的，快乐得光芒四射。先生，我的理解是，这个意识并不是从经历那个离别的意识中产生出来的。"他只说："那是对的。"所以，当他说"我从来没有

222

经历过这个"时，我也是这么理解这个经历的。

P. 克里希纳：这就如同死于意识某一层面，并进入全新的意识中，如同新生。禁欲也有更深的含义，因为即使克里希那吉在与牧牛姑娘玩耍，他也被认为是禁欲者。在性经验中没有欲望和自私，也可能意味着禁欲，不是吗？

拉塔吉：尽管如此，问题是，一个看起来体验过丰富的爱的人，难道也需要通过性来表达吗？

P. 克里希纳：可能不需要。性的发生也许是作为爱与慈悲的一部分，就像我们一起分享食物，或者一起散步。

拉塔吉：然后，他爱这么多人。当然他不会和他们发生性行为。

P. 克里希纳：它也不一定相似。我所说的是意识的内在状态，如果其中没有自私的动机，那任何行动都不会产生腐败。是自私的动机产生腐败，而不是行动。

拉塔吉：我也认为其中涉及许多因果的概念，尽管人们可能会说我是一个神智学者（我不介意成为神智学者，我对此很满意）。

P. 克里希纳：你的意思是身体的前世？

拉塔吉：你与特定的事、特定的人产生联结，那些联结使你与之产生联系。他一定和罗莎琳德有某种因缘。例如，当那些大事在这个过程中发生时，当他说"上师就在那里""星星在天空闪耀"时，它们并非幻想。沃灵顿在场，尼亚在场，罗莎琳德也在场，但她如何有幸也在场呢？显然她必定和他有某种联系，把她带到了那里。拉嘉戈帕尔也是如此，他有幸与克里希那吉密切接触多年。某些事情把他带到了克里希那吉身边。人们通常所说的好运不是必需的，而是更深的关联。我认为这也是因素之一。我也有时推测，无非就是他临死前提到的巨大能量，在穿过身体时，对身体造成了很大的压力。我不想过于个人化，但我记得有一次在这的其他房间，克里希那吉曾在那里探讨过。潘迪特贾·格纳·乌帕德亚雅和其他两三个学者在那里。他们正在讨论，班智达吉可以听懂英语，但他不能用英语表达自己。所以他用梵文印地语提问。那些在场的人，他们无法理解他所使用的哲学术语以及他想要传达的这种想法。我记得有一两个不知道名字的人试图翻译，但完全是对班智达吉所言的歪曲，他意识到这一点。然后克里希那吉对我说："来吧，过来坐在这里，告诉我他们在说什么。"因为我学过梵文，所以把这种印地语翻译成英文不是问题，但是在整个讨论过程中，他握着我的手。它对我的身体系统产生了巨大的影响，因为有一些不同的能量在流经它。通常，我总是在午饭后小睡，那天我不能小睡，因为我充满了活力。这是一件小事，但是有某种能量通过他的身体，我不知道。那是他必须用侦探故事来放松的原因吗？有时他也看着电视里播放的垃圾，通过一些愚蠢的小笑话放松吗？同样地，也许人们甚至对这个过程中与他在一起的女人有些讽刺的评论。也许他需要一个温柔的像母亲一样的人在他身边。书中描述他在寻找母亲。所以，可能与罗莎琳德的这种关系带给了他放松，或者某些他需要的东西。我宁愿把它放在这个范畴中。如我所说，这只是猜测。

P. 克里希纳： 在一些宗教中，据说一个真正的圣人没有性的感觉，因为男性和女性的法则已经消融。从这个角度来看，你是指他不是一个真正的宗教人士吗？

拉塔吉： 我不认为这是正确的，因为性感觉在身体里。为了人类延续，身体必须感觉到它。然后它影响了人类的头脑，欲望出现。所以它仅仅是在受限制的头脑和身体层面。它与内在的真实、纯洁的意识无关。所以，我认为一个自由的灵魂，免于欲望、个人的愿望和兴趣，就有可能建立任何类型的关系而不被污染，因为头脑不再运作。这是一个纯物理的东西。通过进食，人不会受到污染，但如果你对食物贪婪，如果你选择某些让你味蕾愉悦的东西，那是有区别的。

P.克里希纳： 行动的状态比行动本身更重要。

拉塔吉： 在我们的印度书籍中，据说一些伟大的圣人过着家庭生活，这意味着非独身生活，以便他们能够用良好的身体来延续种族。即使在迦梨陀娑著名的《罗怙世系》（*Raghuvansha*）中，提到罗怙王朝有一个国王，他结婚并带领了家庭生活，因此国王的伟大种族才能延续，这并非因为头脑渴望快感。

P.克里希纳： 现在，克里希那吉所说的大部分内容也出现在印度教的经文和佛经里。所以你认为他的教诲有何特别之处呢？

拉塔吉： 嗯，首先，所有的经文都混在一起，对于一般人来说，不可能分辨什么是真的，什么是假的。即使对于不一般的人来说，由于思维是有限制的，我们也不能说我们观点上认为真实就是真实的。我认为当教诲直接来自克里希那吉的时候，那种混合掺假是不存在的。其次，他解释了其他人用警句或简短术语提出的事情。有一次我在萨嫩吃午饭时，克里希那吉问了一个他问了很多次的问题，我不知道他为什么重复问"这个以前有人说过吗？"，我对他说，是的，并给出了具体的例子。例如，在《瓦希斯塔瑜伽》（*Yogavashista*）中，有一节诗文讲到一个完全在当下的心灵，它从不徘徊于过去或未来，并说生活在当下是不朽的。这就是文字所说的。但这是一首短诗。如果我没有聆听克里希那吉的演讲，我不认为我会理解这一切。也许在古代的导师中，有一些人是这样解释的，但如今都没有了。但这里有个人是真实的。

P. 克里希纳：他实际上活出了它。

拉塔吉：是的，他如此地生活，说出了自己的理解，并且清楚说明那究竟是什么。拿一件众所周知的事情来说，我们都知道，声闻、冥思可以导向禅定或神明。也就是说，倾听、思考或反思有助于自我学习的深化。克里希那吉所说的聆听，传统上被解释为聆听经文。但听过克里希那吉讲话后，我们可以理解到它最深层的含义。

P. 克里希纳：它有更深的内涵。你必须自由才能聆听。

拉塔吉：当然，但还有更多内涵。克里希那吉说的是现代世界，他在给予一些东西来帮助人类摆脱因现代生活方式而来的灾难，以及过去不适用的一切。所以，我认为古老的教义以具有个人全部知识力量的新形式出现。

P. 克里希纳：清晰。你向他提出任何问题，他直抵核心，没有任何迂回曲折。

拉塔吉：其实，我根本不同意在他以前没有任何人说过这些。只是其他人所说的没有记录下来而已。

P. 克里希纳：那怎么可能是真的，因为肯定有人探究过这些东西并走得很远，因为终极的真理是相同的，那么在所有的文化中，甚至任何时代，肯定都有一些人感受到它。……

现在结束采访，我可以请你回忆一下，并与我们分享与克里希那吉相关的任何个人逸事或遭遇吗？

拉塔吉：我想我们可以在另一个场合，再做一次会谈。

P. 克里希纳：非常感谢！

……有股巨大的力量或能量涌入了房间，笼罩四周。我们三人面面相觑——克里希那穆提合眼而坐——我们同时感受到了它的存在。

——马克·李

第八章

马克·李所认识的克里希那穆提

美国克里希那穆提基金会执行董事马克·李先生

马克·李与克里希那穆提共事多年，曾在印度和美国为其工作。他生长于加利福尼亚州圣巴巴拉市，1977年取得加州大学教育学硕士学位，他是橡树林（Oak Grove School）学校创始董事，该学校由克里希那穆提在加州的欧亥建立。他担任美国克里希那穆提基金会执行董事二十年，并创作《敲开机遇之门：与吉杜·克里希那穆提一起的日子》一书，由干草屋出版社于2015年出版。

2008年10月13日，P.克里希纳教授对时任美国克里希那穆提基金会董事的马克·李进行了采访，地点在马克·李位于加州欧亥陶尔米纳（Taormina）的家中，以下是采访内容。

P. 克里希纳：马克，你与克里希那穆提共事多年，相交甚密，完完整整听过他多场讲座。这次采访主要是对像你一样在克里希那穆提身边工作的人，就你们的亲身经历做一个真实直白的记录。虽然人们可以通过书籍和音视频讲演来聆听他的教导，但是后世子孙却无法像你们一样如此近距离地接触他，比如了解活着的克里希那穆提的性格。因而有必要留下我们的亲身经历，以便后人能对克里希那穆提的教导之外的他这个人有所了解。

那么，让我以这个问题开始吧，你第一次见到克里希那穆提是什么时候？那次见面对你有什么影响？

马克·李：我第一次见到他，并聆听他的教导是在1965年7月，那时我去瑞士萨嫩听他在临河搭建的帐篷里的系列演讲。当我与其他两三千听众坐在那里时，我像中了魔咒一样，不能思考，不能言语，不能发问。我简直为这个人的存在和他所说的内容而痴迷。我从来没有听到谁像他那样言谈之间满是广博智慧。我去过哈佛，去

229

过美国多所高校，我有很多朋友是公众演说家，我听过维利·勃兰特
（Willy Brandt）的演说，我也听过很多优秀公众演说，然而，使我深
深着迷的却是台上的克里希那穆提与他言辞间表现出来的极大热忱、
情感和深度的这种结合。我听了两场，在第三场结束的时候，这场
其实是问答场，我跟他说话了。第一次跟他说话，我就被他周遭的
气场所折服。他似乎有——这在我以前的经历中从未感受到的——
一种气质，这种气质充斥全身，充满能量、力气和爆发力。

P. 克里希纳：明晰？

马克·李：对，就是明晰。我不断地回去，听他的教诲，也跟
他见了几次面，他的思路一直是那么的明晰。从那时起的这数十年
来，每次见到他或者听他的教诲，都是一如既往地明晰。我问自己，
这种明晰是来自他本人呢，还是其他地方，其他事物？这个虚弱瘦
小的人怎么能够散发出如此强大的力量呢？即便他看上去并不怎么
强壮。

P. 克里希纳：能谈谈是什么促使你去了印度瑞希山谷（Rishi
Valley）的学校吗？

马克·李：那是在 1965 年的夏天，我在瑞士与克里希那穆提有
过五次连续会面。最后一次会面结束时，他问我是否有兴趣去印度
的一所学校任教。

P. 克里希纳：这些会面都是你主动要求的吗？

马克·李：不。有一天，他看到我离开帐篷时就停下车来，问
我是否愿意与他共进午餐。他问的第一个问题就是：你是美国人吗？
我说是。（说到这，P. 克里希纳笑了）我不知道自己竟是如此明显
的"美国"。接着，他邀请我一起用午餐，我说"好"。按照他给的

地址，我欣然前往。在接下来的整整一周里，他每天都请我共用午餐。正是在那周结束的时候他问我是否愿意去印度。那时候，我已经见过了来自瑞希山谷的希尔达（Hilda）和哈利·穆尔黑德（Harry Moorhead）。我已经认识了对这个山谷所熟悉的人。因此，当他问出这个问题之际，我立马就同意了。于是，我辞去瑞士的工作，在日内瓦做完牙齿之后就飞到了孟买，我在那里又见到了穆尔黑德夫妇。我们从那里飞到班加罗尔市然后坐汽车去了瑞希山谷。整件事情进展迅速，却又完全按照克里希那穆提的意思发展。

P.克里希纳：那你就在那儿一直待了差不多十五年吗？

马克·李：没有，我就待了八年吧。

P.克里希纳：能聊聊你早些年里跟克里希那穆提的交往吗？聊几件你觉得重要的就好。

马克·李：重要的互动交流都发生在他和老师们的小组讨论时，而不是在散步或用餐时，不过，我却是在其他时候对克里希那穆提有了更进一步的了解。在与教职员工的讨论中，他对我很严格。那个时候的我，初生牛犊不怕虎，勇于提问，也积极作答。每当他抛出一个问题，我就给出一个答案。通过观察周围其他老师的表现，我有了长足的进步。某某老师没能迅速作答，某某老师专心致志，自己找到了心中疑问的圆满答案。于是，随着时间的推移，我逐渐找到了其中的诀窍。然而，我依然记得在最初那些为数不多的课堂上，我回答问题时的口不择言、手足无措。还记得我回答他的第一个提问：巴拉宋达兰博士（Dr Balasundaram）提及一名老师既缺乏教学兴趣，又不按照学校要求与学生相处，那么，你们会怎么对待这名老师呢？他的提问对象是屋里的所有老师，我却脱口而出："直接开除！"（P. 克里希纳笑了）克里希那穆提否定了我的观点，新来的老师会跟被开除的这个老师一模一样。（P. 克里希纳再次发笑）那应该是我的第一次窘态。（马克·李也笑了）这还不止一次呢。不过，在与他交谈共事中，你会很快知道怎么和他一起探索研究、寻求真理。就这样，有他在的第一个秋天，我成了参与整个探索过程的老师们中的一员。

P. 克里希纳：在与他交往的那些日子，有事例表明他拥有非凡的力量吗？比如，能够洞悉人心，或是异于常人的感知能力？

马克·李：在那一方面，确实，好几次我都发现他非同凡响。真的，克里希那穆提是我所认识的第一个印度人，由于当时我对这一不常见的领域知之甚少，我也弄不明白这是怎么回事儿。不过，我清楚地记得有一次，克里希那穆提与玛达瓦查里嬷嬷（mama Madhavachari）有几个要紧的会面，就在瑞希山谷招待所的楼上。我记不起来为什么当时会在那里了。我正拜访克里希那穆提呢，他却突然说道："先生，我得终止这场谈话了，因为嬷嬷来了。"说完，只见他不再言语，望向窗外，片刻之后，他又开口了，说要问我三个问题。（P. 克里希纳笑了）若有所思般，他抛出了问题。我想，有意思，也许嬷嬷给他写了一封信或者他们通过电话等。于是，我离开了。嬷嬷上楼去了。当晚，嬷嬷、巴拉宋达兰、维萨拉克希（Visalakshi）和我们其他一小部分人一起用餐。嬷嬷当下冲克里希那穆提感叹道："先生，对于今天我的提问，您回答得太充分了。您如何得知我会问什么呢？您是从我的秘书那里知道的吗？"克里希那穆提依旧看着盘中的食物，轻轻摇了摇头，说："在您来之前我就知道了。"我当时就在想，他对嬷嬷说的那句话到底是什么意思呢？那时我还不知道这是源于他的超感知能力。

P. 克里希纳：嗯嗯，这倒是跟他自己所说的相符。1985 年的时候，他就曾这么跟我说："先生，自打 14 岁起，我就有了这么一种能力，在一封信没有拆开之前便已知晓内容。"这可是他亲口告诉我的原话。(P. 克里希纳微笑）

马克·李：还有那么几件类似的小事使我逐渐意识到他的感知力异乎寻常。

P. 克里希纳：那么，是什么使得你离开印度回到美国的呢?

马克·李：在印度的第五年，我结婚了。我的太太是一个来自新德里的魅力非凡的女人，第二年我们就有了一对双胞胎女儿。我的两个女儿出生时很健康，可是到了南方之后她们患了重病：病毒性脑炎。数月治疗之后，我们渐渐明白印度的医疗条件已无法治愈。于是，我们满世界地求医问药，看哪里能治疗。我们显然无法继续和重病的孩子们待在瑞希山谷。韦洛尔是最近的医院，离我们最近的是马达纳帕尔莱肺结核门诊的医生。我们发现这世界上只有一个地方能治疗像我们的女儿那样患有脑炎的儿童。所以，我们不得不做出了这个艰难的决定，带着女儿离开印度求医。那时，克里希那穆提刚好在那里，我就去找了他："先生，我们也想留在这里可是我们必须外出接受治疗。"他问道："你会很快回来吗？"我表示自己也不知道。我不知道女儿们的病是否有治愈的那一天。只能默默期待，但是我们必须现在就开始治疗。听完之后，他说："那么，如果你回来，我要在班加罗尔市创办一所学校，我希望你能回来着手筹建。"我回答说："噢，我期待着那一天早日到来，先生。"说完之后，我便离开了。

P. 克里希纳： 听说他的超能力能治病。难道他没有试图用能力为您的女儿治疗吗？

马克·李： 当他在的时候，他确实让我们每天把女儿带到他那儿，我们也照做了。那时候我的女儿们只有八个月大。我们把两个女儿从头到脚包裹好，放到他卧室的床上，他就叫我们离开了。我们会在约莫一小时之后再回去接女儿。就这样重复治疗了一年。第二年也是如此。然而，在第二年的第二次治疗之后，他说："先生，我帮不了她们了。我已无能为力了。"每次治疗之后，他都会问孩子们的情况，我们会告诉他孩子们很平静，睡得香，没抽搐，只是醒来之后，病症还跟以前一样。

P. 克里希纳： 那就是病情又反复了。

马克·李： 是的，那是很严重的脑损伤。

P. 克里希纳： 病情的改善没有持续。

马克·李： 没有持续。

P. 克里希纳： 接下来，您能否描述一下橡树林学校创办初期的情况以及克里希那穆提在其中所起的作用？

马克·李： 好的。大概是 1970 年的时候，克里希那穆提就萌生了在美国开办学校的想法。他向前一年刚成立的美国基金会的理事们提及此事，可是他们对此毫无兴趣。之后，克里希那穆提就不怎么提办校的事儿了。可是，在接下来的两年里，他又开始提了。由于当时与拉嘉戈帕尔的财产管理诉讼案件，理事们动用了整个基金会的力量，满门心思都扑在案子上了。但是直到 1973 年，法院依然没能做出判决。故而，克里希那穆提又向理事会重申必须开始做点其他的事情了。于是，埃·帕特森和 R. 特忒莫尔两位董事自告奋

234

勇，与克里希那穆提共同在欧亥开启了创办教育之旅。他们邀请了过去一直坚持听克里希那穆提教诲的一群年轻人。那是发生在1973和1974年的事了。1973年末，克里希那穆提在知道我们不回印度之后，问及我和我的太太是否有兴趣和精力去欧亥建立一所学校。当时我们就住在欧亥附近的圣巴巴拉市，便欣然应允。克里希那穆提便说，那么，接下来就由我去说服理事会了，他们不大热衷办学校。事实上，他们还试图制止创办学校。不过，最后还是克里希那穆提成功了。1974年底，之前的诉讼案尘埃落定，雅利安精舍又回到了克里希那穆提手中。我和太太也就受邀搬进了雅利安精舍，着手建校。

P. 克里希纳：橡树林学校最初是建在雅利安精舍吗？

马克·李：没错，就是在那里萌芽的，叫作"克里希那穆提教育中心"，很大气的名字。在面试了数十个孩子和数以百计的老师后，我最终各选了两名。（P. 克里希纳笑了）我们几乎没有任何资金，因此理事会又勉强同意启动经费筹集项目，至少支付我和另外一名老师的薪水，开始为创办学校而努力。在那样的情况下，我们的生活很是拮据。我们的每一笔开销都须申请批准，每一举措都要上报克里希那穆提。如果他不在，我就会写信或者打电话，因为他想知道其中的每一件事儿。所以，在购买任何材料或家具之前，总之，但凡做任何事情，我都会与理事们商量并最终与他沟通。后来有一次，他在电话里问我："先生，这所学校会是什么样子的呢？"我说我会发电报告诉他。至今，我仍然保留着那份电报。电报的内容是："先生，它本质上是一所宗教学校。"看完之后，他当即从瑞士给我打来了电话。"先生，你不用再告诉我学校的事儿了。如果这是一所宗教学校，"他说，"只管放手去做。"（P. 克里希纳笑）从此之后，我们便自己做决定，只有当他来的时候，我们才向他汇报相关情况。实质上而言，我们最初就是怀着要创办一所宗教学校的想法。

P. 克里希纳： 那么，当他一开始或是后期来视察的时候，他会找老师或孩子们或者学校里的其他人谈话吗？

马克·李： 1975 年到 1985 年间，每年克里希那穆提都会在欧亥待上三四个月。最开始的两年，他全然没有要见孩子们的意思。他说自己的兴趣在于老师们，在于整个教职员工和家长。时不时地，他会在午餐的时候见一两个孩子，或者在学校散步时，他偶尔也会被介绍给孩子们。除此之外，他没有跟任何孩子见面。不过，他会定期召开教职员工大会，偶尔会有家长会，也会有邀请家长、教职员工和理事们都参加的联合大会。从 1975 年到 1985 年，他召开了二百二十次会议，全都有录音记录。那些会议进行得都不怎么顺利，因为他想要培养新的老师和家长。他亲自传授教义，带领他们一起领悟。那是美国的后嬉皮时代。人们强烈的意识认为在一个孩子的生活中应该有足够的自由，不受任何约束。嬉皮时代的遗留思想在家长身上尤为盛行，在老师们身上会好一些。克里希那穆提对那些家长可是毫不客气，即便如此，他却常常感到挫败。有些话，他总挂在嘴边："你们完全没弄明白。你们怎么不学呢？你们怎么不看书呢？你们所从事的可不是这些，这不是一所自由泛滥的学校，不是一所宣扬激进观念的学校。"之后，他就会讲瑞希山谷学校的故事。他不止一次地指出，那些来自夏山（Summer Hill）等地方的激进自由观念是怎样使得家长和教职员工的态度离奇改变，并导致整个学校的严重堕落和退化，他们费尽心力才让学校得以继续存在。所以我得说在最初的几年里，他真的付出了很多心血来教导员工和家长。最后的五六年就大不一样了，因为学校已经建成，与他的交流内容也细化成学校应该如何发挥作用，教育的目的，等等。

P. 克里希纳：对于克里希那穆提和拉嘉戈帕尔分道扬镳一事，您知道什么内情吗？您觉得原因何在？

马克·李：我只能说我所知道的就是跟那起诉讼案有关，要知道，那时候的我还不是理事呢。

P. 克里希纳：在那之前，是什么让昔日挚友反目成仇的呢？毕竟，那么多年来，拉嘉戈帕尔一直为克里希那穆提工作，兢兢业业，业绩几乎无可挑剔。

马克·李：确实如此。

P. 克里希纳：那么，究竟根源何在呢？他就从未跟您提过两人之间的矛盾或是不和缘由？

马克·李：倒是有那么几次，散步的时候提过，当他早晨在卧室用餐的时候也提过几次。显而易见，他对此也大为苦恼：为何事情变得一发不可收拾？为何昔日好友会对簿公堂？为何拉嘉戈帕尔变得那么不可理喻？为何对于克里希那穆提为修复二人关系而做的至诚努力，拉嘉戈帕尔都视而不见、置之不理？我记得有好几次，克里希那穆提都跟我说："想必您也知道，他这是在嫉妒我。"有一次，他还转述了拉嘉戈帕尔的原话："在我们的合作关系里，你不过是凭借一张世人皆知的脸，而我，才是那个足智多谋、运筹帷幄的人。"此话一出，他就知道曾经的朋友已经渐行渐远了，也许，他早就失去了这个朋友，一个他曾经无比信赖、合作无间的朋友。不过，他确实提到过，两人早在母亲（贝赞特夫人）的家里之时，关系就有些紧张了，所以啊，这颗不和的种子，早在……

P. 克里希纳：早在 30 年代就埋下了。

马克·李：嗯，30 年代。后来又发生了一件事让我措手不及。我也不知道究竟为何，拉嘉戈帕尔就不再单独见克里希那穆提了，除非有其他人在场。对此，克里希那穆提冲我们几个大声说道："肯定是因为 1950 年在埃及所发生的事儿。"于是，我们展开了相关调查，结果发现克里希那穆提 1950 年在开罗碰到了罗莎琳德。当时，克里希那穆提正从印度回来，而罗莎琳德却是赶往印度，她认定他在印度与南迪妮·梅塔有染。难怪克里希那穆提会有此推断，当下就认为拉嘉戈帕尔不相信他不见他都是缘于此。后来，每当厄纳·莉莉费尔特、玛丽·辛巴李斯特和其他理事与拉嘉戈帕尔会面之后，克里希那穆提就会在律师事务所或贝赞特路上的办公楼里等他们回来以便尽快获悉会面内容，知晓拉嘉戈帕尔所思所想，闻其身体不适，便询问其是否贪杯、是否穿着得体、是否神采奕奕。然而答案却不尽如人意。他是真的关心拉嘉戈帕尔。

P. 克里希纳：在我看来，罗莎琳德不能理解一名印度女性和她的古鲁之间的关系。在印度人心中，对古鲁产生任何与性相关的念头都是对圣灵的亵渎。我见过南迪妮听克里希那穆提教诲，她的眼睛一直蓄满泪水。她就像印度基金会的米拉拜（Meerabai）。你觉得，在罗莎琳德事件之前，他们两人的关系是否已有裂痕，还是这件事起到了关键性的作用？我听说在这件事发生之前，罗莎琳德和拉嘉戈帕尔夫妇早就没有在一起生活了。

马克·李：是吗？那我就不得而知了。就我从克里希那穆提那里听到的来看，他们的关系破裂早已注定。

P. 克里希纳：比罗莎琳德这起事件还早？

马克·李：嗯嗯，还要早。克里希那穆提跟我提过他和拉嘉戈帕尔在埃尔德城堡发生的争执。他说："他竟然骂我。"毫无疑问，这让克里希那穆提身心备受伤害，以至于五十年后，他在弥留之际依然念叨此事。所以我才说裂痕早就有了。

P. 克里希纳：他们两人性情各异。

马克·李：是呀，迥然不同。

P. 克里希纳：也许，拉嘉戈帕尔从来没有真正深入了解过克里希那穆提。他智力超群，感知力却平平。

马克·李：没错。

P. 克里希纳：当你第一次听到克里希那穆提和罗莎琳德这件事时，是怎么想的呢？

马克·李：我是从厄纳·莉莉费尔特那里听说的，是克里希那穆提自己告诉她的。克里希那穆提向玛丽·辛巴李斯特和厄纳·莉莉费尔特透露，拉嘉戈帕尔有意针对他。他们问及何事，他才说道："我和那个女人发生了关系。"听到此，二人不再追问。厄纳立马便将此事转告了我。我对此的反应倒是不大。我觉得这没有什么大不了的，毕竟克里希那穆提也是一个正常人，他跟谁发生关系也可以理解。我还记得多年前在瑞希山谷的时候，克里希那穆提两次体现了他的性倾向。一次是在我们散步时，有个漂亮女人从我们身边经过，是个村子里的女人，头上顶着一捆柴火。克里希那穆提驻足回眸，盯着她的摇曳身姿，一直到她的背影消失在视线中，他这才喃喃出声："她真美。"（P. 克里希纳大笑）对于女人身上表现出来的露骨性感，他赞赏溢于言表。还有一次是在游泳池，事情的整个过程我想不起

239

来了，只是记得他评价了水中嬉戏的那些女孩，然后笑着拉过我的胳膊说："现在，至少他们不会指责我是同性恋啦！"（P. 克里希纳再次发笑）

P. 克里希纳：这是哪年的事儿呢？

马克·李：不是 1968 就是 1969 年。

P. 克里希纳：都是在印度的时候发生的？

P. 克里希纳：没错，而且都让我觉得不可思议。我的意思是，他为什么要跟我说这些话呢？在这些如此自然正常的场合，他怎么会提到自己的性倾向呢？不管怎么说，这两件匪夷所思的事儿却刻在了我的脑海中。他多半是一直在思考什么，只是下意识间说了出来。

P. 克里希纳：可能是曾经有人指责他是同性恋吧？

马克·李：大概如此。

P. 克里希纳：您看过拉姐·施洛斯写的一本关于克里希那穆提的书吗？书中所述都是真的吗？可能人们不会赞同里面的观点，但是提及的那些，确有其事，还是与实情有出入呢？

马克·李：这本书一在美国出版发行我就看了。有着档案意识的我查阅了很多翔实的出行记录，想看看她在书中提到的克里希那穆提的去向是否属实，结果我发现大部分都很准确，包括他的发言场所以及不同时间、地点所会见的不同人士，其中有些还是我亲眼见证。但是，她对克里希那穆提的天性、做事动机和性格的描述，我却不敢苟同，甚至与真实的克里希那穆提大相径庭。比如，她在书中说克里希那穆提是受害怕驱使。可是，打从我跟克里希那穆提深交起，甚至自从我认识他以来，我就从来没有看到他因为害怕而做什么。我见过他的小心翼翼、谨慎和怀疑，却从未有害怕，至少就我所理解的"害怕"二字而言。所以，我觉得书中所说是对事实的歪曲。至于把他刻画成一个骗子和舞弊者，更是无中生有，莫名其妙。

P. 克里希纳：难以置信。

马克·李：我们和基金会的理事们也公开讨论过这本书，没有任何一个人认可那些描述。而关于性的部分，显而易见，拉妲·施洛斯是不可能得知的。她只能从父母那里道听途说一些。我觉得她就是利用父母对克里希那穆提的偏见而中伤克里希那穆提。

P. 克里希纳：还利用书信之类的东西。

马克·李：还有报复之心，来编造故事诋毁克里希那穆提。

P. 克里希纳：在后期，大概是 80 年代吧，克里希那穆提和戴维·伯姆也分道扬镳了。究其原因，您有什么独家消息吗？克里希那穆提曾经提到过吗？

马克·李：我在想，他俩闹翻跟克里希那穆提身边的人有很大的关系。克里希那穆提对戴维一视同仁，我从来没有听到他对其有任何贬低言辞。有次他倒是说戴维过于依赖别人，感情上不够坚定，不过，他也常常这么说我们，还有基金会的理事、员工和其他认识的人。当然，我确实知道布洛克伍德公园的一些人士和欧亥的玛丽·辛巴李斯特都在努力想修复二人的关系。玛丽甚至统计了他们的谈话字数。结果发现，伯姆说的字数竟比克里希那穆提多，因而玛丽公开表明，她从对话中的字数来看，一直是戴维占主导。就这样，由于克里希那穆提周遭的氛围所致，诸如玛丽·辛巴李斯特理事的话被人为放大、夸张、扭曲，在我看来，就是这些使得两人有了间隙。

P. 克里希纳：嗯，由于谈话被大肆渲染却未完整发布，戴维·伯姆对此很是不满。

马克·李：可以理解。

P. 克里希纳：大卫·皮特（David Peat）所写的传记中也是这么说的。

马克·李：是的。

P. 克里希纳：玛丽·鲁琴斯也参与了吧？毕竟她是出版部门的负责人。

马克·李：就编辑而言吗？

P. 克里希纳：准确点说，是就什么该编辑发表而言。

马克·李：那倒是，在那方面她的影响力毋庸置疑。

P. 克里希纳：看来，她也受到了玛丽·辛巴李斯特等人的言论影响了？

马克·李：没错。

P. 克里希纳：那在某种程度上来说，基金会对伯姆的所作所为有些不公平了？

马克·李：当然不公平了。我不光是现在这么说，今天皮特为写这本书而采访我的时候，我也是这么说的。我觉得这就是个阴谋，完全不属实。

P. 克里希纳：所以，事实上是基金会和伯姆有过节，而非克里希那穆提和他的私人恩怨。

马克·李：就是这样。

P. 克里希纳：我见过戴维·伯姆，并且跟他、克里希那穆提和阿西特一起畅所欲言。1985年的时候，当我向皮特提到此事时，他欣然说道："噢，您也认识我们的朋友戴维·伯姆吗？"听起来，他的语气没有丝毫不悦，对戴维·伯姆很是友善。而那个时候，基金会和伯姆之间已经产生了不小的矛盾。

你能说说克里希那穆提弥留之际的情况吗？他躺在病床上，理事们都齐聚在旁。尤其是，他为什么从印度回到欧亥？

马克·李：据我所知，1 月份的时候，在印度金奈市，他的健康每况愈下，帕楚尔医生说他的高烧又提高了至少一度，建议他去看看金奈的其他医生，却被他拒绝了。我当时不在金奈，不知道是什么促使他决定回到欧亥，我猜他也通过自身和治疗的结果，意识到自己时日无多，因而取消在孟买的演讲回了欧亥。斯科特和欧亥的玛丽·辛巴李斯特通了电话，当时他在金奈，陪在克里希那穆提身边。我想，因为玛丽在松舍，让克里希那穆提感到无比的自在和舒适。他是如此地信赖自己的美国医生。他回来时还对厄纳·莉莉费尔特说："我不想死在印度，我不想以一名印度人的身份回来。"（P. 克里希纳笑）

P. 克里希纳：还有，他也知道自己的死亡会掀起轩然大波，引发各种猜想和传闻，他很反感这种事。

马克·李：当他的飞机降落之时，我开着校车去接他。在通过海关和移民局审查之后，他坐在轮椅上，看到站在那里等着的我，说："抱歉了，提前回来，给您添麻烦了。"（P. 克里希纳笑）

P. 克里希纳：给我说说你们的谈话内容吧，任何他重病晚期跟你说过的话都好。

马克·李：有几次我和他单独见面，更多的时候是和其他人一起。

P. 克里希纳：除了那些录音和在书中引用的内容之外，还有其他的谈话内容吗？

马克·李：有一次我和他在医院的病房里，随意聊起了学校，他说："你能为我做件事儿吗？"我答应可以为他做任何事情。他接着说道："欧亥还缺一棵菩提树。你能帮我办好吗？"我答道："没问题。我们会让欧亥有一棵菩提树的。"还有一次，他问我："你知道在印度，人死之后，是怎么处理身体的吗？"我说不知道。他又说："我希望你能为我做一件事——帮忙准备我的火葬事宜，可以吗？"我颔首。然后，他叫来了另外几个人开了个会，我记得有斯科特、玛丽、帕楚尔医生和我。只见他缓缓开口："你们都知道印度的烦冗丧葬习俗，鲜花、檀香、蜡烛，一堆仪式，那些我全都不要。"接下来，他详细地告诉了我们他自己的想法，我一一记录下来，这次特殊的谈话也做了录音，他提出的绝大部分要求都得到了满足。之后，我穿过房间去写邮件。我们所要做的就是把邮件带给他，如果来信、电报或是其他邮件比较重要，我们就会念给他听。因此，我常常需要带着邮件在各个房间穿梭。他又叮嘱我："你知道，他们肯定会为难你，但是，请一定要按照我的意愿行事。"他指的是火葬一事。我安抚他："放心吧，我一定会遵从您的遗愿。"唉，然而最后，却没有如他所愿，不过，那是后话了，这些都有录音记录。

至于其他事件，我们唯一一次单独相处，是坐在一个大房间的壁炉前，他穿着白色的浴袍。外面天寒地冻，屋里却温暖舒适，坐在炉火前面的他直冒汗。我之所以能发现是因为他的袖子是像这样卷起来了，他的胳膊正好放在沙发的这一侧。我提醒他出汗了。他也意识到了。于是，我起身找了块毛巾，浸了冷水拧干回来。他只是抬起胳膊，又把衣袖往上卷了卷，就像这样。于是，我便坐在旁边，用湿冷的毛巾擦拭他的手臂。之后，他接过毛巾，擦了擦脸，开口说道——他依然坐在那里，我不发一言——他说："这没什么大不了的。"之后，便不再多说。

P. 克里希纳：是呀，他曾经告诉过他的医生，说死亡每天都如影随形。但是他希望在自己离去的那一刻，神志依然清醒。

马克·李：嗯嗯。

P. 克里希纳：而且，他还拒绝用吗啡。不过，最终他还是同意用了，他说疼痛会让自己丧失理智。

马克·李：是这样。

P. 克里希纳：他跟您提过要怎么管理基金会，或是在他离去之后对将来的安排吗？

马克·李：没有私下说过。我只在开会时听到过。

P. 克里希纳：所有内容都已记录下来了吗？

马克·李：当然，在松舍之外，还有很多涉及这个最高组织的谈话。有很多内容也涉及他在金奈与印度的理事们的会面，他打算把自己从基金会除名。好在谈话内容都记录在案，档案里都有。关于这个最高组织的想法让美国理事和一些英国理事惶恐不安。据其他理事透露，他们主要担心的是斯科特·福布斯会管理这个组织，这样一来，斯科特就成了最高组织的最高首领。

P. 克里希纳：而且，这样也有悖于他自己的教义，人们会觉得他以某种方式指定了继承人。

马克·李：有这种可能。

P. 克里希纳：他本人却一直否认此事，根据教诲，没有继承人

245

的说法，有些人是断章取义，等等。

马克·李：嗯，我记得一次会后在雅利安精舍与玛丽·卡多根的一次谈话中，她说这无异于罗马天主教会的做法。

P. 克里希纳：说得好。当然，他在一次会上也公开说明过——我和拉迪卡都在现场——他说，这些人只是统筹安排所有基金会和工作，兼顾全局，并不是什么使徒继承人之类。所以，在他看来，根本就不存在这样的误解。最高组织也就是一个功能性机构，但是，却想当然地被世人曲解了。故而，最终他没能着手成立这个最高组织委员会，我还松了口气。

听说他有股神秘的力量，可以治病救人，也可以让宝石具有灵力从而保护人或机构。您亲眼见证过这样的时刻吗？

马克·李：他的神秘力量我只见过一次，大概是 1978 年，他把我们三四个叫到松舍的小客厅开会。正当我们盘腿坐在地上的时候，周围开始变得有些……

P. 克里希纳：有些不寻常？

马克·李：我很难形容它。一开始还可以用不寻常来形容。（马克·李和 P. 克里希纳都笑了）说不寻常是因为我感觉有股巨大的力量或能量进入了房间，笼罩四周。我们三人面面相觑——克里希那穆提合眼而坐——同时感受到了它的存在。

P. 克里希纳：您说您感觉到了，是看到有什么光，听到什么声音，还是身上有什么东西？

马克·李：都不是。这种感觉超乎任何感官。这股巨大的力量仿佛充斥整个房间，填满每个角落。我感到空间和时间霎时都消失不见。整个过程没有持续多久，我估计最多也就十分钟。在这股力量消逝之际，克里希那穆提睁开双眼，问我们是否感受到了，我们都有了切身感受。虽然看不见、闻不到、不可捉摸，但是，我们却实实在在感受到了。这就是有他在的时候才发生的事，也许这就是他的神秘所在吧，我觉得并不是他刻意为之。

P. 克里希纳：在他的传记里面也有此类描述，他跟谁在一起，说："来了，你感受到了吗？"诸如此类。我看，传记里的描述和你的经历倒是差不多呢。

马克·李：好像是差不多。

P. 克里希纳：他把这叫作"他者（the other）"（他忍不住笑了），没错，显而易见，这是来自外界的有形事物。

马克·李：是的，来自外面，不是他释放出来的。

P. 克里希纳：会不会是在他体内原本就存在？难道就不像是一个人自然而然散发出来的感觉吗？

马克·李：是吧。另外的方面……

P. 克里希纳：他的治愈能力方面。

马克·李：噢，治愈能力上，我见过很多，在印度的瑞希山谷和欧亥我都见过他治病。在瑞希山谷，我看到他治愈了几个学生。一个原计划要表演的舞者患上了黄疸，克里希那穆提摸了摸她的头和脊椎，握紧她的双手，约莫十五分钟之后，黄疸消失了，她身上没有任何黄疸迹象。当医生把这个女孩带到克里希那穆提面前的时候，我也在场，她是我的一个学生，另外一个叫作卢柏丽（Rupali）的舞者也在那儿。这个女孩就是桑迪亚（C.Sandhya）。她就在我眼前被治愈了。还有另外几个人也亲眼见证了这一奇迹。有一次，一个男孩生病了，大概是阑尾或其他器官疼痛不止。克里希那穆提把手放在男孩身上，疼痛便消失了，也没有复发。原本他们正打算送这个男孩去班加罗尔，担心他可能需要动手术。

在欧亥，我也见过他给人治病。他还治疗过我的背呢。我背痛难耐，还动过手术。他给我治疗过三次，疼痛都消失了。只是，我的背痛后来却复发了。另外两人却被彻底治愈了。后来我又见他试图救治患了癌症的年轻人，反复三四次治疗之后，他无奈地告知年轻人的父亲："恐怕我无能为力了。"他用自己的灵力救过很多人，这些，只是被人看到的其中几例而已。

至于宝石之事，我不知道他从哪里得来的，倒是有传言说他让九块宝石半成品具有了灵力。

P. 克里希纳： 难不成这就是传说中被称作navaratnas[①]的印度九大宝石？

马克·李： 是navaratnas。一旦这些宝石被赋予灵性，它们就拥有了神奇的力量，保护握着宝石，或拥有宝石的人，它们还可以守护一个地方。克里希那穆提对此深信不疑。不论是在印度、布洛克伍德学校还是在欧亥，他都曾亲自把一小盒一小盒装在金银箱子里面的宝石赋予灵力，把它们放到熟石膏做的小容器里，再埋到房屋的东北角，并且给出了保存的说明。他希望有人能鼓励这些宝石，跟它们说话，用爱包裹它们，一直保持某种联系。如此，循环往复，至少在我所知道的几个地方是如此。后来有两次，他把宝石送人以庇护对方。我所知道的就这些了。

P. 克里希纳： 嗯，我倒是知道他跟这些宝石有某种联系，即便

---

① navaratnas，意为"九种宝石"，分别是珍珠、红宝石、绿玉髓、绿宝石、钻石、珊瑚、红锆石、翡翠和青玉。

在他转手送人或是埋葬宝石之后，这种联系依然存在。也许他能感应到宝石的振动。拉塔·布尼尔告诉我，一次克里希那穆提和她散步经过通神学会阿迪亚尔分会的回忆花园时，他停下脚步说："这里跟以前不一样了。"拉塔说在她看来一直都是这样子的。他却坚持："不，你去查查，这里有变化。"于是，拉塔找到了时任分会长的约翰·科茨，把克里希那穆提的话告诉了他，问及是否确实有改变。约翰·科茨说："确有其事。从荷兰来了一位建筑家，说可以让整个花园焕然一新，我同意了。当他移动其中一根柱子的时候，发现地里有一个装有宝石的盒子。他不知道该怎么处置这些宝石，便交给了我，现在还在我这儿呢。"听到拉塔的回复之后，克里希那穆提感叹道："我就说嘛。任何时候都不该挪动那些宝石啊。当初我和母亲（贝赞特夫人）把宝石埋在那里，是为了庇佑通神学会。"拉塔主动提出要把宝石拿回来重新放置回去。他却不予赞同："现在再做什么都没用了。一旦它被移动，就失去效力了。不过，你可以重新带一盒宝石，我给它赋予灵力，你再把它放到学会的其他地方，便又有庇护作用了。"拉塔照做了。

他深信不疑，即便是五十年后再经过那个地方，他也能感知振动消逝了。他感应不到既定的振动，便断定宝石发生了变化。

马克·李：那也是在通神学会的东北角了。

P. 克里希纳：大概是。

马克·李：一定是。

P. 克里希纳：它是在流向大海的阿迪亚尔河沿路。

马克·李：嗯嗯。

P. 克里希纳：沿路而上，就可以到达回忆花园，那里埋葬着不少学会领导人的骨灰，比如赖德拜特、安妮·贝赞特等人士，故而我推测，即便拥有神秘的力量，他却不愿过多运用，在他看来，摆脱自我才是人类的至高追求，而不是培养能力，因为，即便是这些神秘的力量也可能被自我滥用。

马克·李：没错。

P. 克里希纳：然而，他却实实在在地拥有这些力量。也许这一切都跟治愈能力、宝石和其他我们不能理解的现象有关，我们无法得知事实真相。纳拉扬告诉我，有次克里希那穆提来到瑞希山谷，穿过整个校园进了他的房间——当时他是校长——问道："纳拉扬，我感知不到那座山上发出的应有振动，告诉我瑞希山谷发生了什么事。"纳拉扬答道："是。有两个老师团体明争暗斗甚至大打出手，我也感到很头疼。"克里希那穆提感慨："这就对了。"显然是，我们的暴力争斗影响了来自山上的微弱振动。我们感知不到这些振动，但是克里希那穆提却异常敏锐，可以感知并获得这些振动。

我们的采访就到这儿了，非常感谢你提供的信息。

马克·李：也谢谢你。

P. 克里希纳：你太客气了。我想这些记录下来，将会让后人们受益匪浅。

请等一下。我想郑重申明：我从未离开通神学会，是他们不想我待在里面。

——吉杜·克里希那穆提 1986 年在金奈召开的基金会大会上的讲话

第九章

克里希那穆提与神智学

以下对话是我与拉塔·布尼尔夫人于 2008 年 3 月 29 日在瓦拉纳西市卡玛查地区的通神学会印度分会的谈话。

P. 克里希纳：我在书里看到勃拉瓦茨基女士和贝赞特夫人都说，神智学不是任何一种宗教，它就是宗教本身。她们也称之为智慧教（wisdom-religion）。我想用一个问题来开启我们的谈话——神智学的本质是什么？

拉塔：不仅是勃拉瓦茨基女士和贝赞特夫人，在她们之后的很多通神学会的风云人物也都是这么说过。Theosophy（神智学），这一个词语虽易翻译却颇难定义。我们来看看这个词本身，sophy 的意思是"智慧"，这让我们很难区分英明神武者或智慧之真义，因为我们本非大智慧者，会做各种各样糊涂的事儿，会受苦，经受磨难，也无缘享受专属于智者的幸福真谛，所以我们区分不了。而这个词其前半部分的 Theos，可以被译成"神圣"，故而两部分连在一起就是"神圣的智慧"。有时候 Theos 被译为"上帝"，这取决于我们对上帝的理解，"上帝"这个词儿本身就充满了疑问。上帝可以是任何事物，可以是一块让人供奉的石头，也可以是语言无法描述的东西。你必须出自你内心来了解他。故相较之下，"神圣"在某种程度上会更为贴切。问题在于，谁真正了解神智学呢？有的人以为自己懂得一些，我却不那么认为。因为，唯有智者才可能理解一二。也许，只有人类摆脱掉自身的愚痴之后才可能完全理解它。真正懂得神智学精髓的人，他是绝不会声称自己是一名神智学者的，嘴上说说，并非真事。

P. 克里希纳：故而，倘若我们想深入探索，就得同时获悉"神圣"和"智慧"的真谛。明确大脑的各种意识之投射，可能并非真实的境况。与其从正面来定义智慧，不如反其道而行之，表述智慧不是什么，是否反而更为简捷？沉湎于幻象的大脑，被自己的各种想象所左右，是否就因其远离实在而与智慧更加无缘？

拉塔：这倒把我们引向世人通常关注的"神智学即真理"这一大误解，这也是许多严谨人士的一贯说法。有一种神智学可能是需要我们终其一生去了解的，用生命当中的每一分、每一秒去感悟。还有一种神智学，则是用语言直指我们所思所想的本质。每一个书写或口述神智学的人，可能都会感到自己的词不达意，很难直接以言语来形容。但问题是：他在多大程度上表述了神智学，至少会有涉及神智学真谛的基本要旨？不过，确实难以断言我自己的用词能否囊括其真义。

P. 克里希纳：看来表述、传达这一真谛委实不易，因为它需要借助于语言，而语言却含义众多，加之不同的人对此会有不同的解读，这些都增加了传达的难度。假设，我意识到一些深奥玄妙之理，欲与你分享。我该怎么做呢？难就难在如何表达。首先，你对我所意识到的那些奥妙的理解与感知能力又受制于你自己的构思能力、理解能力，以及我们过去几天所有谈论之事。不过，就没有关于人性和人类意识的放之四海而皆准的永恒真理吗？正如科学家会说，我们并没有发现大自然的所有奥秘（真理），但是这些奥秘却一直公然存在。你也许不大懂得万有引力，也不知道引力的作用原理，然而，引力却不加区分地作用到了我们每一个人的身上，这就是真理。我们所遇到的困难，首先在于如何接触、识别、理解真理；其次，再如何描述，并加以准确地传达。于是，在科学上，我们就用数学这一通用的语言来表达，并且屡试不爽。不过，在本质上，我们还是这样来定位：大自然的奥秘，遍存寰宇四海、永恒运转，然仍有待于人们的发掘，我们统称这些为大自然的规律，并试图发现这些规律。

同样，我们也可以这么来说，神智学的真谛是永恒地遍存于世间的，皆有待于人们去发现、去感知，深刻意识到这一真谛本身，既不是一种观点，也不是一种知识性的概念，而是事实。只有直接接触到事实——亲眼所见，而不是构思出来——的人，才能实实在在地理解它。我们可以把神智学看作一种充斥宇内、永恒存在的关于物质和意识的真理吗？既然神智学囊括了科学，而且，间或还会有来自不同文化的智者，他们也挣脱了个性的枷锁——我们称之为解脱——骨子里接触到这些真理，从而表达这些真理的思想，有的通过诗歌，有的通过散文，还有的通过寓言故事等。正如您之所言，它无以言表，因为必须借助词汇才能描述它，而词汇却又与图像紧密相连，可是，感知却可以超越语言和图像。故而，智者的话，是以图像和概念的形式传递给听者，而后者又须凌驾于图像和概念之上去感知真理；否则他便无法真正明白，这正是真理传递过程中的最大困难。不过，抛开传递的难度不谈，您认为有普遍通用的永恒真理存在吗？这一真理能被任何意愿，并且能够摆脱他自身形象和有限个性的人所感知，于是，他就能洞悉到我们称之为人类的属于他的那一部分，而这一部分，与他的个性迥然不同。

拉塔：在我看来，这种洞悉远比我们意识到的还要玄妙、更难以捉摸。在科学上，常有同一物质，既被视为一种波，又被视为一种粒子，但是，那只是假设，因为你不可能同时看到它的这两面展开。当我们宣称自己洞悉真理的时候，其实只是部分的真实。这就是表述真理的难度所在。它太微妙、太玄乎了。所以，我觉得你无法直接用言语来描述，因而无法表达出来。当一个人对真理有所顿悟，并时不时地想要传达给别人时，他也许会切中要点，不过，那也只是偶尔撞上而已。这一点很难意识到，毕竟真理对于感悟到它的人而言，是那么的真实，似乎全部真理都以那样的形式显现出来了，然而事实却并非如此。不同时刻，真理的呈现形式也从来不是一样的。

P. 克里希纳：因为它可能只是一部分的真理。

拉塔：基于这一事实，据说，最有智慧的人，也只能传达部分的信息，大部分都根本无法用言语传递。故而，人们不知道如何去表述。就拿克里希那穆提来说吧，我坚信他是熟知很多事情的细枝末节的，却无法与人一一言说。但是，他还是提出了别人可能需要的一些建议。在他的言辞当中有许多言外之意，只能我们自己去发掘了。

P. 克里希纳：确实，他曾经明确表示过，我们见到的只是一小部分，更多的却让人难以捉摸、无以言表，他也不打算阐明。他只是指出那些我们可以跨越的障碍，倘若我们能意识到那些障碍都源于自己的浅薄思想，皆由我们自己一手造成，那么，通往真知的窗户便会开启。即便如此，那也只是探索真知的开始而已，在此之前的那些，甚至连探索二字都谈不上。一个人只能在他称之为受限思维的有限空间里去探索，除非他冲破障碍，否则谈及那些博大精深、不可估量之事理，也是徒劳的。因为，他那有限的大脑总是试图把感知转化为知识，这无疑是错的。科学家们也认识到了这一点。以至于对于物理现实这种简单的现象，他们完全不提意识，后者更加错综复杂，他们对其几乎全然不解。他们不能给意识下定义，但是却用意识在搞科学研究！就算是我们对物理现实的设想——物质、事件、空间和能量——他们也已经意识到我们的认识局限于我们自身的经历从而最终受限于我们的感官。比如，我们从来都看不到空间和时间的联系，尽管二者以一种我们不能感知的方式相互联系着，这是因为从我们的经验来看，空间和时间一直都是区别明显的两种存在。再比如，他们说空间是弯曲的，然而我们却难以想象。于是，他们在很久之前就摒弃了早期被认为是理所当然的那些不言自明的真理，例如两条平行线永远不会相交。他们说这只有在你能意识到的特定扁平空间里才是真理，但是真实的空间却并非那样，而是弯曲的。如果你在一个球体上画两条平行线，它们会像两条经线一样在南北极交汇。故而我们连对物理现实的理解都是有限的，他们说，不要相信你的观念因为你的观念有局限。这就像是，你永远无法给一个从出生起就失明的人说清颜色是什么。

究竟什么是电子呢？他们说我们其实也不清楚。做一个像台球那样的电子模型倒是有所帮助，这个模型被叫作粒子，能解释一些特定的运行状况；同样有用的，就是做一个波浪的模型，能解释其他方面的运行。不过，这些只是帮助我们发现与理解电子概念的模型，事实上，电子二者兼备。我没能想到最终的真相，因为我从未见过一种物体存在，它既是粒子又是波浪的。他们说，因为我们的思维有局限，所以不应该过度使用，而应该运用数学。数学是一种世界通用的语言，经过不断地重复检验、发现可以运用于大自然。

正如身体是有限制的一样，人们的智力也有着天然的局限。我发现，科学研究的局限和克里希那穆提所指的在修行中的思维局限，二者竟有其相似之处。我们只是从已知的角度去思考，而已知却那么有限。因此，我们的思维永远无法企及未知。对于浩渺真理的探寻只能是把我们自己从已知的牢狱里释放出来才是可能的。从已知中释放，并非已知的终结，而是不再依赖已知。我们已经给予那些点滴、微末的已知太多的重视了，总是想要用已知来解释一切，殊不知，这却恰好阻碍了我们发现未知的可能。科学的真正进步，其实也是来自范式的改变，源于对未知的深入挖掘，完全超出了惯性思维的范畴。

拉塔：我们的已知可能有误差。我的认知和一个意识更敏锐平和、悠远绵长的人之间必然存在偏差。就连已知事物也在不断变化着。故而，就我们现有的认知水平而言，这个瞬息万变的世界难以捉摸。如果有这么一个通观全局的人，那么也只有他能知晓真理。然而，在说这话的时候，我又觉得有问题，因为我可能意识不到自己的局限。那么，到底什么是已知，什么是可知，什么又是未知呢？

这些深层次的问题，其实自古以来一直存在。

P. 克里希纳：我们有必要意识到，我们自身其实也是一个伟大奥秘的组成部分，这个奥秘高深莫测，科学家也只是试图深入其中的一个方面；但还有很多，仍然是一个谜。它的范围或许远远超出了我们所知道的范围。而我们却常常因对知识的自豪，而失去对神秘的敏感。

拉塔：那让我们再回到神智学的客体上面来。就拿神智学的第二客体——关于哲学、科学和宗教这一方面——来说吧，我先暂时把哲学放到一边，只说科学和宗教。随着对科学研究的不断深入，人们会逐渐萌生出一种关于美、同一、奇妙和神秘的虔诚感，这种感觉像极了一个信教之人的真实感受。我所指的这个信教之人，并不是任何一个归属印度教、基督教、佛教，或是其他任何教派的人，而是超越这些教派的形式，对存在之同一性和全体性具有更加广博深入的见解。存在这一要素虽无以言语，却总是能够让人感知其神圣与庄严，超越所有的科学猜想和宗教形式。只有当你达到那一层深度，科学的发现才有可能与已知的宗教真理一致。我能感受到一种同属于科学和宗教的真实，既是科学的又是宗教的，它可以被感知，但不能被表达。

P. 克里希纳：只能如此，因为物质和意识都是单一实体的组成部分：有意识存在，也有物质和能量存在。由于意识无法衡量，科学可能难以对此展开深入研究，而对于可以衡量的对象，科学探索也很有限，仍然处于试图弄懂空间、时间、物质和能量的本质。即便弄清了这些，这份画卷也注定是不完整的，因为缺少了意识。科学家用意识去搞科学研究，可他的科学却不能解释用来研究科学的意识究竟是什么。这就让我想到了薛定谔，创建了波动力学的科学家，他也是当今量子力学的重要奠基人。其实，他也是一名哲学家，对印度教的吠檀多哲学有深入的研究。但他不是信徒，而只是一名学者。他的个人生活一团糟，但他却是知识界的巨人。我要跟你分享一下他的话，值得深思。他说："我认为，科学是我们为理解一个伟大哲学问题而付出的所有努力的一部分，这个伟大问题其实已经包含了所有其他的疑问——我们是谁？我认为这不是众多的科学任务之一，而是唯一重要的任务。"

要回答这个问题，我们必须回答什么是身体，身体的起源、构成、形式和机能等。不仅如此，我们还得解释操控我们身体的知觉和意识，诸如其唤醒的方法和运作的方式。在薛定谔看来，科学和吠檀多都属于哲学，他觉得有必要把二者结合起来而不是分离它们。例如，在物理学家的世界里就无须生命存在，他们把生命视作难解的意外。

我还是回到克里希那穆提和神智学上来吧。通神学会的创始格言，就是真理为最高的宗教。加之神智学本身并非一种新的教派，而是所有宗教和智慧教的精髓，这就要求我们超越所有的宗教形式去接近永恒的真理。如果这就是神智学的本质的话，就像格言所说，那么，这不正是克里希那穆提一直以来对我们的要求吗？他总是教导我们必须认识自我，冲破条件的束缚。唯有此，才会有真正的感知，否则，永远与真理无缘。所以，在神智学所要求的实质和克里希那穆提向来所提倡的我们必须做什么之间，并无任何的分歧。

拉塔：我想，其实我们并不了解神智学，也无法理解克里希那穆提之说，这就是问题所在。与通神学会的人和克里希那穆提基金会的非通神学会成员打交道，就会有明显的差异。通神学会的信条，却是克里希那穆提所认为的谬误，当人一旦混淆了表象与本质，就注定只能是落入幻象与冲突。正如科学上可以把同一种事物看作一种波或是粒子，不同的人对事物的看法也是各异，为之引起的矛盾其实并不存在。人们往往被表面的差异所迷惑，从而难以清醒地意识到重要的是真理，而非观点。

P. 克里希纳：然而，像幻觉和意象之类的无知，普遍存在于人们之中。不过，这又如何？人们的无知是基督教的多样化，是克里希那穆提基金会的不拘一格，还是神智学的包罗万象？重要的是去打破、超越这种无知，而不是加以区辨。

拉塔：我们认为，还是有区别的。一个初步涉猎克里希那穆提研究（我就是要用初步涉猎这几个字）的人，会认为自己比其他人更懂什么是真理。

P. 克里希纳：可是真理实际上却无法被人所知啊！先前的谈话中我们就讨论过，真理既不能被了解，也无法描述。

拉塔：同样地，很多神智学者认为自己明白神智学是什么，真理是什么。这变成了让他们在生活中拥有安全感的方式，妨碍了他们获得思想上的自由，而后者的重要性，却正是克里希那穆提一直不断强调的。当然，很多神智学学者也提及需要思想的彻底自由，去倾听他者，去看清楚，信仰一旦变得强烈就会产生幻象。

P. 克里希纳：随时意识到自身的这一危险倾向尤其重要，因为大家的意识基本都差不多。人类的意识总是重蹈同一覆辙，不论是基督徒、佛教徒、印度教徒、神智学学者还是克里希那穆提基金会的人，我看不出其中有多大的不同。譬如，像耶稣那样，触及了最深层次的东西，我们虽然不知道他是如何做到的，于是，他进入一种深刻的意识境界，基于爱、怜悯和其他你愿意使用的任何词汇。他试图传达出真理来，说出了登山宝训这样的布道话语；然而，他的追随者们却摒弃了这一真理，创立了一个教派，一种宗教，要求这样，禁止那般。印度教徒亦如此。他们尚未发现《奥义书》，或是吠檀多学说的真理，只能不断重复过于简单的行为，却从来未曾触及真理。佛教也是一样，当下以佛教之名所行之事，早就脱离了佛陀教义之真谛。世人都倾向于曲解真理，好变成他们自己所熟知的，然后据此来行事，这样最容易做到。在认清了这一点之后，我们必须提高警惕以免堕入其中。这是一种寻找安全感的自我过程。意识到自己正在进步，会让人心情愉悦。然而，这却成了认识真理的大阻碍，因为人们的精力，已经浪费在与真理毫不相干的各种肤浅行为当中。

拉塔：有一点很重要，探寻之路只是打一个比方，并不是真正有所谓起止的道路。它无始无终，因为我们所做的一切、生活的全部都是在探寻。这使我想起了圣雄的书信中关于 K.H. 大师（至于大家信奉这些大师与否，与此无关）的一段记载。K.H. 大师进入某种禅定阶段，因为他注定要有一番漫长的内心历劫，而不能受到世界的任何干扰。《道上之光》（梅布尔·柯林斯著）一书对此也有所提及。书中说道，当你结束了这一段行程，有着动物本性的那一切皆已尘埃落定，你会发觉这条路没有尽头，它一直延伸到了无穷远处。无尽的路这一想法，意味着一种无尽的学习，并非对一般知识或信息的搜集。

P. 克里希纳：我想，克里希那穆提业已用不同的语言表达了同样的观点。他说，自由存在于学习之始，而非学习之末。因为，只要你的自我过程还在扭曲你的认知，并使其带着你个性的色彩，你就没有真正开始学习。故而你就不能认识真理。如果认识真理就是学习，那么，除非你是自由的，否则你的学习就没有深度；不过，在我看来，自由并不是必须达到的固定点。人类意识中一直存在着认清真理的可能性。这也解释了为什么有人能在有限的条件下窥知真理。譬如，嗜杀成性的阿育王，在羯陵伽一战之后，就豁然醒悟，从此洗心革面。所以说，自我并没有完全阻碍一个人获得真知灼见。

拉塔：这也是为什么我认为人类有种纯粹的意识能力，可以瞥见真理，只是，总倾向于用已知的旧有条件模式去解读它，而与之背道而驰。他得脱离这一桎梏，用纯粹的意识去感知。我觉得，像克里希那穆提那样的人，生来就是为了帮助人们走出这些个人误区并意识到，由于局限在自身思维世界的桎梏中，他们错过的，将是怎样的辽阔与美好。

P. 克里希纳：我想起来了，1929—1933 年，这几年里的某段时间，克里希那穆提坚决反对的，原来并不是神智学的本质，而是对神智学的学派包装倾向，这一倾向不再把神智学当作一套追问与探究体系，而是一种新的信仰形式，新的知识团体。这样的情况在其他宗教信仰派别里也都有出现。他一定是看到了这样的危险，才会出面反对，想把它拉回到对宗教本质——既非基督教亦非印度教——思维的追寻上来。这样的宗教思维，它只能是独一无二的。作为一名神智学学者，他得超越所有的表面形式，用智慧、仁爱、怜悯、真理、美好和终止一切暴力来趋向真正的宗教思维。在此，我想引用他有关科学思维和宗教思维的论断。他说："宗教思维没有信仰，没有教条；它只注重事实，因此，宗教思维也是科学思维，但科学思维却不是宗教思维。宗教思维包含了科学思维，受科学知识熏陶的思维，却未必是宗教思维。"

拉塔： 那样的话，真正的神智学思维，就应该既是科学的也是宗教的。

P.克里希纳： 我们没有必要去讨厌、谴责或是用诸如此类态度去对待世界上任何的宗教。我们只是碰巧出生于某种宗教的文化当中，里面有美好，也有浅薄和盲信，我们要超越这一宗教，不必受它的限制，被它所缚，又为它辩护。也许，童年时代它曾助我们成长，然而，它却不应以任何的方式，阻挡我们对真善美本身的追求。

拉塔： 所以，真正的神智学是让一个人在真理中成长，去发掘更浩瀚的智慧星空。

P.克里希纳： 我们今天就聊到这儿吧。

拉塔： 好的。

圣灵将再次降临于一个人，克里希那穆提，他的生命是真正完美的，那些认识他的人可以证明。世界导师在这儿。

——安妮·贝赞特 1927 年 4 月对美联社说

第十章

安妮·贝赞特与克里希那穆提：
两个探索真理的伟大灵魂

安妮·贝赞特与克里希那穆提

安妮·贝赞特夫人与室利·吉杜·克里希那穆提（通常称为克里希那吉）都是伟大的真理追求者。他们两位皆受神智学这一理念的激励与影响：真理是最高的宗教。他们的生命都奉献给了对真理的探求，并为此准备牺牲一切。尽管我从未遇到贝赞特夫人，但我知道两人之间有着许多的误解。因此，在这一篇文章当中，我希望基于我个人的知识与阅读，来呈现出一个不同的视角。

我们在贝赞特夫人的自传中，可以很清楚地看到，即使在她加入通神学会和来印度之前，为了对真理的认识，她从未妥协过，不管为此需要付出多大的代价。她不允许任何东西置于她自己与真理之间——无论是宗教信仰，还是家庭和朋友。无论何时，她一旦看到了有什么是错误的，或者是不公正的，她马上放弃这一切，勇敢地转变她自己的生活来追求真理。正是她身上的这种品质，让克里希那穆提有一次在回答一个问题时，回头问我为什么人们如此难以了解他教导的真相，他说："先生，如果母亲再年轻一些，她一定就会完全理解我的话。"我想他对我说这一句话时，应该是在 1985 年，而这就需要贝赞特夫人身上的那种对真理无畏的激情，能够让一个人打破自己所有过去的习惯性束缚，明白他所说的真理。

同一年，当时我们在瓦拉纳西，当克里希那吉要我负责拉吉嘉特的中心组织时，他曾问我，"先生，你读过贝赞特夫人的书吗？"我说："一点点，先生。我读过她的自传，但是其他的还没怎么去读，因为我大多数的时间忙于研究科学。""你得读，先生。她是一位卓越的女性！"在我的认知中，克里希那吉从未这样表扬过任何人，或者推荐任何一种阅读，所以，当时我对他的这一推荐颇感惊讶！

大多数人认为克里希那穆提否认导师们的存在，这在他和贝赞特夫人之间造成了很大的裂痕，让她甚为失望。这其实是一个误会。克里希那吉真正要反对的，是一种省心偷懒的信仰，以及任何一种从外在寻找帮助的依赖。当马赫什在拉吉嘉特问他："先生，您拒绝导师吗？"克里希那吉告诉他道："不，先生，我从未拒绝过导师；但是赖德拜特和斯科特·阿兰代尔（Scott Arundale）为崇高带来了荒谬，而我拒绝的是荒谬。"记得1958年，当我首次在德里遇到克里希那吉时，我也曾问过他这样的问题：

　　"先生，我曾经读到过有关神秘教的一些传闻，传说你们的人也习惯于从死去的人那里得到一些信息，并常常与他们交谈。这些都是瞎编的吗？"

　　他答道：

　　"不，先生，这些确实是存在的。这只是另外一种能量运作的形式。但这些无关我们的德行，因此我对它们不感兴趣。当然，头脑也很有制造出一些幻觉的能力。"

　　我能够理解他所告诉我的用意，从自我中心意识当中走出来，要比培养任何一种力量重要得多，这也包括了神秘力量；因为自我也可能滥用这种力量。

　　另一次，当克里希那吉与拉塔博士在一起时，他问她："拉塔吉，你相信导师吗？"她说："是的，先生。"他反驳说："不，不是那样的。你知道这对于母亲意味着什么吗？她会投入生命！知道了这一点，现在你再告诉我，你相信导师吗？"拉塔吉重申道："是的，先生！"克里希那吉的反应是："好的！"这样的例子会反复出现，贯穿于他的教导当中。对他来讲，对任何具体想法或概念的执着都是对深层真理感知的障碍，而更深真相总是隐藏在未知那里，并非自己知的事物那里反映出来，因为只有对真理的直接感知才能改变人们的意识，而不是对那些真理信条的信仰而致。没有直接感知的信仰就会变成小我的选择，它既制造了分裂，也生成了虚伪。另外，当一个人把真理假定为未知时，它就会产生谦卑，而谦卑这一品质，对于任何深入的探究都是必不可少的。

我们必须记得：克里希那吉不否认神，他否认的是人们所接受的关于神的概念；他不拒绝神圣，他拒绝的是人们所认为的那种神圣；他也不反对爱，但是，他会反对所有关于爱的概念。还有，他也不否认宗教的心灵，但他会拒绝关于什么是宗教的所有概念和信仰。对他来说，那些出于想象的，或是被塑造出来的东西没有什么价值，因为它们会妨碍深入的探究，从而妨碍对更深层次真理的了解。他认为，真理是未知的，故主张通过否认虚假来靠近并获得真理。

而贝赞特夫人对真理的追求，与此并无二致。让我引用她在1913年时候所说的话，那是比克里希那穆提的教导早了很多的岁月：

"所有的学生，都要理解并探究物理现象背后的某些事物，一方面，为了他们能避免盲目，以免轻信与接受了一切；另一方面，也避免了同样的盲目，而不相信一切、拒绝一切……

"我们这个时代的最大危险正在变得越来越明显，正如勃拉瓦茨基夫人所指出的那样，许多人把持有的信仰僵化成了一堆化石……而我们这个学会是向前行进，充满目的性的，而且一直都有它的目的，它是一个活的身体，而不是一块化石，一个活的身体，就需要生长、需要发展，使自己适应于各种新的环境……

"对于我们这样的学会来说，再也没有什么比把自己标榜为真正的、特殊形态的信仰形式，同时又鄙视那些对他们信条的任何挑战更致命的了……如果我们的学会还要在遥远的未来继续存在，如同我希望的那样，那么，它就必须准备非常坦诚和自由地承认现在的我们，所掌握的知识是零碎的、是片面的，当我们知道更多、理解更深之时，它就需要做非常大的调整……

　　"我们不是在处理理论，或幻想联翩，或是二者的混合，而是对第一手观察的记录……

　　"在某一未知的领域宣告某人是绝对正确的权威，这是一种狂热，而非出于理性。我要求我自己的朋友不要对我做这样的事……

　　"有趣的是，注意到各种意见大量产生的事情，都不是对人们的生活与行为产生影响的事情，而是那些像知识本身一样有趣的事情，是那些对人类的具体生活进行指导以外的事情……

　　"只有极少数的人，才会认真地去分析那些看起来非常简单的'看'的复杂性；而在人们大多数'看'的行为里面，几乎没有任何真正的'看'，而有着大量的记忆。我们通常所谓的'看'，只是借着视网膜，其实是一个带着过去同样的或相似的印象、同样的或相似的客观事物所形成的全部记忆，最后又进行转译与组合的综合性结果……

　　"所以，只有那些训练有素与经验丰富的观看者，才能穿越他们自己惯性思维所形成的遮蔽，从而避开了对事实的错误认知。

　　"……几个时代之后，我们将会拥有新的躯体，继续扩展我们未知的那些领域；我们不愿意让自己的肢体受限，而诉诸我们当前的研究权威，引之为经典，然后成为阻碍我们向前发展的墙壁。"

我们可以看到，克里希那穆提后来教导的种子，就在上面所引述的贝赞特夫人的话语中。当然，克里希那穆提并不认为这些陈述来自她，或者来自任何其他权威；他是为自己重新发现了这些真理。他的整个教导，就是强调了作为知识的真理与作为观察的真理之间的区别。贝赞特夫人和赖德拜特先生指定给他的任务，是基于来自他们导师的讯息，是要求他成为世界的导师，为理性时代带来新的对宗教的诠释。虽然这一切，也确实是他毕生在努力的。

　　1933 年 12 月，贝赞特夫人去世，那一年，克里希那吉被邀请在阿迪亚市的通神学会讲话。在那一次讲话后，有人问他：

　　"据说，贝赞特夫人最大的一个遗憾就是，事实上你没有按照她的期望成为世界的导师。坦率地说，我们这些人也一起分担了这个遗憾和失望，并且感觉这并非完全没有理由。对此，您有何要说的吗？"

　　克里希那吉答道：

　　"没有，先生。当我说'没有'时，我的意思是'没有'什么能来缓解你们的失望，或者贝赞特夫人的失望，如果她有失望的话，但事实上她经常对我表达出的是相反的态度。我不是在这里要证明自己有理，我对证明自己有理根本没有兴趣。但问题是，如果你们失望，那为什么你们失望？你们想把我放进一个笼子里，既然我不适合那个笼子，于是你们就失望。你们有我应该怎么做、我应该怎么说、我应该怎么想等事先形成的概念……你们的失望，不是基于思想、智力，更不是基于深深的情感，而完全出自你们自己制造出来的一些想象，而不管这是如何的虚假和不真实。你们或许可以找到一群人，他们告诉你们说，我让他们很失望，于是，他们就会创造一些认为我是失败了的观点。但是，一百年之后，我不认为人们是否失望有多么重要。唯有真理，我所说出来的那些真理，将会存留下来，而不是你们的想象，或你们的失望。"

那时，接下来的讲话快要结束时，又有人问道：

"在上一周的通神学会议期间，一些领导人和几位贝赞特夫人的敬慕者讲话，并致以崇高的敬意。对于如此一位对你来讲，既是母亲又是朋友的伟大人物，你对她有何评价？抱持何种敬意？ 在她多年对你与你弟弟的监护中，她对你们的态度如何，结果又是如何？你难道不感激她长年的照顾、养育与关心吗？"

克里希那吉回答如下：

"沃林顿先生好心地请我来谈谈这件事，但是，我告诉他，我不想谈此事。现在请你不要用'监护''感激'等词来谴责我。先生们，我能说什么？贝赞特夫人是我们的母亲，她照顾我们，关心我们。但是，有一件事情她是不做的。她从来不会对我说，'做这个'或'不要做那个'。她让我独立做自己。好吧，我就用这些话，来向她致上最崇高的敬意。……"

我们必须记得，他们并不像一个普通家庭的关系——这是两个寻求真理的非凡智者之间的关系，——真正的爱与情感的关系。这样的一种关系并不是基于一种期待来建立，并不寻求彼此的支持与感激。一位开明的母亲是希望她自己的孩子忠于自己内心的感知，追求他认为是真理的东西。贝赞特夫人在她自己人生中就是这样做的，如果认为她对自己儿子的期望比这个要低，那只是出于我们的无知。这是一种建立在真爱和相互尊重之基础上的关系，两者都跟支持与满足的需求无关，更不用说任何形式的服从了。

那时，即 1929 年，通神学会的领导们与克里希那吉教导之间的主要哲学区别是，前者认为，不同的宗教，是不同的真理之路；而克里希那吉却直截了当地说："真理，是无路之国。"除此之外，则只是派别之争，无非是起于个人的好恶与利益分歧了，因为他们没有从自我中心的束缚中出来。而贝赞特夫人当然不能做出这样的反应。1930 年，当克里希那吉与通神学会的领导们分道扬镳时，她唯一关心的就是克里希那吉的未来。她说服一些最好的助手和亲密的同事从通神学会辞职，追随克里希那吉，为了能够保护他。

事实上她曾告诉克里希那吉，她想辞去通神学会主席一职，希望只是坐在他的脚边聆听教导；但是他反对她这样去做。贝赞特夫人是一个从不怀疑克里希那吉是世界导师的人。她警告过每个人，当世界导师出现时，他说的话可能完全相反于他们所期望的。阿楚约特·帕瓦尔当在拉吉嘉特告诉过我：贝赞特夫人习惯于告诉他们，不要反对克里希那吉所说的，无论他们的观点是多么不同于他的，因为他具有一个更高层次的意识。这当然不意味着要盲目接受他所说的，而是要用尊重的方式来聆听他所讲出来的话语，仔细考虑，而不是迅速地拒绝它。这也是克里希那吉所说的，要与问题待在一起的意思。

为了与克里希那吉在 1928 年所说的一致，贝赞特夫人关掉了分布在全世界的各个秘授部门，她还写信告诉他说："亲爱的……我无限期地关掉了 E.S.，把所有教诲留给你。我已尽我所能为你的教导清场，你是唯一的权威。"阿迪亚市的那个冬天，她坚持与其他的听众一道，坐在地上，而不是和他坐在讲台上！

然而，通神学会的其他领导却不同意她的这种行为，正如他们

272

不能接受克里希那吉的教导一样。他们恳求她再度开放神秘教的秘修传统，说通神学会相信真理的诸条道路，克里希那穆提可以追寻他自己的道路，但他们也有权追寻他们自己的道路。于是，贝赞特夫人不得不重开秘修之路。我们必须理解，无论她个人的感受如何，作为通神学会主席的身份，她不能坚持要求其他成员必须接受她的观点，因为通神学会的宗旨是允许每一个人持有自己的观点，而且也无人有权将自己的一种特定观点强加给整个学会。正是在这个意义上，它是一个真正民主和平等的组织，每一位成员都可以自由地，以他或她自己选择的任何一种方式来追求真理，而无损于对他者的尊重。既然通神学会的其他高级成员不愿意接受克里希那穆提的教导，并希望重新开放秘修之路，她别无选择，只能接受他们的请求。

克里希那吉在他于1930年2月写给贝赞特夫人的信中，曾经精彩地总结了这些情况：

"我亲爱的母亲。我知道他们反对我和我所说的，但对我来说，这没有关系，请不要为此担心什么。所有这些都是不可避免，而且在某种程度上是必要的。我不会改变，我猜想他们也不会改变，因此必有冲突。众人说或者不说什么，都没关系。我肯定是我自己，我走在我自己的路上。"

1933年12月，在写给艾米莉·鲁琴斯夫人时，他说：

"我们不反对通神学会与通神学会的教义。我不是与这些斗争，而是要跟世俗的观念、世俗的理想宣战。"

所以，这位被人们宣布为"世界导师"的人，不得不公开宣布放弃这个头衔，才成为世界导师！克里希那吉毕生都保持着对通神学会的深情，持续关心着它的福祉与发展。无论何时，只要学会有

273

需要的时候，他都会施以援手。在 1986 年 1 月，在印度，由他主持的最后一次克里希那穆提基金会的会议期间，有人想问他一个问题，说："先生，当你离开通神学会的时候……"但是克里希那吉立即打断了他，以强烈的语气说道：

"先生，请等一下。让我把这一点说清楚。我从未离开过通神学会，而是他们不想我留在那儿。"

克里希那吉与贝赞特夫人的最后一次会面是在 1932 年 11 月，当时，克里希那吉想在她临终前看望她。我们不知道他们之间的实际对话，但以下想象中的对话，选自瓦拉纳西拉吉嘉特女子学院的伊拉瓦蒂（Irawati）博士撰写、导演的一部关于贝赞特夫人的人生之剧，在我的心中非常恰当地概括了这段对话的本质特征：

安妮·贝赞特：克里希那，我的儿子，如果你离开这儿，你将以何为生呢？我们抚养你长大，却尚未为你获得谋生之资。

克里希那穆提：不要担心，母亲。如果我的内在有，那我借之漂游人生之海；如果我的内在没有，那就让我沉入这一生命之海！

最后，我只想说，除非我们达到他们的智慧水平，否则我们不能完全理解他们的爱与关系的性质。而在此之前，最好不要猜测、判断或将自己设想的动机归到他们那里。

参考文献

1.《安妮·贝赞特在阿迪亚尔的手册》，1913 年，第 36 号。

2.《克里希那穆提文集》，第 I 卷，加州，克里希那穆提基金会，欧亥，1991 年，第 165 页。

3.普普尔·贾亚卡尔:《克里希那穆提传》,新德里:企鹅出版集团,1986年,第83页。

4.玛丽·鲁琴斯:《克里希那穆提的生与死》,新德里:宇宙出版社,1999年,第76页。

5.同4,第81页。

你们幽默吗？幽默存在于你们自己的生活当中吗？去笑，不是笑某人，不是因某个笑话、某个无聊玩笑而发笑，而应当是，就在你们自己的眼中、心中、嘴巴里面有欢笑。是的，欢笑！这是必需的。如果你们不知道如何因自己而欢笑，那么，你们也必将永不会因世界而欢笑。

——克里希那穆提，孟买，1982 年 2 月，第六次公开讲话

第十一章

克里希那穆提喜欢讲的笑话

当人们倾听克里希那穆提的讲演和对话时，印象中他是一位非常严肃的人，完全不是幽默的，对社会和人类有严厉的批判。但在真正的现实生活中，我们发现他完全不是这样的。而是一位非常欢乐、和蔼和充满深情的人，轻松、愉快，非常敏锐。他发自心底地欢笑着，而且非常富有幽默感。我想，他是故意把自己这方面的天性与传播他的教导、创造一种对自我知识所需要的探究工作分开来。他把这当成是神圣的，故以极严肃、极认真的方式去做。人们倾向于将一切变成娱乐，他却一直提醒他的听众，他的讲课不是娱乐。而每当有人与他私下会晤，则不是为了讨论那些教导的精神，他就会讲很多他知道的笑话，而且大多数笑话都很好。他会讲述这些，和我们一起尽情地笑。下面是我从他那里听到的一些笑话。

*   *   *

赫鲁晓夫成为苏联的最高统治者，有一次发表讲演，批评斯大林。演讲结束时，大厅的后面有人问："那个时候，你为什么不大声说出来呢？"赫鲁晓夫怒道："是谁在问这个问题？"大厅里面一片寂静。他又追问道："我说，是谁在问这个问题？"又是一片寂静。于是他说："我当时没有说出来，与你现在也没有说出来，是一样的理由！"

＊　＊　＊

一天，耶稣问圣彼得："彼得，两千年前我在尘世布道，地上的那些人后来都怎么样了？""主啊，我指示给您看。"彼得答，于是，他将望远镜对准了孟加拉。耶稣看到了许多饥饿消瘦的人在一个建筑工地上大汗淋漓地干活，头上还扛着重物。"这是怎么回事？"耶稣说，"为什么这些人如此贫穷和不幸？""主啊，您不是曾说过'你们当靠额头的汗水，换来你们的面包'，他们就是照着您的话做的！""哦！"耶稣说，"我没有这个意思。那么，地球上有比这个地方更好的吗？""有的。"彼得说，他将望远镜对准了梵蒂冈。耶稣看到一个宴会正在举行，所有的人看上去都是丰腴而富有，穿着漂亮的衣袍，桌上有点燃的烛光和可口的食物。耶稣问："彼得，这些人看上去如此健康而快乐，那些人却如此悲惨。为什么会有这样的区别？"圣彼得答道："主，这些人是知道你'没有这个意思'的人！"

＊　＊　＊

俄罗斯的第一位宇航员进入太空，当他返回地球时，赫鲁晓夫和教皇都渴望见到他。这位宇航员首先见到的是赫鲁晓夫，赫鲁晓夫对他说："你已经到过上面了。那你一定见过上帝。不许把这件事情告诉别人，他们对这样的真相还没有准备好。"宇航员去了罗马，他又见到了教皇，教皇把他叫进了自己的密室，私下相会。教皇对他说："你到了上面，你一定发现那里根本没有上帝。请不要告诉任

278

何人，人们还没有准备好接受这种真相的能力！"

*　　*　　*

教皇去世，想要进入天堂的大门，当时圣彼得制止了他。"请等会儿，阁下，需要我帮忙的吗？""我是教皇。我已经去世，现在就要进入天堂。不是这样吗？""是的，但是我们有一个可以进入者的名单。让我核实一下。稍等片刻。"圣彼得检查着他手中的名单，但是没有找到被称作教皇的人，于是他说："对不起，阁下，名单上没有叫教皇的人。""肯定出错了。我是耶稣基督在尘世的代表。我已经去世，我的名字肯定会在名单上！"圣彼得再次检查了一下名单。"不，阁下，您的名字确实不在上面。但是，您提到了耶稣基督。我们这里确实有一位耶稣，我去问问他。请您在这里稍等。"圣彼得进去，找到了坐在一张桌子前面的耶稣与玛利亚，他们正在吃着什么东西。彼得就问："耶稣，您认识一位叫作教皇的人吗？"耶稣说："不，我不认识任何叫教皇的人。""他说，他是您在尘世的代表。"耶稣说："我在尘世没有任何代表！"于是，圣彼得就准备回到大门的那一边，告诉教皇耶稣所说的话，玛利亚突然说："耶稣，我想，这就是一直在尘世散布关于我们的那些谣言的人！"

*　　*　　*

有一个对上帝非常虔诚的人，他常常敬拜上帝。一天，他在悬崖上滑了一跤，抓住了一根树枝。他尽力了，但是没能上来。他低头一看，吓了一跳，发现下面有一千英尺深。于是，他就抬起头来，说："上帝啊，这些年来我一直是您虔诚的仆人。请救救我！"一个声音从上面传了过来："要有信心，跳下去！"那人再次往下看了看，最后，再次抬头，问道："上面没有其他人吗？"

279

*　　*　　*

　　圣彼得正在决定把一个去世后来到他面前的人送到哪里。他看了看那个人的人间生活，发现他并不是很邪恶，但是他特别喜欢美酒、女人与唱歌。所以，他告诉他："我可以把你分配到天堂，但是，你会发现那里非常无聊。人们总是在进行着哲学的对话和严肃的讨论，你一定不喜欢这样的事情。所以，你为什么不到下面的另一个地方看一看，那里叫作地狱，你可能会更喜欢。"于是，这个人就下到了地狱里面去参观，受到了热烈的欢迎，戴着花环，伴着音乐。他发现有美女、有醇酒，人们都在享受。他回到圣彼得那里，说："谢谢你告诉了我，我更喜欢下面的生活。"圣彼得就说："好的，先生，你被分派到地狱去了。"那人赶紧下去敲地狱的门。这一次，当门打开的时候，有几个长相凶恶的人把他打了一顿，然后把他扔进了阴沟里面。对这些变化的发生，他很是惊讶，就问他们："上次我来的时候，你们对我这么好，现在发生了什么？""哦，那时候你是一个游客！"里面回答道。

*　　*　　*

　　四个人在讨论什么是最古老的职业。医生说："《圣经》上说，上帝用男人的肋骨创造了女人。这就需要一次手术，而手术只有医生能够做。所以，医生的职业肯定是最古老的。""哦，"建筑师说，"做手术的话，你就需要一个医院，而设计医院，你就需要一位建筑师。所以建筑师肯定是在医生之前。"律师一直没有说话，现在他开口说了："你们这些家伙，没有准确阅读《圣经》。在亚当与夏娃这事之前许久，《圣经》是说上帝从'混沌'（chaos）中创造了秩序，要做到这一点，需要法律，而制造这些法律，就意味着需要一位律师。所以，律师肯定还要更早。"最后，是那一位政治家，他安静地听了所有的这些对话，突然问道："是的，但是，你们知道是谁创造了'混沌'吗？"

* * *

1975年，在印度宣布"紧急状态"期间，英迪拉·甘地是印度总理，她邀请克里希那吉和她的大臣共进晚餐。那时她的儿子桑贾伊·甘地变得非常专制，每一个人都害怕他。饭后，克里希那吉说他想讲一个笑话。"一个非常喜爱赛车的人离世了，他去了天堂。因为他是一个好人，圣彼得就要赐他一样东西，他说自己要一辆特殊型号的赛车。圣彼得说：'你可以有，但是有一个条件，你必须在天堂遵守它的限速每小时五十英里。'这个人就很失望，但是同意了，因为他非常想要这样一辆车。当他驾驶着他的新车四处兜风时，另一辆车子经过他身边，行驶得非常快，接近每小时一百英里。他很惊讶，就去问圣彼得。圣彼得说：'那辆车是什么颜色？'他说是红色的。'哦，那一辆！我们无能为力。它属于老板的儿子！'"

克里希那吉后来告诉我："我讲完这个笑话后，桌上寂静无声。然后，英迪拉笑了起来，其他人才敢跟着笑！"

* * *

耶稣基督从未看过足球赛，于是他就问圣彼得能不能一起去看一场。圣彼得说："可以的，我的主，让我来安排这一件事。"于是，他带耶稣到爱尔兰看了一场比赛，那是天主教徒对抗新教徒的比赛。耶稣看得不亦乐乎，天主教徒进了第一球。他高兴地鼓掌，将帽子扔到空中喊："万岁！"然后，比赛又进行了一个阶段。这一次，是新教徒进了一球。耶稣又非常兴奋，他愉快地鼓掌，将帽子扔到了空中。一位坐在他后面的男人对他的行为感到很费解，便轻敲他的肩膀问："等等，阁下！您究竟是站在哪一边的？"耶稣说："我不站在任何一边，我只是享受这一场大游戏！"此人怀疑地看着他，嘴里喃喃地说道："哦，原来是一位无神论者！"

* * *

一位瑜伽士对着一位坐在恒河边的佛教僧人说："我练习密宗已经十五年了，获得了特殊的能力，能在水面上行走过河。你能做到吗？""不，"僧人说，"我宁愿自己付二十五便士去坐船！"

* * *

一位年长的僧人带着一位年轻僧人过一条河流，当时，他们注意到一位女孩过不了河，落在了水的中间。那位年长的僧人就把她抱了起来，放在岸的另外一边。这一行为让年轻僧人非常困惑，他认为僧人是不能去触碰女人的。他一直琢磨着这件事，最后，就去质问年长的僧人，怎么可以这么做。老僧人回答道："亲爱的，我把她抱起来，放在了对岸。你还抱得着她吗？"

* * *

在波兰被俄国人占领的日子，有两个朋友在路上散步。一位是波兰人，他在路上发现一个箱子，当他打开它时，看到里面有很多钱。他问他的俄罗斯朋友："我们该怎么分好呢？"朋友回答说："有什么难，当然像兄弟一样分！""不，"波兰朋友说："还是五五分吧！"

* * *

波兰在战争期间，粮食严重短缺。以前，每一家的商店都排着长队买面包、水果或黄油。一个排了两个小时长队的男人气愤地说：

"我要去杀了部长！"过了一个小时，他回来了，想重新夺回他在原来队伍中的位置。站在他旁边的人就问："到底发生了什么事，你不是说要杀了粮食部长吗？""那里的队伍更长！"他说。

*　　*　　*

在乌托邦时期，一个人第一次离开苏联到了法国。他想从巴黎再去马赛，所以他就问路，如何抵达目的地。他被这样告知："这样，你可以乘坐火车，或乘公共汽车，或飞机去那儿。当然，你也可以租一辆车，然后一路开车到那儿。""如果我开车去，我在哪里加油呢？""好吧，是有好几个加油站的，你可以根据自己的意愿，用优质的汽油，或柴油来加。""我到了那儿之后，会住在哪里？""这样，你可以打电话给不同的酒店，询问房间的价格，然后你再决定。"那人很生气，他说："在这里，政府难道不为你做什么事情吗？"

*　　*　　*

有一位国王，他对一个和尚印象深刻，非常钦佩他的纯朴。于是，他邀请僧人到他的宫殿。僧人接受了，与他住在了一起。在那里，国王发现僧侣做的一切都与他一样：僧人也吃好吃的食物，也看了所有的舞蹈，玩所有的游戏。于是，国王大失所望，他自言自语道："原来他与我是一样的人！"不久，国王就告诉僧人，要他离开宫殿。僧人说："好的，但是，我们曾经一直是好朋友，所以，你不跟我做最后一次散步吗？"国王同意了，他们开始散步。走了一英里路后，国王说他累了，想回去。"再走一点路吧。"僧人说。他们又走了一英里。最后，国王坐下来说："对不起，我走不动了，我必须回我的宫殿了。"僧人说："再会，阁下，我希望你现在知道我们的区别在哪里了！"说完，他就走了。

283

＊　　＊　　＊

两个朋友去世了，又在天堂相遇。一阵寒暄之后，一位问另一位："约翰，告诉我，我是否真的死了，为什么我感觉如此悲惨？"

＊　　＊　　＊

一只蜈蚣正高兴地在地上走，这时，有人停下来问它："你是怎么决定在第三十五步后，哪一只脚向前迈进呢？"蜈蚣开始思索，从此，它再也走不动了！

＊　　＊　　＊

魔鬼和他的朋友在一位圣人的背后散步。他们看到圣人在路上弯腰捡着什么东西。魔鬼就问："他到底在捡什么？"他的朋友回答："对你来说，真是太糟糕了，他捡起的都是真理。""没关系，"魔鬼说，"我将帮他管理这些真理！"

＊　　＊　　＊

从前，有三位僧人在喜马拉雅山的高处冥想，完全处于寂静当中。一天，一位僧人突然开口说话了，他说："我想今天要下雨了。"说完又进入了寂静。十年过去了，第二位僧人突然说："云朵已经过去了。"又一个十年过去了，第三位僧人突然开口了："你们两个再不闭嘴，我将离开这里！"

第二部分　论克里希那穆提的教导

　　你们是在经验我的教导，还是经验你们自己？我希望你们能够看出其中的区别。如果你们在经验我所说的，那么你们就是在试图达到你们认为我已经达到的那个境界。你们认为我有一些你们没有的东西，所以，如果你们经验了我所说的话，那么，你们也一定会得到它，这是我们大多数人在做的事。人们总是以交易的心态来做这些事情：我为了得到那个事物，所以我要做此件事情。我们崇拜、我们冥想、我们祭祀，都是为了得到某些事物。现在，你们并不是真的在实践我的教导。我不是要对你们说什么话，真的，我的确切意思是：请探索你们自己的心灵，看看你们的心灵能够抵达怎样的深度。因此，你们自己才是最重要的，而不是我的那些教导。对你们来说，找到自己的思维方式，以及其中所拥有的含义是极其重要的。

　　——1955 年 8 月 25 日，加利福尼亚，欧亥，橡树林学校的
第八次公开讲演

　　你们如何对待一个问题的出现？问题与答案，究竟是哪一个更重要呢？或者，答案就存在于问题当中？所以，我们在进入这些问题之前，需要问问：你是如何接受问题的，你是如何

看待问题的，你又是如何回答问题的？或者，你只是在寻求问题的答案？如果你只是在寻求一个答案，那意味着答案比问题更重要。故此，我们说你如何对待一个问题、如何探究一个问题的方式，是非常重要的，因为问题的答案就存在于问题当中，而不在问题之外。我希望自己已经把这一点说清楚了。

——1984 年，孟买，问答环节

克里希那穆提经常告诉我们，我们既不应接受，也不应反对他所说的，而是为自己对真理的发现去探究它。当我们探究他的教导时，我们当然能互相分享彼此的观念与想法，他明确鼓励对话的价值。现在，我们若只是重复他的观点，那么我们会被论作抄袭；若只是表达对他话语的理解，那么我们仅仅被视为诠释。所以，这些只能意味着我们恰恰不能谈论他的教导，因为那明显不是他希望达成的目的。

这个问题是由戴维·伯姆向他提出来的。他给出了一个非常明确的答案。他说，只要我们清楚地表明，我们所说的是我们如何理解他所说的，而不是声称自己是一个权威，或断言这是他所说的真理，那么就是完全诚实的、是合理的；但是，如果我们坚持认为我们知道他的意思，而没有为我们自己发现真理，那么它就变成了诠释，这是很不诚实的，因为我们把他的话语作为对自己的意义。

现在我们要知道，人们并不是借着谈论克里希那穆提的教义而成为他教义的权威，这样做是错误的。相反，重要的是人们必须认识到，既然真理不是一种观念，那么，因某人是权威——包括克里

286

希那穆提本人在内——而接受某事是真理，这是没有任何价值的。观念可以通过语言来分享或交流，但真理却不能，因为它存在于实证的层面。只有这样，它才能改变意识、结束幻象。这就是哲学教授并没有比常人更接近真理的原因。他们分析概念、讨论语义、下定义、进行论辩，而从来不表达自己的实证。

对别人的一种观点若只是回应以同意或不同意，无论该观点出自谁，这都不是一种明智的态度。因为，这样并不会改变任何的事情，当然也无法改变我们的意识。那么，什么才是明智的回应呢？如果我们听到了一种观点，既不同意也不反对，而是需要扪心自问：这是什么意思，它是真实的吗？同时，不要急于回答它，因为过于仓促的答案皆来自记忆，而记忆总是受限制的，是主观的。你要与这个问题待在一起，深入观察自己与自己的生活，并从这种观察中学习，这样你就有可能感知到一个超越理性层面的更深沉的真理。当然，这种感知你也是需要怀疑的，因为一个人可能会自欺，认为这是一种深刻的亲证，而不是知识的碎片。如果一个人是诚实的，是很容易注意到其中的差异的，因为深刻的亲证一定会改变我们的意识，这是显而易见的。

在我看来，这是克里希那穆提要求我们做的"艰苦工作"。当他说这不是一个时间问题时，我想这意味着时间未必就能帮助我们获得那种知觉。人们不能逐渐地感知真理。一个人要么察觉到，要么察觉不到。但是，当一个人不断地追问、不断地深入观察，不仅是觉察真理，而且，那些肤浅的偏见（幻象）会消失，而深刻的见地会持续。所以，一个人无论走到哪里，都要带着一颗"学习的心"去深入生活，没有什么外在的目标是需要实现的。在这里，学习云云，意味着为自己获得何者为真何者为假的认识。这种学习的状态是没有止境的。克里希那穆提甚至在他临终的病床上也在学习！

在这一质询领地，每一个人都是完全独立的，权威没有任何意义。我们可以一起探究的理由在于，对于终极的真理而言，每个人都是公平的，就像在科学中一样。权威只有在知识领域才有意义，因为那里有着等级制。在寻求真实或真理的过程中，却没有任何的等级存在。只有当一个意识没有任何扭曲地观察"是什么"（事实）时，真理才会产生。为了再次发现它，你就必须再次亲证它，而不是从过去的材料中记起它。因此，记忆在这种追问与探索当中没有多少价值，如果一个人没有意识到这种危险，记忆反而是一种障碍。

这就是克里希那穆提进入每一个问题总是鲜活的原因。他在1985年11月的一天，在与一些人的对话结束时，他告诉我："先生，不同时代，同一问题！"这些都是人类永恒的追问，每个人都得再次出发，重新发现真理。

真正的教导，并非指书本上的那些东西。教导意味着："深入反思你自己，进入你自己，追问那里有什么，了解它，最后超越它。"所以，你们不是理解教导，你们是理解你自己。教导只是指示或诠释的一个工具，但你们必须做的是理解自己的工作。请注意，不要试图理解讲话者说了什么，而是要把它当作一面镜子，看清你自己。当你们非常仔细地看自己的时候，镜子是不重要的，你们可以把它扔掉。

　　——克里希那穆提，1981 年 11 月 25 日，瓦拉纳西，拉吉嘉特的第一次公开讲演

第十二章

克里希那穆提的教导精要

    克里希那穆提是我们这个时代最有独创性的思想家之一，他探究着生活目的，探究着有关爱、宗教、时间与死亡的真正含义等基本问题，他从来不在任何现成的书籍或者经典里面寻找答案，也不接受任何信仰系统、有组织的宗教或者哲学体系。他就像佛陀一样，通过观察、追问自我知识来寻找这些问题的答案，并对真理有一种超越于概念、理论与种种描述的直接感知。他既不是学者，也不是知识分子；是的，他不涉入任何的理论和概念，而总是以自己独立的追问与观察来讲话。他所说的话也许是别人在早些时候说过的，但他是通过自己发现的真理。在一个以科学与理性为主导的时代，他指出了人们以思想和知识作为真正变革手段的根本局限。在这一章中，我打算概要地介绍一下他的教导的一些基本精神，以及他揭开的一些伟大真理。

所有人类问题的根源，
无论大小，皆存在于个体的心性

　　人类在这个星球上已经生存了几百万年，甚或更长的岁月，他们对外部世界的了解已经大大发展，并且增加了如何应对各种自然灾害的本领。但就其内在而言，在人类的意识世界里面，其实并无多少的进化。他仍然很像原始的人——充满恐惧，充满不安，于是，他们要组建各种团体，譬如宗教或国家，要竞争备战，谋取自己的利益，又憎恨他人的所得。现在，人们确实可以到月球旅行，在几分钟之内就可以联络整个世界，但是，他仍然觉得很难去爱自己的邻居，很难拥有平静的生活。现代人与几百万年前的原始人类是一样的残忍、自私、暴力、贪婪，具有强大的占有欲，尽管他现在可能躲藏在许多听起来很高贵的言辞、很高贵的思想背后，实则差别不大。

　　人类这种不平衡的发展，使他接近于自我毁灭。现在，人们站在了核战争的边缘，离彻底灭绝只有一步之遥。他不断增长的知识给了他力量，却并没有带来必要的正见与智慧。为什么？为什么我们的心性却没有多少进化？难道不是因为我们从来没有把注意力放在内心，去理解自己的心灵、想法与感受？我们是如此自满，如此地晕眩于自己的成就，为自己在外部世界的"进步"而沾沾自喜，我们已经彻底忽视了意识的内在世界。而且，原始人的仇恨，只会带来很小很小的伤害；现代人的仇恨，若配以所拥有的能力则会造成极大的破坏，我们每天都会看到它在我们的周围造成的各种灾难性后果。

我们以为，只要我们能够组织一个更好的社会，我们就能解决这所有的问题。这是一个根深蒂固的幻象。当然，这并不意味着我们要反对有效的日常生活的组织；但是，无论你如何组织，你都无法让一百万充满暴力、好斗、自私自利的个体组合，变成一个非暴力的、充满和平精神的社会。如果你们有一个共产主义的社会，你们就会有共产主义的暴力；如果你们有一个资本主义的社会，你们就会有资本主义的暴力。你可以在某些方面遏制暴力，但它会在其他方面表现出来。革命来了又去了，但人对人的暴政，却从来没有真正结束，它们只是采取了不同的样式而已。

一个真正充满和平精神的非暴力社会，唯有每一个体都从自己的心性上发生根本的改变才有可能实现。任何其他的变化都是微不足道的，是暂时的。它们不能彻底解决问题，它只是让我们在某些方面应付一段时间而已。个体是怎样的，社会就是怎样的，社会即个人。正如一根铜棒，其特性是由构成它的原子特性决定；一个社会的特性，也是由每一个体的特性决定着。我们今天在社会上看到的所有问题，其实都是个体心性问题的反映。因此，我们必须关注人们的内在转变，而不能止于外在化的社会组织。

只有改变意识，才能改变个体。美德很难练习

所有的宗教都在试图改变人类，但都失败了。假如他们成功了，

我们今天就不会有这么多的残忍、争战与彼此憎恨了。我们必须深入了解宗教为何未能改变人类，并从中吸取教训。从本质上来讲，每一种宗教都规定了一条道路，一整套需要实践的美德，而恶习需要避开。为此，人们已经努力了几千年，一直按照他们的规定去做，但是没有成功。道德行为实践其本身并不能改变人类的意识。若无冥想，单是对善行的"练习"，是不能在一个人的意识中产生出真正的仁慈精神的。它变成了另外一种追求、另外一种人生目标，也是另外一种追求自我满足的方式而已。反之，另一方面，如果心中有善，它就会在每一个行动、每一个思想、每一个言行中表达出来。那就不需要去"练习"了。

同样，一个人只要内心充满攻击性、充满仇恨和暴力，他就不能实践非暴力。于是，非暴力也变成了一个门面，一个虚伪的外表，一种冷冰冰的演技。只有通过观察自身暴力之因，并消除它们（不是通过努力，而是通过理解），才能结束暴力。当暴力结束时，就无须实践非暴力。因为，只有懒惰的心才需要一些原则来自律！所以，美德不能练习，也无法培育。它只是心灵的一种状态，或意识的状态，唯有当人们存在自我知识之时，充满理解、充满清晰的见地与视野时才会出现。它不可能通过意志力来获得，它需要的是洞见。洞见来自观察，来自反思，需要敏锐的觉知力。正是对真理的察觉，才能将意识从无知与幻觉当中解放出来。正是无知，在人类的心灵中制造了混乱。

善，必须是自发的，否则就不是善。任何一种人类行为的改变，若是因恐惧、胁迫、律法、臣服、模仿与宣传而引起的，都不够代表他的意识发生了真正的改变，因此，既是肤浅的，也不免于自相冲突。

真理、解脱与光明，不能通过别人而获得

从远古时代起，人类就一直依靠着古鲁、宗教或圣典来指引人生的道路。克里希那穆提却指出，真理是一个无路之国，没有古鲁、没有路径、没有信仰、没有圣典能够指引人们走到那里。你必须成为自己的光，而不是寻觅他者的光芒来行路。古鲁的意义就是为学生指出这一点，每个人必须学习的是他的自我知识。就此，学的能力，远比教的能力重要，因为，在这一领域，没有人能够真正教会别人任何东西。每一个人都得自己为自己找到真理，而且必须从认识自我开始。如果不了解自己思维的运作方式，以及从自己的经验、传统、文化、宗教等现象里面获得限制性作用，你就无法找到任何严肃问题的真实答案。我们的信仰，我们的观念、结论，还有种种偏见，都会阻止我们从真实的角度来看待事情，因为，它们已经将我们的视野涂上了色彩。人们必须认识到这一事实，并大胆质疑自己心中的每一个意见、每一个结论，因为它可能不代表任何的真实。当一个人以这种方式探究自己，即以寻求真理，而不仅仅是寻求满足为自己的意图时，真正的学习就发生了。一个人必须终其一生始终保持这种可贵的探究、发问与质疑的状态，而不是去为了寻求一个结论来告慰自己。

一个人能从另一个人那里得到一种观念、一个答案；但探索必

须是自己的。除非你为自己找到真理，否则它就不属于你，它只是对真理的描述。这就是佛陀与佛学教授的不同之处。前者有真知灼见，有完美的意识状态，而后者只有对它的描述。人们常常把符号、字词、概念与真实事物混为一谈。真正的基督徒是那些靠山中布道（Sermon on the Mount）来生活的人（即，具有基督的意识，并以此行世），而不是加入一个教会，并实践该教会的所有仪式者。同样，真正的佛教徒，其实是拥有佛陀意识的人，而不是服从佛教教义者。所有的教会、所有组织化的宗教，都只成功地把伟大的真理简化为一套制度、一种象征、一种仪式而已。但是，重要的却不是衣袍、标签，而是其内在的意识。

一位古鲁的作用，颇似路上的明灯。人们不必坐下崇拜灯，而应当行走这条道路。克里希那穆提一再强调，如果我们只是接受或拒绝他所说的那些话，那就没有什么意义了。只有当我们思考它、质疑它、审视它，并为自己找出它是否真的才具有价值。

既然真理与解脱只能是每个人通过自己的探究来实现的，那么，任何试图通过信仰、臣服或宣传来传播"真理"的组织，只会进一步限制一个人的思想，奴役他的心灵。一切富有意义的探究，都需要摆脱各种信仰、偏见、结论和条件的限制。它需要对自身的存在性有一种深刻的认识。既然真理不能被组织、被传播，那么，试图这样做的灵性组织就没有实在的价值。

理智的知识，不是对真理的亲证

我们常常会满足于对一个问题的理性回答，这就结束了我们的真正探究。当这种情况发生时，理性的理解反而是发现真理的一种障碍。当一个孩子生病时，我们从理性上很容易知道，此时需要的不是担心；因为担心对孩子没有帮助，能够帮助他的，是我们请来医生诊断，再给孩子吃药。当然我们是会这样做的，但是，这个如此合乎逻辑的理性结论，是否真的能让我们不担心了吗？知道愤怒是邪恶的，是否就能阻止了愤怒呢？真理比纯粹的逻辑和理性要深刻得多；而理智的回答，从来不是一个完整的答案。所以，当一个人只拥有理智上的理解，说明他只懂得了一点。理智的理解在某种程度上可能有些帮助，但其作用是微不足道的。它可以通过此本书或彼本书得到，但那毕竟只是存于人类记忆中的一种思维模式，而不应被误认为是对某种真理的认识。

被动的意识和主动学习的心

如果理性的理解是有限的，那么什么才能揭示真相呢？对此，人们必须观察自己和自己的思想过程，就像一个真正的科学家观察他感兴趣的科学现象一样。他不能有意改变它，他无选择地观察它，不让自己的欲望干扰自己的观察。当一个人这样观察，无选择的、被动的意识，没有想快速地形成一个意见或者得到一个结论的欲望，犹豫、耐心、怀疑，为了理解自己与自己的生活，只有这时，才有可能发现什么是真、什么是假；不需要意志的努力，虚假的东西会自己消失；无知的迷雾也会在理解的光芒下自动消失。如果没有这种客观地对自我的观察，对自己的所有结论、信念、执着、欲望和动机进行真挚的探究，那么，仅仅是在理智上把自己与某一群体、某一理论、某一信仰体系加以认同，并像一位律师为自己的职业辩护一样，那没有多大的意义。

这就像是说，"我的国家是最好的国家，因为我就出生在其中"一样的荒谬绝伦。然而，这就是民族主义的全部含义。为了拥有一颗学习的心，人们必须把自己从各种制约中解放出来，而不是用它来解释一切。思想不能做到这一点，因为思想产生于主观的记忆，但意识不是一种被制约的能力。因此人们必须与问题而不是结论在一起。通过被动意识来探究，以便为自己发现真理。对一个人是否认识到真理的最终检验，是通过观察此人的意识是否清晰而没有混乱。每当一个人经历混乱之际，其实就是一个人了解自己，并结束从自己那里产生幻觉的良机。

我们从来没有受过以正确的方式看待自己的教育，这是我们人生的悲剧。我们所受的教育只是让我们了解外部世界，以及用某种方式来处理外部世界的问题。因此，人们在成长的过程中，对外部世界也许了如指掌，却完全不了解自己，不了解自己的欲望、抱负、价值和人生观念。

也许，我们对自己的职业技能很在行，但我们完全搞不清楚快乐是否能够带来幸福；欲望、执着与爱是否同一回事；为什么人与

297

人之间的差异，会变成社会的不平等。幸福、爱、非暴力、谦卑等品质，可不是一个人通过工作就可以直接获得的。它们都是自我探究、自我认识和理解的产物，来自我们内心意识的净化，并不强加任何固有的观点、信仰或思维模式而来。如果一个人通过仔细地观察，通过近距离和富有耐心的审查，看到对快乐的追求并不会带来真正的幸福；那么，快乐主义的人生观就会在源头上发生改变，而对快乐的追求也会消失，没有丝毫的勉强、牺牲或压抑。所以，这是一种自然的苦行，它完全不同于自我强制的苦行实践。同样地，如果一个人通过自己的观察和探究，真正意识到自己与其他人并没有本质上的区别，与其他人有着同样的问题：恐惧、不安、欲望、贪婪、暴力、孤独、悲伤和自私自利，这些问题在我们所有人的意识中都存在，并发挥着作用，那么，他就不会感觉自己与别人有多大的不同。

由于我们的无明，我们非常重视我们之间虚幻的社会差异，譬如信仰、财产、知识、能力上的差异，这些都只是习得之物。我们未曾追问过自己，为什么我们对这些习得之物赋予了重要性，为什么我们让它们把人与人区分开来，而事实上，我们拥有同样的人类意识。

如果你剥夺了一个人所拥有的财富、地位、信仰和知识，再来审视他的意识，真的与其他人有很大的不同吗？正如人们的种姓、肤色或信仰不会改变其血液的成分一样，我们的习得之物，无论是精神上的还是物质上的，都不会改变我们意识的内容。如果我们不阻挡自己看到这个真相，我们将真正亲证到人类内在的根本统一性。把我们分开的是无知，而不是我们之间的差异。

结　语

人类陷入了一个巨大的幻象当中，认为通过立法、政治与社会的改革，通过科学与技术的进步，通过更多的知识、更多的财富、更多的外在力量与更多的控制就可以解决社会的问题。所有这些也许可以解决一部分问题，但是，那样的解决都是琐碎的，都只是暂时性的办法。它们徒有阿司匹林的效果，但不会治愈这种疾病。

事实上，我们一方面在不断地制造问题，另一方面，我们又在试图解决它们，以保持着某种"进步"的幻觉。现在，剩下的时间不多了，因为社会的痼疾在以飞快的速度狂长，大有吞灭人类之势。如果人们没有内在的革命性改变，尽管他的心理发生了一些变化，他们迟早也会加入那些不幸的生物学名单，这些生物曾经在这个星球上生活了几百万年，然后，因为无法调整自己的生命而遭受灭绝。人类从猴子演化而来，目前，还不能确定这究竟是真的朝着生存方向迈出的重要一步，还是倒退了一大步。也许，只有时间能够证明一切。

……因此，幸福非追求而得，幸福是临在而显现的。人们若只是去追求它，它就会躲开你。

——克里希那穆提，《生命之书》

第十三章

追求快乐

1994年5月17日，加利福尼亚，欧亥，克洛托纳神学院的讲话。

自古以来，人类一直在寻觅着幸福。每一种宗教，它的古老经典都会谈到人类对幸福孜孜以求的梦想，从未懈怠。但很显然，除了一些极独特的个体，譬如佛陀、基督，或者在最近的那些岁月，像拉玛那·马哈希、克里希那穆提这样卓越而罕见的人物，绝大多数的人都不能获得真正的幸福。

因此，本章我们将考察这样一个问题：为什么幸福是如此难以实现。为此，让我们从最基本的要求开始。这就意味着我们不做任何先验的知识性假设，也不需要参考人们的观念世界，而是要从最基本的事实开始探究，因为对幸福的探讨，必须始于观察。于是，我们观察周遭，我注意到我们每一个人都在做着巨大的努力，为了实现一个又一个的各自不同的人生目标。

商人们想建立他们的工厂；学者们想写出他们的著作；学生们

301

正在精勤努力，为了通过他们的考试，获得理想的学位；而那些宗教人士，则忙于冥想、苦行、自制、梵行等各种瑜伽的练习。所以，无论其身份是学生、宗教人士，还是商人，每一个人都在以自己的方式追求自己的理想。他们都有一个共同点，那就是他们在寻找，并且认为，当自己实现了这些愿望，他们就会在最后找到自己的幸福。那么，为什么人们都没有实现呢？如果幸福真的藏在未来的某一个地方，人们为步步趋近而奋发努力，并最终抵达了，——为什么我们就不能实现呢？

当然，有一点是明确的：如果我正在寻求幸福，那意味着我现在是不幸福的。我很想知道，如果人类获得了幸福，是否还会建立起各种宗教，形成宗教修行的各种传统；我也确实很怀疑，如果一个人的生活是充满欢乐的，他生活在幸福之中，是否还会关心宗教与各种宗教实践？所以，某种意义上，所有这些实践也都是为了寻求心灵上的幸福而展开的。事实上，我们的寻找正表明了，我们并不拥有它，因为人们不会去寻找自己已经拥有的事物！我们需要反省的是，为什么我们会没有呢？另外，当我们环顾四周，会看到类似的情境：人们虽然生活在不同的环境当中，但是，每一个人都站在他所获的与他所未获的经验之间，由此及彼地追逐种种快乐，但与幸福却又遥遥无期。穷人如此，富人如此，美国的总统是如此，街角的园丁也不例外。

每个人都拥有一定的资产、金钱、知识、健康等等，除此之外，还存在许多他尚未拥有的东西。知识方面的情景也是一样，人们可能拥有了学士学位，于是，他就想攻读硕士，或博士学位。不管目前拥有的是什么，总是还有更想获得的事物存在。人们认为，当自己立在某一个标准线上努力，获得一些超越这一条线以上的事物，他们就将会找到幸福，得到内心的平静，充满欢喜。但是，无论他是站在哪一条界线上，难道不是还会有超越这一条线之上的事物存在吗？一个富人可能站在一条更靠前的获得界线上，但是，依然有一些事物超出了它，而他仍旧在渴望这些事物。这样一种情境，对于穷人、愚者、有学问的人并无两样。那么，接近一条标准线真的会让他更接近幸福，抑或，幸福原本就与他所站立的这条界线无本质的关系呢？

可能这也将取决于人们如何看待某一条标准线，而不由他站在这条线上而决定。当然，一个人有理由获得更多的快乐、更多的慰藉，或更多的知识，但是，仍然处于某一条界线上，而越过这条界线的，必定是那些你还没有的事物。只要你还在寻找超越那条界线以上的东西，你就在把自己的生命交给欲望去支配；于是，要么实现了欲望，要么没有实现。如果它没有被实现，人们就会充满挫败感，会感到不幸福。如果实现了它呢，那么，暂时会缓解一些紧张。你在努力实现某件事情，而且，你也做到了。有一段时日，你会经验着这种成功带来的喜悦，但是，很快你就跌入厌倦。你在完成这条标准线的同时，你又把这个标准往前推进了一步。但是，还有其他的事物超过了这个标准而继续存在，故此，出于同样的理由，当你还在原来的标准线上时，对下一个新的标准线已经生出了欲望，而当你越过了它，再抵达更新的下一条界线时，欲望再一次产生。当欲望生成，满足欲望的需要也就随之而来。因此，人们必会面临着同样的问题：要么是沮丧，要么是满足，而这种满足又很快伴随着宿命式的无聊，就这样，无穷无尽，这就构成了一条没有止境的锁链。

所以，那样的幸福也只是暂时的，限制于满足它的那些时刻，而余下来的时间，难道只能是不可避免的斗争，只能是生活在冲突当中吗？而满足的时刻又是如此之少，彼此还遥遥无期，故大多数时候，人们遇到的尽是挫折；只要我们还在用现在的努力来确保未来的幸福，用今天为通道，以抵达明天的幸福，这种挫折似乎是不可避免的。但今年是去年的未来，同样，去年也是如此度过，它是更前一年的未来，而去年也曾为今年的幸福孜孜不倦地努力着。照此类推，一年之后，明年就是现在，前面又有崭新的一年。……

所以，我注意到，这就有一点像是小狗在追逐自己的尾巴。只要我们把幸福放在未来，用现在来寻求幸福，来寻求满足，以期待未来的幸福，那么，未来就会不断地向后退去。人们也许可以一直这样追逐下去，直至死亡的那一日。而在那一日之后，我就不知道是否还有未来！

看到这种恶性的循环，我们要知道，这里根本就没有一个放松的时候。以这种方式是不可能得到幸福的，那必是一条死的胡同。奥斯卡·王尔德以他独特的方式表达了这一点。他说："人生无非就是两大悲剧。其一，得不到你想要的东西；其二，得到了你想要的这一个东西。"因为，当你得到它的时候，就会出现无聊、倦怠。随着欲望的满足，那种力量消失了，索然无味，直至新欲望的生成。只是，当它产生时，你又回到了同样的循环之中。

看到这类似的情境，我们不禁要自问："我是不是把整件事情都搞错了方向？"幸福有没有可能根本就不存在于未来呢？——要么现在，要么永不！这就意味着，根本不存在"变得"幸福这样的事情，而只有"正在"幸福着这样一回事。如果是这样的话，那么，所有致力于改变的那些努力，都是在浪费时间与精力。我们必须找出自己当下不幸的原因。换言之，幸福与否，并不依赖于任何外在的境遇。

通常看来，幸福似乎取决于环境或条件，但事实并非如此。也许这原本就是内在的事物，只要我们还在用错误的方式来看待生活，只要我们的观念尚非正确的见地，我们就不会发现幸福。在我看来，问题不在外面，而在我的内心深处！

如果我们通过努力而不能得到幸福，那么幸福与时间的未来无关。或者现在幸福，或者永远都不会。因此，时间帮不了我们。所以，我们需要追问的是，为什么我们现在不幸福？毕竟，我们可以得到很多的事物、很多的快乐，特别是那些人无法用金钱买到的快乐，这是我们所有人，无论穷人还是富人，皆具有的能力。我说的是友谊、美食、自然的美、孩童的微笑、健康的体魄，可以出去自由散步的快乐，等等。所有这一切，都不需要金钱，而我们能够直接获得。

然而，为什么我们会对这些已然在握的事物感到不满足呢？这种不满是起于厌倦吗？那么，什么是厌倦，我必须把它弄清楚。为什么人们对自己所拥有的会感到厌倦？于是，我环顾自己的生活，也观察别人的人生。我想起当初自己第一次学会骑自行车时，有一种巨大的刺激、巨大的快乐在发生。但是，六个月之后，自行车躺在那里，当我母亲喊我骑车去办一件事情时，我说："哦，我一点也不喜欢。"那起初的兴奋感消失了，我感到厌倦。所以，我要追寻新的事物，我对自己拥有的感到倦怠。我注意到，一个年轻的男子追求一个女人，寻找她、恳求她，与她坠入了爱河，对她十分关心、温柔而多情。最后，他娶了她，在那之后，无聊感、厌倦感就开始发酵了。若干年以后，我发现他暗地里又在追求新的追求；他不再满足于所拥有的一切。——每一个欲望都在讲述着相同的故事。

所以，我们必须弄清楚什么是厌倦。人们为什么会厌倦？每一次新的经历都让我们兴奋，但过了一阵子，我们对它就变得麻木，这似乎是生活中的一个大悲哀。如果你在海边盖了一间大房子，你确实会为大海的美丽而激动不已。但是，你在那里住了一个月后，你就不再想看见大海了，你想回城里居住！而城里的人们又整日在渴望海边的生活。因此，人们总是渴望改变，渴望发生着新的事情。为什么我们会趋于麻木？厌倦，就是麻木。为什么我们会对自己拥有的事物渐渐没了感觉；对我们的房子，对日出、对日落、对周围的美丽山川视而不见？

是因为我们不用心思了吗？是因为我们不在乎了吗？为什么会不在乎了呢？是不是因为有了新的欲望对象、新的目标？心灵开始追逐标准界线以上的另外一个新目标了。一旦得到了某个事物，这个事物就会落在标准线的这一边，然后，我们又对它开始厌倦。我们既然对这个事物厌倦，也会因同样的原因，而对其他事物感到厌倦。这就是我们每一个人的人生经验。当我们生病时，躺在医院里一个来月，我们会向上帝每天祈祷，说道："我不想要任何的东西，只希望你赐给我能够在道路上行走的能力。"但是，当我们拥有了健康，有能力在那条路上行走时，我们就忽略了它，我们无视它的珍贵，我们并不重视，虽然它就在那里，而我们却认为它是理所当然的。

因为我们的心灵忙于追逐新鲜的事物，以至于没有时间去关注我们已经拥有的一切；因为我们忽视了它们，所以我们就失去了对这些事物的敏感性。所以，这是一个恶性的循环。我们总是富有理想，壮志雄心；我们认为这条界线上面的事物比这条线下面的更重要，所以，我们的注意力总是集中在那些尚未获得的事物、尚未实现的欲望上面。只要我们的注意力专注在那里，我们就一定会忽略了当下的事物，无视于兹。我们认为，这些已被我们拥有了，故而可以明天来在乎它们。所以，这种对新事物的追求，对更多事物的积累，对尚未拥有的快乐的追求本身，就是让人们变得麻木的罪魁。而麻木又造成了对旧事物的倦怠，反过来促成人们对新事物追寻的一种兴奋。整个娱乐业都依靠人们的这种特性来赚钱，因为我们就陷在了这种循环里面。他们了解我们的厌倦性，于是，他们就给我们提供了一种轻松的避难所。但是，这仅仅是一种逃避。我们可以逃避在他们提供的娱乐里面。但是，这种快乐与幸福难道是一回事吗？当这种快乐结束，我们要么疲倦不堪，要么厌恶透顶。于是，又回到了生活的原点。就这样，日复一日，持续着同样的不幸。

莫非是快乐本身有什么问题吗？在一些宗教家的宣传中，其倡导的一个重要观念，就是切断快乐，因为快乐生成了欲望。而欲望让人们陷入了无尽的沮丧和无尽的厌倦之恶性循环当中，所以他们说，切断一切的快乐。但是，我们能切断快乐吗？我仰望天空，它给我快乐；我遇见一位朋友，他给我快乐；我看到一棵树在开花，它给我快乐；我品尝了一顿美餐，它给我快乐。切断快乐？这究竟是什么意思呢？他们说："不要看女人，因为这会产生欲望。"

但是，那就像是切断了我们自己的感官系统一样。如果我们照着这种逻辑得出结论，我们一定会招致肉身的灭亡，因为，只有那样才不会产生快乐。然而，那看起来是极不自然的，就像把婴儿与洗澡水一起倒掉一样。所以我们需要追问自己，是否有一种不同的看待快乐的方式，是否快乐必然会产生欲望？还有，欲望一定是需要得到满足吗？究竟是快乐制造了问题，还是我的欲望制造了问题？难道不是我的欲望在要求重复它，是我的欲望执着于快乐，进而产生了人生的各种问题吗？

于是，我们需要问问自己，有没有这样一种可能，即我们对生活中所发生的一切——所有的快乐、所有的朋友、身边的所有事情——都不生执念，没有占有欲，不生成依附之心？有没有这样一种可能，使得幸福并不决定于环境——不坚持我们必须拥有这种快乐或那种快乐，幸福也是可能的？而能够接受生命的展开，如其所是、如其所有地珍惜生命，经验它提供的欢乐，同时，不做选择、不行计谋，且不存"更多、更好"的那份必然性的期待？有没有可能以这种方式联系起来加以考虑？即，如果我想要"更多、更好"，我想占有，我想获取，那么，我就一定是被欲望俘虏了，从而陷入那个循环之中。前面我们已经研究过这个问题，我说过，这是一个没有尽头的锁链，把我们的心灵牢牢锁住了。换言之，我们有没有可能不会对现状不满，更不会因不满而采取种种行为？然而，我们的行动往往是出于不满，对自己所拥有的，或家庭的环境深感失望。于是，出于这些不满之情，我们假设了一些能够创造出满足感的事物，并为此奋斗。这就产生了雄心，生成了欲望，并使我们进入生活的战场，为取得成就而展开激烈的搏斗。

那么，究竟有没有一种可能，我们既在经验快乐与苦痛，同时又不做持续的要求：快乐能否最大，苦痛能否最小？

于是，我们必须深入地观察：究竟是什么导致了那样一种需求，是什么引起了我们的不满？当你审视它的时候，你会发现大脑会进行各种各样的比较、评估，会量化它当前的人生状态；并将它与心目中投射出来的想象事物，或者他的邻居进行比较。就在这种种的比较当中，不满产生了。

我们假设这样一种情形：当我问自己——"我是幸运的，还是不幸的？"那么，通常人们是如何回答这个问题的呢？他的头脑如何处理它？它必须要有一个可衡量的尺度，它如何选择这个尺度呢？人们就会把自己与朋友、邻居、办公室里面的同事进行比较，基于比较之后，人们说道："他得到更多，我得到更少；他很幸运，我很不幸。"如是云云，不幸的感觉就这样被创造出来了。

它开始于比较。我自己选择比较什么，又选择与谁比较。我可以与某个拥有更少东西、更少快乐的人比较，因此我觉得自己很幸运。或者，我也可以与某个拥有更多的人相比，就觉得自己很不幸。因此，我感到幸或不幸，其实是我自己大脑在玩的一种心灵的游戏。大脑选择不同的尺度，选择与谁比较；大脑又进行衡量，再进行判断，然后说道：它超过了我，或我超过了它！

所以，我们就会看到，这一切都是相对的，而自怜、自悲的感觉，都是自己心灵创造的。如果我们有足够敏锐的观察力，我们也一定会注意到：很多人拥有甚少，但活得仍然很快乐、很幸福。所以，我们应当问问自己："是不是我的大脑在制造出这些问题？幸福莫非根本就不是从环境中生长出来的？也许它取决于我如何看待这些境遇的态度。也许，幸福是被我们人类热衷于攀比的疾病所摧毁的，而人类的悲苦命运，也是由此而导致的。"

但是，我们从来没有仔细检查过它，因为这种比较从小就被鼓励，通过我们的教育，一直在与一种理想境界进行比较，与我们的同伴进行比较。而动物从不谋划，也不比较。当它饿时，它会寻找食物：要么它得到了食物，并经验吃它的快乐；要么它得不到食物，则经验饥饿的痛苦。但得到食物时，它绝对不会说"它得到更多更早"，或"我得到太少太迟"。这种不平的感觉，这种比较的心态，完全是我们人类自己制造出来的。属于自己造作，自己承受。所以，是自己创造了自己的不幸，然后，又对自己说，我很不快乐，我要去寻找幸福。

当我们必须建造一座桥梁时，我们需要测量，需要来做一个数量化的科学实验。但是，我们的幸福，也需要数量化，需要达到一定的量才能变得快乐吗？另外，有没有"变得"快乐这样的事情？或者说，量化与比较，在对幸福这一领域的考察并无多少的有效性？快乐的经验是自然的，但是对快乐的执着则不自然。因为对快乐之重复、对快乐之持续的欲求，创造了人们的饥渴和依赖，并引发了冲突，破坏了幸福与安宁。

那么，在这个心灵之地，有没有可能把所有的衡量与比较都去掉呢？用它去驾驭汽车、用它来规划我们的生活，但是不要用它来计算幸福。因为，在这个心灵的世界，量化的尺度是没有价值的。我不知道确否，但也许它就是耶稣基督所说的真意："不要论断人，以免被人论断。"

如果人们不理解这一切，他就生活在一种错觉当中——认为幸福就在未来的错觉；认为幸福可以被追求、通过自己的努力可以获

310

得的错觉。我们常常这样来假定，但是，这其实是一种幻象。所以，我们必须深入考察，来检验它是否为一种幻象。如果我们的大脑非常清楚地看到了这是幻象，那么幻象就会彻底消失。没有其他办法可以结束幻象。

如果人们深入观察，如果他是怀着对真理的热情来审视的，以期了解他自己，那么，作为这种了解的副产品，他与他自己的生活、环境，与他所面对的所有他者就有了一种正确的关系；那时候，他就没有去开发、去为自己获得一切未来之事物的欲望。然后，他就从各种欲望中解脱出来，从对快乐的追逐中解脱出来，以及从随之而来的种种依附关系当中解脱出来。

最后，我想总结为一句话：在我看来，如果是通过追求而来的幸福，那就不是真正的幸福。

附　录

问：我是一个非常物质主义的人，那么我应该如何做，才能够超越物质这一层，从而变得更加富有灵性呢?

答：我不认为精神上的欲望和物质上的欲望有什么本质的不同。造成差异的不是欲望的对象，而是欲望本身。即使你对开悟有欲望，就像某些宗教人士经常所做的那样，情况也并无什么不同。

当你对某物有了欲望，你想通过自己的努力来得到它，你把它视为一种目标，于是，你要么遭受挫折，要么得到满足，然而两者都是幻象。如果有满足，就会有厌倦，为此，必须产生一种新的欲望，才能使你从厌倦中振作起来。如果你是以这样的一种方式来进行，就会成为欲望的对象，你就会继续痴迷于欲望的实现，所以，这不是人们摆脱欲望的手段，并没有从欲望中得到解脱。

我不是说人不能有欲望——欲望可以是非常自然、非常合乎情理的。但是，当我们认同于欲望，并认为欲望必须被满足时，这个被认同、这个必须被满足的实质，就会创造出所有的问题来。所以，我们必须找出是否有一种可能，它是不基于欲望的实现。如果没有暴力、没有任何对他人的伤害而得到满足，我们无须反对这种满足；但是，如果它不能以此一方式被实现，那么，就应该放下它，这样的放下对我们无损分毫！

问：我总是感觉到欲望是错误的，但是，自己的意志力又不够强大，所以每当我们被欲望征服时，我们能够做些什么？

答：欲望"征服"了我们？显然，我们还没有理解它，我们没有弄明白自己与它的关系。你说"感觉到欲望是错误的"，这可能是对同一个头脑的另一种判断，它还是混乱的，并不是真正地理解，故而这话对我们没有帮助。人们真正需要的是清晰，而清晰则必须来自深入的了解，而非谴责，不会说它是错误的。

因为它们就在那儿，我们能够注意到自己身上的东西吗？谴责自己和谴责别人是一样的愚蠢。但是，我们的宗教总在教育我们谴责自己，让我们内心愧疚。我怀疑这是否管用。因为在这背后萦绕的，仍然是一种"我是有罪"的感觉，你一边在行使你的意志力，一边又在压抑着你自己，以防备罪恶的出现。这显然是一种自相矛盾的方式，因为我们没有真正地理解何谓罪恶，以及如何消除它的根源所在——根源，就是无明。无明，就是我们内心矛盾与邪恶的根源；无论暴力、嫉妒，还是仇恨，都源于无明而生起。而这种无明或无知，并不是缺乏知识，而是缺乏理解、缺乏理性的清晰。

我们不了解它是如何在我们身上运作的，我们也不知道自己如何创造了它。如果我们明白了它的运作方式，它就会自动消失，但不可能是通过压制。一个人若只是压制，那只会生成内心的暴力，所以，对欲望的压制，说明对欲望毫无了解。如果你用暴力战胜了欲望，那你就得每天花时间来战胜它，因为它会在明天再次出现，它今天出现与明天出现的原因是同一个，于是，你的整个生命，就变成了一个战场。所以，这不是一个好办法。故不要做这样的判断，说："这是错的，那是对的；我要压住错误的，培养正确的。"你不能这样做，这是导致内在冲突的方式，这只是一种控制而已，它并不会改变我们意识中的任何东西。我们可以在某种程度上控制住内在无序的外在表现；但这种无序本身，并不是通过我们的强迫、通过原则的约束来终结的。它唯有通过对事实的真实感知才能结束。

为了看清真相，我们必须观察它，用学习的心灵去深入地理解；为了获得真切的考察，一个人必须既谦卑又宽容，即你必须是你自己的朋友，而不是自己的谴责者，（是欲望的观察者，而不是欲望的批判者）那么，你就有可能看到它的运作方式。而唯有出于这样的一种看见，那种虚假的判断才会消失，最终结束人们的苦难。

问：在较深层次的意义上，"存在"，是否亦为一种"成为"的形式呢？

答：先生，如果你的意思是借着"存在"，人成为他自己：在这一个过程当中，我认识了我自己；我看着自己时，我明白自己内心的一切；这带来了自我知识、自我了解，带来了自我意识的改变；这就是你所说的"成为"——如果是这样的话，那我是理解你的话的。

但是，如果你正在锻炼你的意志力，并努力实现一个目标，那么就意味着你已经决定了自己应该成为什么样的人，并朝着那样的一个方向在奋斗。如果一个不清晰的糊涂头脑先投射出它应该是什么，然后强迫自己变成那样的一种存在形式；那么，我们上面讨论的这种情况就不会发生在人们身上。它只会在是什么与想成为什么之间，制造出一个分裂。而在这个分裂当中，就会产生许许多多的斗争，与人们自己的真实存在发生种种扭曲、种种异化。

但是，这种斗争却会滋养出小我来。因为那里面有成就、有失败、有羞愧、有内疚，也有骄傲——所有的这一切，都在维系着人们小小的自我。于是，人们就一次又一次地被抓回到整个虚假的游戏当中，乐此不疲。反之，我们能不能够看清楚这一切，看清楚自己，既不谴责也不认同，而只是客观地观察着自己所关心的、所爱慕的、所欲求的，和所理解的一切？就像你在看着你自己的宠物一样——譬如小猫，你想知道什么东西是适合你的小猫的，它喜欢什么样的食物，所以你在照看着它。如果你能以这样的一种方式观察你自己，它将会揭开你内心的全部秘密。由此而来的将是清晰，这种清晰会击溃所有的幻象。

但是，你不能借由努力的意识来消除幻象的意识。你可以努力地去观察，但是，——绝不投射任何一种理想，并朝着这样的一个理想去努力，那就会变成一个成就欲望的过程。这一点，无论是在商业领域，还是在宗教领域，都是一样的发生，也是一样的结果，所以，你必须谨慎。

问：难道我们的人生就不能幸福地活着，同时，成就一番伟业吗？

答：是的，如果你的意思是说，首先是幸福，其次再把自己与生活中的一切事业联系起来，这一点我是完全接受的。如果你认为通过自己做的事业，然后才能得到你的幸福，那只是一种幻象而已；你必须看穿这种幻象。当你看穿了这一幻象之后，你就会知道，幸福是无法通过外在的行为或事业而获得的；所以，你不要把幸福与未来的期待放在一起——未来无法保证你这一点。所以，一个人必须首先是幸福的，其次再与生活建立联系，于是，你就会看到整个生活呈现出非常不同的色彩。因为那时，此人就不再是为变得幸福而去做他正在做的事情，而是，他很幸福地做着他正在做的事情。这两种的精神状态差别甚大。

我可以用一个例子来说明这一点。假如你想申请一份工作，而且你真的很想得到它，你就会感到很紧张，因为害怕得不到，你担心得不到它时你自己的生活会发生一些什么。所以，当你被面试的时候，你就会因紧张而变成一个可怜的家伙，而这只会让你失去得到它的机会！

但是，如果你能够不受期待的影响，你对自己说："我要去见那一些人，我想知道这究竟是否适合于我。如果我真的喜欢，我会去做，否则我就拒绝。如果最后没有得到这份工作，也没有关系，我会在生活中尝试做其他的事情。"然后，尽管你也在申请这样一份工作，但是，整个方式就会很不同，你仍然去面试，你仍然会遇到那些人，而你却没有患得患失。现在，你会带着一种快乐去做这一件事，你的表现就会很不一样。因为焦虑，因为不快乐，人们的能力就会大大地打折扣。当人们不快乐的时候，就会变得易怒、渺小、充满焦虑、小气，也不可能宽宏大度；所有的其他后果也会尾随而来。

所以，我首先能否幸福起来？不给幸福预设任何的前提，不说"如果"——如果我的妻子对我微笑，如果我的老板给我升职，如果明天天气甚好，如果我没有生病……那么，我就会幸福，我就会很开心！如果你对自己的开心附加了这么多的条件，那么，我现在就可以告诉你，你的开心是很不容易发生的。所以，我们必须学会无条件的开心。让你的微笑没有条件，然后面对整个生活。可能会有一些困难，但这不是问题。是我们的头脑将各种困难转化为问题，我们必须理解这一机制，这纯粹是我们的模式。如果你有什么困难，譬如你说，我想建一所学校，我需要金钱，所以我必须为它而工作。对，这是一个困难。但是，如果我由此而制造出了一个问题，我就制造出了各种焦虑，而这些焦虑就直接妨碍了我更加出色地投入工作。

所以，当我看清楚了真相——不是通过论辩，而是在我自己的日常生活当中，当它真的发生时，我看到了这整个模式的荒谬之处，它就如一种毒药，直接腐蚀了我生活的品质，一旦我深入地感觉到了这一点，它就会自动消失。"身-心结构"有它自己的一种系统智慧。当某一件事被非常清晰地感知到时，这种智慧就会起作用，而不是出于你的意志。这种智慧会起作用，告诉人们不要做那些有害的事情。譬如，你不想从悬崖上摔下来，这种智慧就存在于你的身心系统当中，可以防止你掉下来。这同样的智慧，也会融入人们的日常生活。但是，这还需要大量的检查、大量的警觉与探究，这是非知识性的探究。只是我们常常没有时间做这些探究，因为我们会说，我必须在电脑上工作，我必须完成我的任务，我需要升职，我没有时间做这些——当我回到通神学会时，我会在晚上做这些事情，如是云云。这样，就什么也不会发生！

问：体验快乐、体验人生的喜悦，这会是不自然的吗？

答：这正是我们要说的。我们在快乐中生活，也要让快乐过去。否则，所发生的将会是，经历了快乐的思想，再创造快乐的记忆，然后心里说："我希望我能再一次拥有这样的快乐！"于是，欲望就诞生了。由此生成了对这种快乐的沉溺，最后，它就变成生活当中的一个问题。在体验快乐的过程中，你应该感受那种美，然后，你又可以放下它；你不能对它生成一种执念。就此，诗人威廉·布莱克说得很漂亮：

苦物缘追乐，

灵台自不同。

夜深惊蝶梦，

思沐太玄中。

宗教的心非关信仰、非关教条，它是由此一事实，到达彼一事实。因此，宗教的心，其实就是科学的心。但科学的心却不是宗教的心。宗教的心包括了科学的心，但接受科学知识训练的心，绝非宗教的心。

——克里希那穆提，巴黎，1961 年，尼斯讲话，作品集第十二卷

第十四章

科学与灵性探索

科学探索和灵性探索一直是人类的两大追求，但不知何故，人们产生了一种判断，认为科学与灵性是对立的。我们应该探究一下，这种感觉到底是否确切，或者是因为我们赋予科学和灵性太过狭隘的定义。科学追问的是空间、时间、能量、物质等外部世界的秩序；而灵性探究的任务，则是在我们的意识世界当中发现一种秩序。既然整个现实世界是由物质和意识共同构成的，为什么理解外部世界秩序的追求，跟理解内在意识世界之法则的探索一定会形成对立呢？

两种探索的起源

如果我们回顾两种探索的起源，就不难发现两者皆起源于人类的好奇心。人们想要探究周围的环境，了解内在与周遭世界所发生的一切。我们似乎为了找到答案，才观察不休。但如果你反问自己："为什么我们会如此好奇？"面对这个问题，我们只能沉默不语。看来并非所有行为都必然有某个特定目标。人类的好奇心起源于自然特性，而目标只是探究过程的副产品，也就是说，所有的探究过程并非因为某个目标而展开。譬如，技术是科学探索的副产品，而并非展开科学探索的理由。科学探索要早于任何技术而存在。我们一直在质询为什么天空是蓝色的，为什么太阳东升西落，为什么树木会生长，为什么我们周遭存在如此多的物种，为什么会发生日食以及诸如此类的天文现象，这些质询要远远早于任何一种技术的产生。

同样的，诸如我是谁？人生有何目的？为什么内心充斥着如此多的矛盾与暴力？是否有可能在意识世界建立有效的秩序？死亡是何物？是否有超越死亡的存在？……这些都是灵性领域的问题。因为对这些灵性问题的探究，各种组织化的宗教作为副产品伴随探究过程逐步演化而生。有许多伟大的探索者在他们自己的意识世界发现了某种真相，或者觉悟到了某种秩序——人们可以称这种秩序为爱、慈悲、和谐，如是等等。基于对那种意识状态的体验，他们试图将自己所看到的真相四处传扬，于是便顺理成章地成为宗教的领袖。人们进而追随并围绕着他们，从而产生有组织的宗教。因此，宗教组织的发展壮大，其实是灵性探索的副产品，正如技术水平的发展变化，实为科学探索的副产品一样。

两种探索的进程

人类在科学探索方面已经取得了如此巨大的进步，但在涉及对自身加以了解，在探索内在意识的某些法则时，为什么从整体角度表现得不知所措，毫无进展呢？除了耶稣或佛陀等屈指可数的几个人，世界上或许没有人能够自行探明真相。人类对真相的无知状态造成社会的失衡和扭曲发展，进而也导致了今日世界的危机四伏。

科学探索为什么能取得如此显著的进步，其原因之一是，自然界蕴藏着广博的秩序。自然界遵循着某个计划，按照特定的法则运行着，而科学所做的，就是试图发现这些法则。当然，科学家无法就法则为何存在，以及法则为何具有普遍性做出解答，但是，他们发现了法则如其所是地存在并运行着。我们当然也无从知晓，自然界为何遵循着由人类进化而来的，被称为数学的特殊逻辑形态。整个宇宙都在遵循某种秩序，而且这种秩序能够运用某些基本假设来确定，然后将大量的数学和逻辑运用于这些假设，并推导出相应结论。我们发现这些结论居然与自然界真实发生的一切完全吻合，这也意味着自然界的运作在某种程度上符合这种逻辑。我们只能说，这就是秩序的本质，而秩序必然要在宇宙中如实展现。自然界是人类的老师，它赋予了我们可以观察和思考的意识。借此，我们可以找到其中蕴含的某种因果关系，但是，自然界为何如其所是，我们却无从知晓。

科学探索之所以会有如此高效的发展，另一个原因是观察者与被观察者大体而言是相互分离的，即观察者独立于被观察者之外。

当我们利用意识或感官观察物体，并对某个目标物体展开试验时，我们与该目标物体也是相互分离的。观察者与被观察之物没有过多的相互交流与影响，因此，客观展现观察过程的所知道所见就相对容易。这种观察规律只在诸如电子之类的由基本粒子构成的量子世界才会失效，正是因为其间的观察行为似乎影响到粒子的存在状态。人们在科学探索过程中所发生的错误很快就会被检测发现，因为所有的科学结论都可以被他人再次检验。科学探索正是通过这种方式才能尽量消除特定观察者的主观性。

当我们进行灵性探索时，审视的对象是我们自己，即观察者就是被观察之物。于是，观察者与被观察之物的相互影响与交流情况错综复杂，观察探究的客观性变得极其困难。我们可以举例来说明这一点：如果我们试着观察自己入睡的过程，在观察中我们的觉察能力逐渐降低，因为人入睡后意识会消失。所以说心灵无法看着自己入睡。进而可见秩序无法与意识同时呈现，只有混乱完全终结时，秩序才能被发现。

人类在科学探索中的理解能力是自然赋予的。牛顿终其一生所做的，我们现在可以在两到三年的大学学习完全了解，并站在巨人的肩膀上进一步深入研究。前赴后继的先人们探索并累积的知识代代相传，帮助我们快速学习，并产生更多超越前人的发现。但是，知识对灵性探索没有任何帮助。事实上，如果人们对其过于依赖，知识甚至会变成障碍。佛陀所发现和所言说的，我们可以作为佛学知识来阅读，其中包括一切与佛陀有关的传说。而掌握所有这些知识充其量只能让我们成为佛教哲学领域的教授，但佛学教授并非佛陀！人们不能仅仅借由知识，与存在于佛陀意识世界的秩序相遇。

因此佛陀的门徒必须对所有一切重新加以观察，并重新发现佛陀所发现的，从而在他自己的意识世界经验到这种秩序。任何人都不可能像对待科学知识那样了解这些，这需要某种超越知识的东西，即对真相的洞见。没有这种洞见，这种对真相的直接经验，我们的意识不会发生任何改变。

在科学领域，洞见对第一个发现真相者而言也是必不可少的。如果爱因斯坦没有对空间、时间、物质和能量等问题的深刻洞见，他的头脑中就不可能产生完全不同于古典物理学的全新认识。当然，他的头脑中储存着关于古典物理学的全部知识，但为了洞见完全超越已知领域的真相，头脑必须保留相当一部分完全摆脱已知束缚的自由空间，所有伟大的科学发现，都是这种洞见的结果。但是，当科学家借由自己的洞见而发现了真相之后，他就会以方程的形式将真相表达出来，并进行推理和演绎。此后真相不再通过洞见，而是通过逻辑形式被教授。换言之，科学不是将真相以其实际发生的形态传授给学生，而是以理性的、逻辑的方式传授给学生。知识与逻辑中存在某种因果排列的结构，人们学习和了解这个结构就足够了，因为它总能保持有效性，即便你可能完全没有洞察力！而在灵性探索中，如果一个人没有洞察力，那他只能两手空空，一无所获。

因此，灵性探索存在许多本质意义上的困难。而且，在我看来，人类在灵性探索方面的许多做法极不明智。让我们看看人们到底做了些什么。就像科学领域有爱因斯坦、牛顿、伽利略和达尔文等伟人一样，灵性世界也有过许多伟大的精神导师。人们对那些伟大的精神导师无比崇敬，因为他们亲证了某种意识境界，这种境界是爱与慈悲的某种展现，也体现了宇宙万物一体无二的普遍性。但是，他们的追随者都做了什么呢？他们说："这个人是我们的古鲁，是我们的导师、救赎者和精神领袖，所以，让我们崇拜他。"他们接受了他的谆谆教诲，并将其广泛宣扬。他们进而建立了一个个体系、一个个组织，并最终产生了教会。

追随者们并没有发现任何真相，但却完全满足于宣扬教诲。假如科学家们也如此效仿，他们为牛顿建起一座庙宇，说："我们是牛顿主义者，牛顿是我们的导师，但凡牛顿个人所说的都是正确的，我们要将他的话语传播四方。"而另外一群爱因斯坦的拥趸者也东施效颦，说："我们是爱因斯坦主义者……"我们还会将他们称作科学家吗？我们或许会这样说："你们必须学习科学知识，研究和发现自然规律，深入对科学的理解与认知。唯有这样，你才是一位科学家。"但是，在灵性领域，我们却很容易上当受骗。如果某人身披特殊形式的衫袍，以某种特有的仪轨行事，或者以某种特别的方式点燃油灯，等等，我们就接受他为圣人。我们完全丧失了对事实的洞察力、探究和质疑这一切。一个人除非在自己的意识世界发现了秩序，否则就不能称为真正意义上的宗教人士。而这与我们所遵循的仪式、所穿着的衫袍、所表达的话语抑或所阅读的书籍无关，而且也无关乎我们头脑中的某种能力或知识。

另外一个严重阻碍灵性探索的因素就是信仰。对于一位探究真相的人，信仰究竟意味着什么？我们必须像科学家看待科学理论那样对待灵性探索者眼里的信仰。理论并非真相，实验模型也不是现实。我们必须通过实验来找出何为真相。但是，当我们有了信仰后，却只是毫无凭据地一味接受，这样的信仰意义甚微。当然未加思索而断然拒绝某种观念的行为也毫无价值可言，这样的接受与拒绝同样不可取。当我们只是倾听与思考，既不要立即接受，也不会断然拒绝，而是与问题同在，并通过自己的观察对其加以探索，才能了悟真相。

宗教意义的灵性探索之所以无法深入而浅尝辄止，皆是因为我们以遵从某种信仰、施行某种仪轨的方式对其加以解释。我们以为这样，头脑可以安静下来，进而带来某些非凡神圣的体验。但那只是某种幻象而已。崇拜或许可以让头脑获得某种暂时的安宁，但出于同样的原因，昨日被搅扰的头脑明天同样无法平息，因为同样的缘由仍旧在作祟。如果问题没有从源头上得到解决，那么原因仍旧存在，与之相关的结果也就注定会再次出现。

制度化宗教带来的第三个影响就是道德准则——什么是对，什么是错；什么该做，什么不该做。我们必须弄清人能否通过事先策划好的高尚行为来发现美德。某种特定行为通过不断重复，很快就会成为习惯，人们也大可不必为某种有意识的美德而感觉良好。这在灵性探索中是相当棘手的问题。如果我内心充满欲求、极端粗暴且疾恶如仇，在行为上能够表现得毫无暴力吗？只是因为从观念上，我认为非暴力意味着不攻击他人，所以我努力克制和隐忍。

我被他人激怒，想以重拳还击，但我努力克制而没有出手，并在口头上以符合非暴力理念聊以自慰。在我的意识世界，仇恨依然熊熊燃烧，野心依然蠢蠢欲动。我只是对其加以控制，以免它们探出头来。毋庸置疑的是，意识世界中只有暴力完全终结时，所谓的非暴力才有立足之地。只要我们内心充满暴力，所有自以为是的非暴力伎俩，也只是某种刻意的自我控制。自我控制完全不能等同于暴力的终结，所有的宗教戒律只能带来自我控制。自我控制或许也是必不可少的，但它并不会改变我们的内在意识。自我控制永远不会在意识层面带来对暴力的领悟，从而彻底终结暴力。

美德是一种存在状态

美德是心灵的状态。只有当无序终结时，才有美德。暴力、恐惧、嫉妒与占有欲全都是意识混乱无序的组成部分。通过道德准则的手段于无序之上强加秩序完全是无稽之谈。我们如果如此行事，就仍然是无序的一部分，因为这样只是在控制，而控制也是无序的一部分。只有当你意识到无序时，才会产生自行强加秩序的动机，而强加的秩序其实还是无序。压抑是对自己的暴力，于是暴力依然如旧，内在没有发生任何改变。当然外在的行为也很重要，一定程度的自我控制或许必不可少，但无法改变内在一分一毫。当我们一味地控制时，就仍然处于冲突之中。如果我们自我压抑和抗争，那么某一天被控制和克服的，就必须每天被控制和克服，这也就意味着我们的整个生活变成了硝烟弥漫的战场。持续不断的自我抗争并不是真正意义上的宗教生活。所有混乱无序都有其缘由，只要这个缘由还在，无序就会持续存在。于是灵性探索就是对心灵中无序之缘的探索。这就如同科学家清理仪器与透镜，以保证对客观事物的观察不会产生扭曲与变形，宗教人士也必须清除自身心灵的无序与混乱，因为心灵就是进行观察所需的器具。导致无序的原因是错觉，而错觉只有通过对真相的直接感知才能终结。因此，灵性探索就是对自我认知的探索，而美德是其副产品。

这种接近灵性的方式独立于任何宗派，因此如科学一般具有普遍特性。正如科学没有印度或美国之分，宗教心灵也是不可分割的——它就是能发现爱、慈悲、平静与和谐的心灵。它既不属于印度教徒或基督教徒，也不属于佛教徒。区别之所以会产生，是因为我们将信仰等同于宗教。真正意义上的宗教心灵所探究的真相被假定为未知的。科学也假定真理是未知的，并对模型持续加以改进以期无限接近真相。错觉将人群区分为各自独立的宗教团体。不同的宗教组织是人类灵性探索历史进程中的副产品，必须与探究本身区分开来。同样我们必须将科学与作为其副产品的技术区别开来。科学就是对真理的探究，而技术作为副产品，其产生源于人类对权力与舒适的渴望。人类对权力无节制地使用已经造成今天世界正在面临的所有生态问题。这些问题的出现完全归因于人类的贪婪与自私，而与科学探索本身毫无干系。人类必须在科学与灵性探索的道路上继续前行，无须过多卷入对副产品的迷恋之中。

两大探索相互补充

事实上，灵性与科学在探索现实过程中能够相互补充，对两者产生的任何敌意都是狭隘视角的产物。科学所处理的都是可度量的对象，而宗教的探索则是对不可度量之物的发现与领悟。科学家如果否认不可度量之物的存在，就是不明智的。没有任何事物是反科学的，但存在许多超越于科学之上的事物。两大探索必须携手并进。我们不仅需要理解支配周遭世界所发生的客观现象之法则，也需要发现我们意识世界中的秩序与和谐。除非人类的理解和体悟覆盖了现实的两个方面即物质与意识，否则就是不完整的。事实上科学与灵性探索之间的区别是人类心灵自身所造成的。现实是无法分割的统一整体，既包括物质，也包括意识。我们的思想由于受到自身经验的限制，将外部客观世界与内部意识世界加以区分，我们的心灵也以同样的方式将空间与时间加以区分，尽管它们是同一连续体的两个方面。

科学家和宗教人士如果想要对现实有整体的感知，就必须敏感地意识到人类心灵受到的限制，并且去超越它。如果人类想要避免现代文明正在面临的危机，教育就必须致力于创造爱刨根究底的好奇头脑，这样的头脑同时兼具科学性和宗教性。以政教分离之名将所有灵性探索与一切宗教信仰同时抛弃，就如同把婴儿和洗澡水一起倒掉一样。

科学与灵性问题

既然科学与灵性探索是对同一个实相所展开的探索，两个相互补充的方面，就必然存在某些相互重叠的领域，同时吸引着双方的兴趣。我尝试着归纳出以下问题，这些问题对我而言就存在于相互重叠的领域，我认为那些心胸开阔的科学家与唯灵论者会同时对这些问题予以关注：

1. 什么是意识

它是如何起源的？

它是物质的一种属性吗？

心灵独立于头脑吗？

存在独立于身体之外的灵魂吗？

心灵如何与头脑相互影响呢？

原子知道其如何在植物、动物和人类身上怎样运转吗？

人类有独立意识吗？

某个意识如何与其他意识相互影响呢？

意识能携带能量吗？

意识能与物质相互影响吗？

2. 生与死

生命是什么，它又是如何起源的？

是什么决定了某个生命形式从成长到消亡的寿命过程呢？

所有生命都带有意识吗？

意识随着身体终结而终结吗？

3. 规律与宿命论

自然界为何如此有序地运转呢？

存在于自然界的规律究竟是什么呢？

一切都是预先安排好的吗？

有自由意志这种事物吗？

意识也是预先决定的吗？

为何数学与自然界如此贴合呢？

4. 天使

宇宙中存在天使吗？

随机事件能导致并形成秩序吗？

人类身体如何维持秩序呢？

宇宙是为生命而存在的吗？

生命是同步性的一个范例吗？

5. 洞见与创造性

人类心灵如何发现某个全新事物呢？

创造性的洞见是一个思维过程吗？

头脑细胞在洞见时发生突变了吗？

6. 头脑

我们的头脑是一台电脑吗？

电脑存在洞见与意识吗？

人类只是构造复杂的电脑吗？

电脑能感知到美与爱吗？

人类完全陷于自身的记忆与制约中吗？

错觉是如何被终结的呢？

7. 幻象

自我是幻象吗？

人类是独立的个体吗？

动物／孩子有自我吗？

自我位于脑中何处？

欲望是思考的结果吗？

在领悟与欲望之间有间歇吗？这个间歇持续的时间可以延

长吗?

从欲望中解脱意味着什么?

8. 自我转变

什么是自我转变?

内在世界独立于外部世界吗?

观察者独立于被观察之物吗?

人类心灵能领悟实相吗?

天生盲者可以理解色彩为何物吗?

知识与智慧有何区别?

智慧如何培养?

人类能决心成为有德之人吗?

是什么让人类意识成熟的呢?

我们必须有共同思考的能力。如果身处这个堕落腐败的世界，能看到其重要性与必要性，这种能力就会自然而然且无法避免地降临。共同思考并不意味着同意或反对，而是将自己独有的成见、主张和评判放在一边，于是才有共同思考。因为当我们共同思考时，分歧就不会存在，你们此刻也就不会独立于讲话者去思考。

　　　　　　　　——克里希那穆提，1979 年于萨嫩的第二次公开讲话

第十五章

对话的艺术

词典将"对话"一词定义为两个或者更多人之间进行的交谈，当然也包括意见或想法的交换。然而克里希那穆提给予这个词语更为深刻的含义，并指出其作为对真相进行虔诚探究之手段的重要性，同时他假定真相是不可知（设置）的。他将对真相的了解与领悟加以区别，并将对话作为使领悟成为可能的方式。所有宗教的圣典都包含对真相的描述，这些真相都是伟大的寻道者们所领悟到的，但是当我们阅读它们时，那些描述并不能向我们揭示真相。他们或许能指明真相，并帮我们建立有关真相的理念，创建对真相的理性理解，但这绝不等同于对真相的领悟。克里希那穆提试图通过他所称的对话方式来搭建桥梁。

对话完全不同于我们通常所说的讨论或争辩。讨论通常是在两个事先已经就某个问题持有明确观点的人之间进行的，他们希望通过讨论去说服彼此，或者对各自的观点进行比较。他们通常对自己所持的观点看法、意识形态、宗教信仰、政治体系或民族情感无比忠诚，并且从各自特殊的视角展开争辩。大学中多数研讨会、座谈会以及国际往来都具有这个特性。哲学家们或不同宗教首领之间的辩论情况也大体如此。他们从知识开始入手，其间不断鼓励观念的交流，最终以更多的知识与观念结束辩论。既然整个过程都限于观念和知识的领域，就无法导致对更深真相的领悟。

另一方面，作为虔诚探究方式的对话往往开始于未知。参与者明确自己没有了悟真相，从而将真相设定为未知，他们怀着热诚之心共同探究以发现真相。在未知状态下，对话者自身没有认同任何观点，也不尝试就任何事情彼此说服，他们只是在一起，没有相互争辩。他们仿佛就并肩坐在桌子的同一边，而真相在桌子的另一边落座。使我们彼此分开的是各自的知识、信仰与观点。如果把这些放在一边，我们就可以像两个彼此深深吸引的朋友那样开始探究之旅，我们可以探讨生活中的任何话题，并对其有更深的领悟。真相会在探究问题的过程中自我揭示，而不是试图即刻给出答案。没有对问题所涉及的方方面面展开深入检视与领悟的心灵所给出的答案，只能是肤浅的意见，因此对真相探索者几乎没有价值。于是，知道这一点的心灵不再乐此不疲地，在对话过程中形成意见和得出结论。既然心灵不再充满野心，不再追求满足、名誉或声望，它也不再为谁首先抵达真相而与其他人竞争。这样的心灵寻求的是对爱的领悟，而不是寻找结果或结论。

心灵对拘泥于文字的答案毫无兴趣，因此在对话中质疑每个观点，怀疑每个结论。它始终在寻求超越文字的、对真相深刻的洞见。它寻求对真相的领悟，对问题的全面理解，不只是解决问题的方法。因为对话者寻求的是对真相深刻和直接的洞察，不只是知识的传递，因此在对话中就不存在等级之分。同时，对话中也不存在传授者与接受者的区分——他们一个无所不知，另一个却一无所知。对话开始于观察，其目的在于从所有错误中辨别出正确之物。既然所有探寻并非立足于知识，那么本质上也就不是从知者到惑者的观点转移。更为精确地说，对话是由那些承认自己无知，但希望能够领悟并达到真相的同行者联合起来，对终极真相的深入探究，他们表现得绝对谦卑。既然对话参与者没有相互竞争、较量或争论的感觉，也没有刻意留下印象，或先声夺人的欲望，那么谁心中浮现什么特殊想法就显得不重要了。唯一重要的是探明某个想法所表达的含义，以及它的真实性。既然对话者无须支持任何观点，那对话中就没有任何因立场不同而产生的分歧感。当心灵处于观察中，它就不会在意参与对话的是两个人，或者两百个人，甚至只有一个人。纯然公正的心灵可以全然看待问题，不依附于任何一方，就像真正无私的玩家能够自我对弈，不偏不倚地移动黑白棋子！克里希那吉将对话比作网球游戏，而问题就像在球场两边来回穿梭的球，每个参与者的评判或观察将球击向另一方。游戏持续进行，直到两边的球手消失，球就悬浮在半空之中！这也就意味着带着各自特殊的知识、观点和意见等的观察者（参与者）消失了，只有对问题的观察在发生着。既然观察者（或者他们的个性特征）将会消失，那么他们有多少人或者他们是谁就显得无关紧要。

这些天，大家就最佳对话方式展开了多次讨论——对话是否应该有某位协调者加以引导；是否应该从预先设定的问题开始，或者在对话中自发产生问题；是否应该只有五个人或者五十个人参加等。考虑这些因素对组织工作当然是非常有益的，在游戏开始之前了解规则也有好处，但就问题而言确实是外在和次要的。如果心灵没有进入对话模式，上述的任何条件都无法创造对话。相反，如果我们的心灵处在对话模式中，任何外在形式都无法摧毁或阻止对话的进行。决定对话质量首要的因素就是我们心灵的状态。

就此意义而言，每个人都可以在有生之年一直生活在心灵处于持续对话的状态中——谈话的对象可以是自己、周遭他人以及自然界。这意味着处于对话状态的心灵随时在倾听和观察，从本质而言，就是在学习中，这里所说的学习应该理解为从错误中辨清真实，而不是知识的积累。这样的心灵不依附任何观点或宗教信仰，也不寻求满足，或者基于自身好恶做出评判。对这样的心灵而言，每段经历、每次谈话、每本书，都会引发对问题的深度探究。于是，对自我的了解和领悟就伴随着这些自发的探究而到来。这样的心灵在生活中学习，持续不断地在领悟中质询、观察、学习和成长，从不坚持任何结论，也不会固守己见。只有这样的心灵能超越知识的局限，探明是否存在超越所有人类思想与信仰的神圣之物。

有两种截然不同的学习必须被区分开来。其中一种是对知识的积累，其需要涉及时间与努力。这种学习本质上是对技巧或者思想与记忆的培养。还有一种更为重要的学习，它是一种辨别真伪并加以取舍的能力，能够领悟生活中一切事物的更深意义和价值，包括爱、宗教、美与死亡。我们可以把它称为抛弃旧有的一切错误！这种学习中没有积累，因此与时间无关。它有着整体意识、深刻领悟、长远眼光、智慧与慈悲的特性。只要有时间的介入，就不可避免地有知识与经验的累积，而不是智慧的增长。只有当心灵深度洞察，或直接看清真相时，错觉才会消失，从而才能发现更大的智慧，或

者对生活有更深的领悟。让心灵保持在这种对话状态中就是学习的
艺术。克里希那穆提说这种学习的心灵是真正的宗教心灵，而不是
依附于某套宗教信仰与特定文化仪式的心灵。

问题：如果您平静地生活着，暴徒来攻击您，您不加防御吗？

克里希那穆提：那么你会做什么呢？如果你平静地生活着，暴徒或者盗贼来攻击你，你将会做什么？这是个问题。你平静生活了一天还是两天？或者你平静地活了一生？如果你平静地生活了许多年，那么遭到攻击时，你将会做正确的事。（笑）

——1985 年于联合国

第十六章

全球暴力与个人责任

最近数十年里发生的恐怖主义事件令人惊叹，这也引起了全世界的高度关注，于是人们把注意力投向全球暴力问题。乍看起来，似乎一小撮来自远方的、头脑简单、误入歧途的极端主义者应该为这些行为负责，因此他们也应该被彻底消灭。不仅美国试图这样做，其背后还有许多盟友。为了保卫所谓的文明社会，他们认为必须发动一场反恐战争。然而在此必须提出两大问题。第一个问题是：只有那一小撮卷入行动的人应该为恐怖主义与暴力现象负责吗？或者说所谓的文化精英们也应该为所发生的一切负责呢？难道事情的源头只在那些野蛮人身上，或者还有更深的原因需要我们深入审视呢？如果我们只处理表面症状，就只能获得暂时的疗愈；如果原因仍在起作用，问题将会再次抬头。第二个我们必须扪心自问的问题是：报复反击的暴力行为与主动侵犯的暴力行为是否在本质上有所不同呢？换句话说，有所谓的"正当"暴力与"非正当"暴力吗？如何来界定正当与不正当呢？谁来界定呢？当暴力行为有利于我们自身，能够自我保护，同时摧毁他人，就是正当的，但是当它摧毁我们自身时就不正当了吗？如果是这样，那又如何确定谁是我们，谁又是他们呢？

显然这涉及许多问题，如果我们想深入了解，最为重要的是重新面对这些问题，摆脱所有先入为主的结论。走进问题的心灵品质当然也非常重要。在我看来心灵必须同时兼具科学与宗教特质。在某种意义上，依赖于观察的科学是严谨、客观、理性和好奇的。而宗教在一定意义上摆脱了先入为主的观念，对深刻领悟真相兴趣盎然；这样的心灵敏感且饱含爱意，没有任何分歧或碎片。这也意味着我们不会陷入肤浅的答案，对片面和有限的回应毫无兴趣。

为客观观察全球状况，我建议大家按以下方式开展思维试验。让我们想象，有一位乘坐宇宙飞船盘旋空中的外星人，他有办法观察发生在地球上的所有现象。不把自己看作任何特定民族或宗教的一部分，他将如何观察发生在我们星球上的事情呢？立足于那位外星人的位置，可以通过想象从空中俯视地球。首先映入眼帘的将是绿蓝色调的美丽星球，你将为其形状和色彩的壮观而感叹不已。再靠近看，你将看到山脉与河流、森林与草地、飞鸟与走兽以及所有人类。你将会看到人类在农业方面高速发展，并取得科学技术的巨大进步。人类建造了绝妙非凡的城市以安居乐业，与许多先进设施相伴而生，他们可以乘坐飞机四处旅行。这位外星人必将对人类完成的伟业和累积的知识印象深刻。但是再进一步观看时，他会注意到住在特定区域的人们只能在本区域内自由活动，却无法自由穿越特定的隐匿界线。尽管对外星人而言，地球是完整的球体，但人类似乎自行制造了边界。我们认为国家理所当然应该各自独立，但当

340

看到这星球上群山连绵不绝，空气无法分割，森林与河流从未中断时，他难免感觉不可思议，为何人类在某条界线前却止步不前？为何他们在特定区域内活动顺畅，但是跨越了虚拟的界线之后就不再活跃呢？

如果继续仔细观察，他还将看到地球上存在几处特别的地方，那里的人们集结在边界的两边，以枪口和坦克朝向对方，时刻准备彼此杀戮。他将无比惊诧，这究竟是怎么了？到底发生了什么？为何这些人彼此杀戮的决心如此坚定，却对山河之美毫无感知呢？他们被什么力量控制着，为何如此水乳难融，随时准备置对方于死地？如果进一步盘根究底，他可能会对这种现象是否只出现在近期感到无比惊奇：地球上究竟发生了什么，从而导致他们如此行事？他或许会求助于历史老人以一探究竟。他发现在人类有记载的漫长历史中充满了战争，时间至少可以追溯到三千年前。他注意到，数千年来这些人一直在同类相残。然而他们却自称是立于万物之巅的生命体，因为文明开化而优于其他物种。这位怀着宗教心灵，同时兼具科学修养的外星人，可能会质疑人类是否真有资格如此高高在上。人类凭据何种文明标准断定自己优越于植物或动物呢？难道人类更加友善，更能够保护环境和彼此爱护吗？

我们必须与外星人一起郑重地扪心自问：我们真的高于一切，文明礼貌且举止优雅吗？人类或许拥有更强的能力、更大的权力与更高的才智，因而就能够主宰自然界的其他生命，屠杀和摧残动、植物，并且为满足自身利益而如此肆无忌惮地毁坏森林植被。然而权力并不能成为让人类产生沾沾自喜之优越感的评判标准。当我们追溯历史，或者环视周遭时不难发现，没有其他任何物种像人类这样破坏自然，也没有其他任何物种像人类一直以来对待同类或其他物种时，所表现的这样残酷无情。而我们却自以为比动、植物优越！难道我们能说自己从未与同类派系相争且有失公允吗？

显然，全球暴力问题盘根错节且源远流长。尽管因为恐怖事件目前在不断增长，我们才把注意力投注其中，但问题其实已经持续了数千年。科学家们从生物学角度告诉我们，自然界存在着从植物到动物、从哺乳动物到类人猿再到人类的进化过程，而且这个过程一直在持续。那么问题就来了：人类在心理层面有任何进化吗？我们变得更加友善、更加慈悲、更能够爱护自己与环境了吗？尽管人类在科学技术与治世方式上有了长足进步，但暴力肆虐与蹂躏破坏的习性有所改变吗？

下面的诗歌简洁而幽默地表达了上述观点：

有一天，我在动物园遇到

一只最高贵的类人猿，

它的表情坦率且优雅，

姿态令人愉悦。

"高贵的类人猿，"我说，"你能否为我解惑？

我有一桩事情一直没弄明白，

如果氢弹在夏天爆炸会引发洪水，

那么冬天会带来雪花吗？"

"非常荣幸，先生，"犹豫了片刻之后，

类人猿回答，

"如果你没有思考过，我敢推测

在我此刻所站之处，

毋庸置疑且显而易见的是

你无须担心：

面对如此巨大的险情，没有人会

在匆忙中丢下另一个人。"

"哦！愚蠢的家伙，你没抓住重点，"

我愤怒地喊着，

"我们必须抛弃他们，以保证

民主的解放。"

"确实，"类人猿回答，"既然你们如此坚决赴死，

那我真看不出

为何冷冻和油炸之间

还存在任何差别。

如果事态发展到这一步

你将不会待在这里，

而我会在外面。"他说，

"你会待在这个笼子里。"

——保罗·麦克莱兰,《新政治家》

对三千多年来，暴力在世间横行霸道的历程加以回顾后，我们应该客观地探究对其做出的反应。近一个世纪以来，为避免不同国家间的灾难性战争，全人类携手创建了联合国。于是，当两个国家

343

间要挑起战争，联合国就会斡旋调解，创造让双方和平谈话的机会，并通过外交手段予以帮助，直到战争的火苗最终熄灭。但我们必须自问，我们所称的"战争"起于何时？暴力冲突达到什么程度，才必须被称为战争呢？是当枪支准备开火，飞机来回穿梭，炸弹纷纷落下时，还是说，如果我们彼此憎恨，意欲彼此屠戮，我们就准备开战了吗？尽管战争自身尚未展现为身体层面的对抗，但人类已经在心理层面进入战争状态。战争被公开声明之前，暴力冲突已经存在于我们的意识中了。

如果从一个国家的内部观察，人类设立武装警察和法律体系，并建立规章制度，以平息暴力冲突。而且警察与法庭已经存在了数百年，但是人们内心的暴力因此平息了吗？每个人类个体还饱受嫉妒、愤怒与憎恨的煎熬。他们尝试着自我控制，但每一次都以失败告终。三千年来，或者更久远之前，从摩诃婆罗多时代直到今天，暴力现象始终是我们生活的一部分。它从遥远的过去走来，遍布全球各个角落，可谓根深叶茂。如果我们只尝试着对表面症状加以控制，那么丝毫不会发生任何改变。暴力冲突一次又一次持续爆发。显然，只对暴力加以控制无法摆脱暴力，但这也并不意味着任其肆意妄为而不加控制：重要的是要深刻意识到控制不能从源头消除暴力。

因此我们必须探究暴力的更深原因。因为暴力不只存在于本·拉登和恐怖主义者当中，他们的行为只是暴力的惊人展现。男人欺压女人是暴力，两个家庭之间也有暴力，在所有的恶行、家庭、办公室、国家以及不同的社区、种姓、宗教团体中暴力无处不在，与此同时心理层面的暴力也一直存在。人们甚至不会承认这些暴力。人与人之间相互的嘲讽或羞辱被认为是合法的，只有身体上的暴力才会被惩罚，因为这触犯了法律。整个法律控制体系却无法清除我们内在的暴力。

暴力真正的起因是憎恨，以及人与人之间心灵的隔膜。我们必须探究憎恨源于何处。除非能找到源头，不然我们就只能周旋于表面症状的边缘。为了理解暴力的更深缘由，人们必须了解是什么造成了分歧？是什么产生这些是同胞而那些是陌生人的感觉？这是我的民族、我的家庭、我的宗教，而那些是别人的吗？我们是如何在自己与他人之间划出界线的？因为，分歧正开始于此，而正是这些分歧最终导致了暴力。当我认同于某个团体时，我只对与"我的同胞"相关的利益感兴趣。我不关心其他人，我感觉他们不是我要关心的对象，并且无须对他们负责。我甚至剥削他人以便为我的同胞带来利益。我能在战争中杀害其他人，且作为英雄而被授予勋章。

那么存在于每个人心中的这种分歧是从哪里来的呢？人人都出生于某个家庭，来自某个国家，掌握某种语言，信仰某个宗教。我们都在某个人群中长大，依赖着他们，模仿着他们，因此必然会产生这些是我的同胞、这是我的家、这是我的语言、这是我的文化和宗教的感觉。随之而来的则是"其他人"的概念。我们的思维过程和想象能力将这个过程进一步向前推进。于是我们的心灵就变成一名律师，乐忠于"我"和"我的"利益，只关心"我"和"我的"，而忽视或贬低其他人。

记忆、思想和想象的能力是我们在进化过程中获得的天赋，这种能力优越于其他动物。这些天赋产生了人类所拥有的权力。而且人类的所有成就都源于这些能力，当然问题也源于此。自然界赋予

345

我们的这些手段通常被用来获取"我"和"我的"私利。尽管我们偶尔会谈及要善待"其他人",但这种隔膜基本上已经内置于我们心中。这就是心灵变得以自我为中心的过程。一直在想着"我"——我的身体、我的家、我的孩子、我的文化、我的国家——于是就进入自我封闭的过程。我不断在划刻着自己的边界,边界外的那些人自然就成了"其他人"。

人们不禁要问,这是自然而然发生的吗?既然这一切的发生过程似乎无法避免,那么能从中发现某个错误吗?这种事确实会发生在每个人身上,但值得深思的问题是:我们要永远陷于这种制约中吗?或者说我们是否可以从中跳脱出来?动物做出的反应完全受其本能的控制,被自然界的旨意所主宰。而且动物没有分辨善恶的能力,它们无法摆脱过去的影响而自由反应。但人类也完全受本能制约,且无法摆脱那些塑造我们的过去的方式吗?经历从生物学意义上表现为宗教和语言形式的文化体验,以及我们亲身经验的过往。如果我们完全深陷于此,那么分歧感以及随之而来的冲突与暴力,就不可避免。但对人类而言或许存在做出不同反应的可能性。我们每个人都可以从严肃认真的自我质询开始:"我"与"他者"的区别是如何开始的?我能从中解脱吗?如果对这个问题加以深思熟虑,我们会意识到从内在而言,自己与其他人并无区别,某些外在的差别存在于我们四周,但却没有造成分歧的必要。人类无须因为自身个子的高矮而发动战争,至少现在还不需要!黑色头发与金色头发的人群也不会大打出手。人们不会因为这些差别的存在而结成帮派。这种差别是自然存在的事实:正如自然界没有两棵同样的树一样,世上也不存在两个完全相同的人。那么差别引起的分歧是何时产生的呢？如果我视黑人为黑人，视白人为白人，分歧就无从出现。因为这些都只是客观事实。然而，如果我说白人比黑人优越，那么我就变成种族主义者，于是也就制造了分歧。

优越感与价值判定的观念是如何产生的呢？比较、评价、偏好的过程一直存在于某个地方，而且持续不断地运转着。我必须对这个过程加以探究，因为它就是分歧产生的源头。如果被问及橡树与桉树相比，哪个品种更加优良，人们会发现无论认为哪个品种更优良的想法都非常诡异。橡树就是橡树，桉树就是桉树，不存在孰优孰劣之类的差异。但换个角度看，如果有人想遮阴，橡树可能会有优势，如果有人想榨油，桉树或许更胜一筹！但如果没有任何想要做什么的欲望，那么就不存在孰优孰劣的问题。所以"想要某物"，也就是借以看待某物的欲望制造了尺度标准，从而基于这些尺度标准是否就判定了优良或低劣呢？简而言之，在我眼中那些适合我、给我带来舒适、能够保护我的事物就有了优越感。

这个过程于是引发了生活中的自我中心，我从能否从中获得私利的角度出发去判断每件事物的优劣。我认同家庭或某个民族，是因为我感到安全和被保护。我感觉与某些人相类似，我归属于他们，他们会顾护我。在某种程度上，人们会将此视为自然，因为这是每个人都能感觉到的。然而，我需要觉察到心灵以这种自我中心的方式面对生活，是希望能更加安全无虞，或者能为"我"与"我的"获得利益与好处。

然而，愿望其实是个幻象。我们必须弄清认同与分别的过程确实带来安全了吗？难道分别本身不正是不安全的罪魁祸首吗？基于分别，人群被分为印度教徒与穆斯林、天主教徒与新教徒、印度人与中国人等不同团体。从这个感觉产生之始，冲突便永无止境地持续下去，进而发展成使用武力摧毁对方。从此以后，暴力冲突产生并不断持续。心理层面的分别过程可能就是人类暴力产生的始作俑者。如果所有人都是暴力的，那么由个人集结而成的社会如何能是非暴力的呢？如果每个人都以自我为中心、爱生事端且心怀愤恨，那么用什么方式将他们组织起来——因此，外在于我们的社会不该成为被指责的对象。当每个人都是暴力的，人群便汇聚成了暴力的海洋，这个暴力组成的海洋必然会掀起风暴，当然风暴的发生视情况而定——有时在爱尔兰，有时在克什米尔，有时在波斯尼亚，有时在巴勒斯坦。只要人与人之间有分别，人与人之间有仇恨，那么风暴的潜流就一直存在。问题的核心或者说神经中枢就潜藏在那里。

　　尽管生活从表面上看已经发生了显著的变化，人类的技术水平有了巨大进步，但从内在而言整个人类仍然停滞不前。人类仍旧被划分为一个个宗族与部落，为了自己的国家或同胞，随时准备摧毁他人。以前通过弓箭和刀斧展现的相同仇恨，今天则表现为惊世骇俗的强大技术和武力，我们制造了核弹与其他具有大规模毁灭能力的复杂武器。人类这种不平衡的发展状态就是造成全球各种暴力不断增加的根源，这是我们环视四周都有目共睹的。从个体角度，恐怖主义暴力似乎离我们非常遥远。然而从逻辑与理性的角度，我们可以看到自己与此事脱不了干系，因为所有事物都是相互关联的。这就是因果循环的过程，这个结果会变成下一个结果之原因，并且以此类推，循环无端。所以暴力就从这里开始，从我们每个人彼此分离的感觉开始，它当然也将在那里终结。

　　只有理解问题不仅在于自我令人惊叹或丑陋不堪的外在展现，

而是自我本身就是问题所在，我们才能触及暴力的根源。自我是我们认为理所当然的以自我为中心的入口。然而自我是某种自然产生且无法回避的吗？或者只是假设每个人思考、记忆和想象的方式是唯一不变的呢？现在的教育体系就印证了人类发挥才能的方式不能改变的假设。我们在教育孩子如何了解外部世界方面花费了毕生的时间——包括计算机如何运作，或者火箭如何被发射到月球。但我们甚至不能花上几个小时来讨论我们内在的暴力根源，以及人通过自身力量从暴力中解脱的可能性。难道我们无法认真探究这个问题吗？灵性探索本质上就是探询和发现如何正确使用我们在进化过程获得才能的方式。这不正是教育的一部分吗？

今天，人类是否可能发生内在的转变的问题变得极为紧迫。或许现在所剩的时间已不多，因为事情进展的方式还在继续，科学家说第三次世界大战将是最后一场战争。即使有些人能在战乱中幸免于难，他们也将是不幸的。这意味着侥幸生存比毁灭消亡的后果更为糟糕。这是具有科学意义的严正声明，并非某种多愁善感的臆测。这个毁灭的开端是我们带给自己和全人类的。我们从中意识到对自己而言，对待生活的整个态度确实具有极大的危险性了吗？直面这些问题能让我们对自己作为人类个体的责任有所理解。我们必须深入探究自身内在暴力的真相。除非每个个体在理解内在暴力原因方面负起责任，并因此看到暴力的终结，才能有从根本上改变社会的可能性。但有人不禁要问：这怎么可能呢？

当能够觉察到来自生活的直接威胁时，线索可能就存在于我们加以回应的方式中。自然界赋予我们某种才智以免将手指放进燃烧的火焰，从悬崖纵身跃下，或者站在车水马龙的街头被迎面而来的卡车撞死。因为危险如此显而易见，人们无须思考就会立即转身离开。人类同样能意识到以自我为中心的应对方式中潜在的危险吗？如果我们能像感知到火那样认识到这些危险，与生俱来的才智就会开始运作。人们将不再以旧有的方式面对生活，不再以这种自我中心的本能方式来对待朋友，或其他任何人，甚至是动物。问题或许就是我们还没看到危险。只是抑制自我中心的本能冲动远远不够，因为我们必须自己看到其中潜藏的巨大危险。克里希那穆提相当戏剧性地指出了这一点，他指出房子着火了，但我们并没有意识到，却还在沉睡之中。我们嘲笑尼禄（Nero），当罗马陷入火海中时，他还在演奏小提琴。但是我们的反应却同尼禄如出一辙：房子着火了，我们却在摆弄着法律与规则来惩治暴力，沉迷于娱乐以逃避应对，或者供奉着信仰以徒劳地奢望未来更加美好。因此，每个人都必须为终结自身意识中的暴力负责。否则存在于外部世界的暴力就不可能被永恒止息。

我坚持认为真理乃无路之国，你不能通过任何途径、任何宗教、任何党派到达那里……你追随某人的那一刻，就停止了对真相的探询。

——克里希那穆提，1929 年于欧门

第十七章

真相有路可循吗？

我想重提克里希那穆提曾在 1929 年谈及的问题，当时他解散了荷兰的"世界明星社"。之所以再次讨论这个问题，是因为想要重新对它加以审视，而不是对过往任何结论表示同意或反对，我们要在自己的领悟与智慧中成长。如果只是回应"是的，我同意，真相有路可循"或者"我不同意，真相无路可循"，无论哪一种情况，都只是在偏袒某个观点，从而坚持让自己立于无知的境地。所以我想再次探究这个问题的首要原则，就是摆脱事先知道的假设，重新开始观察与探询。

何为真相？

为了探究这个问题，我们必须自问，真相对我们意味着什么？

通常意义上，我们谈到的真相在被社会普遍接受的含义和说法中，指的是对某件事物的准确描述，而且这件事物确实发生过，或者本身就是事实。真相这个词语也常常会被我们从另一个角度来使用，用作描述某种自然法则，或者特定的因果关系。比如，我们认为重力法则是关于自然界的伟大真相。它是可被验证的准确描述，完全符合发生在周遭世界的现象所包含的因果关系。因此这也成为人们谈论真相的另一种方式。学者们经常将真相作为某种理性结论加以谈论。他们通过逻辑和推理来检验某个描述的真实性或虚假性，如果他们能从中推导出某些明显的荒谬之处，就会得出最初假定不正确的结论。在我们谈及的领域中，真相的所有含义都有其自身的合法价值。但在宗教层面，真相的探究过程有着完全不同的含义。

在宗教层面的探究和质询中，真相不只是对事实的准确描述。它取决于感知和领悟的程度，而与思维能力的高低关系不大。比如，我可以阅读所有佛陀的论著，而且任何人都可以对佛陀言论加以论述而形成不同著作，我也能成为研究佛教哲学的学者，但是佛教哲学的教授却并非佛陀。他们之间的区别并不在于口头的演讲。教授甚至可能比佛陀讲述得更加精彩，对不同观点的解释也比佛陀更加精辟。而真正的区别就在于教授在意识层面无法等同于佛陀这一客观事实，除非有了意识层面的转变，否则就没有智慧，存在的只有知识。知识或许能改变存在于心灵中的概念，但无法改变意识。

在科学领域和知识领域，准确的描述就是真相，而且你可以对其加以利用。你可以使用重力法则而无须对空间、时间、物质和能量有任何深度的理解。第一个发现重力法则的科学家也许有非凡的洞见，但我从未有过。这丝毫不影响我对公式的使用，而且也不影响公式发生效用。因此可以说公式在某个领域有其价值所在。准确的定义肯定有其价值，因为它们能被使用，能够生效，即使我无法对真相或观念有其首个发现者同样深度的理解。但在宗教意义的质询中，如果只是简单收集关于真相的准确观点和知识，那就只能捧着满手灰烬，因为他仍然与恐惧、冲突、贪婪以及自我的问题一起生活。因此，哲学教授只是个普通人，因为他有着和普通人同样的意识，以及存在于意识中的所有问题。他并非贤明的圣人。宗教意义的探究是对智慧的探究，而智慧绝不等同于知识。因此当我们质询是否存在通往真相之路时，就是在质询是否存在通往智慧之路，是否存在通往对我们自身真相深度领悟之路——这也正是克里希那穆提所说的洞见。

道　路

　　知识有路可循。有学之士都知道路在何方。也存在抵达结论的分析之路。那么，虽然道路有万千之众，但能否将人们导向宗教意义的真相却仍旧是个谜？真相与同意或反对无关。所有这些都只停留在知识、思想与分析层面，当然除此以外还有其他许多事物。我们的日常生活会涉及思考、计划、想象与努力等领域，在这些领域中也有其道路。但人类的存在还有另一个层面，那是与意识、了解、视野、沉默和觉察有关的层面，它们都不是基于思考的能力。我们经常忽视了这个层面所具有的价值。但我认为，宗教意义的真相就存在于这个层面，因为它们涉及觉察与领悟的层次，而非思维能力的问题。真相也存在于这个层面，然而我们日常生活中所遵循的任何道路都无法抵达那里。

感知与洞见的层面与日常的活动、努力与成就等层面之间有某种非常陌生又神秘的关系。既然洞察无路可循，那么洞察是如何产生的问题便应运而生。在英国布洛克伍德的克里希那穆提学校流行着这样一则笑话，学生甲问学生乙："如果无路可循，那又如何抵达呢？"学生乙回答道："迷失道路！"这句话中就隐藏着真相。人类的心灵如何获得全新领悟是秘不可宣的。然而没有这种领悟，就没有意识的真正转变。因此真正意义上的根本变化不会发生在第一个层面。那么，尽管我的生活停留在第一个层面，与努力、成就、关系思维和计划等诸如此类的事物相伴，然而在这个层面发生的任何根本性领悟或转变都来源于另一个层面，并非发生在这个层面。在这个层面中有努力，有野心，有自我。当我产生能为自己带来对真相深度了悟的深刻洞见时，这个层面的一切就发生了根本性改变。了悟不只是关于真相的知识——真相必须成为我的实相。从对真相的了解到觉悟的突变就是我们所称的洞见。

这是神秘的现象，但它确实发生了，人类意识确有发生洞见的可能性。虽然没有任何道路可以创造洞见，但洞见仍然有可能会发生。那我不禁要问，是什么阻碍了洞见的发生呢？毕竟，真相始终都存在。既然真相存在，那我为何无法对它有所觉察呢？因为心灵只能通过面具、幻幕、结论、过往、断言、观念等我们所说的制约，看到所有发生在周围的现象。然而制约是无法否认的事实，存在于每个人身上。毕竟我们都出生于某个家庭，在特殊的文化氛围长大。

作为孩子，我们模仿身边长辈，不只在身体层面，而且还包括我们的表达、思想以及将我们塑造成自己的所有方面。我就是所有过往的产物，来自过往的制约就保留在我的记忆与头脑中。我无法将其自动清除。如果我借助制约所制造的屏幕去观察，而且这块屏幕持续对感知进行扭曲，我就无法看清真相。因为只有真相被如其所是地觉察，从中才能诞生事实，并且没有任何扭曲。

因此我们必须问自己：是否存在终止扭曲之路？因为只要制约和扭曲存在，我就无法以扭曲的方式觉察真相，而扭曲的真相就是谎言。接着是另一个问题，我们完全深陷制约与过往之中了吗？无论可能性有多小，有可能冲破过往的束缚吗？那又以何种方式呢？首先我们必须审视究竟是否有可能，或者我们就像一台被程序化的电脑，只能以特别的方式做出反应吗？电脑没有洞见，也没有意识，只是机械化的实体。它们的反应模式是被提前输入的，当同样的键被按下，相同的反应就会出现。人类与电脑在某种程度上很相似，但让人不得不产生疑问的是，我们与电脑是否完全相同呢？如果是这样，那么就没有任何转变的可能。但人类显然能够转变。如果你回顾自己的生命历程，你会发现变化已然发生，不只是外在，不只是年老发白，还有内在的变化。某些事物在不知不觉中消失了。某些幻象确实已经消失不见了。

幻象的终结

幻象如何终结呢？首先，我们在成长过程中难逃幻象的魔爪。我可能生长于某个抱持"孩子不打不成才"观念的家庭，于是能看到兄弟姐妹接受惩罚，邻居们在依样画葫芦，还有许多人的行为也如出一辙。于是"孩子不打不成才"的观念就伴随我成长，而且在我头脑中根深蒂固且毋庸置疑。每个人的头脑中都存在许多这样的幻象，只不过所处的层次不同。那些带有迷信特性的幻象在非常浅的层次，智力层次的探究与科学性的研究会将它们驱散。其次，是从特殊文化背景中获得的文化层面的幻象——宗族、对待女性的态度以及宗教差别等。所有这些都属于文化层次的幻象，它们来自生长环境，从未被质疑。我们视其为真理，并作为一切行动的立足点，于是做出许多错误的反应。再次，是心理层面的幻象——难以排遣的委屈、偏见、仇恨、恐惧、猜疑与奉承。心理学家认为心理世界由深度痛苦的过往经历建构起来。然而痛苦并非总能教导我们何为真相，也成为收获偏见的果园。当所有这些幻象在记忆中保留下来，心灵就受到了制约。最后，每个人都是独立个体的观念或许就是幻象。而且先贤们已经为我们指明了这个幻象。我们并非独立个体，尽管我们对此似乎难以相信，然而正如众所周知的那样，幻象就是那些我们信以为真，但或许可能并非属实的事物。

幻象还有另外一种存在形式，它产生于某些其实并不重要的事物被我们视作珍宝之时。金钱、成就、名声与技巧在我们的心中所处的重要地位就属于这一类。其实事物所处的重要地位大多数可能

357

与我们的文化背景有关，因此仍然具有文化幻象的特性。但重点是我们的心中存在着所有种类的幻象，并基于这些幻象去解释所有的经历及观察到的现象。那么，如何保证我从某个经验中获得的是真相而非新的偏见呢？我们都明白知识如何产生，但对智慧如何出现有所了解吗？如果智慧无法被发现，那么就只能有天生的傻瓜与天生的智者！要么呆萌如傻瓜，要么智慧如圣人，这与真实完全不符。你发现有些人聪慧过人，其中必然有智慧展现。那么智慧是如何产生并增长的呢？

每当人类意识闪过洞见之光时——无论洞见或大或小，必然有某个错误消除了，某个幻象消失了，这其实就是意识的转变。我所说的并非觉悟，而是意识层面确切的变化，也就是意识对外部刺激或者周遭现象反应的方式的真正变化。比如，人们与其他人相比较是自心所制造的心病，它导致生活中的所有混乱，诸如羡慕、嫉妒、优越感、自卑感、内疚、较量、竞争和暴力等，当心灵停止比较，那么在意识层面就有了确切的转变。情况与之前完全不同了，心灵看到了比较的愚蠢，将自己从这个特殊的幻象中解脱出来，与其相应的大量能量浪费就此结束。

因此，人们深陷过往而无法自拔的情况是完全错误的。任何人都有产生深刻洞见，进而摆脱所有层面错误的可能性。我们都有这样的能力，是对真相的察觉在意识层面起了作用，而非我们自身的努力。那么要想理解道路的含义，我就必须理解这样的了解过程如何发生。这个了解过程不仅要积累知识，更要辨别真伪。对真相的察觉结束了错误，无须自我克制，因为它毫不费力。一旦真相被察觉，错误就消失，无须任何努力。

学习与智慧

没有学习的心灵，就没有智慧的增长。在知识中我们可能获得成长，但依然在原地踏步。没有智慧降临，就不存在宗教探究意义上的成长。也就是说，在这个意义而言，学习心灵才是真正宗教的心灵，除非拥有这样一颗学习的心灵，否则任何道路都毫无价值可言。如果我没有从中学习的能力，道路只能给我提供经历：特殊形式的冥想经历、练习瑜伽的经历、盘腿打坐或在寺院中礼拜的经历，以及参与仪轨的经历等。然而我是否具有学习能力，从而察觉到超越经历的真相呢？否则根本就不会有领悟的发生。任何经历本身不具备教导性。如果经历能够做到，那么所有年老之人都将会充满智慧，因为他们经历丰富。然而情况并非如此，年老之人没有更加智慧。相反，我们经常发现老年人极为固执己见。智慧似乎停留在某个地方而无法增长，我们必须自问，造成这种情况的阻碍究竟是什么？既然人们具有从智慧中成长的能力，那是什么阻碍了一切的发生呢？阻断对何为真假之探索的又是何物？为何我们在某个阶段感觉自己已经抵达，无法或者无须再前进一步，于是就徘徊不前了呢？

因此，质疑探究之心就是道路所在！没有质疑，道路将如同虚设；一旦心生质疑，那么对何为真伪加以察觉的可能性就会出现在任何一条道路上。生活中的各种经历毫无疑问将会源源不断，因此我们每个人都必将踏上某条道路，不管你是基督教徒、印度教徒、穆斯林或者无神论者。

学习之心

让我在这个问题上驻足片刻，因为学习之心对道路而言如此不可或缺。失去学习之心，任何道路都没有意义。显然，学习之心必须承认自身的无知。如果它自以为无所不知，就只是在转借他山之石，这不是学习。这是在忙于教导，然而在此并没有所谓的教导，也不存在所谓的上师。唯一可能的只有学习。谦卑就来自直接的察觉或对事实的直接意识，一无所知是学习之心的基础。然后它倾听、观察，并做出反应，因为它渴望学习，而学习的渴望就起源于对自身无知的认识。因此道路就起始于无知。当然，这里所说的道路并非像通常所理解的那样通向某个确定目标。根本不存在明确的目标，我不知道目标为何物。这条路通往无知，而我只是在试图清除沿途的蛛网，以便能看见真相，并清除心灵自行制造的扭曲。

那么，在这一章节的末尾，我只想告诉你，问题并非道路是否存在。暂且将是否有路的问题搁置一旁，那样只会让我们双眼迷蒙。真正的问题是要走得更远，自行去理解其中的含义，弄清细微的差别，以及道路的微妙之处，其目的是学习，而不是形成这个或那个观念，并一以贯之地坚持。观念处于第一个层次，智慧不在这个层次，它在第二个层次运作，而观念无法抵达。那么如果我理解准确，世上确实有路，而不存在另有意义的道路。当我以某种浅薄的方式，限于时间的窠臼中，将道路视作某种机械的事物加以限定，那么就变成另一个自我过程。

我们真的能亲如兄弟吗？

问题不是相不相信，而是心智的肤浅。问题并非某个人是否成为佛教徒、基督教徒或印度教徒，而是某个人是否是肤浅的佛教徒、肤浅的印度教徒或肤浅的通神论者。就以通神学会将普天之下皆兄弟这一人类目标为例，这个观念看起来似乎很高尚，希望天下所有人都如兄弟般顾及彼此，我们可以相信彼此能成为兄弟，或者这也是真相所在，但事实果真如此吗？哪一个是事实，哪一个又是观念呢？将人区别开来的就是幻象，那么兄弟关系是否就是某种幻象、某种理想呢？克里希那穆提说真相就是你与其他人无法分割，制造彼此区别的是幻象。你我单独存在的观念来自幻象。因此普天之下皆兄弟就不是要被实现的某个理想，而是要被觉察的真相。只要没有自行察觉到这些，我们就无法下定决心去成为兄弟。如果我们下定决心要成为兄弟，那必然就变成某种伪善，就像要下定决心去爱一般。我们无法下定决心，真相与意愿毫无关系，意愿在此毫无用武之地。

可见这一切非常微妙，同时也无比美好。这应该就是人类面对生命挑战的态度。动物没有这种能力，也没有这种需求，因为动物的天性既限制了这种可能性，也限制了其中的破坏性。但在人类意识世界存在着大量的可能性，同时这些可能性也具有很大程度的以自我为中心的破坏性。这就是何为正确生活，以及道德为何物的问题之所以只产生于人类的缘由。宗教意义的质询就是去发现在与自然法则和谐共处的意识状态下生活是何含义。我们是自然界的一部分，而整个自然界存在庞大的秩序。当然，自然秩序必然会在人类意识世界展现。人类利用想象与记忆功能时所犯下的错误破坏了这个秩序。人类能学会不再犯错，能终止意识世界的扭曲吗？秩序并非人类所创造，那是自然的法则。那么宗教意义的质询也就是，对发现在与自然法则和谐共处的意识状态下生活，究竟意味着什么的质询。

除非能够觉察到，技能学识与自我膨胀的虚妄不实和徒劳无益，我们才能了解或意识到生活如何能以另一种方式展开。在强化与夸大自我的各种方式的领悟过程中，我们将会变得意识清晰。关于这个方式的思考会成为正确理解生活并非自我延续方式之一的障碍。因此，难道我们无法发现与自我习惯性活动有关的真相吗？了解障碍是获得自由的源动力，而不是试图从障碍中解脱的努力。

——克里希那穆提，1946 年于欧亥橡树林的第一次谈话

第十八章

自我是幻象吗？

我们已经看到，社会中的冲突与暴力产生于每个人意识中的冲突与暴力。而每个人意识中的冲突与暴力则产生于意识中的自我过程。那么接下来我们必须探究的问题就是，什么是自我？它确实如大自然中的事实那样客观存在，还是说它是某种幻象，在一定程度上只是我们自己想象的产物呢？这个问题非常重要，因为如果它客观存在于自然之中，那么你就能将它清除。那么，它就与你身边的树木或你的身体并无二致。但如果它的产生是基于某些假设，除了在我们的想象中没有任何落脚之处，那么它就不是自然中的客观存在，而只在想象中存在，就像我们通过想象创造出来的童话故事。童话故事或许能在某本书中栖息，但确是虚幻不实的，并非来源于真实经历的故事。当我们知道某个事物只是想象时，幻象就不会无中生有地出现。但是当我们在想象中创造了某个事物，就会信以为真，然后幻象也就应运而生。如果自我是自然中确实存在的某种事物，那么我们只能够学着应对它，以及它所制造的问题。于是我们

364

就需要认真研读卡耐基的著作《人性的弱点》（*How to Win Friends and Influence People*），并在其指导下学会如何自我管理。这本书能够教导我们如何获得更大的社会支持以取得成功。

但是，我们在此所探究的是某种完全不同的事物。我们探究是否存在通过理解自我形成的过程，从而终结自我的可能性，那么你就无须对自我加以管理。从自我中解脱的自由是某种完全不同于自我控制或提升的事物。受过高等教育且老于世故的人，比目不识丁之人在表达自我时，方式更加精致优雅，且矫揉造作；但两者之间并没有内在的显著不同。然而，从自我中解脱与深陷其中之人却有着天壤之别。

那么让我们来探究，自我是否就是心智所制造的幻象。首先人们可以自行观察到，除了在人类意识中，自我在自然中没有藏身之处。动物在某种程度上或许行为残暴，但没有自我。它们的暴力行为并非刻意为之。人类在刚出生的儿童阶段，就像动物一样没有自我，因此也没有思考与想象的能力。那随着儿童逐渐成长，自我何时出现，并且这一切又是如何发生的呢？毕竟，人人都有过童年，也都经历过这个过程。如果我们对其加以审视，就会发现在出生几年后，儿童掌握了语言并获得了思考与想象的能力。他们内在的这些能力并非自我，而是在生物进化过程中体现在人类身上的，这也是自然法则的一部分。当我们将这些能力与动物也同样具备的趋乐避苦之天性相结合时，构造自我的清单就历历在目了，因为伴随人类意识而生的，不仅有肉体层面的痛苦与快乐，还有心理层面的痛苦与快乐。

我们不仅一五一十记得真实发生的一切，在记忆中还留下了所有经历过的快乐与痛苦印记。我们清楚地记得它，并希望在未来可以重复这种快乐。我们也记得某次蒙羞，且对羞辱我们的人心怀敌意。这种被羞辱的回忆能制造永久的仇恨。我们还记得那些虐待我们的人，并因此刻意回避。这样的记忆制造了恐惧，因为我害怕他会再次虐待我。但是你必然也会注意到，当我们虐待了一条狗，第二天它会再次摆着尾巴示好，它已经忘记了那次虐待，且没有因此感觉羞愧！但人类却拥有这种能力，不仅记得事情的经过，而且还不断自我舔舐着内心的委屈与不满。这就是我们在关系中产生恐惧与猜疑的原因。孩子们也有体会伤害的能力，但是你必然也注意到他们几年后便忘记了那个伤害，若无其事地与同一个人交朋友。但是随着我们慢慢长大，就越来越难做到这一点。这就是我们内在自我过程运作的结果。遗忘与宽恕变得如此之难！

　　那么问题就出现了，是否可能在心理层面不记录任何事情，只让事实客观地存在于记忆中，但没有任何侮辱与恭维的印记？不是要清除所有的记忆，因为实事求是的记忆是必需的，但无须制造幻象或自我。然而，心理层面的记忆却会对当下关系的品质产生干扰。这意味着你或许在十年前与丈夫或妻子有过争斗，而且事实上你可能也记得那场争斗，但如果你不以伤痛的方式随身携带那场争斗的残余物，那么你们今天的关系就不会因此受到影响。痛苦的记忆构成心理上的记忆，也给关系带来了困难。我们经常看到同是朋友的某对夫妻，他们中任何一位都非常友善，但他们俩却因为某些问题而再也不能平静地共同生活。并非他们不想，而是无能为力。关系僵化与破裂的原因大体如此。

　　那么，我们为什么要记录侮辱与恭维呢？它们并不是事实。如果有人来对我说：“哦，您的演讲非常神圣，太精彩了，您是伟大的人。”这是言过其实，这是谎言。但为什么我会感觉这些话语如此令人愉快，并要把它记录下来呢？或者他走过来说道：“你是愚蠢的傻瓜，你在浪费时间，你简直一无所知。”于是我感觉受到了羞辱，并在头脑中记录下这次侮辱，对说话者的敌意也毫不掩饰。因为我发现恭维非常受用，而羞辱非常痛苦，所以存在我想要形成的某种形象，想要寻求的某种声誉要去维护吗？

那么我必须问自己，为什么我要寻求自己的形象与声誉呢？你会发现这一切源于，我们喜欢自己在群体中获得的评价优于实际所是的样子。我不希望人们如我所是地认识真实的我，我伪装自己，想要制造出众的形象，保留在他人心中。当然这在我内心同时也制造了冲突，因为我必须一直依据这个形象生活，以有别于真实样子的方式行为处事。但是我愿意忍受这个冲突，因为我希望得到这个好形象在社会中带给我的好处，这也意味着我无法完全的诚实。我们不诚实是因为想要从中牟利。这本身就是自我的过程。

下一个必须弄清的问题是：有可能不带任何形象地活着吗？完全诚实，做我自己，不管他人如何认为。让你的妻子或朋友认识真正的你，包括所有的弱点与缺陷以及所谓的美德与成就，让其同时呈现于人前，让他们据以决定是否愿意与你携手同行。我不想为了他们继续对我的友好而伪装自己，因为我已经看到这种伪装所导致的混乱。它降低了我们的生活品质。它在我是谁与我希望他人认为我是谁之间制造了冲突。虚伪与恐惧也拜其所赐。形象只是想象的产物，并非真正的我，因此是基于幻象而生的。自我依附于这个形象，它在我是谁与我希望展现的样子之间制造了分别。而分别来自形象，而非事实。自我就产生于面对生活的方式中。

我们很容易看到，我的房子没有内在制造自我，但是在我与房子的关系中制造了自我。如果我感觉自己依附于它，并且对它占有欲很强，自我就此产生。万事万物都是如此。我可以面对一切。我也可以完全无私无欲或以自我为中心地做同样的工作。因此自我不在行动中，而在看待行动以及参与其中的方式中。那也意味着，我需要观察自身动机，包括我与他人建立关系或者完成工作时的动机吗？科学家可能一天在实验室工作十六个小时，因为他想要研究太空，弄清太阳如何升起，天空为何是蓝色的。这是他的兴趣所在，是他生命的激情，也是他想了解的事物。其中并无自我插足。但就在他开始感觉想要成为第一个发现者，为了得到诺贝尔奖而做研究的那一刻，同样的行为就变成以自我为中心的行为，因为那时他所做的一切就不是为了研究的乐趣，而是为了某个结果，某项奖励。

那么可以说自我极其微妙，没有其他任何人能真正知道我的动机，但我自己却心知肚明。

在《薄伽梵歌》中，阿周那和克里希纳有一段有趣的对话。阿周那问克里希纳，解脱者是怎样的？他如何睡觉，如何劳作，如何生活？克里希纳给出了很长的答复，大意是他像普通人那样活着，像普通人那样劳作，像普通人那样睡觉，但是事情又不尽相同，因为他这么做的动机完全不同！只有动机的内在差异能区分出它是否成为自我过程的一部分。这不是你做什么，或不做什么的问题，而是你如何面对你所做或未做的事情。

这些并非如精深哲理般难于理解的事物。毕竟，我们在学校常常教导学生为了享受快乐而尽情玩耍，为了热爱卓越而在游戏中胜出，而不要太关注结果，在意谁赢谁输。如果你太关注结果，一切行动就会以自我为中心。然后就有竞争感，想要去欺骗，如果输了就沮丧不堪，赢了则骄傲自大。然而你可以在玩同样的游戏时摆脱自我的束缚，然后这些负面情绪就不再出现。哪怕在游戏中惨遭败局也没有关系，你同样能享受尽情挥洒后的喜悦，你也会为朋友的完美表现而表示赞美与祝贺。此时此刻完全没有沮丧，只有能再次玩耍并向朋友学习的愿望。这就是我们所说的运动精神。现在，生活也像一场游戏。如果游戏可以在自我缺席的情况下进行，生活中为何不能没有自我呢？这种情况当然也是可以的。我们不知何故已经接受了不能如此的假设，然而这个假设也许就是幻象。

自我就产生于我们认为从自身利益出发的工作能带来收益的幻象。事实上，如果我们为私利而工作，也就意味着想要获得回报，获得更多权力、更多钱财和更好的名声，然而这却会降低我们的生活品质。我们为了得到快乐而想要所有这一切，但是以自我为中心的方式，却制造了分别，带来了负面情绪，从而毁掉了快乐，降低了我们的生活品质。从自身利益出发面对生活是为了自身利益的想法就是幻象所在！通常我们认为利己行为非常恶劣，因为我从自私中获利时就伤害了他人。这种感觉就源于人们对"利益"的定义鼠目寸光，缺乏智慧。

如果我们看到了其中的真相，真正觉察自我进程潜在的危机，不是通过对其加以解释，也不简单地作为理性结论加以接受，那么对危机的觉察将会在意识层面采取行动，消除自我的进程。跃跃欲试的愿望不会带来行动，点头称赞的认同也无法产生行动。因为任何知识与理念都无法改变意识。但是，对真相深入地觉察却是意识改变的原动力。我们每个人都拥有这种洞察的能力。

再举一个例子。让我们看看烟瘾是怎么回事。人类在吸烟之前对烟没有瘾，这意味着他可以在看着香烟时，内心不会制造拥有这根香烟的不可遏制的欲望。但是因为各种社会原因，他开始抽烟，并因此感受到快感。这种快感被记录了下来，他想要对其一次次加以重复。他想要的越来越多，这在他身体内引起了化学反应。从此每当看到香烟，就会产生一种想要占为己有的不可遏制的欲望，他于是就上瘾了。他的像计算机一样的头脑中产生了某种变化，刚开始计算机看见香烟不会产生欲望，但现在不可遏制的欲望无法避免地产生了。我们感到疑惑的是，这个习惯能够被打破吗？或者他必须长期与这个欲望抗争，他只能控制冲动，却永远不能再从中解脱吗？我观察过身边的朋友们，他们一直在与这个习惯抗争。他们不得不避开一切有人抽烟或放着香烟的地方，否则他们会试图再次吸烟。但偶尔遇到一个感觉胸部阵阵剧痛的人，他意识到香烟正在毁灭他。当这种情况出现，危险确实被觉察到时，欲望就消失了！他头脑中某些事物发生了深度改变，因此不可遏制的欲望产生的神经回路被打破了。克里希那穆提称之为头脑的突变。如果这种情况发生了，你就解脱了，你不必再应对这个问题。习性的循环也被打破了。

问与答

问：是否可能为了成长，我们开始于某些幻象，然后再从中蜕变呢？幻象是否可能成为心智抵达真相的平台呢？

P. 克里希纳：这位提问者的问题是，为了发现何为真相，我们是否需要某些幻象的存在。发现真相之旅完全无须幻象。不同的宗教以信仰的形式传播着不同的幻象。为了发现何为真相，为什么必须要走过幻象呢？真相没有步骤之分。从社会角度，某个幻象的影响可能没有另一个那么糟糕，但从觉察何为真相的角度，所有的幻象都是障碍。生物进化是自然的一部分，但是却不存在心理层面的进化。三千年前的我们是以自我为中心的，现在的我们依然如此。所以我无法确定进化过程能够根除自我，因为我们每个人都通过想象、记忆与思考的能力制造自我。这些能力存在于每个人身上，而且不打算自行离开。趋乐避苦的天性同时也存在着，也没有离开的打算。那么我们不要想着依赖进化过程，而需要将其作为正确生活的一部分来了解这一切。

问：痛苦不是像快乐一样自然吗？那么我们如何消除它呢？

P. 克里希纳：肉体层面的痛苦是一个生物过程。你摔倒了，伤及骨骼，就会感觉到疼痛；动物如此，人类亦如此。但对人类而言，额外增加的情况是这种痛苦能够制造自我怜悯。所以那些额外增加并超越肉体层面的痛苦就来自自我的进程。肉体层面的痛苦只是自然的结果，但自我怜悯却并非如此，那是我们自己制造的。就这个问题，我可以举个例子。我们每个人都可以如实地审视自己的生活，你会发现自己手头有若干存款，还拥有一所房子，建立了家庭，年龄已经这么大，头脑中也积累了许多知识，等等。在所有这些事实性的觉察中没有自我。但如果你对这些情况加以衡量后，自认为生活很不幸，或者看到这些情况觉得自己十分幸运，这种感觉就是自己制造的，并且也必然了解为何会这样做。这是一个心理过程，是自我制造的过程。心智所做的就是将这些情况与其他情况或者其他人进行比较。心智选择与谁进行比较，并且选择在哪些方面，如何进行比较，经过衡量后产生幸运或不幸的感觉。这是心智耍的把戏。这就像在问，五十这个数目是大还是小？这个问题没有答案。它比四十九大，比五十一小！因此我们的得意与失意都拜自己的心智所造，而且所有的挫败感也是心智的产物。生活中的困难或许不是我们自己心智的产物，但挫败感却是如此。这是对生活缺乏才智的回应所造成的后果。

因此自我过程是心理过程，如果我们的心智能够从比较中解脱，那么自我的过程就终结了，这种解脱无法通过某个刻意的自发决定来了结，而是通过了解其如何发生并做了什么。比如，如果我们自己发现与他人比较只是心智的病症，并因此制造了生活中的大量麻烦，那么这种觉察就终结了比较。于是就没有了卑微感，也没有了优越感，羡慕和嫉妒也消失得无影无踪。你与其他人成为朋友，你分享他们的快乐与痛苦，但其中没有比较。学习这些并不困难。任何人都可以学着这样做，然后压在心里的大包袱就被彻底卸下来了。所有的嫉妒、较量、竞争以及与人为敌的复杂感受，像包袱一般整个都放下了！这是真正意义上的转变，因为你现在的生活状态完全不同了。你的意识运作状态也不同以往了。这或许不是彻底的觉悟，因为在一定意义上，你没有摆脱所有幻象的束缚，但至少你终结了一个幻象，这个幻象之前消耗了大量能量，就浪费在应对各种摩擦和冲突中。在进一步的学习与探索中，我们需要能量。那么对这个问题的探究令我们活力充沛，因为自我运作相当消耗能量，而且这种消耗是无比巨大的。并且这一切与我们身体系统的不和谐是相互对应的。

问：你能告诉我们克里希那穆提所经历的"过程"是什么吗？

P. 克里希纳：不能，克里希那穆提一生所经历的，为外人所见的那个过程对我来讲是巨大的秘密，当然这个过程在他的传记中也有所描述。我认为没有任何人能够真正了解，但不同的人却可以有不同的猜测，你可以在阿里亚萨纳特写的《克里希那穆提的内在生活》（*The Inner Life of Krishnamurti*）一书中找到具有学术意义的猜测。但我认为对我们而言，了解克里希那穆提身上究竟发生了什么并不重要。你可以出于学术兴趣这么做，但从个人的角度，这么做没有任何意义。如果想要写一本有关克里希那穆提的书或许需要这些猜测，但克里希那穆提一直在教导我们要了解自己并感悟生活，而不是了解他！我也非常好奇，想要了解他，因为我把他看作生活中的一位智友，但如果认为这种了解将给心智带来任何智慧却是一个幻象。我不认为这种推测会有任何重点，我只是不知道那个过程究竟是什么。我也不认为每个人都需要经历这个过程。我也不确定当克里希那穆提被问及自己经历的这个过程时，他是否了解那究竟是什么，他自己也会质疑这个过程，而且也无法确定。但是这样的探究并不是为了变得像他一样。生命的真相并不受克里希那穆提的控制，正如科学真相也独立于科学家而存在。重力在被牛顿发现之前就存在了，而且在牛顿离开之后也将继续存在。在克里希那穆提之前，自我的问题就在那里，在克里希那穆提之后，它们也依旧在那里。那么了解克里希那穆提究竟遭遇了什么只能是学术兴趣。有学术兴趣没有错，我自己也是做学术的，但是认为这会带来某些领悟就只能是一个幻象。

问：自我与自己有区别吗？

P. 克里希纳：我认为这是语义学方面的问题。这些词语不像科学词汇那样定义精确，诸如质量、力量和能量等。我们在科学领域常常非常精确地定义词语。不同的人使用自己与自我这两个词语时略微有些不同，而且两个词语通常也可以互相转化。你会发现在宗教文献中经常会用小写字母 s 代表小我，用大写字母 S 代表真我。也就是用小写字母 s 表示自我，大写字母 S 表示人类能够达到的纯粹意识，也就是克里希那穆提所称毫无选择的意识，因为所有的选择都来自自我。每个人无论如何都必须超越词语的表象，领悟其背后的实相。这就是为什么这个过程更像一门艺术，你无法从定义和准则中学习它。你不能在任何指导下画出美丽的图画，同样也不能通过任何指导而从自我中解脱，获得高品质的生活。这就是为什么克里希那穆提从不费心于精确定义词语。他说，你不管怎样都必须自己去发现词语背后的含义。这就是为何那些在定义词语方面无比精确的哲学教授并未离真相更近些。作为学术练习，定义是有价值的，但在宗教意义的探究中却没有任何意义。

问：既然我们受限于自己的过往，而那些过往沉浸在记忆中，我们如何能从中解脱呢？

P. 克里希纳：观察者是过去的产物，是人类意识受到限制的部分。过去就在我们的记忆中持续着，而且心智的所有反应也由此而起。那么说所有思想都被过去束缚着。没有任何思想是完全崭新的。它可能是两个不同思想的累加，因此没有人能制造这样的思想，但它仍然产生于过去。我们所拥有的唯一不是基于过去的能力就是意识。我甚至能够意识到自己所受到的制约。我也能意识到整个的思维过程，而意识就发生在当下。因此这是人类唯一的希望。否则我们将完全陷于过去。所以克里希那穆提指出一旦我们依附并认同于所受的制约，制约就会变成我们意识的内容。只有当我们从这个内容中解脱，当然这并不意味着内容不再存在，而是不在我们的意识中起主导作用，只有这样，才有可能产生完全崭新的东西。

甚至科学探究也是如此。如果你思考科学上全新的发现是如何产生的，比如爱因斯坦发现了空间、时间及彼此的联系。这些在古典物理学中完全是个盲区。人们一直认为空间是完全不同于时间的某种东西，这也是人类共同的体验。但却不是爱因斯坦的体验。他从哪里看到这种联系呢？这一切不在他的知识体系中，也不在他的经验体系里。它是完全崭新的东西，是降临在他身上的一道闪光。这就是人类意识所拥有的洞察能力。我们并没有对其加以足够的重视，而是一意孤行地依赖思维过程，并依靠思维过程狂热地投入运作中，这就是自我得以持续，过去得以绵延的原因所在。

如果你不用思维过程来解决问题，而是与问题安静相处，并看着它们，你会发现某种不同的东西在心智中产生。我们因为害怕而阻止这一切的发生，且狂热地依靠思维过程运作。那么当观察者非常活跃地运作时，那就没有足够的能量来观察。然而当观察者沉默时，也就意味着思维过程沉寂了，某种崭新的东西就有了可能性，因为没有观察者的干涉，就只有观察在发生了。这有点微妙。有次我问克里希那穆提："先生，我在您的传记中读到，您在孩提时非常害羞。您是如何克服害羞的呢？"他说："我没有克服它，先生。我仍然害羞。"这个回答现在对我而言，意味着他指出自己意识到害羞的这一事实；但是他不与之斗争，也不再接受这个说法。于是既不与之斗争，也不与之认同时，你就从中解脱了。对我而言这就是毫无选择的意识所隐含的。观察者不会积极主动地干扰所观之物也是不言而喻的。

问：人类意识没有进化吗？那么我们今天怎么看不到奴隶？

P. 克里希纳：我认为存在于人类意识中的混乱无序在外在或者向外的显现方式上有了变化。但这不代表人类意识有了真正深刻的改变。我们发现中世纪所有的奴隶形式现在已经消失了，但是奴役与支配仍然继续着。那种大规模的非常粗劣的奴役与支配形式不再有了，国家之间占有和殖民化事实上也已经结束了，但经济上的剥削还在继续着。我这么说的意思就是，混乱的外在形式在某种程度上向好的方向改变了，但意识的内在状态似乎没有进化。

需要进一步深入探寻的问题是，为什么会这样？我认为原因就是组成自我的是记忆、想象与趋乐避苦的所有天性。而且这些天性体现在每个人身上。两千年前它们就存在了，现在依然如此。植物与动物在这方面的能力未能达到我们所拥有的程度，因此它们也不会变成自我主义。它们只是按照自然所设置的本能做出反应，而且也受限于它们的本能与天性。以性方面的事物为例。植物有性活动，动物有性活动，人类也有性活动。性能力是在进化过程中出现的，但是其与人类的想象和记忆能力结合在一起时，性就变成淫欲、淫

376

秽作品、强奸以及无法在其他自然物种中找到的所有表现。所以，我们需要学习如何正确使用这种在生物进化过程中获得的能力，这个过程需要自我了解。什么是正确地利用这些能力，什么又是错误地利用这些能力呢？性能力本身没有罪恶可言，但当其被人类错误利用时，就制造了罪恶。

这就是为何每个人都需要自我了解，因为离开了自我了解，我们就制造了自我，然后基于自我又产生了所有的暴力、贪婪与自私等。自我如何展现是不同性质的问题，它涉及环境与文化因素。但我们没有完全被这个过程束缚，我们有可能也有能力从这个过程中解脱出来，然而却没有对这个学习了解过程予以关注。

问：为什么我如此害怕内在的空无？

P.克里希纳：这难道不是因为我们与已知在一起觉得舒适吗？我们在已知的环境中与认识的人在一起觉得安全。我们害怕面对未知。我认为这事实上阻碍了对真相的发现，因为真相是未知的，而幻象是已知的。我们投入幻象之中，因为它给我们一种安全感与目标感，我们害怕失去它。但是整个事情，整个真相可以从个人对其如何在人类内在发生的观察中得到领悟。因此，这不是无法回避的真相，它不像无时无刻不作用于你身上的重力。我们在彼处丢颗石子，或者在此处扔块巨石，重力都不可避免会作用其上。但这个自我过程可以被领悟并消除，因为我们内在具有理解并超越的能力。我们不是完全陷于过去与自己的制约中。

这就是为何只有人类才会产生关于何为道德与何为不道德、何为正确与何为错误的整个问题。如果你说我的行为和决定完全由本性与过去所决定，也就是我们不为自己所做的一切负责。但是我们不接受这种状态，因为我们认为作为人，不会完全被过去与所处环境束缚。动物才是如此。当一只狗吠叫时，除了吠叫，它无法做出其他反应。但是人却要做了决定才能去咆哮。当然，生物学家们依据我们从动物进化而来解释人类的暴力。如果你接受这个解释，那就没有非暴力的可能。如果科学家与生物学家们关于人类暴力的解释是真实的，那么人类完全深陷其中就是不真实的。对人类而言，通过领悟超越这些就存在可能。这就是宗教意义上的探究。这就是为什么自我了解是必不可少的，比了解世界更有必要。苏格拉底说，自我了解是唯一有意义的。他拒绝将其他了解过程接受为了解，只将其他所有了解都当作信息收集。佛陀说关于世界的了解是较低层次的了解，也就是无明，而真正的了解是自我了解。两千年前，这些圣贤存立于世时，关心人类就是了解自我和培养智慧。然而，当人类进入知识年代，知识过度泛滥，包括艺术知识、科学知识与文学知识等。现在，人类超越知识而进入信息技术时代。没有人有时间像莎士比亚那样埋头写作，或者像罗伯特·布朗宁那样书写情书。你们通过电子邮件传递信息。

这正如英国诗人艾略特在诗中所表达的，他说：

我们在哪里与知识中的智慧擦肩而过？

我们又在哪里与信息相遇后忘记了知识？

两千年的时光中，命运循环流转，

带我们离开神的怀抱，而落入凡尘俗世。

经年累月后，人类把关注的目光从智慧移向知识，又掠过知识的肩头看向信息。

问：本能是身体制约的一种形式吗？

P. 克里希纳：我会将本能说成是生物层面的制约。但是从制约中解脱并不意味着制约的终结，而是与制约的正确关系。动物也有性活动，但却没有遇到人类所制造的种种问题。当你把性放在恰当的位置，它就不会制造问题。但我们没能找到将其安放的恰当位置，反而利用它为自己的许多目标服务。

问：许多动物为了果腹而相互搏斗。有着同样本能的人类是否有可能摆脱这种搏斗？

P. 克里希纳：人类远没有动物道德高尚，因为我们会为了某个思想而相互斗争，而动物只为获得食物而搏斗。如果你只为谋生而奋斗，那么你就与动物处在相同的境地。暴力是人类面临的巨大难题，而且情况远比动物严重得多。你知道，我们认为自己比动物优越，但是这种优越感无法得到客观的证明。我们在记忆与计划等方面的能力比动物更强，就这个意义而言，确实有优越性，但我们并没有利用这些能力以令自己变得更加友善和更具保护性。我们反而利用这些能力进行破坏，变得更加残忍，因此我们并无优越感可言。人类确实具有更多能力，但却并不优越。

问：作为人类，在发展过程中有没有一个能够摆脱这种生物制约的转折点？

P. 克里希纳：摆脱制约在某种程度上并非与之斗争和以胜利者的姿态战胜它，而是体现在理解我们与其之间的相互关系这个意义上，因此解脱当然是有可能的。

问：因此在本能仍然无法终止的情况下，人类应该对其加以抑制或审查吗？

P. 克里希纳：如果你想直捣黄龙地达到某个结果，比如从性欲中解脱，你最终将会以战胜它、压抑它和扭曲它来收场。某些宗教人士一直以来都在尝试着这样做。他们企图立下誓言并杜绝所有性行为。这样就产生了扭曲，欲望在他们心中熊熊燃烧。性欲与本能都是自然属性的组成部分，我们必须尊重自然，因为它客观存在着。但我们必须理解自己与本能的关系。我举个例子。你与异性接触，你的身心有了性冲动，也就是产生了性欲。它与任何其他欲望没什么不同之处。但是欲望必须得到满足的执念从何而来呢？如果我们过度强迫他人以满足自身欲望，那就又制造了一个问题。那么这种执念究竟从何而来呢？这种固执的坚持就是自我。欲望和性活动并非自我。如果我看到了欲望所在，并且无须任何野蛮行为而使其得到满足，在满足的过程中我也欣然获得某种愉悦感受。如果我无法使其得到满足，就顺其自然地任其消逝，那么你就解脱了！因此要去发现所有的欲望是否能像渴望那样与我们共处。渴望是天真无邪的，它们的满足无须任何的附加条件。去发现是否有可能与一切事物发生联系，而不带进自我。自我就像乞讨者，总是想着要为自己抓取什么。停止行乞的脚步，成为万物的朋友。这就是人类要学习和了解的一切。自然并无过错，世界也井然有序。一旦自我产生了，一切就错乱无章。这就是唯一的问题。你知道，本·拉登并非布什的敌人，而布什以自我为敌。布什也不是本·拉登的敌人，本·拉登的自我才是他的敌人。他们俩如果理解了这一点，将会成为彼此的朋友，携手与共同的敌人斗争，那个敌人就是自我。我与你的仇恨基于幻象。我们拥有共同的敌人。这个情况不仅适用于布什与本·拉登，当我们彼此怀有敌意时，它适用于我们所有人。

之所以说悲伤的源头是无知，原因就在于此。对所有这一切无法理解就造成了无知。而无知是悲伤的原因，但我们往往会认为外在环境才是悲伤的始作俑者。无知不是缺乏知识而是因为幻象。我们对某些原本就是错误的事物信以为真，或者我们给予某些无足轻重的事物极其重要的关注，这也是幻象。因为混乱就来自幻象，因此它能够被终结。混乱只能存在于人类的意识中，它在自然界根本没有立足之地。即便是暴风雨、龙卷风和地震的出现也不能算作混乱；在这些自然现象中不存在自我，因为其中并没有要将你毁灭的意图。它们只是遵循着某种规律，那就是大自然的秩序。动物也只能顺应自己的本能，这也是自然的秩序。这种秩序也在我们的身体中运行着。我们的身体自动运行着，无须任何人助它一臂之力。然而，我们没有领会如何让在秩序中运转着的意识发挥作用。那种领会就是智慧，也是宗教意义上的探究。

苏格拉底很久以前就指出，世界上只存在一种美德，那就是存在于意识中的这种有序状态。然后所有的美好品质也只是这唯一的根源生发长大的枝丫。我们将这些人尊为圣贤，却没有探究他们话语中的深刻含义。

问：我们有可能在自己生活其中的，这样处处受到制约的社会中，让孩子不受制约地成长吗？

P. 克里希纳：我认为所有人类都是受制约的。你不可能避免制约，因为那就是记忆。记忆的运作不受人为控制。我能意识到自己的制约，但无须对其极度重视。制约就是过去，而我是过去的产物。

生物学意义上的过去历经数百万年，文明之河在我们身上流淌了数千年，心理层面的过去涵盖从我诞生至今的所有时刻。所有这些都储存在记忆中，我无法消除它，它就那样存在着。但是我能对其加以了解，因为我的思想与感受就产生于那里，我能看到它们在我意识中的运作。它们发生在关系中，因此我能观察什么正在延续，并且能够了解自己的制约，无须对它置之不理，无须为之感到羞耻或者依附于它。我们无须清除所有的制约，只需要清除那些在生活中制造混乱与问题的明显错误的部分。这就像我们的皮肤颜色，你无法改变它。它就是你的一部分。但如果你开始认为这是世界上最美丽的皮肤，你就制造了一个问题。这就像每个人自己的个性，我们也需要尊重它；这也是每个人之所以成为他自己的重点所在。没有理由要与之斗争。这没什么大不了的。所有生命都是从一个预先设有程序的单细胞开始，并依据程序生长壮大并最终消亡。对树木而言情况是如此，对你我而言情况亦是如此，就连角落里那只狗也不例外。我能向你保证，另外有些人将在一百年后坐在这里聆听讲座。但在世间留存的这段时间，我们如此喧闹不堪。如果你愿意的话，这可能只是一个观看世界、了解自己的机会。要不然就像那棵树那样活着，但不要争斗！数百年前，有一位印度诗人苏陀斯（Surdas）写过一首诗。这首诗是用印地语写的，但我想用英文向你解释诗的含义：

人类啊，以树为师。

当有人砍下枝叶，它们却没有反拳相击。

当有人以石击打，它们却报以丰硕果实。

382

它们头顶烈日，却给疲倦的旅人以阴凉。

它们为世界带来花香，却从不问人间是否值得。

人类啊，以树为师吧！

在拥挤的森林中，它们枝叶相连地簇拥在一起，但从来不彼此斗争，它们共同分享阳光的抚慰。

这就是生活该有的样子，如果没有自我的干扰！我们面对的问题比树木和动物更庞大。它们的生活完全顺应大自然的旨意。我们被授予选择的特权，但恐怕我们误用了这种自由！

因此，只要有区分，民族的、宗教的、经济的、社会的，就会有冲突，外在和心理层面都有。要终结冲突就必须进入我们意识的整个内容中。

——克里希那穆提，1984 年于旧金山与迈克尔·汤姆斯的对话

第十九章

没有冲突的关系可能存在吗?

2003 年 5 月 24 日在荷兰那登市国际通神学会上的讲座。

我们已经看到社会所展现的混乱现象是人类自身意识混乱的投射。那么充斥于周遭社会的所有暴力与冲突，也是人际关系中暴力与冲突的投射。因此，从自身意识的源头进行观察，我就能理解造成这些问题的更深原因。除了其所表现的范围有别之外，发生在外部与内在世界的一切事物并无明显不同。因此我们必须探讨是否可能存在没有冲突的关系。我们在日常生活中以开放的心态探究这个问题是很重要的，这也是我在此章节想要讨论的话题。

在对关系中如何产生冲突的问题产生怀疑时，我必须理解所谓的关系意味着什么。我与外面盛开的那些花儿有关系，因为当我看着它们时，我的意识世界就产生了反应。在这个意义上，我与天空、高山及大自然也有关系。同样我与人、与书和观念都有关系，因为当我与它们发生关系时，意识中产生了反应。那么我在使用关系这个词语时就是基于这个意义。因此基于这个意义，我们可以说生活就是关系。从呱呱坠地直到与世界挥手告别的那一天，我们与周围的一切都处于关系之中。

那么，就从对人类与大自然的关系中是否存在冲突的探询开始。人类与自然界的关系几乎没有任何冲突是有目共睹的。你与花园或宠物相处，比与邻居更为容易，因为大自然没有自我。但是偶尔，当我想要做什么时，比如准备去野餐而天气变坏了，开始下起了雨，阻碍了出行，于是我对大自然心存不满。因为大自然对我的计划造成的干扰令我不悦。当我病了，不能去工作，我也会有某种冲突感。但是接受这个冲突相对容易，因为我们接受自然界发生的事情对我们并无敌意。

接下来，在我与事物、理念的关系中存在冲突吗？如果某些事物产生依赖，我发现自己会害怕失去它们，那么这个恐惧就制造了冲突。同样，如果我依附于某个理念，尤其是观点，那么我对坚持其他理念的人就会心生厌恶，我也不喜欢推崇其他理念的书籍，这些都会在我内心产生冲突。我发现处在意见一致的团队时心情愉悦，而与那些意见相左之人相处却截然相反。关系也因此出现了大量冲突。如果在生活中我想做些什么，其他人前来阻挠，那么我就有冲突感，并感觉到迎面而来的压迫，于是我意欲将他从通向自身目标的道路上清除。于是我看到所有关系中的冲突是如何产生的。这一切看来如此自然且无法逃避，那么我不禁扪心自问，没有冲突的关系如何能存在？

当发现某些事陷入僵局而无法自拔时，我们必须质问自己，是否在面对这个问题时犯了错误，是否我以错误的态度走进生活？我带着行乞器皿面对生活中的一切遭际，为自己乞讨什么了吗？真正的乞丐非常诚实。"我需要钱，"他就把帽子放在自己面前说，"如果你的钱有盈余，请施舍给我。"我问自己是否也像这位乞丐，带着看不见的碗，在每个关系中乞讨什么放进碗里吗？有一个碗说，给我快乐；另一个说，给我赞美；第三个说，给我钱；第四个说，给我安慰。于是一旦有人往碗里放进东西时，我就称他为朋友；当有人从碗里拿走东西时，我就称它为敌人。因此我看到，只要带着这些碗来面对生活，我就开始不由自主地将朋友变成支持者，将敌人变成反对者。这就是两个团体间敌意如何产生的原因，也正因为这样的态度我们将人群分成朋友和敌人。

只要我用这种方式面对生活，冲突就无法避免。我或许能够控制这种冲突的外在展现，并确保冲突不会造成身体层面的暴力与争斗后果，但源头就是我带进生活的好恶之感。因此如果确实意欲探究毫无冲突的生活是否存在，我必须去发现是否有可能不带着任何行乞器皿面对生活，也不带着为自己乞讨任何事物的意愿为人处事，这也就是从欲望中解脱。我们了解那样的状态吗，即使只是部分地了解呢？换句话就是说，我接近他人总是因为我需要什么，意欲从其处获得什么吗？或者说在关系中我与他人之间建立了真正意义上的友谊吗？一位真正的朋友不会因为想获得什么而来到我们身边，他只是想分享生命的心酸与快乐。在只是与他人分享生命苦乐的过程中，没有乞讨之碗。但如果我与他人的关系基于相互满足，那么这段关系就与真正的友谊或真爱无关。

那么我不禁要问，有可能以这种方式面对一切事物吗？我们能如此与大自然发生关联，尊重每一棵树，重视彼此的关系，不去计较它是否为我们奉献了果实吗？我们能如此与河流、山峰发生关联，不将它们视为电力资源或物质利益的来源吗？当与大自然亲近时，我能像一位朋友那样行走其间吗？或者在为自己寻求着什么呢？我发现有时自己像朋友般走近它，但感觉紧张时，却是为了放松的目的才去到那里。同样，在关系中我们有时纯粹为了分享，但有时却为了寻求自我满足而刻意维持。在工作中我们也是如此。有时只为享受乐趣而投入其中，但其他时候，我却把工作当作为自己实现什么、得到什么的手段。当仅为享受乐趣而行动时，我称之为爱好；当为获得金钱、权力、职位、地位和名誉而行动时，我称之为野心。这种情况通常发生在我们的工作场景中。

我们对工作给予了极高的重视，却视爱好为次要的附带因素，成为打发业余时光的手段。我们需要郑重地质问自己，工作为何不能也像爱好那样？那样工作与快乐就不会彼此分离了。我们现在的社会建立在工作与快乐分开的基础上。大多数人为了获得薪水而每周工作五天，然后利用赚取的薪水享受快乐周末。于是工作本身就毫无快乐可言，而是与快乐彼此分离。我们把这种状况视为生活中寻常而自然之事，正如普遍接受通过关系满足欲望的事实。我们害怕孤独无依，为了应对这种恐惧，于是用关系掩盖孤独。我们害怕未来，因此积累金钱，收集财物，且依附于它们；为了将来的日子能安然无恙。我们害怕变成无名小卒，因为觉得那样将会无人照顾，无人关注。这让我们渴望获得地位、身份与权力，这样就能成为某某人物，以免被人轻视。

这些都是使心灵深陷其中的制约。只要这些制约还在延续，冲突就无法避免。于是我必须发现是否有可能不要基于恐惧而与人互动。纪伯伦（Kahlil Gibran）所著的《先知》（*The Prophet*）中有段优美的文字，其中关于友谊的章节这样写道：

让友谊除了深化灵魂的需求外，不含其他目的。

只寻求自身奥秘的爱不是爱，那不过是在撒网，只能捕获无益之物。

《先知》的意思是，你认为从网中捕获的东西于己有利，但这只是幻象。它们毫无益处，因为只要我们以这种方式面对生活，就将无法了解爱的真谛。爱被自我过程所摧毁。自我过程是从自身利益或好处出发一直向外寻找的过程。自我一直存在着，因为我们认为与自我相伴的生活有利可图。但《先知》告诉人们，以这种方式面对生活，对所有人而言都毫无益处。

因此我必须去发现是否存在一种并非自我所产生的能量。我难道总是只因为欲望、利益、收获以及所得到的回报而充满活力吗？只要这个动机还在，就不存在爱的关系。如果你能说出为何爱自己妻子的理由，那么就没在爱她。但如果面对这个问题时你确实不知所措，说不知道为何爱自己的妻子，就只是爱她，那么这也许就是爱！如果你说，我爱她是因为她容颜美丽，因为她厨艺精湛，因为她照看孩子无微不至，因为她在我疲倦和患病时能陪伴身旁，为我服务，那么你就是为了安享舒适生活而在利用她。关系中并非不可以有奉献与索取。奉献与索取在所有关系中都是自然而然。但问题的关键是关系是否基于奉献与索取。当奉献与索取成为关系的基础

389

时，那关系就成为一场交易，一份合约。而爱的关系与合约完全不可同日而语。

因此我需要观察自己在生活中如何面对一切事物。如果其中有自我介入，那么冲突就不可避免。这当然也包括我与自己的关系，因为我也是过往的产物，历经百万年的生物学层面的过往带给我内在的先天本能；数千年文化积淀的过往带给我内在的文化思想；自孩童时代以来的所有经历累积成为心理记忆，也储存于我的记忆之海；所有这些都储存在头脑中，在记忆里。这就是所谓的"我"。我无法寄希望于它们消逝不见。那些都是客观存在着的事物。那么我必须自问，我与这个处于头脑中的称作记忆的事物是什么关系？我无法改变它分毫，因为它源于过往；正如无法改变自己的双手那样，我也无法改变头脑中的记忆。我的头脑做出的每一个反应都源于这些记忆。但问题是：我是这些反应的奴隶吗？我必须认同它，或者能看着它并从中解脱吗？

我也必须自问，是否在我与自己的关系中也存在冲突。当对其加以观察时，发现我对自己在许多方面都不甚满意。我希望这一切不是事实，因此在我所是与我希望所是之间存在着冲突。那么我也必须自问，我能像对待朋友那样面对这个被称为"我"的实体吗？能够不对其加以评判和控制，不与它抗争，不说应该这样、不该那样吗？否则，冲突就无法避免。那么，消除我所是与我希望所是之间冲突的唯一方法，就是像真正的朋友那样面对一切。所有这些事物在自然界同样存在，正如我们每个人的存在方式一样。它们存在着，走过一生，并最终走向终点。不仅植物、动物和人类这样有生命的生物如此，还有山峰与星辰那样的非生物亦如此。它们或许拥有更为长久的生命，出现于此，从生至死。

　　能够说，心灵设想其他所有事物都是为了满足自己而以某种形式存在着，因此无须将它们只看作朋友、同事或其他伙伴并与之分享此生吗？或许那只是存在于脑海中的幻象。我赋予这个头脑特殊的重要性的凭据来自哪里呢？它难道不只是众多人类头脑之一吗？如果有人将一台电脑作为礼物送给我们，这台电脑事先预置的程序能够从事计算或其他类似的工作，当我们想要计算时就会使用它，但如果我们无此需求则将它关闭。人类的头脑就是一台非常复杂的电脑，从出生时就被作为礼物被我们接受，它也事先被设置了程序。其中部分程序决定于我们出生前的基因，部分则来自出生以后的所有经历。但为何要成为这台电脑的奴隶？为何不能像对待外面其他电脑那样面对它呢？这不也是我出生时所得到的礼物吗？如果可能，那么尽管被安装程序并受到制约，我也可以从中解脱。但如果我认同于这台电脑，将它称为"我"，那么它的欲望、目标与好恶也就成为"我的"好恶，成为"我的"欲望，变成我在生活中要去满足的目标。于是区别由此出现，冲突也相应产生。

　　所以，我必须理解自己与欲望的关系，因为如果我与自己的欲望形同陌路，那么我将以一切存在只为满足自身欲望的方式来面对生活。这在本质上就是以自我为中心处理问题的方式。那么扪心自问，我与产生于头脑中的欲望是什么关系？我发现存在两种欲望：那些不会产生任何冲突的，我称之为愿望，比如，我想去参加研讨会、我想与朋友相遇、我想外出散步、我想能吃点东西。如果这些愿望没得到满足，不会因此产生冲突。当我坚持要获得满足感，认为满足是必不可少的，于是生活就像在完成任务，我也变成瘾君子，沉溺于对欲望的满足中。我们都反对酗酒与嗑药，但并不会因此而反对所有的沉迷。每个人都会遇到痴迷成瘾的问题，因为能让人成瘾的不仅是毒品与酒精，所有的成瘾行为都能让人无法自拔，那就必须去发现是否有可能在任何情况下都不成瘾。这也就意味着不存在任何不由自主的需求——没有任何事物是不可缺少、必须存在的，离开它就会痛不欲生、无法快乐。

那么我们必须弄清是否存在不依赖于环境的快乐。因为付出的许多努力是为了改变环境以得到快乐，但我们必须自问：未来真的会快乐吗？或者说，因为现在不快乐，我将来就同样不会快乐吗？因为今天就是十年前的未来！那么如果我说，快乐就在未来，于是那个未来将会变成现在，然后又有另一个承载着快乐的未来。于是随着时间的推移快乐将会到来的想法或许是个幻象。我必须了解是否此刻就快乐，这就意味着：我为何对环境不满，对现在所拥有的一切抱怨不停呢？如果对此刻所有我心存抱怨，那么因为同样的心理原因，也将对此后十年所拥有的一切不满意。始终会存在某个状态，在其中我拥有着什么，并在期盼着什么。那么，从心理角度，我们都处在同样的状态中，无论富有或贫穷。快乐并不取决于我们拥有多少，而在于如何看待欠缺的东西。这个人很富有，仍然在不断寻求；那个人很贫穷，却没有任何的需求。只要我在为自己寻求着什么，并且以这种方式面对生活，冲突就不可避免。希望不会制造冲突，但是当自我依附于这些希望，它们就变成了欲望，并痴迷成瘾，这些就产生了冲突。

因此这个探究非常具有存在意义，我从中必须弄清是否有可能没有任何欲望地活着。只有那时，才能有从冲突中解脱的生活。

问与答

问：您能告诉我们做到毫无欲望地生活的关键是什么吗？我不能做好计划去清除愿望。如果我希望自己没有任何愿望，这又是另一个愿望，那将走进一个恶性的循环。

P. 克里希纳：你不能下决心不带欲望地生活！我们的决心是非常肤浅的事物，它们只在生活非常表面的层次运作。我能决定买哪所房子，驾驶哪辆车，从事哪份工作，但我不能决定从明天开始，将不再担忧。我不能决定去看美丽的事物，我不能决定去爱我的邻居，我甚至不能决定与某人做朋友。也就是说生活中最伟大的事物都是你无法决定的。然而那些事情在生活中仍然有可能发生。当你直接想要得到它们时，就变成了欲望。但如果你理解无法直接得到某些事物，因为这想法将会变成欲望，而欲望就会制造冲突，于是你产生以生活为师的想法。你把自己视为需要被了解的对象，就像看着星球旋转，你想要了解它们——你无法改变它们！如果你能这样看待自己，不批评，不判断，不谴责，也没有改变它的想法，只是观察它以了解它。如果你想了解一个孩子，你应该看着这个孩子，他喜欢什么，他如何睡觉，他有什么困难；于是你就开始在了解这个孩子。你能像与自己的孩子互动那样与你自己相处吗？有时你顺从你的孩子，但有时你会拒绝他，你说，不，你不能要这个。你能对自己这样说吗？于是你不再认同于自己的头脑，但你也不与它斗争不止。在这种观察与了解中，智慧产生了，而智慧带来了改变。但当智慧没有降临而想要改变时，你会急促而匆忙，甚至让生活更

393

为混乱。

我们需要关注的只是理解，找到真相，领悟智慧。让改变自行其道。换句话说，对自己的探究过程必须缘于爱，必须没有自我的介入。如果探究的目的是为了获得某个结果，那就变成了欲望，那是另一个自我的过程。过程中有自我的参与，你就无法将其终结。这就像是说：通过暴力的手段，你不能实现和平。我们所说的和平并非真正意义上的和平，那只是两场战争之间的临时间歇。

没有努力、没有时间的行动，是可能的吗？也就是去感知，这种非凡的感知就是行动——没有想法和之后的休息与行动，那只是时间的碎片。

　　　　　　　　　　——克里希那穆提，1979 年于马德拉斯的第三次公开讲话

第二十章

什么是正确的行动？

2006 年 12 月于印度金奈国际神智学大会上作者的讲话。

在我们的生活中，所有人都曾经花很长时间做出艰难的决定，也经常面临何为正确之事这样的问题。我想从如何确定何为正确的行动，以及这个定义所涉及的因素着手，对整个问题展开探究。环顾四周，我们会发现关于何为对错的概念会因不同的文化、宗教，经常也因为国家不同而有所不同。在印度婆罗门文化中，吃肉、喝酒或摄入其他刺激性药物都被认为是违反规定的；但对于生活在印度的其他人，当然还有西方人来说这么做却是特别常见的。婚外性行为在许多国家被认定为成年人之间的私人事件，但在另外一些国家却会因此遭到处罚，这类行为被看作是与谋杀程度不相上下的罪恶。寡妇再嫁在印度教文化中会被人耻笑，但是在伊斯兰教和天主教文化中却能被人们欣然接受。因此，依据生长于其间的特殊文化

396

以及从该文化中吸取的价值观，我们对何为对错有不同的感觉。数世纪以来情况大致如此。但现在问题却出现了，因为世界改变了，人们处在全球化的大潮中，大量的人去海外工作，有的为生意，有的为教育，他们与来自其他文化背景的人混杂在一起生活。那些有过这种经历的人会记得，与来自不同文化背景的人第一次接触时，他们受到了各种冲击，这让他们的心灵花费大量时间去询问和了解究竟发生了什么。这些不同的道德价值观念本身就将人类区分开来，因为任何人都无法清晰地确定，在这里被认为是不道德的事物换个地方又是道德的。对神智学者们而言，情况就变得更为困难，因为我们相信大家同为宇宙大家庭的成员。那么我们将如何界定正确的行动，或者说并不存在普遍意义上的准则？人们常说要追随自己内在的声音，这个声音来自自身意识，但意识却因人而异。那些从小作为素食者被抚养长大的人会因为食用或碰触肉类的想法而感到恐惧，当肉食穿过唇齿时他更会深感内疚，但其他从小吃肉长大的人却根本对此毫无感觉。因此意识也受到我们生长其中的特殊文化与宗教所制约，这种制约造成不同人群的不同反应。

在商场与政界，人们所说的正确行动就是成功实现目标。造成失败结果的就是错误行动，这就意味着把结果当作评判手段。这符合事实吗？我不禁要问自己，佛陀所做的一切是否正确呢？他离家出走、抛妻弃子并遁入山林，就为了在冥想中找到人类痛苦的根源，或者说他这样放弃自己的社会与家庭责任是不是正确呢？他的行动就因为成为觉悟者并给世界带来意义深远的信息而合理了吗？毕竟，在他离开时并不知道是否将来会成为觉悟者，也不确定是否能够找到他所探询之问题的答案。那么依据结果如何能评断先前行动的正确性呢？布什先生将阿富汗和伊拉克"无辜"旁观者的死亡说成"间接伤害"。这意味着，杀死他们并非其目的，但为了建立民主国家，许多无辜的人在过程中偶然献出了生命。因此原因就是双刃剑，你可以仗剑左右开弓进行辩论。实际上，在每个诉讼案件中，双方都有站在自己立场的律师。难道正确的行动可以通过伶牙俐齿的辩论来评断吗？

莎士比亚曾经写过："世间事物本无善恶之别，全凭个人怎样的想法而定。"这个说法非常正确，但是我们的想法也是基于自己的价值观和制约，以及生长其中的氛围。因此不同的人有不同的思维，即使那些被广为认同的专业哲学家，像伯特兰·罗素或威尔·杜兰特，你会发现他们对孰对孰错也各执一词。那么我们应该接受谁的思想？又基于什么标准来接受呢？

生活于不同文化背景的人经常说，明智的做法是假设身边百分之九十的人所做的都是正确的。因此，如果想在德里赶上公共汽车，人们无须排成队列，而且完全可以推着其他人上车，但在孟买这样就不行，那里每个等车的人都站成一条线，非常遵守秩序。在印度，如果家庭中每个人都是素食者，那么茹素就是正确的选择；但如果去到西方，吃肉才是正确的，因为那里的大多数人都这么做。我们也听说过"入乡随俗"的谚语。这也是广为流传的行为准则之一。

正确的行动是由大多数人投票决定的吗？只要有一百万人赞同，在其丈夫的丧葬柴堆上烧死一位寡妇就是正确的吗？或者说这仍然是错误的举动呢？观察自身生活就不难发现，每当借由自己的才智分辨何为对错而不知所措时，我们转而向传统请教，并模仿父母或家中其他长者在相同情境下的做法。这意味着，如果你的父母认为

"棍棒之下出孝子"，那么当我们的孩子顽皮时，我们就倾向于去模仿父母对孩子进行惩戒，因为我们在孩童时代也是这样接受惩罚的。这可能也意味着我们一代连着一代都在犯同样的错误。这当然非常不明智。许多错误也就这样犯下了，但被各种来自历史和其他方面的狡黠诡辩证明为正确的。基于社会地位、种族血统或性别差异的歧视就是以这种方式在社会中延续了数千年。我们可以称之为"我们的文化、我们的传统"，但这样就能为其正名了吗？或者歧视一直就是邪恶的，无论何时何地，出现了多长时间？

面临这样的两难困境时，存在我们自行决定的普遍理由或道德价值观吗？这个问题有世俗、理性、科学的解决办法吗？如果你问一位世俗人士，他会讲到理性的利己主义。我们知道人人都相互关联，任何人都无法独立生活，因此某个行动的正确或错误要以整体运作的长远效果为基础来判定，而不止于某人自己的印象。这听起来非常理性。人们常说诚实是最好的应对措施，这意味着诚实并非道德观念，而是最好的应对措施，因为这样会获得长远成效，即使商业性行为也是如此。那么这又是立足于成功而非道德角度思考问题。判定行动对错的科学公式就基于这个准则产生了。斟酌行动对所有相关之人的影响程度，把自己也包含在受影响者之列。用 +dH 表示行动在单位时间带给某人的快乐。如果它导致了不幸，就用 -dH 来记录其负面的影响。现在把所有人、所有时间累加汇总成为连续的数列。在科学上人们将之称为集成。如果得到的结果是正数就说明行动是正确的，如果结果为负数则指出行动的错误。这个方法在概念层面可谓合情合理，但如何符合逻辑地进行心理意义上的集成呢？没有任何数学公式可以对这个数列进行累加汇总，因为不同的人对不同的想法会给出不同的权重。以自我为中心的人会认为第一项条款（涉及自己、妻子与孩子）是最重要的，而剩余的与其他公民或环境有关的所有选项都可以被忽略。准确说，这就是以自我为主义的含义。其他某些人依附于自己的家庭，更加关注家人的感受，当然他们自己的妻子与孩子也包括在内，但却将其他人排除在外。那么逻辑便失效了，因为数列中的不同条款会依据个人意识的状态和心胸宽广程度而被赋予不同的价值！因此随俗沉浮或摆脱传统都无法让人走出这种两难困境。

这样一来，人们就被带进关于行动正确与否的精神定义中。这个定义并不基于成功或失败的理念，也不以行动所造成的结果为依据。它完全取决于作为行动之源的意识状态。如果产生行动的意识是自我中心、心胸狭窄和混乱不堪的，这样的行动就是错误的，即使它带来令人满意的所谓良好结果。如果行动产生于仁爱、慈悲与非暴力等意识，那么行动就是正确的，即使行动以失败告终。因为这样的意识是有序的，其中包含美德。如果佛陀离开妻儿遁入山林的行动是出于对全人类的爱与慈悲，那就是正确的；如果出于逃脱自身责任的一己私利，那同样的行动就是错误的。决定正确与否取决于做出决定的心灵品质。这就是道德之所以无须以外在行动来界定的原因，其参照标准应该是内心的状态或产生行动的动机。如果接受对美德如此定义，那对人类而言最为重要的就是发现有序的意识，因为那样才能拥有了解何为正确行动的智慧与才智。当你发现了美德的状态，那么你就随心之所欲，因为无论如何总是正确的。

因为在那样的意识中不存在丝毫的自我利益，因此也就没有对

"我"和"我的"的偏袒。对此克里希那穆提用另一种方式表达道："与爱相遇，你就随心所欲。"因此也无须思考和算计等等。但我们必须领会他所说的"爱"意味着什么。对他来说，"爱降临在自我缺席之处"。他所谈论的爱并非浪漫、依赖或伤感。只有动机与自我利益无染时，爱才会出现。这是对真爱的定义，也就是耶稣和佛陀所说的爱。今天"爱"这个词语表面缠绕着如此多的含义，我们必须细心发现其来自圣人的最初含义。我们说，"我爱冰激凌""我爱他踢足球的样子""他与她做爱"（意味着他们有性行为），"他如此爱她，没有她，他活不下去"。那么我们指的有时是情爱、欲望，有时是依赖，有时是性，有时是赞美，这些与耶稣与佛陀谈及的爱相同吗？

佛陀在两千五百年前就指出了关于人类意识的三大圣谛。第一个真相恰好是可以被观察的事实：世间存在痛苦。人类意识中存在着许多心理创伤。这也是事实。第二个真相是：痛苦必有其原因，那就是无明，不是缺乏知识，而是陷入幻象之中。每个人心中都存在着许多幻象。幻象就是对某些不实之物信以为真，或者给予生活中某些并不重要的事物巨大的关注。领悟到这些并能从错误中解脱就是智慧。然而当心灵被幻象充斥就几乎与智慧无缘。佛陀指出的第三个真相就是：痛苦可以被根除。幻象就是混乱失序的根源，因此能够被清除。对于客观事实我们无能为力，只能消除幻象，因为当我们发现什么是正确的，错误就消失了，结束了，所以幻象可以通过对真相的探究来终结。当幻象终结，意识中相应的失序混乱也就终结了。人与人所有的分别都产生于幻象，所以它能被终结，这就是智慧。神智学是对智慧的探究，也就等同于探究真相并清除幻象。反过来，终结意识中的失序也是如此。失序一旦结束，秩序就降临。我们不必去培养秩序。

当自私消逝，爱就降临，就是意识中的秩序，也是美德的状态。基于这个状态产生的任何行动都是正确的。从自我利益出发的行动对自己有益的想法都是幻象！比如，如果某个人贪污受贿，表面看来他从中受了益。如果利益是主要考虑因素，他的行动似乎是正确的。如果对某个人而言行动正确，那么对其他所有人而言也必是正确的，这一点当然毋庸置疑。但当我们的孩子面临升学问题，或者在医院接受治疗，学校管理人员或医务人员腐败，我们都将受到伤害，因为我们彼此相互联系。自我会寻求某些便捷的利益，但这是幻象，而非真正的利益，因为从长远来看，如果我们继续以自我为中心，必将一败涂地。暴力现象就是肉眼可见的后果，全人类都将受其伤害，因为没有人是独立的实体。

神智学在这方面有进一步的探究。它认为人类和动物、植物、河流以及整个宇宙联成一体，因为事物与事物之间都是相互联系的。科学家们现在对此也有所察觉。他们认为整个地球及其环境就像一个有生命的庞大器官，在自然主宰的特定平衡状态中存活了数十亿年。实际上人类无从选择——要么照单全收，要么一无所有。然而人类正在破坏这个平衡状态，这确实极不理智。当然这也是人类面临的另一大幻象。没有智慧，错误就不可避免。我记得克里希那穆提 1984 年在联合国的一次讲话后，有人向他提出一个问题。他当时谈到国家间的分裂时说，为了结束战争，需要终结所有的暴力。有个人问他："关于非暴力的所有谈话都非常精彩，但强盗攻击你时，该怎么做呢？"克里希那吉答道："先生，首先要学会平静地生活，不是一天或者一年，而是二十年。然后当强盗攻击你时，你就会知道怎么做了！"这意味着智慧降临，它将告诉你怎么做；但如果没有智慧，就不可能有正确的行动。

说到底，什么东西是实用的呢？好好想一想。我们现在的生活方式，我们的教学模式，以及政府当局与贪污腐败和无尽战争相伴的管理措施——你说这些是实用的吗？野心实用吗？贪婪实用吗？野心孕育着竞争，并因此摧毁了人类。建立在贪婪和掠取基础上的社会总是充满战争、冲突与痛苦的幽灵；这实用吗？答案显然不是。

——克里希那穆提，《文化那点事》第二十三章

第二十一章

克里希那穆提的教诲实用吗？

2011 年 5 月在加州欧亥克氏 FA 聚会上的一次讲话。

引 言

　　关于克里希那穆提的教诲是否实用的问题经常被提及。我想用从他那里学来的，针对严肃问题的探讨方法来面对这个问题：无须形成固定的结论，不依附任何支持或反对的意见，也不过度依赖个人的阅读数量和知识积累，取而代之的是通过更多的观察和质疑来进行探索。那么我不禁要问所谓的实用指的是什么。我发现这个词语在不同时间被人们赋予了不同的含义。有时对我们而言，这个词语意味着即刻解决当前面临的问题。如果无法即刻解决当前问题，我认为其具有哲学意味，是可供谈论的趣事，而与日常生活无关。或者，我们会认为它有不真实之意，因此也就不具备实用性，因为它无法维持很长时间。某个幻象、某句宣言、某条信仰、某种理念能够支撑你一段时间，但当你面临现实问题，它最终只能让位消失。第一，当某事物不具有真实性，也就不具实用性。第二，如果它是真实的，那么就是客观存在的，因此也有其价值，不是因为克里希那穆提如此想或者如此说，也不是基于他的权威，而是因为它确实存在，并且需要被意识到。第三，某个事物被确定不具实用性指的是，尽管它可能是真实的，但在很大程度上未必会发生，或从统计学的角度发生的概率微乎其微。它或许偶尔会发生在某些人身上，但在我看来，它是非常不实用的。我们用"实用"这个词语表示可以达成的事物。因此，我将从上面提及的三个角度探究这个问题，无须达成某个结论，而是试图弄清就这种意义而言克氏的教诲在什么程度上具有实用性，以及在什么程度上不实用。

克氏教诲能解决当前问题吗?

让我首先考虑其与解决当前问题的相关性。人们可能会提出犹太人与阿拉伯人之间的巴勒斯坦问题，或者印度教徒与穆斯林之间的克什米尔问题，或者社会上的犯罪问题。这些都是人类面临的非常实际的问题。克氏的教诲能解决这些问题吗? 我想大家都认为现在尝试与这些问题交锋的方式就是所谓的实用。如果真是如此，那问题为何没有消除呢？我们尝试在巴勒斯坦或者克什米尔的两党间通过谈判达成和解，我们建立了庞大的组织机构以遏制犯罪现象，如警察部门、司法机构、监狱以及诸如此类的林林总总。我们认为这些都是实用的手段，因为它们看起来即便无法解决眼前的问题，但可以对其加以遏制。现在，克里希那穆提指出产生这些问题的更深的源头，除非我们铲除了这个源头，否则问题永远不能消除。你可能解决了某个问题，但是在解决这个问题的过程中，另一个问题又会突然出现。于是生活成为一系列亟待解决的问题，才智也就成为我们每次解决问题的抓手。他说这是心胸极其狭隘的视角，其眼光无法长远。这样看起来可能非常实用，也似乎可以使问题得到即刻应付并得以缓解，但却无法解决或终结问题。他说存在一种完全不同的应对方式，不是将生活看成一系列亟待解决的问题，而是生命的秘境，需要从中学习。那么，这真实吗？或者不具实用性呢？

让我们来看看阿拉伯人与犹太人，或者印度教徒与穆斯林之间的分歧问题。他们产生分歧的原因是什么呢？分歧的原因当然不只是财物方面的纠纷，存在于其背后的两大群体根深蒂固的分歧造成彼此的完全独立。穆斯林觉得自己与印度教徒截然不同，印度教徒也觉得他们完全不同于穆斯林。他们之间的分歧就源于这种不同感。每个团体的产生就源于这种与自己相似之人相认同的倾向，以从其他人当中区别开来。我们与他人之间的整体界限就产生于处于分歧根源的心灵，而且冲突也萌芽于这种分歧。我们或许可以通过某些妥协折中的方法来解决某个特殊的冲突，但是与前一个冲突同样的内在原因马上激发了另一个冲突。因此我们实际上绝无可能只通过对某个特殊问题的协调解决，而得以从这些问题中解脱。克里希那穆提认为这是不实用的，或者说不足以继续坚持。这当然不是说你不必这样做，而是要看到从长远角度这真的不能解决问题。我们想要寻找即刻的解决方案，但他的教诲中没有提供对任何特殊问题的即刻解决方案。除非我们清除了问题的根本原因，否则相应的结果必定会反复出现。他指出我们处理问题的方法是错误或者目光短浅的。

我想从他在讲话中谈到的，个人并不能独立于社会，我们就是世界，基本可以明白这一点。我们必须审视这个说法正确与否。因为他说关系的品质依赖于意识的状态。如果存在爱，我与爱相关联；如果有尊重，我与尊重相关联；如果有怀疑、恐惧和暴力，我就与这些相关联。人与人之间的关系决定社会的品质。因为，如果我是暴力的，那么数以百万计的人也是如此。每个人只关心自己的利益，就无法拥有一个没有冲突与分歧的平静和谐的社会。这仍然是无法实现的理想，因此也是幻象。这就是他所说的。现在的情况是不是这样呢？如果不是这样，那么教诲就是不实用的。如果是这样，那么我们必须承认他指出的就是真相，如果不承认，我们将为自己的所作所为承担风险，因为在无明之中生命的必然要自食其果。

让我们来看看社会的情况，比如说整个印度，那里生活着超过十亿的人群，他们有自己的迷信行为，有自己的愚昧无知，有自己的错觉幻想，有自己对神的信仰，有自己源于种姓主义的制约，等等。这些事物大多数只是思维的架构，并非自然界真实的存在，不像一棵树或者双手那样。当某人称自己为婆罗门或者首陀罗，这也只是思维的架构。他说他自己是婆罗门，因为他出生于贴了这种标

408

签的家庭，他称自己为首陀罗，也是因为其首陀罗家庭的成长背景。这些都不是科学层面的事实，只是人类思维的架构。有些人在五千年前就开始这样做，《薄伽梵歌》对此有所提及。那时或许不是以与今天通行的同样方式出现，但却持续了一代又一代，整个社会就这样产生了分歧。印度孩子从小听着这样的故事长大，因此那也成为他内在制约的一部分，伴随他成长的心灵也接受了这种制约。反过来，内在的制约自行向外展现，因此种族歧视之类的现象在印度社会中随处可见。政府竭尽全力消除人们之间的这种歧视与分别，但却无能为力。你可以为此立法，但是不能解决问题，因为它与生俱来地深植于孩子们的内在制约中，他们在那样的环境中成长并目睹身边的种姓主义遍地开花。鉴于印度人思想中的愚昧无知，社会状态与其本来该有的样子便大相径庭。在我看来，克里希那穆提的教诲是在告诫大家，不要只是处理表面症状，就像我们服用阿司匹林来缓解突发的头痛，但如果你天天头痛，持续服用阿司匹林就是很不明智的选择。然而我们认为这样就是所谓的实用，克氏认为这么做实际上是不实用的。如果我们是明智的，就必须找到每天头痛的根源，只有把根源清除，才能恢复健康。这个比喻也适用于我们在社会中面临的问题。战争与分裂之类的问题一直在持续着。它有时出现在洛杉矶的黑人与白人之间，有时出现在中东，有时又出现在印度。但如果我们将人类社会作为一个整体来看，你会发现这些问题在不同部位持续爆发。像联合国这样的组织便应运而生。联合国自成立以来奔波于世界各地，以期对问题加以解决或遏制，但各项工作显然徒劳无益，充其量也只能维持现状。不管付出多少努力，世界局势依然不容乐观。那么造成所有这些问题产生的更深的萎靡状态，也就是潜在的病根究竟是什么呢？如果不清除这个隐藏更深的顽疾，我们将永远解决不了这些问题。五千年来，人类事实上并没有解决战争的问题。从较早的国王与独裁者们的争斗开始，整个人类的历史进程中充斥着连绵的战争，直到今天，世界上战争仍然此起彼伏。我们并不缺少战争的体验，但从来没有从中有所领悟。人类自身事实上却在为战争推波助澜。我们的生活方式，所有的愚昧无知，错误的自以为是，这些信仰，这些分歧，就是因为我们的一味接受和放任自流，从而一直存在着。是我们自己造成了置身其中的社会如此这般的境况，然后又抱怨不止！

那么从某种程度上说，克里希那穆提的教诲似乎并不实用，因为他没能直接帮助我们解决克什米尔问题或者巴勒斯坦问题。奥巴马和其他政治家所尝试的做法似乎更加实用，而克氏所说的显得更有哲学意味。但当你用更长远的眼光去看，而不只带着解决特定问题的理念，你会发现如果我们没有自我教育，没有形成全球化的心灵，没能终结头脑中的所有这些幻象，就永远不可能拥有一个四海皆兄弟，充满祥和的世界。所有这些将只能停留于理想化的概念，永远无法变成现实。因为幻象使我们彼此分离。事实无法使我们彼此产生分歧，让我们相互分离的正是对这些幻象的执着。

让我举个例子说明事实。印度教徒有自己对神的概念，那是他从孩童时代就有的。他带着这个概念成长，他被教导说必须在寺院神像前礼拜，等等。他将所有这些当作宗教并深信不疑。穆斯林被教导了其他有关神及如何对其加以敬拜之事。他接受并相信了这些教诲，并将其称为自己的文化。克里希那吉认为对真相的探究才是宗教的真正含义，也就是自己去发现何为真假。当前，我们每个人都有自己执着的概念，并称它为"我的文化，我的道德"，这把我们与其他人区分开来。区别产生的原因是对不同人而言幻象各有不同，但真相却毫无二致。所以克氏一直在呼吁将神假定为未知之物，并且通过探究才能发现神可能会是什么。同样，假定神圣之物是未知的，不要只把某条河或某种动物认定为神圣之物，从而对其倍加敬仰。我们对自己所信之物加以体验，并将其奉为神明的方式就是个幻象。这些幻象因文化的差异而有所不同，但它们在自己的文化中得以保留，并因此将世界上的人群区分开来。

那么，这些不是事实吗？如果这一切属实，那么长期有效的解决方案就在于消除所有这些幻象，然后人类就能拥有全球化的心灵，用以清除所有这些源于民族主义或宗教偏执等的分歧。在这个教育过程中，每个人必须学着祛除心灵中所有幻象。一旦做到这一点，他认为你会领悟到与其他人一体无别是客观事实，而不是某种值得相信的美好情境。他说这真实不虚。但人们无法将其视为事实，因为我们带着所有这些紧抓不放的理念和文化制约。但我们可以看到其中的虚幻不实，只要愿意对这些幻象加以探究，不在其上投入时间与精力，同时不将自我建立其上。但我们通常对发现何为真相毫无兴致，而只热衷于复制特定品牌的幻象。有人认为这一切都是真实的，是整个世界正在广泛进行中的……这就是问题的根源，只要这个根源不被清除，后果将持续出现。于是我们发现世界上，一个冲突被解决之前，另一个已经露出了它丑恶的头颅。

因与果

　　然而厘清问题的根本原因未必就能解决我们当下所面临的问题。我个人认为还需要从两方面着手。你如果不进行自我教育，就永远不能解决这些问题，因为我们的决心本身就基于幻象。比如，我们相信只要能达成妥协，冲突就会消失，但分歧和怀疑一旦出现，妥协就不断瓦解。所有妥协总是一次次崩溃的原因，是造成分歧的根本缘由没被完全铲除。如果我们所谓的实用性意味着即刻解决问题，那么克里希那吉的教诲就是不实用的。但既然克氏的教诲真实不虚，如果我们继续避开真相，问题将永远无法终结。这也是他在教诲中所指出的。我们面临的问题只是某个沉疴的表面症状，需要处理的是潜于深处的病灶，而不只限于表面症状的处理。正如科学家们研究发现运转于自然界的因果关系那样，心理与社会层面的问题也存在因果关系。战争的原因一经探究，民族主义难辞其咎，再对民族主义的原因加以探究，其源头就是对"我"和"我的"产生的依赖。如果进一步探究依赖于"我"和"我的"的原因，那就是因为个人的不安全感与孤独感等。

　　于是，因果循环无端而形成链条，这个结果成为下一个结果的原因。如果我们不在个人层面，即不安全感以及随之发生的为了得到安全感而对某个团体的认同角度，解决这个问题，我们将永远无法终结分歧与战争的问题。因此他认为，如果我们真的想长期解决问题，就必须转变自身意识，因为不管那是什么都会投射到社会。简而言之，我们怎么样，社会就怎么样！我们一直想通过立法与经济手段等来控制表面症状，但这不能解决问题。控制永远不能从源头上解决问题，这就是他一直在说的。这也体现在我们的个人生活中。如果只是控制愤怒，你无法去除愤怒，原因就在你内心。如果原因源于幻象，那么幻象无法终结，原因就继续存在。如果原因并非源于幻象，而是生物学层面的因素，那么就将解决无门。你必须接受这个无法改变的事实。于是你开始分辨什么是事实，以及什么只是思维的架构。性是一个事实，但欲望可能就是我们面对它、思考它的某种方式所制造的事物。对什么是真相以及什么是思想所造加以分辨，是自我了解的一部分，也是理解自我的本质所在。克里希那穆提认为没有对自己的理解，没有对自我与快乐、欲望、社会之间关系的理解，我们的思想就没有牢固的基础。心灵如此充满幻象，而充满幻象的心灵几乎无法领悟智慧。因为这样的心灵与事实相隔离，它活在自己思维的世界中。

这些幻象一直渲染着我们的观念和感知，使我们无法客观地探究任何事物，并且无法相信事实，只能信赖不同于其他人的特殊幻象。于是我们得出不同的结论，并为它们而战。所以克里希那穆提说这些问题的最终答案就存在于对自己的理解中，也只能通过自我理解来解决。内心层面的对错得以清晰分辨后，错误逐渐消除，意识中由幻象所导致的任何扭曲都能终结。但并非根源于幻象的混乱却无法终结，因为那是自然的一部分。自己去分辨这种不同是自我了解的一部分。发现什么是心灵的产物以及什么是生物层面的事物，也是分辨何为对错的一部分。如果它是生物层面的事物，我必须学着将其放在恰当的位置而无法清除它。一旦理解自己迷失了方向，我就能改变路径。所以他说除非我们把时间与精力用于自我了解，否则就永远不可能创造一个情同手足的和谐社会。我们可以守着这些观念与理想直到永远，但它们绝对无法成为现实。

教诲是什么？

最近，我在克里希那穆提的对话集中读到一段非常有趣的文字。有人就克氏教诲提出了疑问，克氏回答道："先生，根本没有我的教诲这回事。你无须理解教诲，你得理解你自己。教诲的整个目的是让你意识到理解自己的重要性。"因此他只是指出如果我们无法区分快乐与快乐的差别，或者无法辨别爱与依赖或欲望的不同，那么我们在生活中无论做什么决定都会无比困惑，事情将一错再错，根本不可能发现快乐。没有这种理解，没有自我了解，我们的生活就没有赖以进展的基础。这种领悟、清晰或智慧对人类而言就像食物和住处那样必不可少。从长远视角来看，这样做似乎是正确的。这就像是说，我们可以服用阿司匹林来解除特定的头痛症状，但忽视对潜在疾病的治疗却是不明智的。这两件事之间并不存在矛盾。只有当我们满足于阿司匹林的作用才会出现矛盾。我们可以致力于解决当下的问题，但是必须意识到这样做其实只能像服用阿司匹林一样，并没有找到问题的根源并加以清除。如果我们将所有时间专注于解决当下问题，就永远无法更加深入地解决问题。因此生活就变成一连串亟待解决的问题，他说这并非明智的生活方式。

那么从长远来看，他所说的一切最具实用性，但立足于当下，或许显得没什么实用价值。然而目前解决问题的方案具有实用性吗？制造战争实用吗？像我们今天这样生活于社会之中实用吗？他说这些都不具实用性。我们只是习惯于此，并将其作为生活中不可避免的事物加以接受。他说当我们能拥有太阳的灿烂光辉时，却满足于蜡烛的微弱光亮。我们欣然接受间接的二手平庸生活，但其实完全可以不必如此。我认为必须从两个方面看到真相，不仅是采取即刻行动去控制灾难表面症状的必要性，还有灾难一个又一个连续不断发生的更深源头。我们必须专心致力于探究问题的长期解决方案，而不只是将某种方式冠以实不实用之名。如果我们意识到这些，并开始对自身信仰以及成为制约组成部分的自我假设加以探究，我们就开始理解问题之源就在我们自身，这也是我们需要着手应对之处。

有可能发生这样的领悟吗？

那么，有可能发生这样的领悟吗？如果有可能，那么这样的教诲确实就是最为实用的。另外，如果教诲只对那些潜质优越的人群才有可能，或许只有百万分之一的人能够做到，那么教诲在一定程度上就毫无实用性可言，因为芸芸众生都对此望而却步，那么从统计学角度似乎就显得令人难以相信。乍看之下情况确实如此，不是吗？在经年累月展开探究的克里希那穆提基金会，你并不能发现这里比其他人类群体更少分歧、更少冲突或更有秩序！可以这么说，从统计学角度，这里只出现了一位克里希那穆提，虽然某些人偶尔获得自由，但从整体大范围而言，教诲似乎并未生效，因为人们或多或少仍然保持原样。只是他们现在脱口而出的话语与之前有所不同，但你无法看到太多意识层面的根本转变。确实我也承认，如果从这个统计学的意义上讨论教诲是否实用，结果似乎是正确的。如果以科学家那样的方式来观察，我无法发现克里希那穆提基金会和其他团体的人群之间存在任何明显差异。当然某些微小的区别肯定存在，但那是任何社会中的任何两个个体之间自然都会有的区别。然而，如果你以好学之心面对生活，并开始自觉地学习，从本质而言这样就是正确的。你对生活的看法经历了变化，意识的运转也开始有所不同，尽管你可能无法实现全然的自由或者发现全然的自由为何物。

克里希那吉曾经谈及全然的自由，但对我而言，这仍然是个秘密。但幻象的终结却并不罕见，而且那也并非某种无法体验的事物。例如，每个人都可以通过质询与观察，自行发现某个人是否具有民族主义倾向，或者是否终结了宗教偏见。每个人也可以自己观察，当被人批评时，你是否感到被侵犯。也许你以前会，但现在不会，因为你已经有了深刻领悟。你能够注意到变化的发生，但至于他所谈到的从冲突中完全解脱，也就是意识的全然革命，那确实是世上罕有的。能够达到这种状态的人应该是凤毛麟角。因此我无法确定从全然自由的角度这个方式是否实用，或许根本就不存在任何方式可以抵达那个无路可达之境！这就如同要求毫无创造性的心灵发挥创造力。谁能做到这一点呢？这或许是不太实用。

我不想在这个观点上固执己见。因为这只是我的表面感受，应该对其加以讨论。但对我而言，当克里希那吉谈到某个我无法理解的问题时，我不会对其加以排斥。我认为他非常睿智，而且探究得也非常深入，并且通过亲身感知找到答案，他这样向我们传达真相，说："不要接受它，去探究它，我可能是错误的。你自己去发现，只有真实的才有价值。如果不真实就没有价值可言。"对此我没有任何怀疑。他说："我将自己所见告诉你们，如果你致力于此也将会发现真相；或许你无法做到，那就另当别论。但是你完全可以，这不需要特别的潜质，或者特殊的才能。所需要的只有觉察、敏锐的感知、观察与关注的能力以及一颗永远处于学习中的心灵——这些是任何普通人都具备的。"他说我们已经具备了察觉真相所必需的装备。他说如果我们只满足于半途而废，那只能成为平庸之人。如果我们致力于亲自去发现真相，那么我们就始终带着一颗永远处于学习中的心灵去生活，在觉察之路上持续前行，不管它最终将我们带往何处。

全然自由是能够实现的目标吗？

全然自由是自我了解的目标吗？毕竟，当我学习物理时，并没有把成为爱因斯坦作为目标！我了解了多少物理知识，就能有多少对自然运作规律的理解，同样当我致力于对自己的了解，就能获得所能得到的一切。任何失序和混乱一旦终结，在一定程度上生活就会有别于以往。如果把这些当作你的目标，那就完全有了实用价值；但如果你确定的目标是彻底的革新和全然的自由或者觉悟，那么我无法确定大多数人是否能践行这种对全然自由的探究。克里希那穆提做到了，对此我深信不疑；因为我很了解他，我亲眼看见他如其所说的那样生活。但我并没有亲眼看见受其启发而进行探究的其他人，实现了全然的自由。我不禁要问：为什么要把实现全然的自由作为探究的目标呢？你就是你所是的样子。你看到了这种探究的价值所在，正如你看到学习物理或者语言或者其他任何事物的价值所在；你看到了自我了解在与智慧相遇过程中的意义所在。这足以成为怀着一颗永远处于学习中的心灵面对生活的理由。我们都知道人如何在知识中成长，但与智慧相伴的成长过程又是怎样的呢？为此，你的心灵必须处于不断学习与探究之中，而不是固守于已知的一切，这就是克氏教诲中所指出的。他也说过，不断学习的心就是宗教之心。

全然自由之人极为罕见，但睿智之人却并非凤毛麟角。曼德拉就是一位智者，哈维尔也是，其他如甘地和安妮·贝赞特都是这样的人。为数众多的智者给这个世界带来了巨大的变化，但他们或许并非全然自由之人。自由之人寥寥无几，甚至屈指可数。数千年来，或许只有极少数人能达至全然的自由。因此我也无法确定通过这种探究，是否能让为数众多的人真正实现全然的自由，但我不把全然自由作为目标，成为要实现的理想。如果你这样做，探究似乎就成为虚无缥缈的梦幻之旅。克氏已经指出，如果我们将全然自由当作某种需要实现的理想，那就陷入了欲望的过程，自我也将因此而建立，从而成为障碍。所有这一切看起来如此真实。那么为什么还要这样做呢？为什么不只是立足于实际面对生活，并开始自己的了解之旅呢？无论会有何种变化降临，那就来吧——没有任何抱怨。那就是你所了解的一切带给生活的意义所在，接纳所有的结果，并继续致力于亲自去了解。如果这就是我们看待问题的视角，那么就完全具有实用性！

处于学习中的心灵能够让我们跳出自我封闭的狭小空间，否则我们只能接受家庭所认同与文化所传达的一切，因此也成为我们所接受事物的一部分，并持续不断地代代相传！这就是我们能看到的周遭所发生的一切，世界也因此出现了如此多的混乱，如此多的分裂。人类起码能够走出这种困境，为何还要感觉沮丧，并为全然的自由不曾来临而心生抱怨呢？我们根本不知道何为全然的自由，只有对其概念化的认识，所以无须将全然的自由当成探究的目标。每个人在生活中如其所是地观察，为自己所有的感知而心生感激，并与之共处。就长远意义的自我教育而言，我没有看到任何教育方式比克氏所指出的更好。但就实现全然自由的角度而言，我真的一无所知。某种潜在的可能性就在其中，因为如果我们有能力终结某个幻象，那么潜在地，我们就有能力终结所有幻象。如果你专心致力于此，就一定能做到。但为何要对其加以权衡，这是我的问题吗？你不会说只有当我能成为爱因斯坦时，才开始学习物理！同样，为什么要说只有当我能像克里希那穆提那样实现全然自由时，才开启这场学习之旅呢？如果这样，克氏的教诲就变得不合时宜了。所以一切都取决于我们如何去面对！

智力层面的领悟没有任何意义。领悟必须发生在一个人的血液中、五脏六腑里，从那里的所得才有完整的意义……大脑所具备的一种截然不同的特质，它是全然而整体的，不是碎片化的。这种碎片化制造了混乱失序。我们作为个体有着人类意识的碎片，因此生活在失序中。

——克里希那穆提，1984 年于孟买的第三次公开演说

第二十二章

什么是全然地活着？

1998 年 5 月 23 日加利福尼亚欧亥，欧亥静修营的讲话。

"什么是全然地活着？"这是个根本性问题，任何根本性问题都没有答案，但我们从克里希那穆提那里学到，对这样的问题进行探究极为重要。他说我们必须提出没有答案的问题，并且去探究它。答案不在问题的表面，而就在问题本身。当然，克里希那穆提提到过这个问题的答案，但那不是某种智力层面的回答，或者某种关于真相的概念或理论，而是真相本身。我认为对大家而言，承认心灵存在分别非常重要，因为探究这个问题的目的并非为了获取更多信息、更多知识、更多理念以及更多定义精确的概念，而是要更加深入地洞察真相——而真相本身是某种未知的事物。这有点像孩子们经常玩的寻宝游戏，珍宝就埋藏在某处。问题限定了区域，真相就是那个珍宝，但我们不知道它究竟藏身何处，因此我们无法找到抵达那里的路径。我们必须在整体区域仔细探索，或许有机会能与它偶遇。

但是分析与类比在此毫无用处，因为珍宝不只为首先发现它的人而存在，它可以为任何人所见。沿着这条寻觅之路，每个人都会遇到一大堆答案，或者其他人给出的描述，于是质询有时会找到令人满意的描述，并将描述视为答案之时宣告结束，探究也在获得领悟之前终结。每个人心中都必须承认其中的危险。每个人都必须拒绝接受其他人给出的答案，无论那个人是怎样的权威或智者，包括克里希那穆提本人在内。因为对我们而言，其他人给出的答案都只是描述，而所有的描述并非被描述之物。

这有点类似于向一位生长在沙漠中，从未见过树的人描述树是什么样子。你可以用最具诗意的华丽辞藻向他描述关于树的一切，但这永远无法等同于他自己看到了树。这就是概念性答案与真相之间的区别，后者存在于直接觉察的层次。宗教意义的质询是对真相的探寻，也正是因为真相是未知的，是与每个人如何开始行动有关的某种秘密。没有人能确凿无误地知道真相如何进入人的心灵，但我们知道真相完全可能在人类心灵中揭开自己的面纱——我认为，这就是克里希那穆提之所以说真相是无路之国的缘由。每个人都在无路之国中持续探索着，践行着宗教意义的质询。

我喜欢不带任何假设地开始——依循第一法则，正如我们在谈论科学时所推崇的那样。我们在彼此交流过程中会利用思想、观念和知识，但是这些事物只能被当作工具，其目的并非产生更多思想、更多观念与更多知识。因此让我们从观察着手。全然地活着意味着什么呢？生活本身似乎就是众多的关系。人从诞生到死亡，与世上

422

万事万物都处于关系之中——与他人，与星辰，与观念和书本，当然也包括与自己。那么全然地活着必然离不开正确的关系。我们经常使用"正确"这个词语来表示与目的一致性。那么我不禁要问，生命有目的可言吗？不只是人类的生命，而是所有的生命。如果人们知道目的所在，那么在与目的的关系中，就可以界定何为正确之物。

科学家告诉我们生命只是偶然事件，没有人能够确切知道它何时或者如何发生，但人们对此却能够展开某些智力层面的猜测。我们仍然无法知道从毫无生命的物质，如化学物质和原子等，如何能够产生即便是最简单的生命，因为我们无法在实验室复制这个过程。直到今天也没有任何人能做到这一点。虽然科学家们一直在努力，但这仍然是悬而未决的奥秘。一旦这一切已然发生，便有了合情合理的生物进化解释，于是人类成为到目前为止最终的进化结果。所有这些似乎也成为宇宙秩序的一部分，整个宇宙在其中得以发展。人类似乎生活在一个非常聪明睿智而非沉默愚钝的宇宙中——因为大量的智能被用来为我们制造计算机，或者让建筑物安然无恙。当然，能够创造一棵树，或者让莲花出淤泥而盛开的才智更是令人叹为观止！宇宙中的万千星辰及重力法则肯定也是这种才智的产物。

我们不知道整个宇宙是否为了促成生命，为了带来进化并创造人类而有意为之，从而创造了人类，或者这一切只是碰巧发生而已。甚至连科学家们也在对此展开争论。有些人认为这只是巧合，但其他人则认为这不可能是纯粹的巧合或纯粹的意外。蕴含其中的才智不知因何缘故，能够令一切得以发生的某种方式控制着万事万物。但这个问题极具开放性。如果所有的变化与变异随机发生，那么用以产生如此多结构的时间，比众所周知的宇宙年龄要久长得多！詹姆斯·金斯先生在他的《神秘的宇宙》（*The mysterious universe*）一书中将其比作在打字机上随意打字的一百只猴子，打印莎士比亚所有十四行诗所需的时间！

科学家们尝试着对自然加以研究并从中发现法则，从而告诉我们这种才智运作的方式。宇宙中存在着某种非凡才智在确保整个宇宙正确运行是显而易见的事实。你可以称之为神，或者你是一位无神论者，但是你无法否认存在着某种才智正运行于宇宙中。人类自身也是这种发展变化和宇宙秩序的一部分。这意味着我们的身体也是宇宙秩序的一部分，正如树木、所有的动物与飞鸟以及存在于周遭的所有生命。那么我不禁自问，如果我只是某种生命形式，那么对一棵树而言什么是全然地活着呢？或者这个问题只有人类才会面对呢？既然无人知道所有生命的终极目标，那么即便确有终极目标，我也会将之当作开放性问题看待。只要环顾四周，就会看到所有生命都源于一粒种子，然后依据作为宇宙秩序一部分的规则发展。并且所有生命都经历过婴儿期，然后是青年、老年直至最后死亡。这是包括人类在内的所有生命的真实状况。

那么，全然地活着就意味着精力充沛、充满热情地活着，与宇宙秩序协调一致吗？想一想，当一棵树被恰当地施肥，获得充足的阳光，能够自由生长，躲过所有的风暴摧残，那么它就是健康的、完整的，并且都能够开出美丽的花朵。你是否同意，对那棵树而言，这似乎就是全然地活着——以自然赋予的方式活着，让花朵尽情绽放，顺应着宇宙的秩序？对那棵树而言，这似乎就是全然地活着。

我们非常清楚，对一棵树而言，让花朵尽情绽放意味着什么。

我们喜欢看着一棵鲜花盛开的树，对我们而言，看到一棵开满鲜花的树是无比愉悦和快乐非凡的。同样，看到一只狗、一只老虎或者一匹骏马，健康强壮、精神饱满、疾速奔跑，充满生命力的样子也是如此。这似乎就是生命的目的所在。我们不知道整件事情是否存在任何终极目标——是否人类的恰好缺席会带给万千星辰与整个宇宙任何不同的变化。认为整个宇宙存在的目的就是促成人类出现的想法或许有些自以为是。这也让我扪心自问："对人类个体而言，绽放又意味着什么呢？"我们或许能够了解一棵繁花怒放的树木或一匹活力四射的骏马，虽然我们所了解的或许并不非常准确，但大致能有粗略概念。但对人类个体而言，绽放又意味着什么呢？或许对我们而言，绽放也能意味着全然地活着。

对人类而言不仅只有身体，还有意识的整体发展。身体层面的尽情绽放与一棵树或一只动物没有太大的不同。如果能摄入恰当的营养成分，适当参加锻炼，得到保护而免受疾病、损伤或意外的伤害，那么身体就能保持健康强壮并充满活力。当然这只是全然活着的一部分。对人类而言不能止步于此。那么意识层面的盛放又是何意呢？如果意识无法盛放，身体就无法保持健康强壮并充满活力，意识与身体是紧密关联且无法分离的。因此这不禁让我想要对这个根本性问题展开探究，我们必须质疑：人类意识层面的绽放究竟指的是什么？与人类生命相伴而生的真正健康的意识又是什么呢？人类意识也是作为宇宙秩序的一部分而存在的。人类思考、记忆与想象的能力在孩童时期就已经存在。正如这些能力是进化过程的一部分一样，它们也必定是宇宙秩序的一部分。动物在非常小的程度上拥有这些能力，而人类在这方面的能力要强得多。这些能力作为宇宙秩序的一部分在其发展过程中在人类身上得以展现。

那么我不禁自问：自我也是宇宙秩序的一部分吗？因为自我是想象力的产物，而想象力也是宇宙秩序的一部分。动物似乎缺失了大部分的自我。树木根本就无从谈起自我之事，但人类并非如此。我们已经看到人类意识中的自我过程是所有分裂、暴力、冲突、仇恨以及生活混乱失序的根源。那么对人类而言，正确地活着，全然地活着，意味着什么呢？如果我们说自我也是宇宙秩序的一部分，那么就无从躲避。因此就像我的手、我的胃、我的消化过程、我的血液循环，这些全是宇宙秩序的一部分。这些事情的发生不由我支配。自我也是如此吗？它也是我们无法躲避的一部分，就像身体内的器官吗？或者，自我是想象力的产物吗？当然，我所能想象的一切并非真实的部分，而我的身体是真实的一部分。我能记忆，我有思考能力，我有想象力，这些都是事实——所有这些都是真实的。但是，我所想象的一切都是事实吗？难道看起来不是如此吗？因为我可以想象出虚幻的鬼怪和各种童话故事，它们并非自然的一部分。它们只存在于我们的想象中。我们还有客观思考的能力：为我们的旅程制订计划，决定如何去某处，设计一座建筑，然后采取必需的步骤来修建它，等等。我们熟悉于这些活动，那些全是真实的思考。但我们也有思考一些不存在于自然界的完全虚幻事物的能力，那么这就不是宇宙秩序的一部分。

那么，自我是像这座房子或者那棵树那样客观存在的某种事物，或者是只存在于自己想象中的幻象呢？这是所有探询者都曾经问过的意义深刻的问题，甚至在数千年之前。最近几年，大脑科学家们已经对此进行过测试。他们现在已经有能力在大脑中对与人类情感相对应的特定区域进行定位。如果感觉害怕，如果感受到性欲，大脑中相应的活跃部位就能被精确地检测到。当我们出现了特定的情感反应，那些被激活的神经元也能够被科学家用影像进行捕捉。但他们发现大脑中并没有这样一个与自我相对应的区域。他们现在已经通过科学手段证实，佛陀通过对自我意识进行探索所发现的真相：不存在所谓的思想者，那只是某个虚幻的存在物。而且这个虚幻的存在物就是所有失序的根源。一旦它被建立起来，那么心灵、整个思维过程以及想象和记忆能力——所有这些就像"我"和"我的"私人律师那样开始运作。于是作为宇宙秩序一部分的思维过程，现在却限于为"我"和"我的"辩护而限于对其加以扩展，并为其培养能量。分裂就这样开始了，它不再完整，发生分裂而变得碎片化。因此这就不是全然地活着。我们环顾四周，所看到的都是这样的结果。其心理根源就是自己，或者叫自我。如果你去观察就不难发现，正是由于自我的存在，人类所接触到任何事物都会变得错综复杂。复杂就来源于分裂，而分裂则来源于自我。

任何领域的情况都是如此。举个简单的金钱的例子，人类发明它只是为了交易的便利，否则我们不得不带着所有的货物进行市场交易。我给你一枚硬币或一张纸后，你就可以随时回来带走你想要的东西。这就是金钱存在的意义。人类的这个简单发明已经演变成为现在的经济结构，伴随其出现的还有股票市场、利率、投资和国际经济领域的竞争。没有人知道现在发生了什么以及为什么会这样发生。一切已经变得如此复杂，因为人类的整个心理已经完全沉浸其中，沉浸于金钱当中。现在金钱在驱使着人类，而不再是人类在使用金钱。你可以看到这样的情景：我们出版能够赚钱的书刊，我们做可以赚钱的工作，等等。于是，我们发明的简单事物现在反过来控制着我们，决定着我们能看到什么，决定着我们的孩子们必须变成什么模样，等等。

只要依附于"我"和"我的"，我们的关注力就会受限于"我"和"我的"，无论是当前的"我"和"我的"，或者是扩展后诸如国家之类的"我"和"我的"，因为没有关注整体就都不是全然的。当关注的对象并非整体时，错误就难以避免，因为全人类都是整体的一部分。如果某个事物对全世界不利，如何能对人类有益呢？但是人类的思维已经分裂了。每个人都在考虑自己，因此也在为自身制造全面的混乱。于是人类把自己带到灾难的边缘。每个试图在自己所属的群体内获取全面安全感的人正在给整个人类带来灾难。

你可以亲眼看见遍布世界各地但缘由相同的生态失衡现象。每个国家为了自身经济利益而贪婪地肆意开发自然资源，以及为了首先获得利益而展开的国家间竞争已经制造了所有的生态问题，这一切都是以实现"我"和"我的"的所谓"发展进步"为目的的。我们从来不从整体角度思考。商人经营工厂时，他想到的只是工厂的利益，如何让产量增加，如何获得最大利益。他根本不考虑由此带来的环境污染，以及如何影响到他人。他说这是政府的工作，不是他所关心的。所以我们有专业分工，我们彼此分裂，并且说"我的责任只有这些"。每个人都在辩解"我为自己负责"，但从整体角度这样做并无益处。如果臭氧层被耗尽，如果因为我们在空气中排放越来越多的二氧化碳而造成全球变暖，这对我们任何人而言都非常不利，但没有人会从整体角度思考。因此这并非全然地活着。

源头显然全在于自我的过程，也就是自己。如果这一切得不到解决，你还会为所欲为，那么全然地活着几乎就如痴人说梦一般。无论是在健身领域或者运动场地——人们伸手能触及的一切事物都会转变成荣誉，变成某种更为复杂的状态。运动不再是乐趣，不再有玩耍的快乐——仿佛就像在某场战争中取胜。如果施特菲·格拉芙赢了莫妮卡·塞莱斯，那是德国战胜了南斯拉夫，不再是某个特别的日子，一位女孩比另一位女孩球技更胜一筹，这才是事实。然而这个事实被吹嘘成一群人的胜利幻象。这个幻象的根源就是自我。如果不触及根源，你可以做任何表面上喜欢的事情，取得任何的科学进步，自我也将利用科学技术制造更具破坏性的炸弹。无论我们接触什么，金钱也好，科学也罢，即便是性，都被自我复杂化了。因此，分裂的根源以及全然活着的最大障碍就是自我。

因此，重要的是自己去了解动机是否有可能不以自我为中心。我们已经假定人类只能被以自我为中心的贪婪行为所激发——如果不是野心勃勃，我们将无所事事。我们还假定个人的成功、获得奖赏的欲望以及来自其他人的认同是工作的目标。每个人都必须对所有这些加以质疑。这是真实的吗？或者因为我们如此假定就变成真实的了吗？如果没有个人欲望要实现，没有自身更多的欲望需要追求，我只能昏睡不醒，没有活力了吗？我就将停滞不前了吗？或者我们内在存在着某种并非源于自我利益的能量吗？克里希那穆提说，当自我消失时，存在的只有爱。这意味着所有这些自我中心的活动，无论看起来多么有益——无论是修建医院，还是建造最美的花园——如果以自我为中心去做，那么实施这些所谓高尚行为的同时，就是在传播分裂。

因此，问题不仅在于你所构建之物的结果好坏与否，如何去做也同样重要。我们不反对高尚的事业，也不是说不该修建医院，或者不该做社会工作——这些事情都无可非议——我们是说，如果你做这些是想要得到地位，想要获得权力，想要取得认可，那么你所做的一切最终都将变成灰烬而毫无意义。反过来，如果你做这些是出于喜爱——不是为自己寻求什么——那么同样的行为就有着全然不同的意义，因为那样的行动不是以自我为中心的，也不会陷入分裂状态。问题不在于某人所做的行为——无论是科学研究、研读小说，或者写一本书——关键就在其动机。将画画视作终生所爱的画家是有创造力的，但他无须成为最好的画家——或许最好的画家是完全利己主义的，因此也就毫无创造力可言。他或许为了获得名利、声誉而作画，但他的作品是没有创造性的。

那么，每个人都必须去发现是否可能存在一种并非源于自我的能量，如果你愿意，也可以称之为爱的能量。那样需要意识盛开美德之花，这大概也就是意识绽放的含义，就像树上开满了鲜花。美德能在意识中开花吗？不是你将美德带进意识——你不能将它带入，正如你不能让树开花。美德开花意味着必须自然地、自发地、毫不费力地盛开，它是作为领悟的副产品出现。然而领悟并非静止不动。如果我们保持心灵开放，不断处于观察与了解中，那么领悟就不是静止的，美德就是这种领悟的副产品，它也是明辨是非的自我了解的副产品。

智慧与知识有天壤之别。我曾经读过一首与此有关的小诗。诗中这样写道：

智慧与知识，有天壤之别，

又常常毫无瓜葛。

知识住在头脑中，那里满是他人的想法；

而智慧，在那些自我关注的人中。

知识骄傲于它知道的如此之多；

智慧谦虚于它认为自己一无所知。

　　智慧是如何产生的呢？知识的积累有法可循。你可以参加课程，可以上大学，或者可以自己在图书馆阅读书籍。但是智慧如何才能降临人类的心灵呢？没有智慧，就没有美德。没有智慧，就没有意识的绽放。没有智慧，也就没有全然而活。我想这就是克里希那穆提之所以强调，教育重要的不仅是向孩子传授世界知识，而是帮助他们实现自我了解。自我了解是对自己的所有理解，对真理的质询来自对问题的探索，而非接受答案。寻求答案是学者涉足的领域。满足于找寻对爱的美好定义，或者一首关于爱的诗篇，并不能与爱本身迎面相遇。

　　在我看来，只要不能直面这个问题，只要不能自行质询和了解，并弄清日常生活中何为全然而活，我们就永远不能解决社会出现的问题，因为社会结构正是由那些并非全然活着的人建构的。如果我们的意识不是整体的，它就无法介入其他被认为是全然的活动中。你可以有其他的举动，可以将更多部分集合在一起，但从事工作的意识也是工作的一部分，它无法独立于工作之外。如果这个意识是分裂的，是破碎的，那么整件事情就是分裂的，破碎的。目前，我们的社会所立足的整个结构开始于分裂的假定，开始于每个人都是自我主义者，并且能让自我为我所用的假定。我们确实可以开始于自我主张，也确实可以通过给予奖励，通过惩罚恐吓来利用每个人的自我。当我们提到秩序时，那只是外在的秩序，而内在的秩序被忽视了，因为内在秩序必须摆脱恐惧的束缚。因此我们的思维，我们给予秩序、宗教、民主的定义，无疑全都受到狭隘视野的影响，而狭隘的视野就源于无法融为整体的，来自碎片化的视角。

无知的人并非没有知识，而是对自己不了解，当被知识武装的人依赖书本和知识，并依赖权威给予他解答时，他就是糊涂的。

　　　　　　　　　　——克里希那穆提，《教育和生活的意义》，第十七页

第二十三章

21世纪的正确教育

1997年7月22—27日瑞典乌普萨拉大学第二十九届国际蒙台梭利大会上的讲话。

引　言

时间即将进入20世纪末，是时候对我们在教育领域的成就和失败之处加以盘点和评价，从而确定是否需要在21世纪继续坚持同样的方向，或者采取不同的行动。考虑到这个问题，我想对全球环境加以探索，不侧重于任何特定国家；我也想赋予"教育"这个词语更为广泛的含义，以期覆盖将下一代的孩子们抚养长大进入成年的全部过程，而不仅限于学校课堂上所展现的那些。每个孩子所生长的整个环境应该肩负起教育的责任，他或她身边的父母、老师与社会对这个环境具有同等重要的决定作用。所有这一切，甚至更多的情况决定了人类所制造的个体种类，进而决定了我们生活其间的社会状态。

牢记个人与社会的关系至关重要。如果人类制造的每个个体都以自我为中心、好勇斗狠、野心勃勃、贪得无厌且争强好胜，任何人都无法将他们组织起来建立一个没有暴力、和平安宁、友好合作且和谐共处的社会。因此教育是社会变化的主要动力，因为它决定着人类制造的个体种类。政府组织、立法机关和执法机构只能用来控制个体但无法对其加以改变。因此，教育的主要责任是带来真正意义上的社会变革，而不只是生产训练有素的个体。是否能制造出良好的地球公民成为今天检验教育正确与否的标准。

最近一个世纪以来，我们的生活方式发生了彻底的改变，这种改变可以追溯为我们在教育领域所取得的成就。20 世纪初，遍及全球的整个人类社会都受困于自然灾害、饥荒、流行病、交通不畅、通信不足、健康保护措施缺乏和农业歉收等严重问题。正是教育体系帮助人类摆脱了所有这些困境，发展形成了社会转变所必需的知识与力量，带来了我们今天生活其间的现代社会。世界上部分地区可能还在为这些变革而奋斗，但至少人们已经知道该从何处着手。20 世纪人类在工程、医学、农业、交通、电信和电力领域所做出的伟大进步，全是教育成就带来的结果，因此也有理由为自己所取得的成就而自豪。然而，人类社会目前所面临的问题却截然不同，我们需要澄清目前的问题能否遵循以往的方式来解决，也就是通过更多的知识积累、更好的组织形式、更加迅捷的效率和更加强大的控制措施而得以化解。如果这样，那么我们将坚持同样的方向。如果不是，那么就必须认真思考，21世纪我们是否需要开拓完全不同的教育视野。为了探究这个问题，在此我将头脑中闪现的人类今天所面临的主要挑战——列出。

当今世界的主要挑战

（1）集体主义/分裂

我们今天面临的最大问题或许就是人以群分的事实——种族群体、国家群体、宗教群体、语言群体、经济群体、政治群体与专业群体——每个个体都认同于他或者她自己的群体，感觉其他群体像是竞争对手，并且只关心某个特定群体的安全与发展。这些群体反过来却意欲互相利用、互相欺骗，甚至在战争中互相摧毁。这是造成今天世界不安全状态的最大原因。并且要为我们今天看到的大多数以战争、恐怖主义、暴乱和交战形式出现的暴力负责。这种弊端严重折磨着今天世界大多数受过高等教育的进步人士，以及那些目不识丁的落后分子。其原因也是有目共睹的。每个个体都认同于他/她所诞生的某个特定家庭、国家、宗教与文化。他/她也被教导要以此为荣，并誓死捍卫自己的道路。然后每个个体在心智层面就像为"我"和"我的"辩护而攻击"他者"的律师那般运作起来。他/她在对各自所属群体的认同中感觉到安全，但正是认同本身制造了当今世界最不安全的事实。

（2）科技释放的能量

人类与战争和敌对状态相伴而生了数千年，却因为科技置于我们手上的巨大能量而再也无法承受。在我们与弓箭、刀枪共处的年代，彼此的仇恨可以仅以牺牲某些人性命的方式来展现。然而今天，原子弹与核弹在手的我们可以在几分钟内大肆毁灭整个国家，战争也不再限于某个区域之内了。自从人类面临核战争带来自我消灭的危险后，问题的紧迫性也与日俱增。因此如何解决这个问题已经刻不容缓。人类历史从来就充满战争的锋芒，如果现在对此没有了解，那每个人即将投入自我毁灭的最后激战中。

（3）环境灾难

我们今天面临的另一个主要问题是持续出现在报纸与杂志上的环境灾难：臭氧层的损耗、全球变暖、工业污染、滥伐森林、水土流失、核裂变以及人口过多问题。其中大部分问题产生的根源就在于近一个世纪以来人类开发利用自然的态度，将大自然视为可利用的资源就意味着，人类的开发行为是从自身利益出发的。随着科学技术的发展以及必然到来的工业化进程，世界上不同国家之间必然出现竞争态势，都希望成为国际化市场中首先获取利益者，并且不惜一切代价为自己的国家谋取经济发展。动物不再被视为同样拥有生命的伙伴，而只是肉类工业的原料。高山流水也被当作开发利用的对象，目的就是为了制造电力能源或者开发旅游市场。孩子们甚至也被视为家庭的"财富"。大自然被人类想当然地视为可被利用的某种事物，人类自然也成为世界的主宰。但我们真的能主宰整个世界吗？世界是为我们所创造的吗？或者说，我们只是世界的一部分，就像其他每件事物一样，我们是否应该与世界其他所有部分和谐共处，将它们当作朋友而不是资源呢？几千年以来，人类就是以这种方式与大自然息息相关的，但就在最近一个世纪，我们的态度悄悄发生了改变，除非这种转变没有发生，否则我们将面临越来越多的环境灾难。我们可能会制造出性能更优良的电脑和时速更快的飞机，但与此同时，污浊的空气以及由于失衡引起的新疾病将让人类生无可恋。

（4）专政

人类面临的另一个大问题是世界上大多数政府，尤其是第三世界国家，仍然在实施独裁体制的事实——军事独裁、政治独裁、宗教独裁以及披着民主外衣的独裁等等。只有为数极少的几个国家拥有真正的民主，实现了言论自由和政治自由，人们可以自由地成长，自由地依据自己的信念提问、思考和书写。独裁统治镇压异议，他们规定人们思考什么、什么可以做以及什么不可以做。20世纪最大的罪行就是独裁统治所犯下的。独裁专政的基础就是强者对弱者的剥削利用。只要相信强权就意味着强者对弱者的欺凌，人们就仍然会接受所谓正确的丛林法则。人们既能够在两个国家之间，也能够在某个国家内部看到，权力作为剥削他人的方式被野蛮使用。人人皆知权力腐蚀人心，绝对的权力则绝对会腐蚀人心。但权力本身并不是滋长邪恶的巢穴，而只是某种处世能力的体现。是什么驱使权力去剥削与欺凌弱小而不是对他们加以保护和帮助呢？除非人类能够改变其与权力的关系，否则它依然会被用来制造破坏和霸权。因此教育本身必须将其关注中心转向对恰当使用权力的培养，那也就是民主主义的精髓所在。

（5）家庭的破裂

婚姻与家庭部分建构于规范合法的性行为，但更为重要的是能够保证为下一代的成长肩负责任。人类孩童正如其他哺乳动物那样需要得到照顾，受到保护，并在帮助下学习，而且为期不止数天或者数月，而是长达二十年，因为这涉及心理、情感和灵性成长的整个新面向。没有比孩子在一个家庭由一对父母抚养更有保障的方法。当一个男人和一个女人结合并生育了一个孩子，他们就要分别承担起各自的责任。然而在当今的现代社会中，男人与女人之间的合作关系却崩溃了，在一些富裕社会中离婚率已经高达百分之六十。在合作关系的崩溃过程中承受最大痛苦的受害者就是孩子，因此青少年犯罪现象也在增长。显而易见，我们没有以正确的方式面对生活，必须要再次思考究竟哪里犯了错。

（6）健康水平下降

尽管全世界人民都受益于保健措施的所有进步，但似乎无法摆脱由于肥胖、糖尿病、心脏病、过敏、呼吸疾病等带来的诸多健康问题引起的烦恼，而且所有这些健康问题也因为现代生活的压力而趋于严重。或许我们会活得更长久，但值得怀疑的是我们是否比祖先更加健康。化学物质在农业生产过程中不加克制的大规模使用、空气和水源的污染、毒品泛滥，以及现代生活的压力都加速和滋长了健康问题，从而对医生产生更强的依赖。当我们越来越脱离自然时，现代生活的品质也就快速下降。

（7）社会的怠惰

当然，最后提及的问题并非最不重要，那就是社会出现不断自我复制的倾向。偏见与幻象倾向于从一代到下一代不断持续，而与之相关的问题也是如此。如果犹太人教导孩子要视阿拉伯人为敌，而阿拉伯人在教导孩子时也反唇相讥，那么年轻一代在成长过程中就必然与深植于他们心中的仇恨相伴。于是老一代的偏见就在年轻一代的心中延续，仇恨当然也就这样代代相传。那么，这一切如何才能终结呢？天主教徒与新教徒，或者印度教徒与穆斯林之间的情形莫不如此。

只要孩子们被教育要遵照和顺从长辈所说的一切，那么仇恨将永远不会消失。因此，人类必须制造热爱探究的好奇心智，对所被告知的一切充满质疑，能够意识到许多偏见需要被探究与放下，并愿意承担自行发现何为真相的任务。这种对自身观念产生怀疑，并对是非对错进行分辨的过程就是智慧的觉醒。孩子们的智慧并不适合由长者来唤醒，因为智慧可能就开始于对长者的质疑，质疑他们的价值观与生活方式。但对不同意见的鼓励与尊重是必不可少的，如果我们不想创造出一个毫无活力的、被陈腐陋习牢牢控制的僵死社会。今天的社会充斥着太多的怠惰，改变的唯一方式就是创造一颗不仅对科学问题产生怀疑，而且对社会、道德与宗教问题也充满好奇的心灵。换句话说就是一颗能智慧地对待生活整体，而不止于某个面向的心灵。

教育的作用

如果在发展与进步如此令人惊叹的世纪之末，面临着如此众多的问题，我们是否应该停下脚步，问问自己到底做错了什么？为什么我们面前出现的问题会如此之多且如此棘手呢？尽管我们已经积累了如此广博的知识，创造了如此强大的能量／能力，变得如此"聪慧过人"。我们需要更强有力的控制手段还是从此改变方向呢？传播更多如我们一直在传授的同样的教育能够解决这些问题吗？我们仍然需要性能更好的电脑、时速更快的飞机、更加丰富的物品、更加广博的知识和更快速迅捷的效率来解决上述问题吗？如果答案是否定的，难道我们不应该重新审视当前教育的优先顺序，并质疑迄今为止一直为之努力奋斗的愿望吗？

现代教育的愿景

我们今天的教育有什么愿望呢？我们要制造怎样的人类？或许教育的目标因为不同国家而有些许不同，但从本质而言整个世界的教育目的就是培养聪慧过人、知识渊博、刻苦努力、高效自律、活泼机灵、成就卓越并有望成为引领其坚持不懈付出努力的某个领域的人才。或许有人会以最为谦卑的态度指出，阿道夫·希特勒就拥有上述所有这些品质，然而大多数人将他视为20世纪最邪恶的人。他唯一缺乏的就是爱与慈悲。那么就此而言，我们当前的教育有什么手段能够防止制造希特勒或者类似的小希特勒呢？

大屠杀或许是这个世纪最大的罪恶，而且如此的滔天罪行就发生在拥有全世界最好的科学、艺术、音乐与文化的国家，那也正是我们今天的教育旨在通过谆谆教诲而达成的目标。那么今天的教育又有什么措施能够防止这样的大屠杀再次出现呢？我们实际上几乎就置身于一场范围更广的大屠杀边缘，这场大屠杀可能会让整个人类因为一场核战争而从地球表面消失。现在的教育从本质上制造出越来越强大的武器，但是上帝与恶魔（正如我们所构想的那样）都无比强大。我们能够确信制造出来的武器将以上帝的方式，而不以恶魔的方式被使用吗？如果不能，那么就是对制造武器不负责任。

人类今天面临的主要挑战不能归因于教育的缺乏。造成这一切的不是来自亚洲或非洲的文盲村民，而是受过高等教育的专业头脑——律师、企业管理人员、科学家、经济学家、军事指挥人员以及外交家等等——也就是那些谋划和运营政府、组织和企业的人。那么我们必须审视教育所传授的知识之种类而非数量。通过审视你不难发现，我们正在培养的是发展失衡的人类：他们非常高端，非常聪明，在智力层面能力非凡，但在生活其他方面却几乎幼稚可笑。那些能够把人类送上月球的顶级科学家与工程师对待他们的配偶或邻居时却可能表现得野蛮而残暴，对宇宙运行方式了如指掌的人却几乎无法理解自己或者他们的生活。

个体的片面性发展正是我们今天面临的所有问题的元凶。作为一名教育工作者，我们必须承认在传授知识的同时，揭示或唤醒智慧并正确加以利用也是义不容辞的责任。然而，我们今天的教育对这个责任未能给予应有的严正关注。

自我的角色

社会失序就是人类意识失序的投射，所以教育必须对如何终结人类意识的失序加以关注。而意识失序的主要原因就是存在于人类意识的自我过程。自我除了人类意识外，在大自然中无处藏身。自我就产生于将自我利益作为生命的主要动机与驱动力的控制活动中。以下图表展示了自我在人类存在与生命中产生的灾难性后果。

爱 + 自我 = 依附，占有
愿望 + 自我 = 欲望，痴迷，贪爱
权力 + 自我 = 统治，剥削
性 + 自我 = 色欲，淫秽作品，强奸
友谊 + 自我 = 支持，依赖，协议
才能 + 自我 = 骄傲，虚荣，优越
谦逊 + 自我 = 自卑，奴性，盲从
优秀 + 自我 = 竞争，较量
群体 + 自我 = 分裂，民族主义，极端主义
思想 + 自我 = 担忧，恐惧，焦虑
愉快 + 自我 = 习惯，上瘾，无聊
需要 + 自我 = 贪婪，妒忌

第一列涵盖了人类拥有的所有能力，但与自我叠加后，结果反而变为造成人类意识失序的罪行，这种失序随之也体现在人与人的关系中。因此教育要避免促进孩子身上自我的发展就变得十分迫切。随之而来的是教育不得将恐惧、奖励、惩罚与竞争用作让孩子们完

成教学任务的动机，因为这些也是促进孩子自我发展的因素。必须将内含于生命所有面向的快乐或美好作为主要动机，从而引导孩子身上敏感性的发展。教育的目的就是通过向他／她揭示生命各个面向的美，以帮助孩子们发展出这样的敏感性。

不同的教育愿景

请将我们所讨论的一切铭记在心。我们该如何为 21 世纪的到来调整教育愿景呢？我们旨在培养怎样的心灵呢？我们意欲谆谆教诲的又是什么价值观呢？不同国家的对策应该各不相同，不同的文化背景或许也会产生自己独特的应对方式，但大致的轮廓可以说明如下。

（1）让心灵放眼全球，而不只立足于某个民族

我们都是同一个世界的公民，并将地球作为共同的居所来分享。今天世界的任一部分受到的影响都将涉及我们所有人。所以我们的心灵必须感受到整个世界，而不只是某个国家。我们是世界的一部分，也是人类的一分子，如果我们能通过民主的手段审判解决某个国家的问题，难道就不能同样正确地处理国家之间的问题吗？如果我们的心灵放眼全球而确实放弃"强权就是正义"的信念，那么军队和战争就不再存在。那就是我们必须在 21 世纪实现的未来。我们可以立足本地解决问题，但重要的是用全球化的理解视角去做。

（2）强调人类的发展，而不仅是经济

教育绝不能将孩子视为国家取得经济进步的原料，而必须把关注人类每个个体的全方位发展本身放在首要位置——身体、智力、情感和灵性层面——于是作为整体一部分的他或她富有创造性且无比快乐地生活着。人类或许在能力方面各有短长，但并不存在不平等，更没有优越与低下之别。他们都必须得到尊重而无须以能力为前提。善良的价值永远要高于效率。

（3）鼓励带着疑问去探究，而不是确信无疑

对成年人而言，做到这一点或许有些不合时宜，但孩子们带着问题而非答案成长确实相当重要。每个年龄阶段遇到的问题自然各不相同，但探究和自学的能力，与对他人所告知的一切不加质疑地遵守和追随相比，显得尤为重要。随之而来的就是在我们与孩子的关系中清除一切恐惧，因为恐惧会扼杀好奇心与主动性。孩子必须有犯错误的自由，并以错误为师，不必害怕遭到成年人的训斥。于是，这样的心灵富有理性且灵活机动，摆脱了所有教条的束缚，敞开自己去迎接所有的变化，不会失去理性地依附于某个观念或信条。这也意味着包括民族主义在内的任何信念都停止传播。"我们的国家是最美好的国家，我们的文化是最优秀的文化"是无稽之谈——这是宣传口号，它造成了人类的分裂。

（4）培养相互的合作，而非彼此的竞争

现在世界上对诸如名誉与声望等个人成就的强调显得缺乏理性和自我本位。全体人类都是彼此关联与相互依赖的，能够单独和孤立达成的任何事物很少具有真正的意义。团队工作状态以及与他人和谐工作的能力比个人成就更为重要。合作是民主的本质。工作不

是为了个人的收获或奖励，而是为了整个群体的利益，伴随其中的是热爱而非傲慢自大。重要的是每个人各尽其能，并非比其他人表现更好。我们是朋友、兄弟和姐妹，而不是竞争对手。如果我的兄弟喜从天降，我会为他由衷高兴，绝对没有理由感觉失落。今天，我们对孩子们相互竞争的鼓励与怂恿必将导致嫉妒、羡慕和傲慢的滋长。这在人与人之间种下了分裂的种子，从而摧毁了爱与友谊。罪恶因此而产生。我们赋予世界杯与奥运会比赛金牌的重要性是基于宣传与幻象。对人类而言，能比其他所有人跳得高一毫米真的有那么重要吗？"谁赢了？"这个问题有失偏颇，更为重要的问题应该是"他们享受比赛了吗？"。

（5）创造一颗不断领悟而非贪婪的心灵

智慧的觉醒远比记忆的培养重要得多，日常生活与学术研究中情况无不如此。即便我们不断给孩子灌输信息，也只能增加他的知识，但是智慧却是自我领悟的能力。能够被教导传授的事物都是极为有限的，但领悟之路却没有尽头。生活中最伟大的事物往往无法被教导和传授，但却能够被领悟。爱、尊重、美和友谊的感觉不能被教导，但是它们就像敏感性那样能被唤醒，因此也是智慧最为本质的部分。自行明辨是非的能力也是智慧。创造一颗不轻而易举地接受或反对某个意见或观点的心灵显得尤为重要，所以伴随我们一生的问题应该是"这是真的吗？"。

（6）创造真正意义上既有科学性又有宗教性的心灵

作为人类，我们非常不幸地将科学探究与宗教探究区别开来，并且整个教育过程只关注于前者。两大探究其实具有互补性，其中一个旨在发现展现为物质、能量、空间与时间的外部世界的秩序，另一个探究则存在于人类意识世界中的内在秩序（平静、和谐与美德）。将宗教等同于信仰的错误对待方式已经让我们把科学与宗教带进敌对状态。事实上此两者是从相互补充的两个方面对同一真相展开的探究，而这个真相是由物质与意识共同组成的唯一实相。

纯粹意义上理性、科学且仅凭理智行事的心灵可能极其残忍，缺乏爱与慈悲。而只表现出宗教特性的狭义心灵可能过于情绪化、多愁善感和迷信，因此显得神经过敏。因此我们必须要创造同时兼具科学性与宗教性的心灵——那样的心灵喜欢追根究底、精确严谨、善于推理且心怀质疑，但同时又能感受到美、充满好奇、善于审美、多愁善感、富有人性且能意识到理智的局限性。情感与智能之间缺乏不可或缺的平衡，心灵就没有真正受到教育。理解自己（自我了解）与理解世界一样重要。没有对人类与自然、思想、同胞和社会关系的深刻理解，没有对所有生命的深切尊重，就没有真正的教育。

（7）生活的艺术

教育本身必须专注于富有创造性地生活的艺术，其远比我们现在所教授的绘画、音乐或舞蹈等特定艺术更为广泛。我们一直用生活水准来评价生活品质，国民生产总值（GDP）或者人均收入往往都成为衡量标准。但我们生活的品质只取决于所居住的房屋、所驾驶的车辆、所享用的食物或者所穿着衣物的品质吗？难道心灵的品质不是影响我们生活品质的更为重要的因素吗？始终处于担心、无聊、嫉妒或沮丧状态的心灵不可能引领高品质的生活。

当教育的目的不只立足于经济增长，而是促进个体发展时，我们必须将个人的整体快乐作为关注焦点，其中身体层面的健康与舒适是必不可少的，但却是占比很小的一部分。而更为重要的是快乐工作的能力，完全无须与他人进行比较。如果一个人缺乏敏感性，就会一直感觉无聊，以致为逃离无聊而不停追寻快乐。整个娱乐产业就是在利用人类的无聊。当我们教导孩子们为了获得奖励，而非为了愉悦感去工作时，就是在教他们将工作与快乐分开。这样的心灵只在获得奖励时才有活力，否则就生活在无聊之中。生活的艺术是由从事的每个活动所带来的点滴享受汇聚而成，相比而言活动的结果就显得微不足道。于是，人们可以富有创造性地投入工作中，其中起关键作用的就是个体的敏感而非野心。

生活的艺术所涉及的或许远远不止这里所提及的。而且每个人都无法像学习数学公式那样对其加以领悟。它伴随每个人对自己与生活的领悟而来。因此我们必须帮助学生获得这样的领悟。美德是人类意识领域的良善之花，也伴随自我了解而来。它无法像某项技巧那样可以通过机械练习来获得。

（8）全部能力的整合发展

当前的教育是培育专业人士的沃土。当然，一定数量的专业技术人才是必不可少的，但我们首先是人，然后才是工程师、医生、律师、艺术家与农学家。因此，专业化发展绝不能以对作为人全然活着意味着什么的领悟为代价来获得。

人类意识有许多功能（能力），我尝试着将通常用来对其加以描述的词语进行分组，从而形成以下四类。这些词语许多彼此重合，但在我看来，同一类别的词语有共同的起源，只是在本质上不同于其他类别。

人类意识的功能

固有的：感知，意识，观察，注意。

基于思想的：知识，记忆，想象，理性，分析，批评，科学，数学，语言，专注，（思维的）智力，愿望。

基于感觉的：快乐，美，好奇心，美感，幽默，艺术，音乐，诗，文学，同情的爱，爱情，同情，友谊，执着，欲望，恐惧，仇恨，嫉妒，愤怒，暴力。

超越思想和感觉的：直觉，内观，愿景，智慧，沉默，冥想，平静，和谐，理解，（不是思维的）智慧。

上面所列举的词语并不全面，还有其他很多词语可以添加其中。而且分类情况也是如此，因为思想、感觉和观察三者同时在我们的意识中运行且也相互影响。因此分类的目的只是为了便于讨论。现在的教育很大程度上强调的是基于思想的能力，而对基于感觉能力的培养只限于某种程度。但从个体全面发展的角度来看，更为重要的是对上述能力的深刻领悟，并实现其平衡发展。这也意味着无须为了培养某一种而必须损害或破坏另外一种。同时也意味着不能用恐吓与惩罚的方式逼迫孩子更加努力地学习，因为这将大大破坏其质疑品质、智慧闪现与首创精神。当然比较与竞争等激励手段也必须被禁止，因为这样会破坏爱并滋生敌对情绪。另外提供奖赏也不可取，因为这样会培养贪婪之心，并丧失敏感性。

那么我们能够用来教导学生好好学习的激励手段是什么呢？我们想要完成的这个任务变得越来越困难。我们面临的挑战就是向孩子们揭示学科之美，从而让教育变成愉快的过程，而不是要以某种方式完成的枯燥任务。如果我们接受这个挑战，就必须去发现让孩子们感觉教育生动有趣的方式。好的学校应该是带给孩子们快乐的地方，而不是达成最佳学术成果的地方。教育的真正责任是向孩子们揭示生活所有面向的美，它就存在于艺术、文学、科学、数学、音乐、游戏、体育、自然与关系中——事实上也就是生命的方方面面。对一棵树而言全然绽放意味着什么，对此我们已经有了合理的解释。但我们认真探究过对人类意识而言何为全然绽放吗？难道教育不正是要帮助我们自己去找到答案吗？

推行这种教育面临的困难

事实上，要推行这种教育存在诸多困难。其中最大的困难就是我们自身并未受过这种正确的教育。因此我们必须杜绝机械性重复自身所知。我们需要自我质疑的方法，而不只去重复老师与父母在我们身上所做的。这就需要我们善于原创，富有智慧，敢于创造，而不只固执己见。我们的心灵受制于古旧的系统与陈年的愿景，因此我们自身就是推陈出新道路之上的障碍！因此必须强烈地意识到这个事实，不要一味想着如何去教，而是学着去摆脱过往的羁绊。

在教育的全新愿景中，我们不但要肩负起传授信息和技巧的责任，而且要唤醒孩子的敏感性与创造性。而后者没有按部就班的现成方法可以遵循。那是无法被决定、实践和达成的事物。然而，如果学校和家庭的氛围恰当，它们就能在孩子身上被唤醒。于是创造恰当氛围就是我们的责任——那是一种与愉快和友情相伴而工作的氛围，每个人在工作中都非常努力但却没有任何个人层面的野心或竞争感；那是一种极度开放、勇于质疑、乐于探究，充斥着共同学习乐趣的氛围。这也意味着我们自己必须以这样的方式生活与工作。训诫在此毫无用武之地。每个孩子观察与学习的对象是他／她周围真实发生的事情，而非教室中讲授的知识。如果发现我们说一套做一套，孩子们也会分毫不差地学习，那就意味着我们最终在教授虚伪！因为孩子们计算出错而惩罚他们的老师，不仅无法教会他们如何计算，反而传递给他／她强者可以主导并惩罚弱者的信息。所以必须非常小心谨慎。我们在推行上述教育方面没有任何捷径。孩子们吸纳和接受他／她所见到的价值观，而非那些口头谈论的。

成年人在心智层面或许比孩子知道得多一些，但面对更为博大的生命主题，面临着与孩子同样的问题与困难——也就是无聊、忧虑、恐惧、习性、冲突、欲望、沮丧和暴力等问题。因此我们更需要与孩子们共同学习，而不仅是对他们进行教导。这就需要我们非常诚实、谦虚、敏感与耐心。这也是我们面临的困难——成为一名愿意接受挑战，但又不寻求驾轻就熟之应对措施的教育者。然而世界上根本不存在这种轻松应对的方式。更为深刻的真相来自一颗沉思的心灵所获的洞察，而这种洞察是其他任何人都无法教导的。任何人采取任何行动都无法创造这种洞察，但是绝对不能以一颗没有时间驻足凝视的野心勃勃且过度活跃的心灵，去阻碍洞察的出现。

结　语

人类已经陷入某种巨大的幻象之中。这种幻象自以为能通过制定法律，通过政治与社会改革，通过科学与技术进步，通过更广博的知识、更巨大的财富、更强大的武器与更严格的操控来解决问题。这些方法或许能够解决某些问题，但那些问题都处于表面而琐碎的层面，而且缓解也只是暂时的。然而正因为采取了这些方法，我们一方面将继续制造全新问题，另一方面在试图解决问题的同时又维持着发展进步的幻象。著名的幽默作家奥格登·纳什曾经写道："一次进步当然值得欣喜，但维持的时间太长了！"对此我们需要认真思索。如果人类不从内在发生转变，那么将很快加入那些不幸生命的清单，它们生存了大约一百万年，然后因为无法自行适应而终遭灭绝。而且，从猿到人的进化过程是否真的就是沿着幸存方向迈出的一步还尚未确定。只有时间能说明一切。幸存需要的不是智力层面的"进步"，而是相互合作、彼此相爱以及与自然和谐共处的能力。蚂蚁比人类生存的时间更长。我们现在需要的不是更多的能力、更高的效率，而是更强的凝聚力、更深的同情心以及彼此分享与共同工作的更大能力。

因此21世纪的教育所关注的绝不能只是"进步"，而是人类意识的内在转变。这一点可谓老生常谈。佛陀、苏格拉底、基督和所有文明中出现的无数古圣先贤很久之前就已经指出了这一点。然而直到现在，我们仍然对圣贤教诲视若无睹，并固执己见地设法以某种方式生存。我们可能再也无法承受这样的后果，因为不可抗拒的核毁灭正向我们走来，如果一切成为事实，人类将消失殆尽。因此对全人类而言，这个问题无比紧迫。

为呈现21世纪正确的教育愿景，我从蒙特梭利夫人以及克里希那穆提的生活与工作中吸取了大量的素材，二者都强调了教育需要面向全人类，而不仅限于智力层面。

出于这一愿景，蒙特梭利夫人在亲自承担这项工作的过程中，发展形成了适用于儿童的特定方法与技巧。但是她所发展的技巧与教材只在老师分享其对生命的看法时才有意义，否则老师可能会利用这些特定教材对孩子们反复灌输而形成竞争感与成就感。如果学校只是采纳和使用了那些技巧和教材，那就算不上真正的蒙特梭利学校。技巧无法创造视野，而是视野创造了技巧。重要的是形成这种生命观，并确实无疑地将这种方式始终如一地贯穿于生活中。除非教育能够帮助学生做到这一点，否则其意义微乎其微。这也意味着人类必须终其一生地处于学习与领悟状态中，并与深刻且本质的问题相伴而生。这样的问题就是，与宇宙秩序和谐而生对人类而言意味着什么？

21世纪需要全人类彻底改变人生观与教育观。

参考文献

1. 斯坦丁：《玛丽亚·蒙特梭利——她的生活与工作》，伦敦：门特欧米茄出版社，1957年。

2. 克里希那穆提：《教育和生活的意义》，伦敦：格兰茨出版公司，1955年。

孩子自然而然的好奇心与学习的欲望从一开始就存在，并且他们毫无疑问应该在智力层面持续得到鼓励，因此能保持活力且没有任何扭曲，并逐渐被引领去学习不同科目。

——克里希那穆提，未来生活的介绍

第二十四章

关于儿童教育的问题

1989 年 11 月 19—21 日在瓦拉纳西，拉吉嘉特举行的克里希那穆提印度基金会教育会议上的讲话。

我被要求就"克里希那穆提学校问题的本质"发表讲话。在我看来这个题目的意思可以转化成"儿童正确教育问题的本质"，因为克里希那穆提坚持所有真实而正确的事物，并且带着开放的心灵通过观察去探究他所坚持的事物，而不为任何偏见所遮蔽。这意味着我们要尽最大的努力，以鲜活、开放的心灵去探询，无论在成长过程中可能搜集了什么信仰、理念与结论，或者从过往经历获得了什么特定的制约。这类似于以第一原则展开探询，正如在《科学》期刊的文字中所表达的那样。在物理和数学中，想要不采用任何公式，没有任何假设，不接受任何先验知识去探究问题时，往往就被认为打算遵循第一原则来探究或解释问题。我们能否重新看待传播正确教育所涉及的主要问题是什么，并且以这种方式来展开探究吗？如果你喜欢，可以称之为克氏方法，也可以称之为正确方法或科学方法，这都没有关系。

摆在我面前的是人类意识以儿童方式展现的斑点，就像一块除了本能之外空无一物的石板，生物层面的遗传因素已经在那里生根，对此我几乎无能为力。在动物与植物世界中，情况或许就只能如此。生物遵循着宇宙特定法则不断发展，整个宇宙与生命现象也依据这个规律自行展现。所有生命都开始于一个单细胞。试想一下，一棵巨大的榕树也开始于一个单细胞，开始于一颗种子。当环境适宜，它就发芽、生长，而与其发展有关的一切已经包含在那颗种子里——它将成为什么种类的树，它将长成多大及其品质如何等诸如此类的信息。你需要做的就是给予它恰当的营养、阳光、水与肥料，它将依循生物和化学法则生长。动物世界的情形或多或少也是如此。但当你站在人类的孩子面前，耳目突然为之一新，他们带着犹如空白石板般的意识来到世间，你可以在上面留下任何痕迹。如果你在俄罗斯抚养他，他将成为俄罗斯人。如果你在美国抚养他，他将带着那里人的某些心理特征长大。你可以将他抚养成为诚挚的天主教徒，你可以将他抚养成为新教徒，你可以将他抚养成为佛教徒、无神论者或者其他什么人。空白石板就是如此。那么我们如何决定在这块石板上写上什么呢？当你养一条狗或一只猫时，不存在这个问题。你需要做的就是找到恰当的食物与环境。你能提供给一条狗或一只猫的训练非常有限，可能没有你的训练，狗或猫反而会更好。然而人类孩子的情况就完全不同。

我认为这是需要肩负的巨大责任。我们如何对待这个孩子的方式将会决定他成为什么样的人。如果他没有得到我们给予的爱、情感与关怀，或许他会成为一个无法体会温暖、情感和爱的人。你如何估量这种匮乏与丧失呢？因此在某个人真正能承担作为一名老师的角色之前，回答这个问题需要无比巨大的责任。因此这是非常严肃的探究过程，其严肃性就在于要以极高的热情与极强的责任感加以审视，就像关注死亡那样热切。如果无法理解这一切，如果以错误的方式对待孩子，那块空白的石板或许就留下了这个孩子倾尽余生都无法抹去的伤痕，这个孩子可能就会心理瘫痪，就像一场事故致使某个人身体残疾一样。那么当某个人承担起教书育人的责任时，就不仅限于智力层面，也不仅限于传授信息，这只是教育真正意义中非常微小的碎片。当某个人承担起将孩子抚养成为一个完整之人的责任时，就必须弄清，你希望孩子如何生活。因为孩子被抚养的方式将决定他的余生。

　　科学家们现在发现这个过程早在孩子生命最初的时刻便已经开始。当孩子来到我们面前，当他走进校园，他随身带的那块白板已经被刻下了许多痕迹。克氏学校所关心的就是，教育孩子过上完整、丰裕和正确的生活。当然我们必须对这些词语加以界定。我们必须自问，高品质的生活意味着什么。我们必须始终告诫自己，要以这样的方式教育孩子，以这样的方式在他的意识中留下痕迹，这样可以帮助他们获得高品质的生活，但不接受任何人对何为高品质生活的任何界定。因此我环顾四周并仔细观察，去寻找高品质生活的真正含义。社会主流观点认为你的财富越多、房子越大、花园越美、汽车越靓，生活品质就越高。那么我不禁自问这一切都是真的吗？衣服的品质、房子的品质与地毯的品质能决定生活的品质吗？无须太多探究就能发现其中明显的限制，也是对生活品质的肤浅定义，其衡量的只是购买快乐与舒适生活的能力。这让我们不得不深思人类为何会落到如此境地。我发现只有拥有正确的心灵品质，才能从生活中获取无限的快乐，这是每个人都可以得到的，而且这种快乐任何市场都无法买到。如友谊之乐、自然之美、感激之情，所有那些所谓简单生活的快乐。如果某人对此敏感，那么就能感受到内在无限的快乐。如果我未能开始了解这些快乐本身的价值，通过越来越大的购买力在无限基础之上增加一点的关键是什么呢？因此我可以确定，这些无法成为界定高品质生活的方式。除非对高品质生活有了界定，否则我不知道在白板（孩子的心灵）上书写什么，如何教育他以及什么才是正确的教育。那么，这也就是让我们关注克氏学校的问题之一。

作为一名科学家，我总是希望能拥有一些方法，至少是想象力。我们能想象出一个能被普遍接受的客观方法，来评估生活品质吗？如果某人生活方式恰当，并且能够幸免于难，那么他就能活到70或80岁。如果每年按三百六十五天计算，相乘汇总可以知道他将在地球上生活两万五千至两万九千多天。没有人真正知道他的存在是否有任何目的，他为什么来又为什么走。没有人知道答案，我不想讨论这个问题，就说说那些可以衡量的因素。在他留存世间的两万多天，如果把他脸上带着微笑入睡、心中唱着歌曲醒来的日子逐一累计，你会接受这种衡量生活品质的方法吗？每个人都非常认真地追寻精神的快乐，毕竟这是人类意识品质的本质所在。

如果你把这些当成衡量生活品质的标准——心中有歌曲、脸上有微笑的日子占他在地球上所有生活时间的比例——以这个衡量标准环顾四周，你将会发现高品质不会受限于任何特定的民族国籍，任何特定的经济阶层，甚至不会受限于高等教育。你会发现目不识丁的小商小贩在人行道上售卖水果时，困了就睡在三轮车上，但却感觉生活非常愉快；你也会发现住在锦绣华屋中的人每日以梅赛德斯代步，但却感觉不快乐。因此我们现在的衡量标准不依赖于环境。我希望孩子能够以这种快乐与环境无关的方式生活。我的意思并非要把这推向荒谬的极端，并询问是否有可能非常快乐地生活在集中营中，我拒绝接受那些极度困苦或贫穷的环境。我理所当然地认为我们学校的孩子不会来自身体承受剧烈痛苦的家庭。我也理所当然地认为每个人都已经得到身体正常生长的基本必需品。我只关注将会在孩子意识的白板上写下些什么。

我们每个人已经降临这个世界，成为自然界的一部分。每个人都必须审视，对人类而言，骄傲自大地以为自己更有智慧并且有能力，强加某种比运行于宇宙中的秩序更完美秩序的想法是否明智。我希望自己抚养的孩子能够与环境和谐共处。其中的环境包括植物、动物、山脉、河流、天空以及整个自然界，当然也包括社会、人及他周遭的一切。然而还需要对所谓的和谐有所界定。和谐只是接受一切事物吗？你会说和谐就是没有冲突吗？对我来讲，有可能以这种方式教育孩子，从而让他在生活中没有冲突吗？这意味着他与自然、与植物、与动物、与社会，与生活的关系不再充满冲突；因此生活就不会总被看作需要不断抗争和解决的问题。是否有可能让生活充满愉悦感，并如其所是地珍爱生命——不一定只在快乐降临时呢？因此我们必须自己领悟并帮助孩子领悟与快乐、痛苦的关系。

如果我无法做到这些，那么我将给予孩子什么呢？纪伯伦曾经说："你的孩子，其实不是你的孩子，他们是生命对自身渴望而诞生的孩子。他们通过你来到这世界，却非因你而来，他们属于明天，你无法将自己的想法强加于他们，也无法依据自己的形象来塑造他们。"如果意识到自己已经受到限制，并且以错误且不恰当的方式被抚养长大，我不想将同样的问题传递给孩子。那么我必须保持谦逊之心，绝不能从一开始就假定自己无所不知并意欲将自己所知的一切传递给孩子。否则我将要做的就是将自己所受的制约传递给孩子，让他成为我所是的样子，而我就是这样一个始终在抗争的可怜人！我们无法完全理解自己的生活，将它作为问题来对待，并总是尝试着加以解决，然后告诉孩子们生活原本就是这样，他们也必须一直将生活视为问题，并持续不断地找寻解决方案。于是生活就等同于一系列的问题，而应对生活的能力也就变成解决问题的能力。情况果真如此吗？这是我们在克氏学校必须深入探究的问题。

当孩子们在接受教育过程中，学习地理是个问题，学习物理是另一个问题，学习数学又是个问题，通过考试也是个问题，讨老师欢心也成了问题，那么我们就是在教导孩子们生活就是一系列的问题。我们一直以来视生活为问题的制约方式也在制约着孩子，于是高品质的生活就展现为不断解决一个又一个问题的能力。但事实或许并非如此。这或许只是我们自身所受的制约。敞开胸怀就意味着要质疑这一切，当你真的无法确定时，不要向孩子传递任何结论。这也是克氏学校所面临的主要问题之一：我被制约了，但希望孩子们、学生们不再受到强烈的制约。我应该怎么做？显然，你只能完全诚实地应对。当你不知道时就说"我不知道"。这意味着老师必须与学生成为朋友，和学生们一起学习，告诉他们自己也面临着恐惧、失败与焦虑等所有这些问题，不必假装自己的问题已经解决，或者找到了某个方案或公式可以传授给孩子。于是师生一起就是否有可能完全不同地生活进行探究。那么在更深意义上，克氏学校就是一个宗教场所——并非传统、常规意义上开展不同类型的礼拜与仪式之类的宗教场所，而是每个人都在其中探究本质问题的地方。克氏学校必须为每个人探究本质问题提供条件，而不仅满足于某个理念或者碎片化的答案。

因此本质意义上的问题是：什么是真正的宗教？在几个世纪之前的过去，在诸如学院和大学这样的现代教育体系出现之前，印度或者欧洲人通常把孩子送到某个学识渊博的学者，也就是所谓的上师那里去，孩子们与上师同吃同住同修行。教育在那里，那就是他们全部的生活。他们在那里所学的就成为生命的一部分，包括宗教、智力发展，几乎包罗万象。而我们现在所做的符合现代趋势，教育已经变成商业活动。就像一个大量炮制工程师、医生等的工厂，人的意识在此被视作电脑，需要预设安装程序并产生特定结果。我当然不是说某种职业没有必要。但这是教育的主要目的和目标吗？如何帮助孩子找到正确的职业，什么才是正确的职业呢？找到一个人真正热爱的，而不是首先决定要做的，然后调整自己去适应它。这就意味着我必须观察孩子，必须尊重孩子，尊重他的独特性。每个孩子都是独一无二的，世界上没有其他孩子与他一模一样，以前没有，将来也不会有。每个孩子有其自身的天赋与潜力。我所扮演的角色就是令其尽情绽放。我没有权力强迫它，没有权力确定天赋必须遵循这样或那样的方向。

我们能够在抚养孩子时就像照看花园中的植物那样吗？只是松

土施肥，让它自由生长。不要在这里和那里进行修剪，切断它们的枝条。你的心中绝对没有植物该长成什么形状的概念。让它成长并尊重其自然的生长过程。当然孩子的生长不仅体现在生物层面，还有精神层面的成长。但我对他们精神层面的成长也不想强加任何干预。因此我让他接触一切事物，让他接触艺术，让他接触自然，让他接触美，允许他拓展自己的所有能力。我不知道他的天赋所在，但我会帮助他去找到。我们始终并肩携手去探寻。这是克氏学校的另一个主要关注点。

人类头脑具有什么能力呢？如果我想要生活得平衡和谐，那所有能力就必须和谐发展。如果某个人在智力层面高度发展，但在情感方面却相形见绌，那么他就是个畸形的怪物。同样某个人在情感方面极度发展，但在智力层面却表现不佳，那也是一个奇葩。因此我需要找到平衡，帮助孩子培养人类大脑拥有的所有能力。这一切与我自己所拥有的能力无关，因为我并不想按我的形象去塑造他。我也不想强迫他必须按我的方式享受生活，或者认为这是唯一的生活方式。所以每个人都必须自己去观察。

自然赋予我们的所有能力和谐发展是全面教育的宗旨所在。在头脑以这些问题作为背景的前提下，我想要提出某些特别的问题。一个是激励的问题。你如何激励孩子每天按你的计划完成所有事情？显然我不能使用恐惧或惩罚手段，因为如果他不做数学题，而我必须通过恐惧和惩罚的手段来强迫他学习物理或数学，那么我就从其他方面在摧毁他，也就是心理层面的伤害。我已经谈到自己所感兴趣的是孩子的整体发展，而不仅是智力层面的进步。当我从整体角度看待这件事情时，就不能采取以牺牲某个方面为代价而从另一方面帮助他的方法。我必须使用不带任何破坏因素的激励方式。否则就不是在践行真正意义上的教育，而只是为达到某个非同寻常的成果，在利用孩子制造某个自身头脑中早已预设的特定目标，这或许使得学校制造的初级分裂者的数量最大化！如果你对此很有兴趣，那么就是对教育兴味索然。所有的成就与使命必须是在正确教育的土壤中自然成长，并尽情绽放所带来的卓越品性之副产品。那些绝不能成为正确教育的目标。另一个通常被使用的激励手段就是奖励。父母经常告诉孩子，"如果你表现好，能够名列前茅，我将给你买一辆自行车"。于是可怜的孩子学会做任何事情不是因为想要探寻其中的乐趣，而是因为可以得到贿赂。这埋下了腐败的种子。这与办公室职员希望做好工作以获取一点点的货币补偿没有太大不同。当我们希望孩子为赢得奖励而付出行动时，就是在埋下这样的种子。因此我不想利用这些手段来激励孩子。我认为需要就此做进一步的讨论。我们必须杜绝所有形式的奖励吗，欣赏不也是一种奖励形式吗？我认为孩子们在一定程度上需要得到关于学业成果的欣赏，这是自然而然的，也没有什么错误可言。我认为当某件事物自然而且正确时，就应该有一席之地。任何人都不能过于严苛死板地面对这些想法。这些并非智力层面的替代规则，在对待孩子的过程中必须动动脑子。

比较与竞争通常被用来作为激励学校孩子们的另一种方式。他必须比同班同学表现更加优异。我们通常能看到这样的情况——某个孩子学习非常努力，但仍然只能排在班级第二，因为他有个朋友表现比他更优秀。他带着百分之八十的"A"成绩回来，但却泪流满面，因为他感觉技不如人。我认为任何真正有头脑的人都能回答我们为什么不应该教会孩子在技不如人时同样可以感到快乐。如果他的朋友更加优秀，为什么我应该教孩子要感觉悲伤呢？如果我对孩子说，"你必须竭尽全力"，那又另当别论。这其中不存在将孩子与伙伴进行比较。我要教会孩子们所从事的任何事情都值得好好对待，因此也就必须竭尽所能，这意味着他必须学会用心投入的技巧。学生们无法专心致志的原因是他们心有旁骛，而心有旁骛是因为我们已经教会他们要对其他事物更加重视。比如我们非常重视考试成绩，因此学生们阅读那些参考书。他们没有学习物理的兴趣，他们的兴趣是考试得高分。然而重要的是学习物理，在学习中才有优秀的考场表现，于是这种考试中的分数才反映真实情况。目前的分数无法反映事实，因为教育已经演变成为考试而学习，根本不是为了能力的发展。

那么，我们在克氏学校中的工作就是使孩子们明白考试是次要之事。它只是告诉自己正身处某个特定科目之域，即便自己所站立的位置不如他人高，也没有任何关系。这只是意味着在这个科目上我需要学习更多的东西。而且考试也并非将他与其他孩子进行比较。如果老师喜欢聪明的孩子比愚笨的孩子更多，他就已经在开始启动奖惩体系。因此老师首先需要在自己的头脑中建立正确的观念。这就像在家庭中，如果你是优秀的家长，就不会对孩子有所偏袒。同样，老师也不会按照孩子们的能力来分配自己的爱。我只是观察孩子而不会告诉他们你必须这样或那样。我有什么资格说这些呢？我们又有什么资格说某人必须擅长数学，而不会精通英语，或者不必在音乐方面有所建树呢？记住，我们只是在为成长中的意识提供相应的原料。而成长是它自己的事。我们有什么资格决定它该成为什么样子呢？其中自以为是的傲慢是无知的产物，而非源于觉悟。

如果对此了然于胸，我会明白每个孩子都与众不同。有的孩子擅长英语，有的精通数学，有的善于歌唱，而有的却是游戏行家。或许还有些孩子在这些方面都一无是处，但他／她却温和热心，很会关心他人。对此你做何评价呢？因此帮助他们以各自的方式成长是唯一能做的事情。我们必须帮助所有孩子尽情玩耍，而不仅让他们成为运动健将。游戏的目的是获得乐趣，水平粗劣的玩家与操控高手拥有同样的权利去玩耍并享受其中。数学也是如此，擅不擅长数学的孩子同样拥有发现数学之美的权利。

社会上普遍被利用的另一个激励手段就是树立理想，并推动孩子去实现理想。每个人都了解施加这种心理压力所造成的后果。一旦理想得以实现，他就变得以自我为中心、骄傲自大且不可一世。如果他失败了，就会感觉羞愧难当和郁郁寡欢，甚至在极端情况下会选择轻生。因此我不会使用这种激励手段，并且在任何情况下都不会鼓吹理想的作用，因为这是错误的举动。声称自己的国家是世界上最好国家，自己的文化是世界上最好文化的所有言论都是不切实际的。你甚至没有考察过其他文化，你只是在重复着谎言。这就像是在说因为我出生在这里，所以这个国家就是最好的。很多人就像这样在述说和教导着谎言。如果你推崇这种传播教育的方式，显然在克氏学校这个谎言无法存留的地方你无机可乘。

排除了上述所有方式，那么我们应该采取怎样的激励手段呢？当然是兴趣，激发孩子内在的兴趣。但是长期以来孩子们不得不做他们无法体会到乐趣的事，因此他们不可能总是只做自己感兴趣的事情。作为老师我们要出于尊重，出于师生友情，而不是出于基于恐惧的权威，通过情感方式对孩子加以说服。简而言之，学校能像理想中的家庭那样吗？你在家中无须尝试证明自己。你只需成为自己，而家庭能给予你安全、关心与情感。氛围良好的家庭能给予你成长所需的物质和支持，但却不强求、不指责、不评价，只是坚定地提供帮助。在家里你感觉轻松自在，但也感觉肩负责任。你感觉有了自己的家，因此不会说厨房脏了与你毫无关系，责任只在你的妻子身上。你觉得自己对此也有责任。如果我们能以这种方式面对生活，那么在学校里我们所有人能有回到家中的感受吗？如果孩子们觉得学校就是自己的家，他们就会像我们一样关心图书馆里的书是否排列有序，是否干净整洁并且摆放在恰当的位置。孩子用心爱护着自己房间里的书籍，但在学校图书馆却不这样做，那是因为他们没有这种家的感觉。那么对我们老师而言，要实现这种氛围，让孩子完全感觉回到了自己家，那也就意味着所有的前提条件必须具备：毫无恐惧，充满友谊、情感与关心。

另一个需要考虑的问题是好习惯的培养。你或许会说这是对孩子的约束，但你必须教导孩子正确的举止、良好的礼貌以及正确的行为模式。你需要向他/她解释这些都是出于为他人考虑，于是他/她便能了解其中的原因。你必须教会学生每天洗澡，保持个人卫生以及刷牙，等等。我不会说自由就意味着他不必每天洗澡。他或许今后对此有所理解后不需要机械性、习惯性地这么做。每个人都可以全然关注、自愿自发、自然而然地做到这些，于是生活秩序就不是以机械僵化的方式被强行要求，而是自然来临。所有这些当然无法在课堂上传授给孩子们，而是让他们在环境氛围中潜移默化地接受。学校氛围所传递的要比课堂上所教授的东西多得多。而氛围就建立在我们所有生活方式的基础之上。我们自身的学习也非常重要，因为我们自孩提时代以来有许多事情也从未学习、了解过，因此必须从现在做好学习所有事物的准备，而且这样的学习永远为时未晚。一旦看到了其中的正确性，你从那一刻便开始了学习，并且告诉自己说"这是正确的，因此是我想要的生活方式"。正确的氛围就此产生，而氛围反过来起到教导的作用。因此这一切都在潜移默化间悄然发生，没有任何的专门讲座，当然也不是说你不可以开设文化课堂或者展开讨论，而是要理解那些并非唯一途径，学习也不只有通过那种方式。人人自有一席之地，在克氏学校你不以这种方式教导一切。

我的讲话就在这里结束，我可以回答你们的任何问题。

问：家长们对所有这些都有所了解吗？他们把孩子送到这个学校来的原因是重视这样的教育吗？

答：从理想意义上，父母把他们的孩子送来学校应该是希望孩子以这种方式成长。但我恐怕情况也不尽如此。我猜测希望孩子能够有竞争力，成为事业有成者，等等，还是大多数家长的愿望。他们自己并没有正确理解生活，希望孩子们也能像他们那样，他们把孩子送到我们学校，或许觉得孩子在他们期待的方面也能表现优异！于是他们愿意将快乐的砝码投注在这一边！

问：我们的生活难道不是一系列寻求解决方案的问题吗？

答：自己所接受的抚养与教育让我们将生活看作一系列必须克服的问题。你必须实现这个目标，你必须达成那个愿望，你必须为这些而努力奋斗，等等；从孩童时代开始，奋斗始终伴随我们左右。

教育于是也变成孩子们的脖子被绳索紧勒所感受到的痛苦。只有假期回家能够做自己喜欢的事情时，他才感觉到生活的快乐。而其他时间，接受教育的过程对他们而言就像经历一场大战。那么，你们就是在教育他将生活视为战场，而且他们的心灵也被生活就是抗争的想法所制约。而快乐就变成从这场抗争中逃离。要么逃离，要么压抑，他们完全被支配而没有他途。那么现在有没可能以这种方式生活，其中完全没有抗争呢？也无须将生活视作问题。让我拥抱生活，允许它渐次展开，接受所发生的一切并面对它，不用自始至终固执己见地限定生活必须以这种或那种方式呈现。当我已经有了必须这样或那样的固有观念，必须在这个年龄取得理科硕士学位，拥有如此这般的工作，从这里娶妻，与她在那里生活，等等，我就是在过度限制生活，迫使它在狭窄的通道中运行。请对生活保持开放态度，允许它自由展开。不要被"应该如何"所限制，去拥抱迎面而来的每一天。不要一直想着利用今天为未来建构什么，因为生活就是现在，就在当下此刻。请牢记你在此逗留的两万多天，每一天都会悄然逝去，永远无法回头。医院的病床是我们的出生之地，火葬场必将成为我们与世界告别的所在。这是每个人都无法逃避的两端，也不可能做任何改变，无论是否接受过教育。两个端点之间的两万多天完全属于你，要么在抗争中度过，要么尽情拥抱它。那么我们不禁要问，你是否有可能珍惜到来的每一天，并从生活中获得领悟，无论生活赐予你的是愉悦或者痛苦，快乐或者悲伤。对孩子而言，教育必须是一个快乐的过程。

　　问：能让孩子意识到，所有社会问题无须成为教育的一部分吗？

答：是的，当然需要。过去的两天我们已经谈及这些问题。我们谈到了基于经济问题与国家问题的分裂，以及组织的形成与其他社会问题。我们讨论了在克氏学校中，教育与社会问题的相关性，以及让孩子意识到这些问题的根深蒂固之原因的必要性。这是克氏学校在教育方面主要的部分，旨在促发孩子们对这些问题的意识。

问：克氏学校的孩子们会参与社会工作吗？

答：我们这里的孩子们，至少在学校期间，不会从事任何社会工作，但我知道其他学校会让孩子们走出校门，去村庄做些社会工作，等等。我不确定这么做是否有意义或者有效果，或者只是让人感觉良好的另一种方式。这通常就是做好事的目的所在。但除非能让某个人自立，不再需要我们的帮助，否则这么做不会有真正意义上的收获。意识到引起社会问题的根本原因所在才更有必要。比如正视当今世界的危机时，我们发现其主要原因是群体的形成。我们必须帮助孩子理解人与人之间不只在肤浅的表面层次上才存在区别，如他们的肤色、去祈祷的特定庙宇，或者他们的穿着，或者他们使用的语言，等等。如果我们肤浅地活着，就只能看到这些区别，并开始强调其重要性，同时社会也会进一步对此加以补充。于是穆斯林和印度教徒被区分开来，他们显得非常不同。实际上他们并无任何不同，你不妨去他们的家中看看，并与他们的家人待一会儿。母亲与孩子的关系是完全相同的。人与人之间也有同样的感情纽带。人类意识本质上本无不同，但伴随孩子成长过程，他们意识的白板上会因为家庭背景的不同而留下不同的痕迹。如果我能让孩子意识到这一点，他将不再将差别作为关注焦点，他所看到的将会是整体，而非区别。但是造成目前状况的原因是我们没有深入地生活，我们看到的只有区别，并且围绕着这些区别抱团成群，从而制造了世界危机。这就是问题的关键所在。它就来自肤浅的生活。我们必须要让孩子们明白我们每个人都彼此不同，但不存在谁比谁更优或更劣。我们必须尊重每个人，不仅是那些有才能的人。这就是学校的作用所在，我们要教导孩子不过肤浅的生活，对自己和社会问题要有深刻的意识。

问：我们如何才能把这些都教给孩子们呢？

答：你知道，根本不存在谁能教导其他人任何事情，只有共同的领悟。而且领悟的能力远比教导重要得多。所以我必须在孩子身上开拓这种领悟力。而且这与我的教授能力关系不大。克里希那穆提亲自讲授了七十年，但人们从他的讲授中收获的程度却因人而异。他针对每个人的教导是完全相同的，能够完全领悟的人或许还没出现。这显然与每个人的接受能力有关。因此存在比教师能力大得多的因素。否则，只有一个人受到影响，通常意义上就不是真正的领悟。当你跟随在某个伟人身边时，自然会受到影响。因为那个人的存在，你暂时会有所改变，那也不是真正的领悟。甘地在世时，人们全都暂时表现得像个非暴力者，但他离世后，武力又重新成为他们的心中所爱。真正的领悟并没有发生，其中只有影响，所以每个人都必须非常小心，不要受到影响。

问：有可能避免对孩子的心灵造成制约吗？

答：实际上无法避免。无论你以哪种方式抚养孩子，环境将不可避免地制约心灵，但你可以对这种制约有所意识，因此不成为其奴隶。假如有个刚出生的孩子，被不同的家庭抚养，可能是瑞典家庭或俄罗斯家庭，也可能在中国长大。如果在中国长大，他将会像个中国孩子，接受那里的文化和品位，他将会哼唱中国歌谣，喜欢中国食物。你酷爱的食物，你中意的衣着，你认为最靓丽的女孩，这一切都是被教导的。你的领悟遵循这种方式。这一切全都镌刻在你与生俱来的白板上了。除了与生俱来的生物本能外，其他一切都是在出生后学会的。语言、文字，甚至食物的口味都是后来产生的。虽然某些种族特征可以遗传，但我认为它们对心灵的影响微乎其微。当然社会层面的特征无法遗传。如果你把印度孩子带到美国抚养，他长大后就不会像在这里时那样热爱母亲。这就是海外印度人想把他们的孩子送回家乡的缘由。那些漂泊异地的印度人想把孩子送回家乡，因为他们不希望自己的孩子变成美国孩子那样。他们在头脑中依然保留着印度人的价值观。

问：你如何定义克氏学校？我们的学校是克氏学校吗？

答：克氏学校并非一所由克里希那穆提基金会运作管理的学校。克氏学校就是提供正确教育的学校。正如我之前说的，克氏并不是指某个人，而是意味着他所坚持的所有理念，也就是坚持做正确的事。所以在某种意义上，一所学校被称为克氏学校就意味着要传播正确的教育。我们只是在从事正确的教育。所以我不认为目前在世界上有真正意义上的克氏学校。但是有一些学校在尝试着这么做，我们这个学校也是其中之一。

要帮助他（学生们）摆脱恐惧，也就是从所有控制中解脱，不管这种控制是来自老师、家庭或者社会，那么作为个体，他就能在爱意与善良中绽放。

——克里希那穆提，《教育与生活的意义》，第一〇八页

第二十五章

克里希那穆提的学校

　　来自印度及海外的许多人，表达了想在他们那里创建"克里希那穆提学校"的兴趣。然而，正因为克里希那吉并未就教育的任何特殊技巧有过具体说明，问题就产生了。要回答"克里希那穆提学校的本质是什么？"这个问题确实并非易事，需要对其深入探索。我希望通过这篇文章，与那些对教育感兴趣的人分享某些想法。对我而言，克里希那穆提学校就意味着过上正确的生活，任何人都无法强行规定其中还蕴含着其他任何深意，当然也无须接受任何模式、规范以及必须无条件服从的权威。这也就是正确生活的意义所在，不只盲目接受来自他人的答案，不断尝试着实践或重复。除非我们能领悟何为正确的生活，才能教导孩子们正确地生活，因此发现正确生活的真意是我们首要且最高的责任。如果你开始说"我对此一无所知，但我将会去发现"，那么学习和领悟就可以开启。于是也就可以与学生一起学习——不只是用教导的方式指手画脚。首要的就是——不要让头脑被结论、答案和固定不变的事物充满，不要自以为是地高估自己的意见和观点。去怀疑它、质问它，自始至终都怀着学习的热望；永远不要毫不动摇地固执己见，甚至无法倾听他人的话语，或者考虑不同的观点。这不只是宽以待人，而是乐于接受。

我们生活的范围涉及四个层面——身体、智力、感情和灵性。正确的生活需要在所有方面都表现优越，而且需要在所有方面都健康发展。我们因此必须在学校创造一个使这一切成为可能的环境，不对任何方面有所侧重。既然这样的教育倾向于覆盖生活的所有方面，而不止于智力的发展，因此希望学校采取寄宿制，老师与学生们在其间共同生活，彼此能够更为广泛地相互影响。

身体的恰当发育需要对身体的清洁、锻炼，正确的饮食，适度睡眠以及偶尔的药物予以关注。我们必须教孩子们每天沐浴，穿着整洁干净的衣服，保持头发和指甲清洁，做好日常锻炼并且不过量饮食。身体必须像一匹赛马般保持灵活和敏捷，这样才不致造成身体能量的缺失。同时游戏和体育活动是学校生活必不可少的部分。因此像过辣的食物、香烟、酒精以及其他有害身体与心理健康的物品必须被杜绝。我们必须像客人一样安住在自己的身体里，小心翼翼地看护它，不要忽视或错误对待身体，同时也不要对其过于执着。

智力层面的优越表现需要培养正确的阅读习惯，建立对学科专业的兴趣，保持高水平的语言能力，良好的表达能力，关注时事热点，以及热爱科学、数学、文学、艺术和诗歌。应试的优异表现必须成为孩子智力发展的副产品，而非其终极目标。我们必须让孩子充分展示其在智能科学和文学方面的所有追求，并帮助他们发现自己的兴趣和目标所在。对智力发展而言，一个好的图书馆以及对其加以利用的热切渴望是必不可少的。辩论、探讨、论文撰写以及拓展课程应该成为学校生活的日常特色。

孩子的情感发育需要被给予最大程度的关注。孩子必须生活在充满关心和慈爱的氛围中，这样他才能感觉安全，并远离恐惧。而恐惧是所有智力与创造力最大的敌人。孩子必须感觉安全地告诉我们，他所面临的问题和焦虑，不必害怕被责骂或惩罚，就像待在氛围良好的家庭中一样。正确的行为和秩序必须不通过恐吓或惩罚手段来达成，这对教育者和家长而言就是最大的挑战。如果我们必须采取恐吓和惩罚的方式，就预示着我们自身的失败，而非某种成就。我们必须帮助孩子理解自身恐惧、嫉妒、贪婪、羡慕、生气、侮辱和暴力的感觉，当发现他们有这些表现时，不对他们加以歧视或令其感觉屈辱。正因为如此，作为老师的我们，也很有必要理解自身相同感受的原因所在。老师缺乏对自身在此方面发展的适度理解，则会导致诸如缺乏自律、争强好胜、自卑与仇恨等许多贯穿一生的问题。

孩子的灵性与文化发展包括热爱自然以及热爱音乐、艺术、舞蹈和戏剧。我们必须帮助孩子意识到人类是自然的一部分，树木与动物是我们的朋友，而非用来成就人类快乐而存在的。对所有生命的尊重感是构成克里希那穆提学校整体之不可或缺的部分，这一点需要在孩子身上精心培育和细心呵护。对自然之美，对河流、山峰、天空和日出之美的敏感性就像对人类同胞的敏感性一样重要。孩子从我们身上自然习得这一切，无须正式地教导，如果我们自身具有这些潜质的话。我们在学校中必须设有自然俱乐部、戏剧俱乐部，以及各种类型的音乐、舞蹈与艺术兴趣课堂，孩子可以在这里培养各自的兴趣。

在人类社会的日常生活中，科学与宗教已经不幸被彼此分开。它们必须相互结合成为一体。对真理的探寻是最高层次的宗教，对人类精神层面快乐的探寻也是最高层次的灵性。这些无法通过敬拜或在庙宇中找到，而是伴随自我了解而应运而生，正如爱与慈悲一样。科学的态度必须成为人类日常生活与灵性探寻的一部分。每个人都必须有独处的时间，静静体验沉默，从中反思生活的意义与目的。对人类灵性发展而言，有太多活动是不健康的，因此绝不能只沉迷于活动中。但想要找到生活不同面向之间的正确平衡没有规律可循，也无法遵循任何特定模式。为自己找到这种平衡是我们的目标，因此需要去发现何为正确的生活。将生活分成不同方面这种做法事实上是非常肤浅的，其目的是为了便于讨论。身体、智力、情感与灵性在我们的现实生活中是如此紧密关联，难以分开，共同组成了完整统一且不可分割的整体。没有其他所有方面的正确展开，就不可能以某个面向正确生活。

让我们更加深入地思考何为正确的生活。除非感觉到正确，否则生活不可能正确。仅仅在思想层面认为的"好"是远远不够的。这样只能带来虚伪。思想是肤浅的事物，它们往往来自我们阅读过的某些书籍，以及曾经的某段记忆，然后在头脑中不断地重复。这其实是自身内在深刻的感受，而非头脑所思考的。只是改变某个人思想所产生的改变感，并不会发生内在的变化。如果你是认真的，那么需要倍加小心，以免陷入这样的自我欺骗。因此对文字层面的答案和解释的不满就是非常必要的。预先定义"正确"行为和"正确"思想（称为美德），抑制"错误"行为和"错误"思想（称为罪恶）的实践一直为所有宗教和某些严格纪律信奉者所尝试，但一再被证明这在改变人类过程中反复的失败。这在我们所是与自己认为应是之间制造了冲突。这个冲突使我们精疲力竭，让我们感觉到优越或自卑，带来成就或挫败之感，而所有这一切只是在进一步加强自我。我们的心灵受到制约——按照自身的心理定式不断地评价自己与他人，并传递着苛责与限制。

如果某个人能够清晰地看到这一点，那么就不会试图按照行为与思想来界定正确与错误，而是遵循自己的感受。同样的行为如果源于爱、慈悲和兴趣，可能就是正确的，但如果它产生于自私、骄傲、恐惧或者自我的其他方面，则可能是错误的。因此其他任何人都不能代替你确定是否正确或者错误。比如，你可以出于对科目的兴趣而将投身于对物理学的深入研究，并理解自然法则，或者学习事物如何运转。你也可以为了成为著名学者，在生活中赢得欣赏，得到权力、地位、身份而深入研究。虽然在行为层面并无不同，但其中的感觉却迥然相异。无论何时，源于自我中心的任何行为与努力背后的动机都是在加强自我，因此显然就是错误的；而感觉并非源于自我，因此也不会加强自我，那么显然是正确的。想要对两者加以区分则需要对自己有深入的了解。

以这种方式对正确与错误加以界定后，我们现在就能找到正确的生活之道了吗？正确生活也就意味着不满足于只是"遵守"某些美德（如果存在这种事物的话），而是遵循正确的感觉。感觉不受意志控制，任何人都无法通过解释说明、合理化分析，当然也无法通过压制而使其消弭。如果强烈憎恨某人，你会发现无法通过理性、解释或者压制感觉来消除内心的愤恨。任何人除非能够察觉内心深处产生仇恨感的根本原因，并且理解这些原因的运作模式，否则永远无法从这种仇恨感中解脱。如果试图从外在将仇恨转变为爱的感觉，必将导致伪善与假象。如果想要了解自己，最为重要的就是对自己全然的诚实与真实，不放过任何伪善与虚假的蛛丝马迹。成为自己与了解自己比试图模仿其他任何人都更为重要，无论他们多么伟大，即便是甘地、克里希那穆提或者佛陀。只有自我了解才能自然而然地转变一个人的价值观与人生观，因此也能从本源上净化我们的感觉。

　　我们必须清楚地理解，尽管外在的秩序和规则或许必不可少且大有裨益，但却永远无法带来内在的秩序。然而如果在我们的心中，我们的感受中，我们的思想中存在内在秩序，那么外在的秩序和规则作为自然结果则会伴随而来。举个例子，如果一个人内心没有贪婪或者不以自我为中心，他就不会想要在商店或者车站不遵守排队等候的规则而插到其他任何人前面。你不需要对他加以管教和约束，或者安排警察维持秩序，他将会自然而然地站在正确的位置。然而如果队伍中全是一群贪婪的人，你需要通过警察的威吓来强加秩序，而这种秩序也只在恐吓生效时才存在。

　　克里希那穆提学校将这种挑战展现在我们面前。我们能生活得自然而有序，没有任何恐惧，没有任何强制吗？这就是正确的生活。我们能彼此合作，而不去追寻一己私利，不需要意见一致，不形成特殊群体吗？我们能不为了获得奉承或逃避批评而成为朋友吗？我们能富有进取心地努力工作，但却不带任何野心吗？我们能在比赛中尽情发挥，即便输给了朋友也能同样感到快乐吗？我们能没有比较，从而也不带任何相对其他人而言的优越感或自卑感生活吗？我们能彼此相爱，没有心理上的互相依赖和互相利用吗？我们能抛开幻象生活于世，不借助任何拐杖与道具，如实看清事物本然所是，没有任何恐惧或偏爱地去做正确的事情吗？这就是克里希那穆提学校展现在我们面前的挑战。如果我们不能在学校这样受到保护的小群体内这样生活，又如何能指望学生们在外面的世界也能这样生活呢？如果我无法教会他们这些，又能教导和传递怎样的价值观呢？难道教育只意味着培养特定能力，用以获取外部世界最大程度的物质利益，并且认同社会所有的贪婪、暴力与腐败，并进一步为其做出贡献吗？难道这就是教育的全部意义所在吗？这是所有人类都必须质疑的问题，无论从个人还是集体层面。

创建克里希那穆提学校的最大障碍不是孩子，不是技巧，不是社会，也不是教育体系，而是对我们自身小小自我与自恋、自负缺乏了解。在这个方面，我们与孩子们并无太大不同，如果仔细观察，你会发现我们与孩子们真正面临着同样的问题。除非作为老师的我们敏锐且强烈地意识到这个真相，否则就不可能创建克里希那穆提学校，然而许多人可能还纠结于纪律、教育技巧、成就、财政与效率等问题而无法自拔。

不要支配任何人，也不受任何人的支配。

——克里希那穆提临死前留给我的最后一条信息，1986 年 2 月 6 日

后　记

　　在本书第一部分，我们从克里希那穆提的亲密助手的亲身感受的角度，描述了克里希那穆提究竟是怎样一个人。但这些描述并没有完全揭开笼罩在这个男人背后的神秘面纱。这个无论从身体还是智力上看起来都很羸弱的男孩，如何会被赖德拜特与贝赞特夫人选中，从而成为世界导师的媒介？一位从没上过中学和大学的男孩又是如何成长为世人所熟知的拥有至高无上智慧的世界导师的呢？为什么他不会受限于通神学会普遍盛行的信仰呢？那些隐秘的大师规划了他的一生，并对他的意识加以保护，从而为全人类传授非凡的教诲吗？为此，他自己也在1979年6月4日受到玛丽·鲁琴斯和玛丽·辛巴李斯特的质疑。他对这个问题进行了深入的探究，他们之间关于这个问题的对话出现在玛丽·鲁琴斯为他撰写的，名为《克里希那穆提的生与死》的传记的第二卷中（纽约，雅芳出版社，1983年，第20章）。在对话中，他自己似乎对此也不清楚。在同一次谈话中他还说到从来没有仔细考虑过所谓的教诲，它们就像某种启示一般源源不断地出现在他的脑海里。他还谈到了作为思想源泉的头脑出现的某种寂静状态，此时人就活在与"洞察力"的相互回应中，此间没有任何的思考过程。然后心灵完全不被来自头脑的任何输入

481

所蒙蔽，某种完全不同于源于思想的，不受约束的自由心灵，开始运作了。

此书的第二部分，则深入介绍了克里希那穆提的教诲。其教诲的重要部分就是，摆脱束缚的自由并非学习和领悟过程的最终结果，而是从学习领悟之始就必不可少的基本要求。我们这里所说的学习领悟，指的是对何为真假的感知，这种感知也是自我认识的本质。在此之前，人们所感知到的并非真相，因为他们的感知被头脑中的条件反应所扭曲。这些感知与来自感官体系的输入混合而产生了我们的所谓观点或经验。这也就是经验不能带来智慧的原因，它把人们引向知识，而非真相。

教诲指出，生命的意义来源于我们所受的熏陶，其所产生的影响是主观的，取决于我们出生在哪里、在什么样的环境中长大。我们把它当作已知事物以及相应的反应。因此，我们的思想和观念与众不同，一旦对他人产生依赖，内在就会发生分裂。这种分裂造成了对立，而对立进一步导致敌意与恐惧。为了克服恐惧，我们反过来又会趋向更多的依赖，并寻求更多的群体安慰。这就是我们被束缚的头脑一再陷入困境的恶性循环。

克里希那穆提指出，我们从社会中获得的意义浅薄不堪，因而也不值一提。我们所认为的宗教并非真正意义上的宗教，我们自以为是的爱与真正的爱相去甚远，而且我们所谓的教育更是与真正的教育背道而驰。除非我们开始意识到自己对真相确实一无所知，否则就不存在真正意义的探究，因此也就生活在幻象的世界中，即使你在某些领域或许称得上行家里手且学识渊博。这就是全人类目前所处的状态，他们对自己的无知毫无意识。源于这种无知无觉，我们冲突不断，悲伤成河，无论内在还是外在，莫不如此。我们一直习惯从表面上解决问题。但是，由于无知并未完全消除，新的问题又会层出不穷。这就是人类需要自我了解的缘由，自我了解就是对何为真假的洞察。没有了这种了解，就没有我们意识的转变，也就没有生活方式的根本改变。

越多的知识带来更大的力量，但这只会增加问题的表现形式，却无法解决问题。学习更多的技术、变换不同的体系、实施更多的控制并不会改变我们工作、生活以及与他人发生联系的核心精神。我们生活的方方面面都同时需要正确的精神和正确的技巧，而精神远比技巧重要得多。技巧臻于完善的过程并不会导向正确的精神。宗教的精神核心就是爱的感觉、怜悯慈悲、兄弟情义和毫无暴力；而技巧则是祈祷、仪轨以及冥想或瑜伽等方法。有了正确精神的指引，技巧就有了意义，否则就变成了机械性的操作。

在教育方面，教育的视野和精神核心同样要比教学技巧和课程更为重要；在艺术方面，对美的感知比进行表达的技巧更重要。如果没有对美的感知，又有什么需要被表达呢？在政府方面，民主的精神内涵永远重于其形式；在体育运动方面，体育竞技者的精神比天赋与成绩更为重要。

克里希那穆提谈及意识的转变时，一再要求我们去发现每一项活动背后正确的精神实质，并始终带着这种精神生活下去。这才是真正的美德，真正的宗教，那是一种存在的状态，而非某种实践活动。世界在方法、制度与技巧的完善方面已经给予了高度的重视，但在发现正确的精神方面还欠缺太多。克里希那穆提曾说过："自然在不知不觉中变得完美，而人类却有意识地变得不完美，因此必须学会有意识地做到完美。"他通过教诲向我们提出的根本问题就是：与生命相伴的完美意识究竟是什么？

时间、努力和转变

我想克里希那穆提的话语中，有关时间与努力在探究意识转变的过程中所扮演的角色，存在很多混淆不清的问题。受限的头脑会将其理解为无须任何努力，自由会在某个瞬间从天而降。但这与真实情况不符。为了实现对自我的了解，带着探寻的头脑在"关系之镜"中观察自己所需要的努力明显是非常必要的。克氏指出了这样做的必要性；但如果为了达成某事或成为某人而这样做，就会陷入自我的过程，然而任何人都无法通过自我的过程，借由自我而获得自由。因此说真相是极其微妙的，无法通过他人的解释话语而抵达。这就是为何克氏一再警告我们不要接受他所说的话，而要在我们自己的生活中加以探究，从而发现属于自己的真相。他说过他的话语并非真相，但确实能指向真相。然而对指向的解读会导致错觉，因为真理并非某种观念。

另一个经常引起混淆的问题是时间所扮演的角色。时间让我们能够投入学习，积累知识，获得各种技能，但对于提高对何为真假的洞察力却毫无助益。对真相的感知终结了所有的幻象，而感知真相是某种创造性的事物，它无法发生在已知的范畴之内。要感知真相就必须从已知中解脱，这与时间毫无关系。时间悄然流逝，完全不顾及你是否有所感知和领悟。感知与世上所有事物一样在时间的长河里发生，但却不是一个时间的过程。这就是为何从心理的角度而言，未来就是现在。感知真相的障碍就在我们的内心，未来产生阻碍的理由与现在无二差别。获取更多的知识、经验或技能并不会减少障碍。因此任何人都不能依赖时间。依靠时间来创造感知本身就是一种错觉。

　　然而被感知的真相并非唯一，因为头脑中的幻象多种多样。因此，每个人都必须怀着一颗不断学习的心，继续生活，无论你身处何方。发现不断学习的心灵是走向转变的第一步，也是最后一步。克里希那穆提说，不断学习的心灵才是真正宗教意义上的心灵。克氏对提问者的下述回答就能澄清一切：

　　问题：存在所谓的转变吗？发生转变的究竟是什么呢？

　　克：当你在观察，看到道路上的污秽，看到政客们的所作所为，看到你自己对待妻子和孩子的态度，等等，转变就在那里了。你明白吗？为日常生活带来某种秩序就是转变，无须任何非凡的举动，也不用超凡脱俗。当你无须理性清晰地思考，意识到这一点，然后改变它，打破它，这就是转变。如果你心生妒意，就看着它，不要给它时间如花绽放，立刻改变它，这也是转变。当你贪婪、暴力、野心勃勃，试图成为某些类似圣人一般的人物，看着它们如何在创造一个巨大的无用世界，我不知道你是否意识到了这些。竞争正在毁灭着世界，世界正变得越来越求胜心切，越来越争强好胜，如果你即刻发生改变，这就是转变。如果你更加深入问题内部，显而易见思想在否定爱。因此，人们必须弄清楚思想是否有尽头，时间能否被终结，而不是对它展开哲学思考并高谈阔论，只是去发现，这就是真正意义上的转变，如果你深入其中，转变就意味着没有成为与比较的任何想法，它什么都不是。

——克里希那穆提基金会第四十二期公告

克里希那穆提 1982 年的笔记中（第十一页）也有一段文字，阐明了完全摆脱头脑束缚的必要性：

"摧毁是至关重要的。摧毁的不是关于建筑和其他有形的事物，而是所有的心理设置和防御、神灵、信仰、对牧师的依赖、经验以及知识等。这一切不被摧毁，何谈创造。只有在自由中，创造才会降临。其他任何人都无法为你摧毁防御，你必须通过自我认知来否定一切。

"社会与经济层面的变革只能从外在面貌改变社会，事物总是处在增加或减少的轮回中，它永远只能停留在有限的思想范畴内。为实现全然的革新，头脑必须摒弃所有内在的、秘密的权威、嫉妒和恐惧等机制。"

克里希那穆提从未提及这个问题：当人类无法自由时，社会应该如何被组织起来？如果有人问他，我猜他会这样回答："当我在说'别把事情弄乱！'时，你却在询问'把事情弄乱的最好方法是什么？'"确实存在制定法律、改进体系和组织社会的方法与途径，但却没有路径通向真相与智慧。没有智慧降临，哪怕你依愿行事，也不可能拥有和平安宁、幸福快乐、手足情谊与公平正义，不仅我们的生活如此，我们所在的社会也难寻其踪迹。

对真相的追寻，就是对智慧与美德的追求，是全人类的普遍信仰，无论你在哪里生活，抑或降生在什么文化背景。

术　语

克里希那穆提赋予词语的含义常常比社会普遍所持有的更为深刻。以下这些术语旨在澄清词语的含义。

意识：意识并非以思想为基础、与认知有关的能力，而是一种不带任何反应、选择、判断、辩解及喜好的整体感知力。它包括观察、注意、倾听、觉察与关注，类似于目击者意识。

改变：改变并非某种受意志支配，从而对行为或思想加以控制的行动。它意味着某种自然改变的意识状态，源于对何为真假进行感知的自我认识。

慈悲：慈悲并非怜悯，而是与万事万物感同身受的能力。

条件反射：条件反射是人类头脑借助记忆进行重复操作的趋势。它包括生物层面的条件反射（本能）、文化与宗教层面的条件反射，以及传统与其他习得的机械性思维和行动。

对话：对话不仅限于两个个体之间的会谈，而是某种共同思考，并携手对双方都假定为未知，需要共同探究的真相展开深入的质询，且彼此谦卑和相互尊重。

准则：准则并非强迫自己或他人去遵循某种特定的行为模式，而是一种全然关注的学习状态。

失序：失序是某种情绪消极和 / 或冲突的状态，诸如愤怒、嫉妒、仇恨、内疚、抑郁、沮丧或后悔等。

教育：教育并非简单的技巧或记忆能力的训练与培养，而是身体、心灵、智力和情感等所有功能的整体发展，当然还包括所谓的"在美德中绽放"。

自我：自我不是个性，而是对作为独立实体而自我赋予的重要性之认同与依附。

善良：善良并非指慷慨的行为，而是某种无私与美德的状态。

谦卑：谦卑并非那种感觉渺小或卑躬屈膝的状态，而是某种单纯状态，是一种源于探明一切未知事物的天性而产生的热切渴望。

幻象：在自然界中并不存在的某些虚构事物却被认为是真实的。造成幻象的原因也是给予某些无关紧要的事物很大的重要性。

洞察力：洞察力是人类意识或多或少有些神秘的、超越已知而对事物全新感知的某种能力，就像启示一般。

智力：智力并非聪明的思想或狡猾的头脑，而是全然感知和慈悲怜悯的能力，当然还包括辨别真假的能力。

克里希那吉：许多印度人对吉杜·克里希那穆提的称呼，以示尊敬（称呼中后缀"吉"表示尊重）。

学习：学习不仅是知识与技能的积累，更为重要的是辨别真伪，从而消除错误的能力。

学习的心灵：学习的心灵就是承认自己有所不知的心灵，因此会带着问题而不是答案生活，永远怀着探询真相的渴望。

爱：爱不是欲望，不是诱惑，也不是依赖，而是某种摆脱以自我为中心之动机的状态，怀着对所有事物的亲情和喜爱。

冥想：冥想并非让思想保持安静的方法或技巧。它只发生在自然沉静的心灵中，摆脱了所有的思考与反应。

秩序：秩序指的是自然的宇宙秩序以及某种没有缘由、没有冲突的意识状态，诸如和平、和谐、沉默、爱、慈悲、快乐、喜悦和美丽。

拉吉嘉特：拉吉嘉特是瓦拉纳西郊区的一个社区，位于恒河岸边。克里希那穆提基金会最古老的校园之一就坐落于此。拉吉嘉特教育中心设在校园内，包括拉吉嘉特–贝赞特学校、瓦萨塔女子学院和农村教育中心。校园里还设有克里希那穆提研究中心，以及一片为那些对克里希那穆提的教诲感兴趣，并打算参观和停留的人准备的安静的村舍。

宗教：宗教并非某种信仰，而是对意识层面的秩序（即美德）的探寻，通过辨别真伪从而终结所有幻象的自我认识过程来达成。它也被称为对真相的追求。

革命：革命并非使用暴力手段，以一个制度来推翻另一个制度，而是在意识层面终结以自我为中心的动机，从而引发一场与自身生命有关的内在革新。

自我：即个性，是人类意识层面受限制的实体，也是记忆的产物。

自我认识：自我认识不是关于自我的知识。它只能通过自我的觉察而有所了解，任何书本或导师都无法代劳。

简单：简单并非只拥有极少的财物，而是内心层次的简单与诚实，无须任何伪装，如实表达所思所想，不去建构任何意象。

时间：不仅指物理层面的时间，而且更为重要的是心理时间，它来自某种未来有所成就的归属感，以及迟早会达至目标的希望或野心。

真相：不仅指某种准确的描述或正确的理念，而是某种意识在毫无扭曲地对"如其所是"（即事实）加以感知时所出现的事物，是不受观察者的局限或个性干扰的直接感知。

瓦拉纳西：瓦拉纳西是一座古老的城市，位于德里与印度北部的加尔各答之间，坐落在恒河岸边。它已经延续了数千年的文明与文化，成为众多宗教与文化活动的中心。这个城市在古老的文献中有时也被称为 Benaras，或写作 Banaras。在这座城市或者与其相邻的地方，有许多具有里程碑意义的历史场所，如喀什这样的印度教圣地。另一个著名的圣地是萨尔纳特，公元前 6 世纪佛陀第一次传道讲法的地方，那里也是佛教的缘起之处。在东南亚广受爱戴的中世纪圣人迦比尔也曾在这里生活并传播其教诲。

暴力：不仅指人身攻击，还包括心理层面的暴力，如邪恶思想、欲望、贪婪、自私、愤怒与仇恨等。

美德：不仅指行善事，还包括某种意识层面的有序状态，包括和平、爱、快乐、美与非暴力。

译后记

翻译这本《银盘中的宝石》实属因缘使然，而能够接触到克里希那穆提与他的思想，却似乎是生命中的偶然。2015 年年底与上海克里希那穆提读书会的朋友们共同运营读书会，更新公众号，组织线下交流，后来就开始翻译克氏的视频，也是由于视频的翻译，认识了阅读克氏三十余年的杨自力大哥与洪眉大姐，经由他们推荐，与组织印度文化典籍翻译的闻中老师联系上，接手了《银盘中的宝石》的翻译，并与读书会的好友叶继英共同完成。

书籍的翻译是文明更新自我的路径，无论是早年的佛教经典的翻译，还是近代以来的西学大潮涌动之下的文化反应，皆有前人的深厚基础，但于我而言，这却是我自视频翻译外的第一本书，故有诸多不足之处，唯尽力而为。

能够通过书籍的翻译，和克里希那穆提产生这样深沉的缘分，也是我们的心中之喜。翻译的过程中，因我个人的工作与精力原因，时间延迟较久，幸最终能够完稿。感谢杨自力大哥的引荐，感谢闻中的信任，感谢叶继英老师的全力投入。希望此书的中文版面世，以飨克氏的中文读者，这也是作者克里希纳教授的美好心愿。

现存克氏书籍众多，已由基金会出版六十余册，多为演讲与对话的记录。《银盘中的宝石》则迥然相异，其珍贵之处在于，作者采访了与克氏相交多年的朋友与同事，从克氏身边最亲近之人的视角，记录了大量的一手资料。而他本人，亦认识克氏三十余年，深得克氏的信任，乃至克氏于生命的最后一年，郑重邀请克里希纳全家到印度的瓦拉纳西拉吉嘉特，亲手将拉吉嘉特的教育中心和自己的住所委托于他。两人之间的亲密关系与彼此的信任之切，可见一斑。

本书包含了两部分内容，第一部分主要是以采访对话的形式展开，记录了克氏的挚友及同事，他们与克氏相处的许多故事与细节，包括了他们对克氏的认知，克氏生平的趣事，为我们立体呈现出作为世界导师的克氏生命的非凡，以及常人所难以理解的意识状态。这些细节此前并未披露，为此，可以让读者更完整地认识克氏。

当然，书中并非只有故事，亦有许多发人深省的对话，如：

第五章，阿楚约特吉提到，对于想要探索克氏教诲的人，并不需要因克氏肉身的不在而惋惜；我们必须观察到，文化偏见以及由偏见所产生的观念，是如何在人与人之间制造出距离，而这堵墙是由语言造成的，唯有心灵的泪水，才能够破除此一堵人为的墙壁。

第六章，对于维玛拉吉而言，克氏像是为了回应人类进化需要而出现的奇迹，克氏的身体被非凡力量所使用，为了宇宙的目的，克氏的身体不得不经历这个"过程"的折磨，而作为世界导师，他却甚为欣然，以极大的代价牺牲了自己的个人情感生活。所有的导师在追求自由与解放的过程当中，没有人完全依靠他自身，而克氏做到了，他完全依靠自身；所有的组织化、标准化与系统化的真理宣言都失去了意义，克氏以自己的生命为探究真相的工具，并为真理铺平了道路。

书中也告诉了我们许许多多克氏生活中的趣事，譬如，让六七年没有开花结果的芒果树结果，又譬如，他治愈了维玛拉·塔卡尔因意外失聪的耳朵，等等，显示出他所具备的那种不可思议的"神秘力量"。

而书籍下半部分，主要是作者对克氏生平教诲精华的阐明与总结，内容涉及我们生活中的许多根本性问题，探究了爱、行动、幸福、死亡、宗教、教育、科学、自我认识、暴力等社会问题，而它们的解决，关键却在于人类心理与意识的转变，而不仅仅是外在的社会组织方式的改革；而认识自我，无法通过他人，或借助任何其他的路径，必须从自身开始，别无他途。

书中有许多精妙的结论，此处不再赘述。一本书的问世，自有它自身的命运，与不同心灵的遇见。当然，更多重要的内容，有待于读者们在书中的挖掘，以体悟与克氏精神的深度接触。在此，希望本书的出版，能为汉语世界带来一些思想的启迪，带来心灵的光。

是为祝福。

刘文艳

辛丑年腊月